colección nuevo periodismo

Lom
PALABRA DE LA LENGUA
YÁMANA QUE SIGNIFICA
Sol

Salazar Salvo, Manuel
Las letras del horror: La DINA [texto impreso]/ Manuel
Salazar Salvo. – 1ª ed. – Santiago: LOM ediciones, 2011.
352 p.: Tomo I; 14x21,5 cm.- (Colección Nuevo Periodismo)
ISBN: 978-956-00-0278-5
1. Gobierno Militar – Chile – 1973 – 1988 2. Delitos
Políticos – Chile - 1973 I. Título. II. Serie.
Dewey: 320.983.– cdd 21
Cutter: S161l

FUENTE: Agencia Catalográfica Chilena

EDICIÓN Y COMPOSICIÓN
LOM EDICIONES. Concha y Toro 23, Santiago
TELÉFONO: (56-2) 688 52 73 | FAX: (56-2) 696 63 88
lom@lom.cl | *www.lom.cl*

Tipografía: *Karmina*

IMPRESO EN LOS TALLERES DE LOM
Miguel de Atero 2888, Quinta Normal

Impreso en Santiago de Chile

MANUEL SALAZAR

LAS LETRAS DEL HORROR

Tomo I: La DINA

LOM
EDICIONES

A Raúl Muñoz Chaud,
maestro y amigo en tiempos oscuros

Capítulo I.
Los orígenes de la contrasubversión

1.1. La doctrina antisubversiva de los Estados Unidos

La Central Intelligence Agency, CIA, fue creada en 1947, durante el gobierno del presidente Harry Truman (1945-1953), como sucesora del Office of Strategic Services (OSS), que protegiera y reclutara millares de oficiales nazis al finalizar la Segunda Guerra Mundial. La sociedad entre exnazis y la OSS/CIA, dominó las actividades de los Estados Unidos contra el bloque soviético en las décadas siguientes.

En un memorando del 24 de mayo de 1948, a menos de un año de constituirse la CIA, dirigido al secretario ejecutivo del Consejo de Seguridad Nacional de EE.UU., el primer director de la agencia, Roscoe Henry Hillenkoentter, intentó concederle una cierta legalidad al concepto de "operaciones encubiertas" y su correspondiente aplicación. En aquel documento secreto, desclasificado muchos años después por la CIA, calificaron de "operaciones encubiertas" en "tiempo de paz" a la "propaganda negra, incluyendo la subversión moral, la ayuda a movimientos clandestinos y el apoyo a movimientos de resistencia", lo que constituyó una nueva forma activa de terrorismo contra cualquier gobierno o país que no fuera del agrado político de Washington. En un segundo grupo incorporaron "las acciones positivas, que implican sabotaje, antisabotaje, demolición, subversión, apoyo a las guerrillas y evacuación", o lo que es lo mismo, terrorismo abierto mediante el asesinato y el uso de cualquier medio de destrucción no solo en caso de guerra, sino cuando se considerara que la seguridad nacional de EE.UU. o de sus aliados estuviera en peligro.

La CIA dirigió operaciones paramilitares en Europa y en Asia desde los inicios de la Guerra Fría. Las acciones encubiertas le permitieron a Washington sostener secretamente su estrategia de contención y emplear acciones agresivas y ofensivas contra lo que consideraban la "amenaza comunista".

Las directrices del Consejo Nacional de Seguridad contenidas en el documento 10/2 de junio de 1948 autorizaron un vasto programa clandestino de "propaganda, guerra económica, acciones directas preventivas, incluidas acciones de sabotaje, antisabotaje, demolición y medidas de evacuación... subversión contra estados hostiles, incluida la asistencia a movimientos de resistencia subterráneos, a los guerrilleros y a grupos de liberación de refugiados, y apoyo a los elementos anticomunistas nacionales... a ser realizado de manera tal que cualquier responsabilidad del gobierno de los Estados Unidos por ellas no sea evidente para personas no autorizadas y que, en caso de ser descubiertas, el gobierno de los Estados Unidos pudiese negar, en forma plausible, toda responsabilidad".[1]

El general William Donovan, fundador de la rama de operaciones especiales de los militares en 1941, promovió el uso de la subversión física, el sabotaje y la guerra de guerrillas como apoyo a las operaciones militares convencionales. Abogó por la formación, en países seleccionados, de fuerzas guerrilleras y la creación de pequeños grupos paramilitares.

Las primeras operaciones encubiertas de los Estados Unidos tuvieron lugar durante la guerra civil griega en la década de 1940 y en las elecciones italianas de 1948, cuando el Partido Comunista Italiano, PCI, se colocó en una posición favorable para tomar el poder.

En Grecia, la oposición popular a los nazis y, más tarde, el retorno de la monarquía pro nazi y autoritaria, fue dirigida por el Frente de Liberación Nacional de Grecia, una fuerza de izquierda que incluia a los comunistas y que contaba con generalizado apoyo. En 1943, unidades militares británicas y estadounidenses ingresaron a Grecia para combatir al Frente de Liberación Nacional y en 1946 colaboraron con las fuerzas monárquicas y derechistas para impedir su victoria electoral y reprimir todas las actividades izquierdistas. A finales de la década de 1940, luego de derrotarlo, la CIA estableció en Atenas una de sus sedes más importantes en Europa,

---

[1]   J. Patrice McSherry. *Los Estados depredadores: la Operación Cóndor y la guerra encubierta en América Latina*; Santiago: LOM ediciones, 2009.

que sirvió como base de preparación y centro de comunicaciones para las operaciones de la CIA en todo el Medio Oriente.

Cuando en la década de los 50 resurgieron las protestas sociales, se formó un nuevo organismo de inteligencia denominado Kentriki Ypiresia Pliroforion (KYP, el *buró* central de inteligencia), con asistencia de la CIA. El KYP ayudó al golpe de los coroneles en 1967 y a la dictadura que le siguió.

En Italia, en tanto, donde el PCI era respetado por el papel cumplido en la resistencia antifascista durante la segunda guerra mundial, su popularidad fue socavada por una campaña encubierta de propaganda negra y acciones paramilitares digitadas desde Washington. William Colby, ex director de la CIA, se ufanó de la derrota del PCI en las elecciones de 1958, cuando era jefe de la sede en Roma, afirmando que aquel traspié de los comunistas había sido "uno de los logros más hermosos" de la CIA. En las últimas dos décadas se han conocido sorprendentes episodios de las actividades de la CIA y de la OTAN en Italia y otros países europeos, en la denominada "Operación Gladio".[2]

El gobierno de los Estados Unidos consiguió una especie de coalición militar anticomunista mediante el Tratado Interamericano de Asistencia Recíproca –conocido como TIAR o Pacto de Río de Janeiro– en el hemisferio occidental en 1947, y el Tratado del Atlántico Norte en Europa en 1949. Los encargados de formular las políticas de la Casa Blanca estadounidense se concentraron en tres objetivos estratégicos claves en el Tercer Mundo, considerado como el principal campo de batalla entre las superpotencias. Estos fueron: la contención del comunismo, la expansión del capitalismo y la garantía del alineamiento político con los Estados Unidos.

El propósito verdadero del TIAR no fue la "defensa hemisférica", sino uno mucho más rampante: mantener el dominio de los EE.UU. en el continente y el control sobre sus materias primas. Ese proyecto requirió estabilidad política, gobiernos deseosos de cooperar con Washington y, lo más importante, la supresión de los opositores a los regímenes amigos. Para asegurar la colaboración de los militares latinoamericanos, su control sobre los opositores e impedir la llegada de proveedores de armas de otro hemisferio, los EE.UU. les garantizaron el envío de pertrechos bélicos. La decisión del Pentágono de facilitar la transferencia de armas no solo

---

[2]   Daniele Ganser. *Los ejércitos secretos de la OTAN. La Operación Gladio y el terrorismo en Europa occidental*; Madrid: Editorial El Viejo Topo, 2010.

les ayudaba a asegurar el acceso de los EE.UU. a las materias primas y la cooperación de los militares de la región, sino que también ataba a los ejércitos locales al uso de armas y tecnologías producidas en las fábricas norteamericanas. Este proceso fue visto por algunos expertos como la "estandarización" de los ejércitos latinoamericanos.

La Latin-American Ground School –una precursora de la Escuela de las Américas– fue fundada en la zona del Canal de Panamá en 1946. Ocupó unos pocos edificios en el Fuerte Amador, en el sector atlántico de la zona del canal. Diez oficiales y una treintena de instructores condujeron sus programas de entrenamiento. La creación de la escuela coincidió con las renovadas ambiciones expansionistas de los EE.UU. en el continente y llenó en parte el vacío creado por la Segunda Guerra Mundial, cuando se rompieron los antiguos lazos militares con los poderes imperiales europeos –especialmente Francia, Italia y Alemania–, los cuales tradicionalmente habían equipado, entrenado y organizado a casi todos los ejércitos de América Latina. Al final de aquella guerra, los europeos se abocaron a reconstruir sus países, mientras los norteamericanos, a través de sus propias misiones militares, se hicieron cargo de armar y entrenar a las fuerzas de seguridad existentes al sur de su frontera con México.

En 1949, el ejército de Brasil estableció la Escuela Superior de Guerra, un centro de entrenamiento que jugó un papel esencial en el desarrollo de la ideología de la seguridad nacional.

1.2. Fuerzas especiales y boinas verdes

En Estados Unidos los "boinas verdes" fueron creados desde sus inicios con un objetivo político: combatir las insurgencias tercermundistas. Los primeros esbozos de fuerzas especiales surgieron a comienzos de la década de 1950 por iniciativa del coronel Aron Bank, quien hizo su aprendizaje en Francia, junto a los "maquis", los guerrilleros comunistas que combatieron a los ocupantes alemanes. Bank ideó la preparación de fuerzas guerrilleras capaces de operar e implantarse en profundidad tras las líneas enemigas. Ese concepto fue empleado a fondo 30 años después por el presidente Ronald Reagan en su estrategia del *roll-back* (volver atrás), aplicada con relativo éxito en Afganistán, Nicaragua, Angola y Mozambique, donde guerrillas respaldadas por Washington hicieron muy difícil la existencia de gobiernos de inclinación izquierdista.[3]

---

[3]   Raúl Sorh. "Las polémicas fuerzas especiales"; diario *La Época*; 23 de marzo de 1988.

Bank, quien murió en 2004, adquirió fama en los círculos militares porque contribuyó a la creación de la primera unidad de fuerzas especiales del Ejército de EE.UU. en junio de 1952. El militar fue quien solicitó a las autoridades castrenses que los 2.300 miembros de esa unidad especial pudieran utilizar boinas verdes como un signo de distinción. Esa idea, primero rechazada por el Ejército, fue finalmente aprobada por el entonces presidente John F. Kennedy, en 1962.

La primera unidad de boinas verdes fue destinada al décimo Grupo de Fuerzas Especiales localizado en Fort Bragg, en Carolina del Norte. Estuvo formado por ex miembros de la Oficina de Servicios Estratégicos, OSS, e integrada por paracaidistas, ex rangers, soldados de las fuerzas de asalto y veteranos combatientes de la última guerra mundial.

La misión de esa unidad, explicó Bank, era "infiltrarse por tierra, mar o aire en territorio ocupado por el enemigo y organizar el potencial de la resistencia para conducir operaciones de fuerzas especiales, con énfasis en la guerra de guerrillas". También podía realizar misiones de inteligencia y operaciones antiguerrilleras. Las primeras tareas de las fuerzas especiales se efectuaron a fines de 1952, cuando sus integrantes fueron enviados a Guatemala y a la guerra de Corea.

1.3. Guatemala y el debut de la "guerra sucia"

En Guatemala, Jacobo Arbenz, un nacionalista de izquierda partidario de cambios sociales, fue elegido presidente en 1950. Su gobierno dictó leyes que favorecieron a los trabajadores e indígenas, e inició una reforma agraria para modernizar la economía. Tal iniciativa afectó los intereses de la United Fruit Company, la compañía bananera estadounidense que se había transformado en la mayor terrateniente de Guatemala. El gobierno de Dwight Eisenhower consideró que Arbenz promovía el comunismo y autorizó a la CIA para que organizara su remoción, en una operación bautizada con el código secreto "PB Success".

En 1954, con el apoyo de la derecha guatemalteca, la CIA preparó y gestionó el derrocamiento de aquel gobierno. Washington instaló a un coronel del ejército local, quien revirtió las reformas sociales conseguidas y eliminó con métodos "profilácticos" a los partidarios de Arbenz.

La intervención norteamericana en Guatemala fue el primer y más claro mensaje para las fuerzas políticas y sociales que intentaban cambiar el modelo de desarrollo en América Latina. De allí en adelante, las fuerzas sociales progresistas –los comunistas para la Casa Blanca– debían darse por notificadas de que las reformas que afectaran a los intereses estadounidenses, aunque fuesen moderadas y apegadas a la constitucionalidad, encontrarían la inmediata oposición de Washington y de sus principales aliados, los miembros de las oligarquías y aristocracias nacionales..

Estos conceptos, cuestionados durante las décadas siguientes por los representantes de los partidos de derecha de América Latina y de los medios de comunicación que los representan, han sido ratificados en el último tiempo por investigadores y periodistas de prácticamente todas las tendencias ideológicas. Así, por ejemplo, Clifford Krauss, corresponsal del diario *The New York Times* para América Latina, escribió un artículo que reprodujo el periódico *Clarín*, de Argentina.

> Cuando la Comisión de la Verdad en Guatemala implicó a Estados Unidos en la creación de una maquinaria para matar que destruyó aldeas mayas enteras en los 80, suscitó interrogantes que probablemente no se resuelvan pronto. ¿Cómo pudo un país, que se autotitula faro de la democracia, vincular sus agencias de inteligencia con las más reaccionarias fuerzas de Guatemala? ¿Qué pensaban los funcionarios de Estados Unidos mientras eran asesinadas doscientas mil personas? Algunas claves pueden hallarse en los documentos desclasificados que la administración Clinton entregó al Archivo de Seguridad Nacional, un grupo de investigación que colaboró con la comisión. A partir de estos documentos, emerge la historia de un criterio lanzado en los años 50, cuando veteranos de la Segunda Guerra se propusieron detener el comunismo con un nuevo tipo de guerra que se denominaría contrainsurgencia. Es sabido que la CIA fabricó un golpe de Estado en Guatemala en 1954, contra el gobierno de Jacobo Arbenz, y que EE.UU. prodigó entrenamiento y equipos a una serie de gobiernos de derecha. El arsenal de contrainsurgencia de Washington se combinó con la tradicional brutalidad y el racismo del ejército de Guatemala. La historia empieza en 1954, cuando el general James Doolittle escribió un informe para el presidente Dwight Eisenhower sobre cómo usar a la CIA en la Guerra Fría: En este juego no hay reglas. Las normas aceptables para la conducta humana no se aplican. Documentos estadounidenses recientemente desclasificados ubican a un funcionario de la CIA en la habitación donde funcionarios de inteligencia de Guatemala planearon sus operaciones encubiertas en 1965. Muestran que la CIA y otros funcionarios de EE.UU. desempeñaron un rol clave a fines de los 60 en la tarea de centralizar estructuras de comando y comunicaciones de agencias que estarían involucradas en asesinatos llevados a cabo por escuadrones de la muerte. Informan sobre ejecuciones secretas

de dirigentes del Partido Comunista en 1966, que las autoridades de Guatemala negaron en público. También muestran que en la sede de la CIA, en Ciudad de Guatemala, sabían que el ejército estaba masacrando poblaciones mayas enteras mientras funcionarios de Reagan apoyaban abiertamente la política de derechos humanos del régimen militar. Incluso después de ganada la guerra, funcionarios de la CIA sabían que el ejército estaba destruyendo las pruebas de la existencia de centros de tortura y tumbas clandestinas en 1994. La administración Clinton no emitió en público una sola palabra. La preocupación por los derechos humanos llevó a la administración Carter a interrumpir la ayuda militar a Guatemala en los años 70, y el Congreso trabó los esfuerzos de la administración Reagan para reanudarla. Pero era demasiado tarde. La CIA mantuvo una gran influencia en las relaciones con el gobierno de Guatemala hasta entrados los años 90. Es uno de los más tristes capítulos de las relaciones entre Estados Unidos y América Latina dijo Federico Hitz, inspector general de la CIA desde 1990 a 1998.[4]

1.4. Los barbudos de la Sierra Maestra

A fines de los años 50', luego del triunfo de la Revolución Cubana, la Casa Blanca y el Pentágono creyeron ver confirmadas todas sus sospechas. Ambos se convencieron de que la irrupción al poder de Fidel Castro y los guerrilleros de la Sierra Maestra era una clara prueba de la conspiración comunista internacional. A partir de entonces, la Doctrina de Seguridad Nacional pasó a ser la base sustentadora del pensamiento militar en casi la totalidad de los países de la región.

Un documento secreto de la política de seguridad nacional de los Estados Unidos de 1962 declaró:

> En aquellos lugares en donde la insurgencia subversiva sea prácticamente inexistente o apenas incipiente (Phase I), el objetivo es apoyar la formación de una capacidad contrainsurgente adecuada en las fuerzas militares nacionales mediante el Programa de Asistencia Militar, así como complementar los programas de construcción de la nación de la AID (Agency for International Development) con acciones cívico-militares. Los mismos medios, en colaboración con la AID y la CIA, serán empleados para formar una capacidad semejante en sus fuerzas paramilitares nacionales.

La nueva doctrina de seguridad amplió el papel de los militares en América Latina, impulsando a las fuerzas armadas de cada una de las

---

[4]   Diario *Clarín*, Buenos Aires, domingo 11 de abril de 1999.

naciones para que se incorporaran a las esferas política, económica, social y cultural de sus países. El personal de la CIA trabajó estrechamente con el Comando Sur y las estructuras de inteligencia militar estadounidense para formar nuevas organizaciones de inteligencia en América Latina que integraran, bajo un solo mando, todos los esfuerzos contra los subversivos, que eran realizados por las policías, los militares y las fuerzas de inteligencia. Estas nuevas organizaciones fueron fundamentales para el debutante modelo contrainsurgente, ya que tenían acceso a tecnología sofisticada de los Estados Unidos para sus labores de vigilancia y comunicación.

En ese mismo documento secreto del Departamento de Estado, de septiembre de 1962, se afirmaba:

> Los intereses amplios de los Estados Unidos en el mundo subdesarrollado son los siguientes: 1. El interés político e ideológico de asegurar que las naciones en desarrollo evolucionen de tal manera que permita la promoción de un ambiente mundial propicio para la cooperación internacional y el crecimiento de las instituciones libres. 2. El interés militar de asegurar que las zonas estratégicas y los recursos humanos y naturales de las naciones en desarrollo no caigan bajo el control comunista. 3. El interés económico de asegurar que los recursos y los mercados de los países menos desarrollados del mundo sigan estando disponibles para nosotros y para otros países del Mundo Libre.[5]

El presidente Kennedy resolvió, a comienzos de los 60', dar un gran ímpetu a las fuerzas especiales. Los brotes guerrilleros que aparecieron en Guatemala en 1962 sirvieron de bautismo de fuego a los boinas verdes que participaron activamente en las campañas antisubversivas realizadas entre 1966 y 1968. Su papel no se limitó al entrenamiento de tropas locales, sino que participaron en patrullajes y en la planificación de acciones. La guerrilla, que tuvo escasa dimensión numérica –entre 200 y 600 efectivos– cobró la vida de 28 boinas verdes. Las fuerzas insurgentes, en tanto, fueron erradicadas de cuajo en parte por sus divisiones y por una represión que dejó ocho mil muertos. Esta victoria contrainsurgente tuvo un gran impacto sobre las fuerzas armadas en toda Latinoamérica. Para muchos estados mayores se convirtió en un modelo digno de ser imitado.[6]

---

[5]   J. Patrice McSherry, op. cit.

[6]   Ver Stephen Kinzer y Stephen Schlesinger. *Bitter Fruit*; New York: Anchor Book, 1983.

1.5. Vietnam y El Salvador

La siguiente misión de las fuerzas especiales estadounidenses fue más difícil. En Vietnam les correspondió preparar lo que fue conocido como Grupo Civil de Defensa Irregular, GCDI, que consistió en formar saboteadores, informantes e interrogadores y agruparlos en unidades con capacidad de acción autónoma. Las atrocidades cometidas por los GCDI y sus mentores socavaron los esfuerzos por ganar los "corazones y las mentes" de cientos de miles de aterrados sudvietnamitas.

Los estrategas bélicos norteamericanos decidieron combatir a los revolucionarios por medio de la formación de fuerzas contraguerrilleras, integradas por oficiales militares y fuerzas irregulares paramilitares, que utilizaron métodos para imponer el terror en las poblaciones civiles que apoyaban a los guerrilleros.

Intentaron con esa estrategia ampliar y fortalecer el esfuerzo contrainsurgente e impedir que los revolucionarios vietnamitas reclutaran a esos sectores sociales y ganaran el control de sus estratégicas tierras. Fueron incorporadas cerca de 17 mil personas. La práctica, que también se utilizó en Centroamérica con la Organización Democrática Nacionalista, Orden, en El Salvador, y posteriormente con las Patrullas de Autodefensa Civil, PAC, en Guatemala, garantizó el control militar de la población, forzó a los civiles a movilizarse para el combate y para efectuar funciones de inteligencia, y perturbó el desarrollo de la vida comunitaria ordinaria al militarizar a la sociedad civil.

Un artículo en *Military Review*, de marzo de 1961, señaló, por ejemplo, que "la guerra política, en suma, es guerra... que hace suyas formas diversas de coerción y violencia, incluidas huelgas y motines, sanciones económicas, subsidios para las guerrillas o la guerra por medio de terceros y, cuando se hace necesario, el secuestro y asesinato de elites enemigas. Las Fuerzas Especiales en Vietnam recibieron órdenes en 1965 de "conducir operaciones para desplazar funcionarios controlados por el Vietcong, las cuales incluirían el asesinato", y especificaba que unidades pequeñas de comando estarían dedicadas a "emboscar, atacar, sabotear y cometer actos de terrorismo" contra los insurgentes.[7]

---

[7] Ver Documento del Segundo Simposio sobre el genocidio yanqui en Vietnam; La Habana: Editorial de Ciencias Sociales; Editorial del Libro; 1969. También, Noam Chomsky: *La guerra de Asia*; Barcelona: Ediciones Ariel; 1972.

1.6. La Escuela de las Américas

La Escuela de las Américas, o Instituto de Cooperación para la Seguridad del Hemisferio Occidental, SOA, como el Ejército estadounidense lo llama ahora, se sitúa hoy en el centro de Fort Benning, una extensa base del Ejército ubicada en el límite sur de Columbus, Georgia, donde se trasladó en 1984 debido a que el gobierno panameño se preparaba para tomar el control del canal y del área circundante.

La precursora de la Escuela de las Américas –la Escuela de Terreno Latinoamericana, Latin American Ground School, LAGS– fue establecida en 1946 en la zona del Canal de Panamá, donde, desde 1939, los EE.UU. entrenaron a oficiales latinoamericanos en una variedad de bases militares. Luego de una reorganización y cambios de nombre, en 1963 se convirtió en la Escuela de las Américas.

Los programas de asistencia militar –Military Assistance Programs, MAP– fueron coordinados por el Comando Sur (Southern Command), uno de los cuatro grandes centros de mando militar de EE.UU. En principio fue una respuesta a la situación cubana y una base de protección para el canal de Panamá, pero muy luego se transformó en la base supervisora de la ayuda e influencia militar estadounidense desde México al sur, hasta Tierra del Fuego.

Las conferencias anuales de los comandantes de los ejércitos de América Latina empezaron a analizar la situación política continental, el grado de la "amenaza comunista" y la división interamericana en las tareas de defensa. Esta estrecha red de colaboración militar varió según el país, tanto como los montos de la ayuda financiera, el tamaño de las misiones militares de EE.UU. en cada nación y el porcentaje de oficiales y suboficiales latinos instruidos en las diversas escuelas dependientes del Pentágono.

La influencia estadounidense se apreció aun con mayor claridad en las cifras de militares que efectuaron cursos en las escuelas y centros de entrenamiento de ese país, las que muestran un notorio incremento desde los cambios ocurridos en Cuba y la expansión de las fuerzas políticas de izquierda en algunos países de América Latina a partir de la década de los años 60'.

También se notaron importantes variaciones entre los cursos dictados en Fort Gulick, en la zona del Canal de Panamá, y los impartidos en las escuelas situadas al interior de EE.UU. En los primeros, dictados en español y en portugués, el propósito principal fue inculcar la ideología anticomunista y la nueva filosofía contrarrevolucionaria simplista e incluso burda, pero suficiente para convencer a los militares que allí acudían. En cambio, las escuelas para Aspirantes Militares Extranjeros (Foreign Military Trainees, FMT) situadas en Norteamérica le reportaron mayores beneficios políticos al Pentágono. Para los oficiales latinoamericanos eran mucho más atractivos los cursos de Infantería de Fort Benning, en Georgia; los de Estado Mayor, en Fort Leavenworth, en Kansas; o, los del Inter American Defense College, reservados a los oficiales superiores. Aquellos cursos técnicos de alto nivel podían generar lealtades y una admiración ilimitada por la forma de vida estadounidense, además de establecer contactos de largo aliento y variados tipos.

Desde mediados de los años 60', a través del Programa de Asistencia a la Inteligencia Militar de Ejércitos Extranjeros (Army Foreign Intelligence Assistance Program) o "Proyecto X", se empezaron a suministrar manuales sobre tortura. Ello, probablemente, ante la incapacidad de las fuerzas armadas de EE.UU. para imponerse en Vietnam, a pesar de haber movilizado a más de 500 mil hombres, lo que contribuyó a convencer a los estrategas militares de la ingobernabilidad del tercer mundo. Cualquier grupo político o social que propugnara cambios radicales fue acusado de subversión comunista y rápidamente amplios sectores de la población, como los estudiantes, sindicalistas, campesinos e incluso curas y monjas, se transformaron en sospechosos.

Los EE.UU. entregaron considerables cantidades de ayuda financiera y material a los ejércitos latinoamericanos, transformándolos en fuerzas más numerosas, mejor entrenadas y más eficientes, encargadas de vigilar permanentemente al enemigo potencial que amenazaba con provocar el caos en toda la estructura política de las naciones del continente.

El promedio anual del gasto de los EE.UU. durante los 45 años de la Guerra Fría (1945-1991), en dólares del año 2000, totalizó US$ 351,8 billones, dineros que se restaron a una gran variedad de posibles iniciativas de bienestar social.

En las escuelas de Fort Gulick, en la década que siguió a la Revolución Cubana, 13.500 estudiantes asistieron a sus clases, lo que significó un aumento del 42 por ciento respecto de sus primeros 13 años de existencia. Cecil Himes era el comandante de la Escuela cuando los revolucionarios cubanos entraron a La Habana, y fue él quien organizó el primer curso de entrenamiento antisubversivo, en conjunto con las fuerzas especiales, que operaban desde Fort Bragg, en Carolina del Norte. Las fuerzas especiales entrenaron oficiales extranjeros y a los miembros de las cuatro ramas de servicio de los Estados Unidos para la guerra contra las guerrillas, pero la mayor parte del entrenamiento de las fuerzas extranjeras se hizo fuera de los Estados Unidos. El Equipo Móvil de Entrenamiento –Mobile Training Team, MTT– fue su principal medio para preparar a los soldados de ultramar. Un MTT consistía en dos oficiales y diez soldados, a quienes se mandaba en misiones de corto plazo a trabajar con ejércitos regulares, grupos de inteligencia y paramilitares no-regulares. Ente 1962 y 1967, más de 600 MTT de las fuerzas especiales operaron en América Latina.

Un manual del ejército de EE.UU. de 1968 daba detalles sobre las maneras de crear las fuerzas irregulares para combatir a la subversión y entregaba instrucciones para la utilización de la guerra psicológica, el sabotaje y la represión para la defensa interna. El manual, entre otras tácticas, recomendaba a los oficiales fotografiar, de manera periódica, a todos los residentes de una zona determinada y abrir registros de individuos y casas sospechosas de albergar subversivos.[8]

1.7. Indochina y la derrota de Dien Bien Phu

El antiguo Imperio Anamita, que hoy se conoce como Vietnam, se batió heroicamente contra la dominación milenaria de los chinos y luego contra el colonialismo francés, sin que jamás decayera su resistencia y espíritu libertario.

A fines del siglo XIX aquel territorio fue colonizado por Francia, recibiendo el nombre de Indochina Francesa, denominación que agrupaba a los territorios de Tomkín, Anam, Cochinchina, Camboya y Laos. Los tres primeros formaban una unidad con un solo nombre anamita que en la década de 1960 adquiriría fama en todo el mundo: Viet-Nam.

Al promediar el siglo XIX, franceses y españoles iniciaron la conquista militar, alentados por obispos y comerciantes. En 1887, luego de asegurar la paz con los chinos, que también deseaban anexarse esas regiones, nació la Indochina Francesa, con autoridad sobre Cochinchina, Anam, Tonkín y Camboya, a la que luego se sumó parte de Laos, perteneciente entonces al reino de Siam.

---

[8] Ver Lesley Gill. *Escuela de las Américas. Entrenamiento militar, violencia política e impunidad en las Américas*; LOM ediciones. Cuatro Vientos; enero de 2005. También Alain Rouquié. *El Estado militar en América Latina*; Buenos Aires: Emecé Editores, 1984, y, Jorge Álvarez Editor: *Política Militar*; Buenos Aires, 1963.

Las posiciones galas en la península indochina alcanzaron así los 740 mil kilómetros de superficie, con una población de 23 millones de habitantes. Ese régimen colonial duraría más de 60 años, hasta su dramática caída en la derrota militar de Dien Bien Phu.

Los reclamos no satisfechos de los vietnamitas multiplicaron las protestas y el crecimiento de los comunistas desde fines de la década de 1920. Al estallar la Segunda Guerra Mundial, la situación en Indochina era aparentemente tranquila, pero la represión y las persecuciones colonialistas no habían logrado eliminar al Partido Comunista, que se transformó rápidamente en una temible fuerza de combate.

Tras rendirse Francia a los alemanes, el 22 de junio de 1940, los japoneses atacaron a las tropas francesas en Indochina, obligándolas a rendirse. Los vietnamitas, entonces, aprovecharon de rebelarse y se levantaron contra franceses y japoneses, apareciendo las primeras unidades guerrilleras.

Para enfrentar a los nipones, los vietnamitas crearon el Viet Minh, la Liga para la Independencia surgida de la unión del Partido Comunista y de otras organizaciones nacionalistas, bajo la dirección de Ho Chi Minh.

Liberada Francia, japoneses y franceses entraron en conflicto en Indochina. El 9 de marzo de 1945, los japoneses proclamaron la independencia del territorio, destruyendo todo el sistema administrativo francés. Fue constituido un gobierno vietnamita fiel a Tokio, pero las guerrillas siguieron movilizadas bajo la consigna "a ocupar los depósitos de arroz y exterminar el hambre". En agosto, sin embargo, Estados Unidos lanzó bombas nucleares sobre Hiroshima y Nagasaki, forzando la rendición del Imperio del Sol Naciente.

Los vietnamitas se levantaron en una insurrección general y conquistaron el poder. Así, en agosto de 1945 el Viet Minh constituyó el gobierno provisional de la República de Vietnam y el presidente Ho Chi Minh leyó su declaración de independencia.

El 6 de marzo de 1946 se firmó un acuerdo mediante el cual Vietnam aceptó formar parte de la Federación Indochina y la Unión Francesa, autorizando el regreso de 15 mil soldados franceses por cinco años, los que substituirían a las tropas chinas. La demanda de independencia para un Vietnam unificado no fueron aceptadas por el gobierno de París y en diciembre de aquel año se reanudaron las hostilidades entre el Viet Minh y los franceses.

Los acontecimientos se sucedieron con rapidez. En 1949 triunfó la Revolución China encabezada por Mao Tse-tung, luego de retirarse los nacionalistas dirigidos por Chiang Kai-shek. Al comenzar 1950, el Viet Minh continuaba su guerra contra Francia.

Los franceses crearon en 1949 Vietnam del Sur, estado que fue reconocido al año siguiente por el nuevo presidente de Estados Unidos, Harry Truman, quien empezó a enviar apoyo económico y asesores militares. Washington, cada vez más temeroso de que el sudeste asiático se hiciera comunista, optó por apoyar los deseos de Francia de perpetuar sus colonias en la región.

A fines de 1953, las bajas sufridas por los franceses desde 1945 en Vietnam ascendían a casi 35 mil muertos, de los cuales más de 28 mil eran de África del Norte o de la Legión Extranjera. En los "ejércitos asociados", en tanto, compuestos por vietnamitas, laosianos y camboyanos, se contaban 32 mil bajas.

En un valle de 17 kilómetros de largo por cinco de ancho se dio la batalla decisiva por Indochina. Allí en Dien Bien Phu, que significa "puesto principal de frontera", convergieron, luego de una cuidadosa planificación, los mejores estrategas militares de Francia y del Viet Minh.

En el cuartel general de los rebeldes, en presencia de Ho Chi Minh, se organizó la movilización general de 50 mil vietnamitas, hombres y mujeres, para el transporte del arroz y municiones. Confiscaron caballos, concentraron una flota de sampanes, camiones y miles de bicicletas que fueron adaptadas para cargar hasta 300 kilos de suministros. Se dispuso que cada combatiente portara su propio armamento, un saco de arroz de 15 kilos, un bidón de agua y sal en el interior de una caña de bambú. El 26 de noviembre de 1953, iniciaron su marcha hacia el teatro bélico.

Al otro lado, mientras, el comandante en jefe de las fuerzas francesas, el general Henri de Navarre puso al frente de las tropas de combate al coronel conde Christian Marie Ferdinand de la Croix de Castries y, mediante la denominada Operación Castor, más de 4.500 paracaidistas y 190 toneladas de municiones fueron lanzados sobre Dien Bien Phu, campo donde estaban atrincherados 12 batallones de la Legión Extranjera y de paracaidistas, en una fortaleza que consideraban inexpugnable.

Los mandos militares franceses optaron por enfrentar a sus enemigos en la llamada guerra de posiciones. Los "erizos" y campos atrincherados fueron rodeados con tres mil toneladas de alambres de púas; decenas de casamatas estaban provistas de lanzallamas, bombas de napalm y nidos de ametralladoras. La confianza en la victoria era total.

Al promediar marzo de 1954, el permanente cañoneo sobre las posiciones francesas ocasionó estragos. Masas humanas de asalto, premunidas de metralletas livianas chinas, eran precedidas por voluntarios de todas las edades que se arrojaban sobre las alambradas y trincheras galas con bombas atadas a la cintura. Mujeres y niños arrastraban los cañones de un lugar a otro, impidiendo que los observadores de la artillería francesa pudieran fijar sus posiciones. Llovía sin pausa y los caudales de los cursos de agua inundaban los parapetos de los sitiados.

Desde aviones franceses y norteamericanos se lanzaban víveres, municiones y chalecos antibalas a las tropas coloniales, y en Hanoi se entrenaban más paracaidistas para ir en su refuerzo. Pero el ataque del Viet Minh era incesante, demoledor. Los oficiales galos comenzaron a titubear.

Al comenzar mayo, la fortaleza llevaba 160 días de asedio y 50 de combate sin interrupciones. La guarnición de 15 mil hombres, reforzada con casi cinco mil paracaidistas, registraba más de ocho mil heridos; el número de muertos ascendía a casi 1.300 y se anotaban unos 1.700 desaparecidos. El Viet Minh acometió entonces en una proporción de siete contra uno. Fue el asalto final y allí, en medio de un gran arrozal con forma de platillo, terminó la presencia francesa en Vietnam, ante el asombro y la incredulidad de los jefes militares del mundo occidental.

La derrota de los franceses en Indochina y los subsiguientes episodios militares en Francia y en Argelia fueron seguidos muy de cerca en las escuelas de oficiales de América Latina. En Chile, tanto en la Academia de Guerra como en la Escuela Militar, cundió la inquietud por el creciente poderío que mostraban las fuerzas comunistas en Asia y en África. En la escuela matriz de los oficiales del Ejército, sobre todo, los capitanes y tenientes que actuaban como instructores debieron extremar sus esfuerzos para entregar explicaciones razonables a los cadetes. Entre aquellos docentes destacaban los capitanes Óscar Bonilla, Eduardo Cano, Sergio Nuño, Hans Kobrich y Sergio Polloni; y, los tenientes Ernesto Hald, Enrique Valdés Puga, Bruno Siebert, Gastón Frez, Manuel Contreras y Alejandro Medina Lois.

Entre las nuevas materias que los profesores empezaron a impartir a los cadetes de los cursos superiores se incluyeron algunos aspectos de la guerra contrasubversiva. Se les explicó, por ejemplo, que la batalla que significó el final del poderío francés en Indochina dejó claramente establecidas numerosas enseñanzas. Desde el punto de vista militar, se comprobó, prácticamente, que jamás, bajo ninguna condición, debe subestimarse al enemigo. Por el contrario, se debe, siempre, partir del supuesto de una gran potencialidad. Lo opuesto es sinónimo de un posible fracaso.

En segundo lugar, la guerra de Indochina ilustró fría y claramente la imposibilidad de enfrentar a un movimiento guerrillero con los clásicos procedimientos de la guerra convencional; en efecto, grave error, trágico error, era lanzar a unidades entrenadas para la lucha franca al combate insidioso, escurridizo, que plantea la guerrilla. A esta última se la debe enfrentar, sin concesiones, en su propio terreno y con sus propios métodos; es decir, valiéndose de unidades menores, fuertemente armadas y entrenadas especialmente en las tácticas de la contraguerrilla.

Los oficiales de la Escuela Militar insistieron en que la lucha contrasubversiva debe partir, siempre, de un principio inamovible: no se enfrenta a un adversario franco, leal, que se muestra a cara descubierta; se lucha, sí, contra un enemigo que se oculta en los lugares mas imprevisibles y aun en la propia retaguardia.

Desde el punto de vista político, la conclusión era una y simple. Una formación armada que enfrenta a la guerrilla debe, sin vacilaciones, ser sostenida por la opinión pública del país, en forma tal que la combinación pueblo-fuerzas armadas se convierta en un bloque sin resquebrajaduras ni puntos débiles.[9]

1.8. Argelia y la sistematización de las torturas y desapariciones

El 1 de noviembre de 1954 se inició una vasta insurrección armada en Argelia, impulsada por el Comité Revolucionario de Unidad y Acción (CRUA), organización que agrupó a comienzos de ese año a todas las fuerzas anticolonialistas locales dispuestas a luchar con las armas por la independencia de su país.

Encabezados por Mohammed Boudiaf, los rebeldes lanzaron una serie de atentados y ataques simultáneos a centros públicos y militares en una docena de pueblos y ciudades. Asaltaron centros industriales, puestos de policía, convoyes militares, estaciones de combustible y depósitos de armas. La conmoción fue enorme. Las autoridades trataron de minimizar lo ocurrido, calificándolo como "actos aislados de terrorismo".

---

[9] Ver revista *Hechos Mundiales*; N° 32, s/f.

Ese mismo día se difundió una proclama que anunció la constitución del Frente de Liberación Nacional (FLN), con el fin de luchar por la independencia "mediante la restauración del Estado argelino, democrático y social, en el marco de los principios islámicos". Al lado del FLN, presentado como responsable político de la lucha, operaba el Ejército de Liberación Nacional (ELN), su organización militar.

Los franceses habían iniciado la conquista y colonización de Argelia en 1830 y durante más de un siglo intentaron consolidar su dominio en el norte de África. Los nativos, en tanto, se demoraron más de 120 años en conseguir la unidad en torno a un sentimiento y una política que les permitieran poner fin a la dominación francesa.

El 8 de mayo de 1945, el mismo día en que fue derrotada Alemania en la Segunda Guerra Mundial, miles de argelinos salieron a las calles enarbolando sus banderas blanquiverdes, anhelantes de que la victoria aliada les devolviera su independencia. En medio de aquellas manifestaciones, un oficial de la policía francesa mató a sangre fría a un árabe. La reacción de los locales fue arrolladora en un levantamiento espontáneo en contra del poder colonial. El trágico balance de la jornada dejó más de 100 víctimas fatales entre la población europea y millones de francos en daños.

La represión francesa fue brutal. Se proclamó el estado de sitio y los destacamentos militares bombardearon y destruyeron más de 40 aldeas. Los barrios árabes de varias ciudades fueron incendiados y se fusiló sumariamente a cientos de personas. Según cálculos oficiales de los franceses, hubo más de 1.500 argelinos muertos. Las fuentes nacionalistas, en tanto, calcularon que unos 45 mil nativos perecieron bajo la furia de los galos. En las décadas siguientes se pudo establecer que a lo menos unos 15 mil árabes fueron aniquilados en aquella oportunidad.

Los ánimos se apagaron tan rápido como se habían encendido, pero desde ese instante los argelinos supieron que era solo cuestión de tiempo para que el momento de la rebelión decisiva llegara, ocasión que finalmente se presentó al iniciarse el mes de noviembre de 1954.

En ese instante el ELN contaba apenas con unos 500 combatientes y, según diversos cálculos, llegó a tener un máximo de 120 mil entre 1957 y 1959, descendiendo luego a unos 40 mil a la hora del cese del fuego. En 1955, los guerrilleros cubrieron media Argelia y en 1957 se extendieron a todo el territorio.

El primer jefe militar designado por los franceses para combatir la insurrección fue el general Henri Lorillot, bajo cuyo mando comenzaron a llegar las derrotadas tropas traídas desde Indochina.

Los europeos de Argelia, poseedores de dos tercios de la tierra útil, controladores de los bancos, las minas, las empresas marítimas, los servicios públicos y la totalidad de la producción de vinos, principal recurso económico del país, se situaron a favor de la *"Algérie Française"*, en una toma de posiciones que se iría endureciendo al tenor de los acontecimientos.

En septiembre de 1956 estalló la primera bomba en Argel, la capital, iniciándose el terrorismo urbano, cuyos principal objetivo era "atraer sobre la guerra argelina la atención de la opinión mundial, golpear la moral de la población francesa y demostrar la inseguridad del poder colonial". La ocupación de la Casbah, la ciudad árabe antigua en Argel, con su laberinto de callejas y escondrijos, le sirvió al FLN para ocultar el cuartel general de su guerrilla urbana.[10]

1.9. Nueva teoría contra el terrorismo

En los altos mandos del ejército francés, mientras, se realizaban múltiples análisis sobre las causas de la reciente derrota en Indochina, pese a su evidente superioridad técnica y militar. Una de sus principales conclusiones fue que la guerrilla comunista del Viet Minh los había vencido gracias al apoyo activo de la población civil y a la influencia táctica de los escritos militares de Mao Tse tung.

El estado mayor galo, bajo el mando del coronel Charles Lacheroy, enunció entonces la teoría de la guerra antisubversiva, que él mismo, junto a los oficiales Jacques Hogard y Jean Némo, entre otros, transformaron en una doctrina y en diversos manuales que contenían los procedimientos de la denominada Doctrina de la Guerra Revolucionaria (DGR).

A comienzos de enero de 1957 los mandos militares franceses decidieron adoptar y aplicar esta nueva doctrina en Argelia. El gobierno socialista de Guy Mollet entregó el control de las operaciones al general Jacques Massu, comandante de la Décima División de Paracaidistas, cuyos cuatro regimientos, con ocho mil hombres, ingresaron marchando a Argel el 7 de enero, procedentes de Egipto.

---

[10] Jean-Paul Sartre. *Colonialismo y neo colonialismo*; Buenos Aires: Editorial Losada, 1965.

El FLN replicó con una ola de atentados explosivos a cafés céntricos y a otros lugares de reunión de los colonos europeos y convocó a una huelga general. Los comandos franceses rompieron el movimiento abriendo las tiendas por la fuerza y acarreando obligatoriamente en camiones a los trabajadores y empleados a sus faenas. En los días siguientes, los paracaidistas iniciaron una feroz represión.

El general Massu fue asistido por los coroneles Marcel Bigéard, Roger Trinquier, Albert Fossey-François e Yves Godard. El comandante Paul Aussaresses, por su parte, dirigió una agrupación integrada por los llamados "Escuadrones de la muerte", encargados de torturar y hacer desaparecer a los rebeldes hechos prisioneros. La nueva doctrina incluyó la eliminación discreta de todos los sospechosos, que hubiesen confesado o no, con el fin de ejercer una presión psicológica sobre las poblaciones civiles y obligarlas a detener su apoyo a los subversivos.

La dirección operativa de la represión quedó a cargo del coronel Bigeard, cuyas fuerzas, en los seis meses siguientes, detuvieron a más de 24 mil argelinos e hicieron desaparecer a unos tres mil de ellos. Funcionaron con estructuras de patrullas móviles y autónomas que actuaban al margen de todo marco legal. Muchos de los arrestados fueron torturados, ejecutados y hechos desaparecer. Sus cuerpos eran encontrados en las riberas del mar Mediterráneo y pronto los lugareños les empezaron a denominar las "Gambas Bigéard".[11]

Aussaresses reconoció décadas después que a su llegada a Argelia los policías y militares ya torturaban a los sospechosos para conseguir información y ejecutaban secretamente a los responsables de acciones terroristas. Su contribución, dijo, no fue introducir métodos represivos ilegales, que, aunque nadie reconocía oficialmente, todos practicaban, sino organizarlos "de manera científica" para optimizar los resultados. Tan así fue, reveló, que el propio general Massu se hizo torturar con electricidad para saber hasta qué límite se podía resistir ese tormento.

Las flagelaciones eran de tres tipos: golpes, electricidad en las zonas genitales y otros órganos sensibles del cuerpo, e inmersión del prisionero en agua o atragantándolo con líquido hasta la asfixia. Algunos morían durante el interrogatorio. Muchos de ellos, después de un rato de

---

tratamiento, contaban lo que se les pedía. Todos los que participaban, de manera directa o indirecta, en actos considerados terroristas, eran ejecutados sumariamente, y sus cuerpos disueltos en cal viva o enterrados en fosas comunes que los oficiales más escrupulosos hacían cavar orientadas hacia la Meca.

Los comandos del teniente coronel Aussaresses operaban a partir de las ocho de la noche y efectuaban las detenciones, interrogatorios y ejecuciones vestidos con uniformes leopardos, lo que ejercía un "saludable" efecto intimidatorio sobre la población. A la mañana siguiente, Aussaresses ponía en manos del general Massu un informe escrito con todos los detalles de las operaciones nocturnas.

Estos "servicios especiales" no se exhibían a la prensa, pero estaban integrados dentro de la institucionalidad cívico-militar que gobernaba Argelia. Aussaresses trabajaba en estrecho contacto con el juez Jean Bérard, emisario del entonces ministro de Justicia, François Mitterrand, quien había firmado el decreto que confió a la justicia militar todos los delitos cometidos en Argelia vinculados a la rebelión.

Según Aussaresses, el juez Bérard estaba enterado de las torturas y las ejecuciones sumarias, que aprobaba con entusiasmo, y, a través de él, también lo estaban las autoridades de París, aunque nunca lo admitieran, y, en determinadas circunstancias, aparentaran escandalizarse con las denuncias sobre supuestos abusos a los derechos humanos en Argelia.[12]

El general Massu autorizó el asesinato del dirigente del FLN, Larbi Ben M'Hidi; no obstante, tras considerar que un proceso judicial traería repercusiones internacionales que no deseaban, los oficiales optaron por ahorcarlo y aparentar que se había suicidado.

El general Jacques Pâris de Bollardière, miembro de la Legión Extranjera, ex combatiente en la Segunda Guerra Mundial y en Indochina, consciente de los numerosos asesinatos, desapariciones y de la recurrente tortura, protestó públicamente, pero fue detenido y confinado en una fortaleza. Más tarde, ya libre y retirado del ejército, Bollardière explicó: "No se solía llamar hombres a los argelinos, se les llamaba ratones o chivos. Y en tales circunstancias se le hace a uno fácil torturar a un ratón, ya que uno se figura que no se trata de un hombre".

---

[12] Mario Vargas Llosa. El torturador y los tartufos; diario *El País*, España, domingo, 13 de mayo de 2001.

El secretario general de la policía en Argelia, Paul Teitgen, renunció "después de reconocer en el cuerpo de los sospechosos las huellas profundas de los malos tratos o las torturas que hace catorce años sufrí yo personalmente dentro de los sótanos de la Gestapo en Nancy".

La mayor parte de los militares franceses presentes en Argelia en aquel momento recibió una educación religiosa, pero ella no les impidió asesinar ni torturar. El ejército tenía sus capellanes, que recomendaban "interrogatorios sin sadismo pero eficaces".[13] Un buen número de esos oficiales provenía de las filas de la Resistencia, o bien de las Fuerzas Francesas Libres que combatieron contra el ejército alemán durante la Segunda Guerra Mundial. Algunos de ellos se vieron, incluso, maltratados por el enemigo, lo cual tampoco les impidió practicar ni la tortura ni las ejecuciones sumarias que condenaron, en cambio, cuando las practicaron los alemanes. Tanto el general Massu como el coronel Aussaresses eran ex combatientes antifascistas. Robert Lacoste, ministro residente en Argelia, representante del poder político central y, por lo tanto, primer responsable de la práctica de las torturas, también fue un importante miembro de la resistencia francesa a los nazis.

Roger Trinquier, otro de los teóricos franceses de la guerra antisubversiva, afirmó que ésta se sostenía sobre tres pilares básicos: la separación de los subversivos de la población que los apoyaba; la ocupación de las zonas donde los subversivos operaban con anterioridad, transformándolas en peligrosas para ellos; y la coordinación de las operaciones represivas sobre amplias extensiones urbanas o rurales, permaneciendo en ellas para evitar que los subversivos volvieran a establecer contactos con la población.

Los paracaidistas del general Massu, por su parte, asumieron que la información tenía un valor decisivo y que era necesario conocer los contactos de los subversivos con la población civil. Para ello se detenía, se interrogaba y se torturaba. Solo así podían desmantelarse las células rebeldes, activas o "dormidas", y conseguir identificar a sus jefes.

El capitán Paul-Alain Ligéro, uno de los subordinados del coronel Bigéard en las tareas represivas, diseñó una táctica que bautizó como el *"retournement"*, consistente en sesiones de prolongadas torturas destinadas a convencer a un prisionero de que su única posibilidad de escapar de

---

[13] General Jacques Massu en *La Vraie Bataille D'Argel*; París: Broche, 1971. Durante una entrevista dada en el diario *Le Monde* del 21 de junio de 2000, Massu declaró que "el principio de la tortura era aceptado, esta acción era cubierta, incluso ordenada, por las autoridades civiles, que estaban perfectamente al corriente".

la muerte era aceptar colaborar en la infiltración y delación de sus ex camaradas. Otro oficial, André Bruge, quien dirigió el Centro de Instrucción de la Pacificación y de la Contraguerrilla de Arzew, una ciudad puerto del este de Argelia, estableció pormenorizados tiempos para los interrogatorios y torturas, los que más tarde pasaron a formar parte de manuales sobre el tema. En ellos se indicaba que los detenidos, a su llegada al centro de detención, eran separados en dos grupos: los que debían ser interrogados inmediatamente y los que debían esperar. A todos se les llevaba a visitar las salas de tortura cuando se estaba interrogando para que vieran cómo se aplicaba la electricidad, los suplicios de agua y los colgamientos. Los que debían esperar su turno, eran introducidos en pequeñas celdas donde permanecían en cuclillas sin recibir alimentos en un período de dos a ocho días. El 10 de febrero de 1957, el general Massu hizo difundir un escrito titulado "Las reflexiones de un sacerdote sobre el terrorismo urbano", coescrito por el sacerdote Delarue, capellán de la división de paracaidistas, y el coronel Trinquier. Aquel escrito justificaba la tortura como método para impedir un atentado explosivo.[14] El general Allard recomendó en marzo de 1957 el uso en toda Argelia de "los procedimientos empleados en Argel y que han hecho prueba de su eficacia".

1.10. El sostén religioso de la represión

La teoría de la guerra contrarrevolucionaria diseñada en la Escuela Superior de Guerra de Francia por Lacheroy, Trinquier y Jacques Hogard, se sustentó en la ideología nacionalista católica elaborada por la "Ciudad Católica", un grupo integrista dirigido por Jean Ousset, exsecretario personal de Charles Maurras, el fundador de la Acción Francesa. Los grupos "Verbo" (*Verbe*, en francés) y "Ciudad Católica" (*Cité Catholique*) fueron fundados en Francia en 1946. Los teólogos franceses Jean Ousset y Jean Madiran aportaron los elementos básicos de su pensamiento integrista. Ousset era autor de una obra fundamental para el grupo, un manual de anticomunismo titulado "El Marxismo-leninismo". El desarrollo de las teorías de Ousset, impregnadas del pensamiento monárquico-corporativo del francés Charles Maurras, tuvo su auge durante el gobierno del

---

[14] Este pretexto es conocido en inglés bajo el nombre de *ticking time bomb scenario*. En 2010 se estrenó una interesante película sobre el tema: *Unthinkable*, del director Gregor Jordan, y con guión de Peter Woodward.

mariscal Pétain en Vichy, en la Francia aliada al eje nazi fascista de Hitler y Mussolini.

La revista *Verbo* difundió entre la oficialidad del ejército francés la ideología anticomunista de aquel grupo integrista. Diversos altos mandos de las fuerzas armadas escribieron, a su vez, artículos en esa revista a partir de su aparición en mayo de 1957, mientras Ousset organizaba reuniones con las misiones militares extranjeras en París para intercambiar opiniones y experiencias acerca de los sucesos que ocurrían en Argelia. *Verbo* publicó en febrero de 1959 una serie de artículos legitimando la tortura a través de una casuística fundada sobre una cierta interpretación de Santo Tomás de Aquino, relativa a la distinción de la "*pena vindicative*" y la *pena médicinale*, extraída en las fuentes de la Inquisición.[15]

En el año 1958, luego de más de 20 crisis ministeriales, el general Charles de Gaulle creó la Quinta República Francesa. Al año siguiente inició una gira por Argelia en la que ordenó a las tropas francesas detener la aplicación de torturas; sin embargo, sus órdenes no fueron mayormente acatadas. Poco tiempo después, el presidente De Gaulle se pronunció a favor de la autodeterminación de Argelia, poniendo fin a siglos de colonialismo. Esta decisión fue rechazada por importantes sectores del ejército francés, desembocando en una sublevación en 1961. Comenzó a operar la Organización del Ejército Secreto, OAS, como organización contrarrevolucionaria, y con ella la doctrina utilizada en la guerra de Argel. La recuperación de Argelia para el imperio francés era el objetivo, y la eliminación del general De Gaulle, su máxima obsesión. En 1962 se puso fin a las intenciones de la OAS, proclamándose la independencia de Argelia. Entonces, muchos de los integrantes de aquella organización decidieron buscar mejores horizontes en Argentina.[16]

1.11. El interés argentino en las prácticas francesas

Los militares argentinos fueron los primeros interesados en América Latina en conocer con detalles las teorías de la guerra contrasubversiva elaboradas por la Escuela de Guerra de París. En 1957, el Estado Mayor trasandino designó al oficial Alcides López Aufranc para que se iniciara en la nueva doctrina militar francesa y concurriera a un curso práctico de

---

[15] Un notable trabajo sobre el tema en Ricardo López y Edison Otero: *Pedagogía del terror. Un ensayo sobre la tortura*; Chile: Editorial Atena, diciembre 1989.

[16] Ver Jacques Duclos. *De Napoléon III à De Gaulle*; Buenos Aires: Editorial Platina, 1964.

un mes que se dictó en Argelia. López Aufranc se transformó en el principal promotor de las técnicas represivas impuestas por los paracaidistas franceses en el norte de África y años después, convertido ya en general, participó activamente en el golpe de Estado de 1976, que derrocó al gobierno constitucional de la presidenta María Estela Martínez de Perón e instaló en su lugar una junta militar encabezada por los comandantes de las tres Fuerzas Armadas.

El periodista francés Pierre Abramovici reveló en la revista francesa *Le Point*, en 2001,[17] que en 1957, al ser derrocado Juan Domingo Perón, el coronel Carlos Rosas, recién egresado de la Escuela Superior de Guerra de París, fue designado subdirector de la Escuela de Guerra de Argentina e introdujo un plan de estudios sobre las tácticas y estrategias de la guerra revolucionaria comunista. Fue Rosas, futuro jefe de la policía federal bajo la dictadura militar del general Jorge Rafael Videla, quien solicitó a los altos mandos franceses el envío de algunos asesores a la Escuela de Guerra trasandina. Ellos fueron los tenientes coroneles Patrice de Naurois y François-Pierre Badie.

Tras estrecharse los vínculos, el 11 de septiembre de 1958, el ministro de Defensa galo, Jacques Chaban-Delmas, autorizó a 60 cadetes argentinos, de la primera promoción formada por los asesores franceses, a realizar un viaje de estudios a Argelia.

En noviembre de 1959 los altos mandos de los ejércitos argentino y francés firmaron un acuerdo para crear una misión militar permanente en Buenos Aires. En marzo de 1960, el nuevo ministro de Ejércitos francés, Pierre Messmer, envió a Buenos Aires al general André Demetz, jefe de Estado Mayor del ejército de tierra, acompañado del teniente coronel Henri Grand d'Esnon, para instalar la misión. Este último pronunció, el 26 de mayo de 1960, en la Escuela de Guerra argentina, una conferencia donde describió los aspectos de la guerra subversiva y puso énfasis sobre el papel protagónico que debía tener el ejército en el control social de la población y en la destrucción de las fuerzas revolucionarias.

Los asesores galos se instalaron en la sede del Estado Mayor argentino. Todos eran oficiales veteranos de Argelia y cumplían sus labores en el más estricto secreto. Entre ellos figuraban Bernard Cazaumayou, Patricio de Naurois y Robert Louis Bentresque. Casi todos permanecieron

---

[17] Pierre Abramovici. Como nace el terror en América Latina: La otra guerra sucia de Aussaresses; *Le Point*; Francia; 15 de junio de 2001.

a los menos tres años, entre 1959 y 1965, transmitiendo las experiencias acumuladas en Argelia. Muy entusiasmados, los argentinos tradujeron el libro del coronel Roger Trinquier, *La Guerra Moderna*, y le pusieron un nuevo título: *Guerra. Subversión. Revolución.*

En julio de 1961, durante una misión de la Escuela de Guerra argentina en Perú, uno de los oficiales franceses propuso un curso de lucha anticomunista destinado al conjunto de las fuerzas armadas americanas. La iniciativa, respaldada por los argentinos, se transformó en el primer Curso Interamericano de Lucha Antimarxista, dirigido por el coronel López Aufranc, realizado en octubre de 1961 en Buenos Aires, al que asistieron 39 oficiales representantes de 13 países de América Latina y de los Estados Unidos. Estos últimos no compartieron la estrecha relación conseguida entre los militares franceses y argentinos y, tras informar a sus superiores, el Pentágono solicitó al gobierno francés que retirara a sus asesores castrenses de Buenos Aires.

Fue entonces que las autoridades francesas enviaron al comandante Aussaresses a Estados Unidos para formar a las fuerzas especiales y a otros combatientes en los secretos de la guerra antisubversiva. El ex jefe de los escuadrones de la muerte en Argel fue designado agregado militar en Washington, donde contó con diez oficiales de enlace, todos ex combatientes de Argelia. Después de un tiempo, Aussaresses se trasladó como observador a la Escuela de Paracaidistas de Fuerte Benning, en Alabama. Aussaresses ha afirmado que su antecesor en la agregaduría militar francesa en Washington le aconsejó ir al centro de formación de las Fuerzas Especiales en Fuerte Bragg, en Georgia, con el objeto de poder efectuar instrucción sin que sus superiores jerárquicos se enteraran.

El periodista Pierre Abramovici aseguró que en ese instante los militares norteamericanos solo disponían de un único manual de instrucción elaborado a partir de la guerra en Yugoslavia contra los alemanes, durante la Segunda Guerra Mundial.

Aussaresses llegó a Fuerte Bragg en plena reorganización de las fuerzas especiales. El presidente Kennedy ya estaba convencido de la utilidad de estas unidades de elite y recomendó su empleo, en especial en Vietnam. El Fuerte Bragg se convirtió así en una escuela de guerra especial, donde se formaban militares y agente de la CIA.

Los primeros licenciados formados, en especial por Aussaresses, fueron destinados a una unidad bautizada MATA (*Military Advisory*

Training Assistance) a la que llamarían los "Matadores". Uno de los alumnos de Aussaresses fue Robert Komer, más tarde analista de la CIA y que en 1964 formó parte del gabinete del presidente Lyndon B. Johnson. En 1967, se nombró a Komer embajador en Vietnam. Bajo su autoridad, se diseñó lo que más tarde se conocería como la "Operación Fénix", considerada como un importante antecedente de la "Operación Cóndor", emprendida por las dictaduras militares de los años 70' en América Latina.

La instalación de los militares franceses en Buenos Aires coincidió con el inicio de las actividades en Argentina de los Cooperadores del Cristo Rey, basándose en la experiencia y reproduciendo la organización de su matriz francesa, los grupos Verbo y Ciudad Católica ya mencionados, donde uno de sus principales ideólogos era Jean Ousset, autor de un manual de anticomunismo que en Argentina fue traducido y publicado con un prefacio del arzobispo Antonio Caggiano.

En 1962, tres años después de fundada la rama de los Cooperadores Parroquiales, llegó a Argentina el sacerdote francés Georges Grasset, uno de los cuadros más activos del integrismo fascista. Grasset permaneció un largo período en Argelia como capellán de las tropas y de los colonos derechistas, y en 1957 alentó el alzamiento que encabezaron los militares derechistas. El sacerdote fue el guía espiritual de la OAS, que reivindicó la guerra sucia francesa contra los nacionalistas argelinos.

Grasset emigró de Argelia a la España franquista y se unió a los partidarios de Sixto de Borbón, príncipe de París que pretendía el trono español. De Madrid viajó a Buenos Aires para asumir la dirección de la revista *Verbo*, además de negociar la inmigración a la Argentina de un grupo de colonos franceses expulsados de Argelia.

En Buenos Aires, Grasset se vinculó estrechamente a Roberto Gorostiaga, fundador de la revista *Roma*, y al coronel Juan Francisco Guevara, los dos principales conspiradores que prepararon el golpe militar de 1966, que llevó al poder a los generales Juan Carlos Onganía y Alejandro Lanusse.[18]

A partir de 1963, los instructores franceses fueron desplazados luego de imponerse en el alto mando argentino un sector pro estadounidense

---

[18] Rogelio García Lupo. *Mercenarios & Monopolios en la Argentina de Onganía a Lanusse 1966-1971*; Buenos Aires: Achaval Solo, 1972. Ignacio González Jansen. *La Triple A*; Buenos Aires: Editorial Contrapunto, 1986. Además, Rogelio García Lupo. *La rebelión de los generales*; Buenos Aires: Editorial Jamcana, 1963 y, Federico Finchelstein. *La Argentina fascista: los orígenes ideológicos de la dictadura*; Buenos Aires: Sudamericana, 2008.

de generales. Sin embargo, con el retorno de Perón, en 1973, recuperaron su influencia en las fuerzas armadas locales.

Ese año, los soldados argentinos participan en prácticas de lucha antisubversiva en el sur del país y el gobierno francés recibe una solicitud oficial del Ejército argentino para que la misión militar francesa vuelva a ocupar funciones relevantes en Buenos Aires.

Pierre Messmer, el primer ministro de Georges Pompidou, envió al hombre con el perfil adecuado. Se trataba del coronel Robert Servant, que viajó a Buenos Aires el 15 de abril de 1974. Ex combatiente de Indochina, encargado en Argel de los interrogatorios a los miembros del FLN, había hecho amistad en Madrid con el teniente coronel argentino Reynaldo Bignone, quien sería uno de los oficiales claves de la junta militar que tomaría el poder en 1976.

El coronel Servant se instaló en Buenos Aires en el Estado Mayor del Ejército de Tierra, entonces dirigido por el general Rafael Videla, en la jefatura de operaciones, y se abocó a transmitir sus conocimientos sobre la lucha antisubversiva. Si enfrentaba algún problema, se contactaba con la Secretaría General de Defensa Nacional francesa, SGDN, que dependía directamente del primer ministro, Jacques Chirac, quien sucedió a Messmer en 1974. Servant estaba también en contacto con un jefe del SDECE para Brasil y Argentina, el capitán Pedro Latanne, que a su vez dependía del agregado militar en Brasil, otro veterano llegado a Brasilia en 1973, el comandante Paul Aussaresses.

A principios de 1975 se realizó la primera gran operación antisubversiva en la provincia de Tucumán. El general Antonio Bussi, quien conseguirá un año más tarde, una amplia victoria sobre la guerrilla izquierdista mediante el reagrupamiento de poblaciones, la tortura y las ejecuciones sumarias, era también un antiguo alumno de los franceses.

En la primavera de 1975, los militares hicieron traducir todas las obras de los expertos franceses y, sobre la base de esos escritos, diseñaron parte de los planes para afianzar su dictadura a partir de marzo de 1976.

La influencia de los franceses en Argentina, Brasil y Chile pudo conocerse con detalles casi 25 años después, cuando la periodista y documentalista francesa Marie-Monique Robin efectuó un pormenorizado trabajo de investigación que culminó en el año 2003 con la exhibición del documental *Escuadrones de la muerte: La Escuela Francesa*, donde resumió decenas de horas de entrevistas y grabaciones en Francia y Buenos Aires.

A comienzos de 2010, el diario argentino *Página 12*, a través del periodista Horacio Verbitsky, publicó en sucesivos capítulos el contenido completo de las entrevistas efectuadas por la documentalista francesa a varios altos oficiales que formaron parte de la última dictadura militar en ese país, entre 1976 y 1983. Partes importantes de aquellas conversaciones habían quedado fuera del documental.[19]

Cuatro generales argentinos entregaron sus testimonios a Robin: Ramón Genaro Díaz Bessone, quien fue comandante del II Cuerpo de Ejército y ministro de Planeamiento de la dictadura; el ex ministro del Interior Albano Eduardo Harguindeguy, el ex dictador Benito Bignone; y, el ex jefe de Estado Mayor del Ejército, Alcides López Aufranc.

Díaz Bessone reconoció que la dictadura militar hizo desaparecer a siete personas y que no se animó a fusilarlas por temor a la condena del papa Juan Pablo II.

Marie-Monique Robin le preguntó a Bignone si tales métodos le habían costado "algunas preguntas éticas al principio". Su respuesta fue:

¿Qué le parece? Uno vive haciéndose preguntas éticas. Yo creo que la reacción que vino después contra la Argentina, contra Chile y Uruguay fue precisamente motivada para que nadie se anime en el mundo a hacer lo que hicimos nosotros, porque ésa es la única manera de terminar con la subversión. No es lo mismo que convivir con la subversión, como convive Colombia o España con la ETA, o que ser derrotado por la subversión, como fue con Cuba o pudo ser El Salvador. Porque nosotros terminamos con la subversión. Que después perdimos políticamente es otra cosa. Pero militarmente terminamos con la subversión.

El general Bignone, por su parte, reconoció que en la lucha contrasubversiva en Argentina se combinaron las teorías estadounidenses sobre la guerra clásica, la teoría francesa de la contrasubversión y el "Esquema Trinquier", es decir, la división en zonas, fichajes, allanamientos, tortura y desapariciones, copia fiel de la "Batalla de Argel".

Una de las formas de transmisión de las enseñanzas francesas fue la lectura de los libros de Jean Lartéguy –*Los Mercenarios*, *Los Pretorianos* y *Los Centuriones*–, en cuyas páginas se describe sin eufemismos la tortura y asesinato de prisioneros. Los asesores franceses "nos recomendaron esos libros. Fue un complemento a esa experiencia, que nos hizo pensar cómo se desarrolló la guerra revolucionaria en Argelia, que después debimos

---

[19] Marie-Monique Morin. *Escuadrones de la muerte: La escuela francesa*; Buenos Aires: Sudamericana, 2004. Ver además revista argentina *Todo es Historia*, número 422, septiembre de 2002.

enfrentar nosotros en la Argentina. El método de interrogatorio estaba explícito en los libros de Lartéguy", añadió Bignone, uno de los últimos miembros del régimen militar argentino.

1.12. Brasileños imponen la Doctrina de Seguridad Nacional

El día 31 de marzo de 1964, un grupo de militares brasileños rompió la Constitución, derrocó al presidente Joao Goulart e impuso una dictadura que duró 21 años y provocó más de 500 muertos y desaparecidos. Los militares, además, instauraron una nueva doctrina continental, la Doctrina de Seguridad Nacional, destinada a conferir a las Fuerzas Armadas un papel protagónico en la planificación y desarrollo no solo de Brasil, sino de los países de toda América Latina.

La llegada de los militares al poder fue preparada desde la renuncia del presidente Jânio Quadros, en 1961, cuando Brasil clamaba por reformas sociales estructurales para superar su endémica pobreza. El gobierno de Estados Unidos, una vez más, creyó que aquellas demandas eran un síntoma evidente de la penetración comunista en el país más grande de la región y, con la complicidad de las elites locales, organizó a través de la CIA la desestabilización de la democracia tradicional brasileña.

Informes desclasificados en las dos últimas décadas por el gobierno estadounidense han señalado que el presidente Lyndon Johnson no estuvo dispuesto a correr el riesgo de que la nación con las mayores riquezas de Sudamérica se convirtiese en una nueva y gigantesca Cuba. Ello, pese a los antecedentes democráticos de Goulart y a sus repetidos esfuerzos por dar seguridades a Washington de que no pretendía colocar a Brasil en una ruta radical ni alinear a su país con el régimen de Fidel Castro o con la Unión Soviética. En 1964, la Casa Blanca estaba representada en Brasil por el embajador Lincoln Gordon, cuyo principal agregado militar, el general Vernon Walters, era amigo muy cercano al general brasileño Humberto de Alençar Castelo Branco, quien sería declarado presidente después del derrocamiento de Goulart. Vernon Walters llegó más tarde a ocupar el cargo de subdirector de la CIA y luego fue embajador de EE.UU. ante las Naciones Unidas en el gobierno del presidente Ronald Reagan.

Desde que los comandantes de las Fuerzas Armadas, en agosto de 1961, no consiguieron impedir que el vicepresidente João Goulart, del Partido de los Trabajadores Brasileño, PTB, asumiese el gobierno, en virtud de la renuncia del presidente Quadros, la CIA entregó asistencia a los diversos sectores de la oposición que conspiraban para derrocarlo. En 1962, la CIA gastó entre US$ 12 millones y US$ 20 millones, financiando la campaña electoral de diputados de derecha, a través de organizaciones creadas por sus agentes, como el Instituto Brasileño de Acción Democrática, IBAD, Acción Democrática Parlamentaria y otras, todas identificadas con el rótulo de "democrática".

El 12 de septiembre de 1963, cabos, sargentos y suboficiales, principalmente de la Aeronáutica y de la Marina, liderados por el sargento Antônio Prestes de Paulo, se sublevaron en Brasilia, y ocuparon los predios de la Policía Federal, Estación Central de Radio Patrulla, Radio Nacional, Departamento de Teléfonos Urbanos e Interurbanos. El movimiento, sin embargo, fracasó y todo indica que se trató de una provocación, una *spoiling action*", destinada a crear dificultades y colocar a la oficialidad de las Fuerzas Armadas en favor del golpe de Estado, promovido abiertamente por el gobernador del Estado de Guanabara, Carlos Lacerda, y otros políticos de la Unión Democrática Nacional, UDN.[20]

Por esos días de 1963, el Pentágono elaboró varios planes de contingencia para intervenir en Brasil si el presidente João Goulart se inclinaba hacia la izquierda o hacia un nacionalismo antinorteamericano al estilo del asumido por el líder justicialista argentino Juan Domingo Perón. El 30 de septiembre, el Departamento de Estado esbozó una propuesta política de corto plazo para Brasil, con un programa clandestino de penetración en el medio militar y la recomendación de "apoyo e inmediato reconocimiento de cualquier régimen que los brasileños establezcan para sustituir a Goulart".

En medio de algunos atentados terroristas, denuncias de infiltración comunista en el gobierno y en las Fuerzas Armadas, la CIA instigó huelgas y manifestaciones, cada vez más radicales, que permitieran presumir un posible levantamiento revolucionario. Diputados como Francisco Bilac Pinto, de la UDN, entre otros, acusaron a Goulart desde las tribunas parlamentarias de estar allanando el camino al marxismo internacional.

---

[20] Edwin Harrington. "Cómo cayó Goulart"; revista *Jaque*; Montevideo, 30 de marzo de 1984.

Y, a fin de que se asemejase a una insurrección comunista en marcha, entre el 25 y el 27 de marzo de 1964, José Anselmo de los Santos, conocido como "cabo Anselmo", pero en verdad un estudiante universitario infiltrado entre los marineros por el Centro de Informaciones de la Marina (Cenimar), en colaboración con la CIA, lideró a centenas de marineros, que decidieron conmemorar el aniversario de la Asociación de los Marineros y Fusileros Navales, desobedeciendo una prohibición del ministro de Marina, almirante Sílvio Mota, y corrieron a la sede del Sindicato de los Metalúrgicos, en Río de Janeiro, a fin de comprometer a los trabajadores con el movimiento. Los militares que fueron enviados para someter a los rebeldes, terminaron apoyando la sublevación. Fue una operación casi perfecta para demostrar que la insurrección comunista era inminente. Los oficiales legalistas de las Fuerzas Armadas se inclinaron hacia el bando de los conspiradores y el gobierno se quedó sin apoyo militar. Finalmente, la CIA había conseguido crear las condiciones objetivas para el golpe de Estado.

El motín de los marineros constituyó la provocación que el general Humberto de Alençar Castelo Branco esperaba para inducir a la mayoría de los militares a aceptar la ruptura de la legalidad, de cara a la quiebra de la disciplina y de la jerarquía en las Fuerzas Armadas.

La asonada se preparó para después de la Marcha de la Familia con Dios por la Propiedad, programada para el 2 de abril en Río de Janeiro, financiada por la CIA. No obstante, el general Olímpio Mourão Filho, comandante de la IV Región Militar, con sede en Juiz de Fora, en Minas Gerais, precipitó los acontecimientos. Desde su rancho en Texas, el día 31 de marzo, el presidente Lyndon B. Johnson, hablando por teléfono con el secretario de Estado asistente para América Latina, Thomas Mann, dio luz verde para que los Estados Unidos respaldasen activamente el golpe contra el gobierno de Goulart.

Washington desplegó frente a la costa de Brasil una fuerza de tarea de portaviones que contenía también destructores y naves petroleras para intervenir de manera encubierta o franca en apoyo a las fuerzas golpistas si era necesario.

El golpe de Estado estaba consumado. El diputado Pascoal Ranieri Mazzilli, el primero en la línea de sucesión, como presidente de la Cámara Federal, asumió el gobierno. El embajador Lincoln Gordon recomendó al Departamento de Estado el reconocimiento del nuevo gobierno, aun sabiéndolo ilegítimo e inconstitucional, y el presidente Lyndon B. Johnson telegrafió a Mazzilli para felicitarlo por su nueva investidura.

El golpe de 1964 en Brasil fue la primera manifestación exitosa de la Doctrina de Seguridad Nacional, DSN, de su presentación con los ropajes de una revolución modernizadora, y del uso de la llamada "guerra sicológica" como estrategia de desestabilización de un gobierno, realizada de común acuerdo entre una facción de las Fuerzas Armadas locales y el Pentágono estadounidense. Esa alianza, que luego se repetiría en otros países de América Latina, contó con el brazo ejecutor de la CIA y el apoyo de consorcios económicos internos y externos.

La instauración de la DSN estuvo orientada a sustituir las antiguas dictaduras unipersonales de carácter paternalista y mesiánico. Los "halcones" del Pentágono pretendían con el nuevo experimento en Brasil establecer un nuevo orden interno sustentado en el control policial de la población, el aplastamiento de la disidencia a través de la represión, la tortura y la eliminación física, y la redacción de constituciones o actas institucionales hechas a la medida.

La dinámica de este proyecto se había puesto en marcha a partir de 1949 con la creación de la Escuela Superior de Guerra de Brasil, basada en los modelos estadounidenses del U.S. Industrial College of Armed Forces y del National War College, pero con algunas significativas diferencias. El énfasis se puso en la seguridad y el desarrollo y se buscó el apoyo activo de hombres de negocios, jueces, periodistas, académicos y, en general, profesionales e intelectuales de distintas disciplinas que tras el golpe de 1964 ocuparon importantes puestos de gobierno en las décadas siguientes.

Para conseguir la destitución de Goulart se utilizó una estrategia novedosa en el continente, apenas esbozada antes en el derrocamiento de Jacobo Arbenz en Guatemala: desestabilización del régimen a través de un poderoso aparato de guerra sicológica.

La primera piedra fue caracterizar al presidente como un comunista encubierto, lo que para los sostenedores de la DSN era equivalente a la traición a la patria.

Los planes de Goulart eran progresistas y audaces, pero no superaban el reformismo e incluían la expropiación en las tierras comprendidas dentro de las fajas de 10 kilómetros de ancho a los dos lados de las carreteras y vías férreas federales para ser asignadas a los campesinos a través de la Superintendencia de Reforma Agraria; la nacionalización de las refinerías de petróleo pertenecientes a empresas privadas; el derecho a voto a los analfabetos (51 % por ciento en ese entonces) y a los suboficiales y soldados de las Fuerzas Armadas; la readmisión del PC proscripto en ese período; y una polémica enmienda constitucional que le permitiera la reelección, dado que su mandato fue complementario, pues se produjo por la renuncia a la presidencia de Jânio Quadros. "Jango" Goulart trató, además, en última instancia, de convocar al país a un plebiscito, pero el levantamiento ya estaba en marcha.

1.13. Algunos antecedentes sobre el origen de la DSN

En Brasil, la DSN tuvo lo que podría llamarse su presentación en sociedad. No obstante, el origen de su doctrina no se inició con la fundación de la Escuela Superior de Guerra, sino que en un intento de golpe de Estado un tanto demencial de 18 tenientes que en 1922 se apoderaron por unas horas del fuerte de Copacabana, en Río de Janeiro. El propósito de los jóvenes e impulsivos oficiales no fue protestar contra los mandos superiores o abrogar una disposición del gobierno que generó su desacuerdo. Ellos querían tomar el poder. Aquellas ambiciones juveniles, juzgadas con magnanimidad por sus superiores, dibujaron en los conjurados una impronta, una especie de marca a fuego que mantendrían por años.

Varios siguieron en la carrera y se contaron entre los fundadores de la Escuela Superior de Guerra. Algunos hicieron un camino distinto, entre ellos Luis Carlos Prestes, que terminó como secretario general del Partido Comunista de Brasil en 1964. Otros se integraron al grupo inicial con posterioridad pero con las mismas o mayores ambiciones. De entre los conspiradores de 1922 y los llegados con posterioridad se eligió a quienes integraron el selecto grupo que acompañó al general George Patton y su Quinto Ejército con sede en Italia durante la Segunda Guerra Mundial.

En los primeros años de la década de 1960, siendo coroneles o generales, volvieron luego de pasar por Estados Unidos, donde consolidaron los fundamentos de la DSN. Sus principios los explicó al regreso el general Cordeiro de Farias, fundador de la Escuela Superior de Guerra: "Hemos vuelto a Brasil en busca de modelos de gobierno que puedan funcionar: orden, planificación, finanzas racionales".

En las reuniones de la Escuela Superior de Guerra, militares y civiles partidarios de la DSN adoptaron de los Estados Unidos algunas concepciones ideológicas y desdeñaron otras para adaptarlas a la realidad de su país.

Una de aquellas fue la idea de las fuerzas armadas como "*nation-building*", es decir, constructoras de la nación. En otras palabras, era una forma práctica de cerrar el camino al comunismo en el Tercer Mundo, privilegiando a los militares por sobre los civiles como actores de la política y detentores del poder supremo en un gobierno formalmente democrático.

Lucien Pye explicó con sobrecogedora franqueza el punto clave de esta teoría que se basa en la incapacidad de las nuevas naciones para asumir un gobierno democrático:

> Simplemente abrir la puerta a una cada vez más vasta participación popular en política de ciudadanos analfabetos e inseguros, puede fácilmente destruir toda posibilidad para la existencia de un gobierno ordenado... Es necesario un gobierno fuerte si se pretende que las sociedades avancen hacia metas definidas.[21]

Los partidarios de la DSN se convencieron de que ningún plan de desarrollo económico, cultural o social de un país puede ser trazado independientemente de las múltiples y, a veces, rigurosas obligaciones impuestas por los imperativos de la seguridad nacional. Conclusión: los civiles a sus casas y actividades normales, los estudiantes a sus colegios o universidades, los políticos a sus estudios de abogados y los trabajadores a los talleres y fábricas, ya que son los militares los encargados de crear las condiciones del desarrollo armónico, coherente, progresista, ordenado y eficiente de cada sociedad.

1.14. Los discursos públicos y las acciones ocultas

Carlos Lacerda, periodista, director de la *Tribuna da Imprensa*, fue el principal enemigo de Goulart, el autor de los más acendrados ataques para crucificarlo como marxista. Luego del golpe militar, se transformó en gobernador, secundado por el coronel Gustavo Borges, temido jefe del Departamento de Orden Político y Social (OOPS), y su lugarteniente, un policía mulato llamado Cecil Borel, implicado en febrero de 1962 en una matanza de mendigos.

Lacerda se ufanó de sus empeños: "Hemos derrotado en este inmenso territorio de Brasil a la fuerza de Rusia. Esta es la contribución que podemos hacer a la paz y la unidad de América y a la paz del mundo. Espero que todos los pueblos del continente comprendan el valor de este

---

[21]   En Lucien Pye. *Aspects of political development: an analytical study*; Boston: Little, 1966.

esfuerzo democrático de Brasil". Otro flamígero fue el general Sadock de Sá, quien desde la tribuna de la victoria declaró a la revista *Time*:

> Dios nos marcó el camino a seguir. No permitiremos que las ratas comunistas continúen corroyendo el Brasil. Los crápulas ya han comenzado a apelar por la inmunidad parlamentaria. Entretanto, deben ser eliminados del Parlamento y sus mandatos cancelados. Por poco Brasil no sucumbió. Ahora no podemos perder la paz. ¡Cadena con ellos!

Sin embargo, no toda la acción post golpe se desarrolló en el podio de los triunfadores. En el mucho menos esplendente subsuelo donde tienen lugar las acciones represivas, se realizó la correspondiente "operación limpieza". No bastaron las cárceles para albergar a los sospechosos de colaborar o simpatizar con el régimen caído.

La tenebrosa Invernada de Olavia, todos los cuarteles conocidos, y otras mazmorras que oficiaron como prisiones, estaban tan atestados que debieron recurrir a los barcos de guerra y mercantes surtos en la bahía de Río de Janeiro y otros puertos.

La tortura de presos políticos en Brasil comenzaba con los golpes en el momento de la detención y proseguía en un *crescendo* en las salas de los retenes de policía, en los cuarteles del ejército, en el Centro de Investigaciones de la Marina (Cenimar), localizado en el Ministerio de la Marina, en pleno Río de Janeiro, lugar que se transformó en uno de los más conocidos antros de suplicio del país.

A veces el prisionero político era torturado aun antes de que se conociera su nombre. Y no solo los sospechosos pasaban por ese proceso: padres, hermanos, esposos y otros parientes muchas veces fueron también torturados. En Belo Horizonte, en el retén de robos, se torturó a menores de 12 a 15 años frente a presos políticos como "efecto de demostración". Por lo general, cuando se tomaba presa a una pareja, se torturaba al marido frente a la mujer, y fueron muchos los casos de esposas violadas frente a sus maridos. Se supo de presos obligados a girar la manivela de una máquina para aplicar choques eléctricos a un compañero, a la esposa o a cualquier otro pariente.

En la sede de la campaña represiva permanente, conocida como "Operación Bandeirantes", que transformó a Sao Paulo en una ciudad sitiada, se torturaba de ocho a diez sospechosos al mismo tiempo, y los equipos con sus "técnicos" se turnaban las 24 horas del día.

En enero de 1970, Helder Cámara, arzobispo de Recife, contó a periodistas italianos un diálogo que tuvo con una alta autoridad militar:

—¿Usted ya oyó hablar de la tortura a presos políticos? —preguntó el sacerdote.

—¿Y usted conoce otro método más rápido y seguro para obtener informaciones de un terrorista? —contestó el oficial.

La respuesta indicaba el consenso del régimen militar en cuanto a los métodos de tortura. Ese consenso fue confirmado, en diciembre de 1969, por la reacción a las tentativas de dar publicidad a las atrocidades cometidas contra los presos políticos, tendientes a inhibir el uso de tales métodos. El ministro de Justicia declaró entonces que investigaría cualquier caso concreto de tortura que llegara a su conocimiento, y que trataría de castigar a los responsables. Obtenido el permiso del gobierno, la prensa comenzó a buscar los casos concretos solicitados por el ministro. La Revista *Veja*, de circulación nacional, publicó, en su edición del 10 de diciembre de 1969, un artículo en primera página sobre las torturas, ejemplificando con tres casos concretos (uno de los cuales tuvo un desenlace fatal, el del estudiante de Sao Paulo Chael Schreider, asesinado en el cuartel del Ejército donde estaba siendo torturado, el 18 de noviembre de 1969). El *Correio da Manha*, diario de Río de Janeiro, publicó en su primera página un editorial titulado "Basta de Torturas". Esto, sin embargo, duró solo una semana. Después de una reunión de la oficialidad de la Villa Militar en Río de Janeiro, los diarios recibieron órdenes del Ejército de no continuar publicando informaciones sobre torturas aplicadas a los presos políticos. Desde entonces el ministro de Justicia dejó de hablar de torturas. Las denuncias que recibió, abundantes y documentadas, se perdieron en sus cajones. La tortura venció. Se incorporó oficialmente al sistema que sustentaba al gobierno. Contó con el apoyo de los más altos jefes militares. Se tornó legal. Los cursos prácticos se multiplicaron. El renombre de los especialistas creció. El símbolo del "Escuadrón de la Muerte" —una calavera sobre dos tibias cruzadas encima de las letras E.M.— se propagó por los cuarteles. Los integrantes de la Policía del Ejército, en Río de Janeiro, trataron de intimidar a los presos: "Esta es la Gestapo brasileña", les decían.

En la Policía del Ejército se dictó el primer curso práctico de torturas, sobre el cual existe un informe detallado hecho por las víctimas. Allí se cuenta que el 8 de octubre de 1969, cerca de las cuatro de la tarde, un grupo de cien militares, la mayoría sargentos de las tres ramas de las Fuerzas Armadas, fue a capacitarse sobre "técnicas de interrogatorio". El instructor, teniente Haylton, proyectó fotografías tomadas durante sesiones de tortura, explicando con pormenores las ventajas de cada método y los efectos que estos producían en los torturados.

Después de la exposición teórica, sus auxiliares –cuatro sargentos, dos cabos y un soldado– comenzaron a hacer demostraciones utilizando diez presos políticos como "conejillos de Indias".

Frente a estos hechos, varios obispos se sumaron al clero y al laicado joven en la solidaridad con la defensa de los derechos humanos. Pronto, entonces, también pasaron a ser situaciones cotidianas las invasiones de conventos, prisiones y expulsiones de religiosos, en una escalada que culminó con la tortura de sacerdotes y monjas.

La lista de los represores se hizo casi interminable: El "Escuadrón de la Muerte" (Policía); el "Cenimar" (Marina): la "Policía Especial" ("Gestapo" brasileña según sus miembros, que pertenecían al Ejército); el Servicio Nacional de Informaciones (SNI); el Departamento Federal de Seguridad Pública; las Comisarías de Orden Político y Social; el Comando de Caza a los Comunistas ("CCC", organización paramilitar dirigida por militares y policías), todos ellos partes importantes del gobierno, como el Ministerio de Hacienda o el Ministerio de Relaciones Exteriores. Los "actos institucionales", especies de decretos leyes promulgados por el régimen, prácticamente anularon las funciones de los poderes Legislativo y Judicial. Las decisiones fundamentales en la vida del país fueron dictadas por un Consejo de Seguridad Nacional, presidido por el jefe del Ejecutivo y asesorado por el jefe de la Casa Militar.

La razón última del régimen era su propia seguridad, la que autocalificó de "seguridad nacional". Esa doctrina justificó todo, desde la censura de libros y revistas considerados como pornográficos hasta la ejecución sumaria de opositores políticos.

En cada ministerio, en cada repartición pública importante se crearon "servicios de seguridad" dirigidos por militares, cuya función consistía en vigilar a los civiles.

El espionaje infamante pasó a ser una función pública y la delación era su método de trabajo.

Durante un partido de fútbol entre los seleccionados de Chile y Brasil, el 23 de marzo de 1970, en Sao Paulo, la Federación Paulista de Fútbol distribuyó entre el público millares de panfletos que por un lado contenían la letra del himno nacional brasileño y por el otro los diez mandamientos del espionaje civil. Se leían cosas de este orden:

"No reciba extraños en su casa –aunque sean de la policía– sin pedirles previamente la identidad y observarlos hasta conservar de memoria algunos detalles: número del carnet de identidad, lugar en que este se extendió, ropa, aspecto personal, señales especiales, etc. El carnet también puede ser falso".

"Si Ud. es convidado o sondeado sobre asuntos que le parezcan extraños o sospechosos, finja concordar y cultive relaciones con la persona que de este modo lo sondeó y avise a la policía o al cuartel más próximo. Las autoridades le dan todas las garantías, inclusive le aseguran el anonimato".

"Hay muchas líneas telefónicas cruzadas. Siempre que encuentre una de ellas manténgase escuchando e informe inmediatamente a la policía o al cuartel más próximo. Las autoridades le dan todas las garantías, inclusive le garantizan el anonimato".[22]

1.15. Los asesores galos y los discípulos chilenos

Después de su estancia en Estados Unidos, Paul Aussaresses fue ascendido a coronel y destinado a la sección francesa del estado mayor internacional de la Organización del Tratado del Atlántico Norte, OTAN. Luego se le propuso una plaza de agregado militar a elegir entre Checoslovaquia, Yugoslavia, Grecia o Brasil. Escogió Brasil porque era "un país inmenso", donde llegó en octubre de 1973, y se hizo gran amigo del general João Baptista Figueiredo, entonces jefe del Servicio Nacional de Inteligencia, SIN, quien dirigía, junto al comisario Sergio Fleury, a los escuadrones de la muerte brasileños.

Aussaresses dictó charlas sobre su actuación en la represión en Argelia, sobre todo en el Centro de Entrenamiento de las Fuerzas Especiales de Manaos (Centro de Instrução de Guerra Na Selva), creado en 1964 por el mariscal Castelo Branco, una copia de la existente en el norteamericano Fuerte Bragg, actividad que conocía su jefe, el embajador Michel Legendre.

En diversas declaraciones de prensa, el veterano combatiente de Indochina y Argelia declaró que en su paso por la escuela de Manaos

---

[22] Ver Rodrigo Alarcón. *Brasil. Represión y tortura*; Santiago: Editorial ORBE, 1971, y Marcio Moreira Alves. *Un grano de mostaza. El despertar de la revolución brasilera*; Casa de las Américas; La Habana, 1972. Y, Marcio Moreira Alves. *El Cristo del Pueblo*; Santiago: Ediciones Ercilla, 1970.

formó a oficiales brasileños, chilenos, argentinos y venezolanos, porque aquel centro era único en América Latina. Afirmó haber formado y hacerse amigo del general chileno Humberto Gordon –primer director de la Central Nacional de Informaciones, CNI, sucesora de la DINA– y que la junta militar brasileña ayudó considerablemente al gobierno del general Augusto Pinochet.

El general francés en retiro, en diálogo con Leneide Duarte-Plon, periodista del diario *Folha* de Sao Paulo, brindó detalles de cómo colaboró con la dictadura militar de Brasil. En parte de aquella conversación, afirmó:[23]

–Usted llegó a Brasil en octubre de 1973, poco después del golpe militar de Chile. ¿Brasil participó activamente en el golpe contra Allende?

–¡Qué pregunta! Usted pensaría que soy un idiota si no estuviese al tanto. ¡Claro que Brasil participó!

–¿Brasil envió aviones y armas?

–Pero claro, armas y aviones.

–¿Y también envió oficiales?

–Sí, claro. Las armas, no le sé decir exactamente cuáles.

Una veintena de militares brasileños viajó a Chile en los días siguientes al golpe militar del 11 de septiembre de 1973 para interrogar a los prisioneros de esa nacionalidad que estaban detenidos en el Estadio Nacional. El grupo era comandado por el teniente coronel Cyro Etchegoyen, un experto en contrainteligencia. En Santiago ya estaban operando los oficiales Walter Mesquita de Siqueira y Décio Barbosa, del Centro de Inteligencia del Ejército (CIE), y los sargentos Deoclécio Paulo y José Mileski, pertenecientes al Destacamento de Operaciones e Informaciones (DOI), de Río de Janeiro.

Estos antecedentes fueron revelados por el historiador brasileño Luiz Alberto Moniz Bandeira, en su libro *Fórmula para el caos. La caída de Salvador Allende (1970-1973)*, una cuidadosa investigación que profundiza

---

[23] Leneide Duarte-Plon. La tortura se justifica cuando puede evitar la muerte de inocentes; *La Folha de Sao Paulo*; tomado de www.laondadigital.com. Perseguido por la Liga de los Derechos del Hombre por "apología de crímenes de guerra", Aussaresses fue condenado por un tribunal de París a pagar 7.500 euros de multa por su libro "Servicios especiales, Argelia 1955-1957: Mi testimonio sobre la tortura". Los editores Plon y Perrin, en tanto, fueron condenados a pagar 15.000 euros de multa cada uno. En 2003, Aussaresses fue acusado ante la justicia francesa por tres asociaciones humanitarias por haber hecho en sus memorias la apología de la tortura. El militar no fue castigado por haber torturado, ya que todos esos actos habían prescrito y porque, después de todo, habían sido ordenados por el gobierno de la época. Fue castigado por haber hablado públicamente del asunto.

en la intromisión del gobierno de Estados Unidos en América del Sur, como promotor de la caída de varios gobiernos democráticos, incluyendo el de la Unidad Popular.[24]

Eran 50 hombres y diez mujeres los brasileños prisioneros en el Estadio Nacional. Cierta mañana, fueron llevados al centro del campo de juego y puestos en fila. Los agentes de los servicios de inteligencia brasileños, premunidos de un catálogo impreso, con fotos y el historial de cada uno, trataban de identificarlos. El profesor y escritor Fernando Batinga fue detenido en Santiago solo por ser extranjero. Recordó que "cuando fui interrogado por los militares chilenos, había brasileños, por lo menos unos cinco, que me miraban y consultaban un álbum con fotografías para ver si yo era uno de los que buscaban".

"Entre golpes de machete, trompadas, culatazos en la cara y cabeza (que rompieron mis lentes y cejas) acompañados de ofensas verbales, militares chilenos nos interrogaban orientados por preguntas escritas por agentes brasileños presentes en esta macabra sesión", recordó el profesor Nielsen de Paula Pires, agregando que las medicinas que tomaban tenían impreso en sus envoltorios "donado por la Marina de Guerra de Brasil".

El dramaturgo Pedro Vianna fue golpeado por militares brasileños y pudo ver los instrumentos de tortura que armaban. Uno de los militares brasileños preguntó al coronel Walter Mesquita de Siqueira cuál o cuáles brasileños presos en el Estadio Nacional debían ser eliminados. Contestó que no era problema de Brasil, sino de Chile. No obstante, inmediatamente después del golpe del 11 de septiembre, por lo menos cuatro brasileños fueron asesinados en Chile: Túlio Roberto Cardoso Quintiliano (12/9/73); Luis Carlos Almeida, apresado en su casa y muerto en un puente sobre el río Mapocho (14/9/73); Nelson de Souza Kohl (15/9/73), desaparecido, luego de haber sido capturado por la Fach; y Antenor Machado de los Santos (10/11/73).

Otros brasileños y extranjeros fueron asesinados posteriormente. Wânio José de Matos, sometido a torturas, murió en el Estadio Nacional el 16 de octubre de 1974 sin recibir atención médica, a pesar de los pedidos de auxilio de un médico brasileño también preso: Otto Brucker. Jane Vanini, secretaria de la revista chilena *Punto Final*, murió combatiendo en Concepción, el 6 de diciembre de 1974.

---

[24]   Ver Luiz Alberto Moniz Bandeira. *Fórmula para o caos*; Río de Janeiro: Editorial Record, 2008.

Capítulo II.
Conspiraciones, rebeliones y asesinatos

2.1. El Proyecto Camelot

A mediados de junio de 1965 la prensa chilena denunció que los militares estadounidenses estaban realizando subrepticiamente una investigación de campo sobre diversas sensibilidades de los oficiales del ejército chileno. El denominado Proyecto Camelot era efectuado por la Oficina de Investigaciones de Operaciones Especiales (Special Operations Research Office, SORO), organismo de la American University de Washington, contratado por el Departamento de Defensa norteamericano.

SORO también efectuaba estudios semejantes en otros países de Sudamérica, denominados Proyecto Colonia, en Perú; Proyecto Simpático, en Colombia; Proyecto Numismático, un análisis táctico y estratégico de las operaciones militares contra la subversión; y el Proyecto Resentimiento.

Camelot contaba con un presupuesto de 1,5 millones de dólares y demoraría tres o cuatro años. Pretendía medir funciones sociales, políticas y económicas que le permitieran al Departamento de Estado y al Ejército controlar y anular posibles focos de subversión, modelo que se emplearía en diversas regiones del mundo.

Los periódicos chilenos de izquierda fueron los primeros en denunciar la iniciativa y ante la magnitud de las reacciones, la prensa de derecha debió sumarse a los reclamos.

La Cancillería chilena expresó a la Embajada de Estados Unidos, a cargo de Ralph Dungan, "el malestar y preocupación del gobierno por esta clase de actividades que constituyen un acto de abierto intervencionismo".

El 7 de julio, la Cámara de Diputados de Chile constituyó una comisión investigadora sobre las proyecciones del Plan Camelot en el país. Al día siguiente, el Departamento de Defensa de EE.UU. anunció que el proyecto no se realizaría. Un representante del Pentágono respondió las preguntas de los periodistas.

–¿Cuál era el propósito del Proyecto Camelot?

–El proyecto pretendía aislar los factores capaces de provocar cambios revolucionarios en las naciones en vías de desarrollo en el mundo, y determinar los medios de que se valen los comunistas para aprovecharse de esos factores en su afán de apoderarse del poder o fomentar una guerra como la de Vietnam.

–¿Cuál es el interés del Departamento de Defensa en esta clase de trabajos?

–Puesto que las denominadas guerras de liberación nacional primordialmente son revueltas en las que los comunistas tratan de sacar partido del descontento que pueda existir entre la gente, en cualquier parte, el Departamento de Defensa ha apelado a los científicos sociales –aquellos que estudian el comportamiento de la gente– a fin de que presten sus conocimientos a las investigaciones en que descansen las gestiones de asistencia militar al Departamento para la ayuda a la defensa de las naciones amigas contra un golpe comunista.

El 29 de julio, el Ministerio del Interior de Chile anunció que había dispuesto la expulsión del país con carácter permanente del profesor de Antropología de la Universidad de Pittsburgh, Hugo Nutini Paredes, chileno naturalizado estadounidense, por la participación que le cupo en el Proyecto Camelot.

La Comisión Investigadora de la Cámara de Diputados, que presidió Andrés Aylwin, entregó sus conclusiones el 15 de diciembre de 1965. En parte de ellas, señaló:

(...), la Comisión ha llegado a la conclusión de que el Plan Camelot forma parte, consecuentemente, de un vasto plan internacional destinado a defender los supuestos intereses y seguridad de los Estados Unidos, dentro de la democracia, el orden económico y el derecho, sin ajustarse a otra norma que a la de su propia conveniencia, sin respetar el sistema jurídico interamericano, y sin comprender que puedan existir en América Latina movimientos populares que son ajenos a la experiencia norteamericana, y sobre los cuales no caben pronunciamientos de países extraños al pueblo mismo en que dichos movimientos se desenvuelven conforme al principio de la autodeterminación de las naciones. Bajo este aspecto, el Plan Camelot y la política y el espíritu que lo guían son inaceptables para Chile y América Latina por razones elementales de dignidad.

Más adelante la comisión entraba en el análisis de una encuesta que en el mes de marzo de ese año había realizado el ciudadano norteamericano Roy Hansen en la Academia de Guerra y entre oficiales de alta graduación en retiro. Hansen dijo que el trabajo era parte de sus tesis para optar al grado de doctor en Sociología ante la Universidad de Berkeley, California, y que previamente había recurrido a la Facultad de Sociología de la Universidad Católica de Chile, donde su solicitud no había sido acogida. Hansen contrató entonces, de manera particular, a Jorge Contreras, alumno de esa universidad, y ambos gestionaron y obtuvieron del secretario del comandante en jefe del Ejército, coronel René Schneider, el permiso para realizar la encuesta entre oficiales de alta graduación y en la Academia de Guerra.

El coronel Schneider, citado por la comisión parlamentaria, explicó los motivos de su proceder:

En ese momento no me entregó (Jorge Contreras) el documento y solo manifestó su interés en colocarlo. Se lo hice presente al comandante en jefe del Ejército y se encontró que no había ningún inconveniente, porque ya se habían hecho distintas encuestas parecidas. Posteriormente, el señor Contreras envió este documento para que fuera conocido. Yo lo leí y no encontré nada que fuera inconveniente para ser contestado por los oficiales del Ejército, puesto que no comprendía materias que vulneraran el secreto militar ni en cuanto se refiere a doctrina castrense, que pudiera divulgarse. Así se lo manifesté al comandante en jefe y se autorizó verbalmente su colocación, eligiéndose a los oficiales y profesores de la Academia de Guerra por tratarse de un grupo de oficiales de criterio más formado y de una experiencia más acabada. Así se hizo, enviándose este documento a la Academia de Guerra. No recuerdo bien el número de ejemplares, pero creo que es algo así como 50 o 60. El director de dicha Academia fue advertido de este trabajo y de que era voluntario responderlo, al igual de que el conjunto total y de las preguntas que contenía, indicándole que fuera colocado y devuelto a las oficinas del comandante en jefe. Así se hizo y se devolvió —no conocí su resultado— y se le entregó al señor Contreras. Hasta aquí todo lo que hice respecto a esta encuesta.[25]

---

[25]   Gregorio Selser. *Espionaje en América Latina*; Buenos Aires: Ediciones Iguazú, 1966.

2.2. Chilenos en las bases militares estadounidenses

Desde fines de los años 50 las nuevas generaciones de oficiales de las fuerzas armadas chilenas fueron formadas bajo la impronta del conflicto este-oeste. En las escuelas matrices, en la Escuela Politécnica y en la Academia de Guerra, se incorporaron nuevas materias como Economía, Derecho Constitucional, Ciencias Políticas, Comercio Exterior y Sociología, entre otras. Algunos militares acudieron a la universidad a estudiar carreras técnicas o en el área de las ciencias sociales. Poco a poco, sin embargo, ciertos oficiales medios empezaron a balbucear críticas a sus generales por la falta de recursos, bajos sueldos y –según ellos– una manifiesta obsecuencia de los altos mandos ante el poder político.

Dice la historiadora Verónica Valdivia:

> (...) parece haber existido un núcleo de oficiales –difícil de cuantificar– sobre quienes la teoría de la seguridad nacional y el enemigo interno fue lo determinante, interpretando el acontecer continental y nacional a la luz de ellas y de lo que estaba sucediendo en Asia (Vietnam). Se trataría de un segmento furibundamente anticomunista, categoría en la cual cabían todas las vertientes de socialismo. Este sector fue consolidándose hacia fines del gobierno de Frei Montalva y alcanzó madurez en el de Salvador Allende.[26]

En los años 1965 y 1966 una gran parte de los artículos publicados en las revistas militares, especialmente en el Ejército, estaban dedicados al problema de la guerrilla. Los oficiales identificados con el anticomunismo creían en el rol del Estado, pero lo principal era su rechazo al marxismo.

Tras la Segunda Guerra Mundial y la demora de Argentina y Chile –por su formación prusiana– en romper relaciones con el Eje, los estadounidenses creyeron que para fortalecer la seguridad hemisférica había que uniformar la ideología y las tácticas de las fuerzas armadas de todo el continente americano. Para ello se firmó el Tratado Interamericano de Asistencia Recíproca, TIAR, en 1947, y el Programa de Ayuda Militar, PAM, que cada país suscribió por separado. Chile lo hizo en 1952.

De acuerdo con los datos disponibles, entre 1950 y 1965, 264 militares chilenos fueron entrenados en Estados Unidos y 549 fuera de allí,

---

[26] Verónica Valdivia Ortiz de Zárate. *El golpe después del golpe*; Santiago: LOM ediciones, 2003, y *Camino al Golpe: El Nacionalismo a la Caza de las Fuerzas Armadas*; Serie de Investigaciones; Santiago: Universidad Católica Blas Cañas, 1996. Ver también Alberto Arce Eberhard y otros: *Pensamiento nacionalista*; Santiago: Editora Nacional Gabriela Mistral, 1974. Pablo Baraona Urzúa y otros: *Fuerzas Armadas y Seguridad Nacional*; Santiago: Ediciones Portada, 1973.

en la zona del canal de Panamá. El general Prats cuenta en sus Memorias que 1.560 soldados chilenos asistieron a la SOA entre 1970 y 1975, pero la mayoría –un 58 por ciento– asistió en los dos años que siguieron al golpe, cuando los militares gobernaban y la represión era más intensa. La mayoría de los oficiales eran oficiales subalternos y se les enseñaba a planificar, ejecutar y controlar operaciones de nivel de compañía, lo cual incluía tácticas ofensivas, defensivas y psicológicas. Otro grupo de aproximadamente 200 oficiales tomó un curso sobre conducción y entrenamiento de pequeñas unidades de soldados.

En la década de los 60', Estados Unidos mantuvo en Chile un promedio de casi 50 militares al año, cifra que se incrementó notoriamente en los años 1968 y 1969, de cara a la elección de 1970. En 1968 la instrucción antisubversiva en Chile era impartida por la Escuela de Fuerzas Especiales y Paracaidistas, de la cual entre 1966 y 1967 egresaron 50 comandos. En total, hasta marzo de 1973, pasaron por la Escuela de las Américas en Panamá, mil 262 militares chilenos. También se graduaron 340 militares brasileños, 647 uruguayos y 565 argentinos.

En 1962, los Estados Unidos destinaron 800 hombres al Octavo Grupo de Fuerzas Especiales –boinas verdes– en Fort Gulick. De allí surgió la Escuela de Paracaidistas y Fuerzas Especiales del Ejército chileno, fundada el 2 de abril de 1965 por el presidente Eduardo Frei M. A esas dependencias llegaron los primeros paracaidistas chilenos para ser entrenados por militares estadounidenses. Ellos eran los oficiales Dante Iturriaga Marchese y Florencio Fuentealba Aguayo. Al grupo inicial se unió muy luego el capitán Jorge Pantoja Bornard, quien regresó de Panamá tras permanecer un año recibiendo instrucción de los boinas verdes.

El 20 de agosto de 1965, al mando del primer comandante del Batallón de Paracaidistas y posteriormente primer director de Escuela, el entonces capitán Dante Iturriaga Marchese y un grupo compuesto por siete oficiales y cinco clases del Ejército, luciendo sus cascos de combate, sus boinas negras terciadas en el pecho y cargando a la espalda sus paracaídas T-10, embarcaron en el avión C-47 que los aguardaba en la base aérea de Colina. Minutos más tarde realizaron el primer salto en paracaídas de la institución castrense. Casi un año después, el 18 de julio de 1966, se inició el primer curso básico de paracaidistas en Chile, realizado durante un mes en Peldehue. Instructores chilenos y estadounidenses entrenaron a 40 cabos de la Escuela de Infantería y 52 clases del Ejército. Entre ellos figuraba también el subteniente Sergio Candia, en abril de 1988 director de la Escuela de Suboficiales. Un ausente fue Raúl Eduardo Iturriaga Neumann, quien estaba en Fort Gulick como instructor invitado. Poco después, el mismo Iturriaga fue el encargado de recibir al primer contingente chileno en Fort Sherman, especializado en sistemas de supervivencia y adiestramiento para el combate de guerrillas rurales.

La mayoría de los 50 cursos que se dictaban en Panamá consistían en "técnicas contraguerrilleras y todas las ramificaciones de la insurgencia". El subteniente chileno Hernán Ramírez Hald explicó al periódico *Chicago Tribune* la supervivencia en la selva que le enseñaron en Panamá: "Fue una labor muy ardua, porque teníamos en nuestra contra los insectos y animales venenosos, los mosquitos y el clima", dijo. Afortunadamente, el mayor Hernán Ramírez Ramírez, padre del anterior y jefe de grupo de 89 militares chilenos, dijo que de esos ejercicios "solo hubo de lamentar un accidente insignificante, que costó la pérdida de un diente a un subteniente". El mismo oficial descubrió que "el tipo de selva tropical en que tuvo lugar esa parte del curso, guarda mucha semejanza con los bosques de la zona sur de Chile.

El general Robert W. Porter, comandante en jefe del Comando Sur de Estados Unidos, director supremo de las escuelas de Panamá, por su parte, expresó al mismo diario norteamericano que "América Latina es un objetivo primordial del comunismo y la tarea de los boinas verdes es enseñar a los oficiales latinoamericanos a conjurar ese peligro".

Pocos días antes, 11 subtenientes habían regresado a Chile después de haber dado término a un curso intensivo en diferentes especialidades en Panamá. El grupo, perteneciente a la Escuela Militar, estaba al mando del capitán Lautaro Villar. Tres días después retornó el resto del contingente. El diario *El Mercurio* les dio la bienvenida:

> Ayer regresó al país la delegación de oficiales del ejército que siguió un curso de cuatro semanas de perfeccionamiento en la Escuela de las Américas, que funciona en el Fuerte Gulick de la zona del canal de Panamá. El grupo de 89 subtenientes fue comandado por el mayor Hernán Ramírez Rurange, asistido por los capitanes Renato Varela Correa, Atiliano Jara y Lautaro Villar.[27]

---

[27] El general (r) Hernán Ramírez Hald fue sometido a proceso en noviembre del año 2000 por su complicidad en el homicidio del presidente de la Asociación Nacional de Empleados Fiscales (Anef), Tucapel Jiménez, ocurrido el 25 de febrero de 1982. El general (r) Hernán Ramírez Rurange fue condenado el 10 de septiembre de 2010 por el juez Alejandro Madrid a cinco años de cárcel por el secuestro del químico de la DINA Eugenio Berríos, asesinado

Entre los oficiales que tuvieron la oportunidad de conocer las bases norteamericanas o panameñas estuvieron además, por ejemplo, Carlos Prats, Ernesto Baeza, Alejandro Medina Lois, Sergio Badiola, Washington Carrasco, Raúl Iturriaga Neumann, Agustín Toro Dávila, Manuel Contreras Sepúlveda, Herman Brady, Javier Palacios, Augusto Lutz y Orlando Urbina. Ellos transmitieron al resto de los oficiales chilenos su aprendizaje sobre la nueva concepción de la guerra, de las técnicas a emplear para derrotar al enemigo y conseguir los objetivos buscados.

Aquellos oficiales aprendieron, por ejemplo, que en la Segunda Guerra Mundial el Eje integrado por Alemania, Japón e Italia había lanzado numerosas operaciones en contra de las guerrillas antinazis de los Balcanes, utilizando todo tipo de armamentos, y que todas habían fracasado, pues los guerrilleros, pese al hambre y la fatiga, continuaron resistiendo. Las tácticas guerrilleras se habían fortalecido con la experiencia de los partisanos griegos, de Mao, Ho Chi Minh y del FLN argelino, transformándose en una herramienta muy empleada por la Unión Soviética y sus partidarios en la Guerra Fría. Los instructores estadounidenses, ingleses y franceses insistían en que era imperativo extremar los recursos para poder derrotarla.

Algunos oficiales latinoamericanos empezaron a convencerse de que sus respectivos gobiernos no entendían bien los riesgos a que se estaban enfrentando, sobre todo después de que el presidente Lyndon Johnson enfatizó las tareas antisubversivas. Ello afectó la percepción castrense sobre la lucha política interna en sus países. En opinión de muchos de ellos, la ignorancia civil respecto de la geopolítica y los aspectos teóricos del problema colocaban a sus países en una posición de vulnerabilidad frente a una probable agresión.

Debe recordarse, afirma la historiadora Verónica Valdivia, que fue, además, un momento en que los militares chilenos sentían un fuerte aislamiento y donde el rol social de las fuerzas armadas parecía estar en duda, sobre todo después del diferendo con Argentina por Laguna del Desierto y más tarde, cuando Perú quedó bajo un gobierno militar.

---

en Uruguay en 1992. El militar también recibió una pena de tres años de presidio por haber constituido una asociación ilícita para ese crimen mientras se desempeñaba como director de la Dirección de Inteligencia del Ejército, DINE. El general (r) Renato Varela Correa murió asesinado en 1993 durante un asalto a la Fundición Inglesa, en Maipú, cuando como jefe de seguridad intentó oponerse al delito. Al capitán Lautaro Villar Requena, por su parte, con el grado de mayor le cupo un importante papel en la creación de la DINA; siendo coronel en retiro, se suicidó en 1990.

2.3. Corvina con mayonesa y pollo con arvejitas

En las elecciones parlamentarias de 1965 el Partido Demócrata Cristiano, PDC, arrasó en las urnas y consolidó su posición para actuar como partido único de gobierno. Los derechistas partidos Liberal y Conservador, por su parte, decidieron unir sus fuerzas y constituir un nuevo referente político al que denominaron Partido Nacional, y al que sumaron a los miembros del pequeño partido llamado Acción Nacional, fundado en 1963 por Jorge Prat Echaurren, que había conseguido apenas el 0,62 % de los votos en los últimos comicios. No obstante su escasa representatividad, los integrantes de Acción Nacional consiguieron la mayoría de los cargos en la dirección del nuevo conglomerado surgido en abril de 1966. Su primer presidente fue Víctor García Garcena, secundado por el pratista Sergio Onofre Jarpa.

En julio de ese año, el gobierno llamó a retiro a ocho generales, incluido el comandante en jefe del Ejército. Pocas semanas después hizo lo mismo con el comandante en jefe de la Armada, el almirante Jacobo Neumann. Una semana más tarde, en el tercer piso del Club de La Unión, decorado con claveles rojos y todas sus arañas luminosas encendidas, se realizó un almuerzo en honor al marino. La manifestación la ofreció el almirante en retiro Ronald Mac Intyre y estaban presentes Hugo Zepeda, Jorge Prat y Sergio Onofre Jarpa, entre otros destacados miembros de la derecha.

Entre corvina con mayonesa y pollo con arvejitas y champiñones, Mac Intyre dijo que la destitución de Neumann había producido sorpresa y confusión. Pidió que se legislara para que los altos mandos de las Fuerzas Armadas se retiraran solo por enfermedad o extrema vejez y que, si se les pedía su renuncia, las causales deberían explicársele al Congreso para que todo el país las conociera. Más tarde, antes del último brindis en copa de pata larga, los asistentes comentaron con indisimulado entusiasmo las tácticas políticas de Onganía, Castello Branco y otros militares que en Argentina, Brasil, Bolivia y Paraguay dirigían gobiernos castrenses. Varios de esos nuevos regímenes militares tenían su raíz ideológica en el integrismo católico y en las relaciones establecidas por oficiales de diversos países en la Europa de la postguerra.

Los nacionalistas, insertos en el nuevo partido de la derecha, con el apoyo de los parlamentarios del sector y los medios de comunicación afines, se transformaron en voceros de las demandas de la oficialidad joven.

Tal apoyo político fue acompañado de actividades secretas para alentar los actos sediciosos que comenzaron a impulsar los uniformados "rebeldes".

El 6 de noviembre de 1965, cuando el teniente de Carabineros Hernán Merino Correa murió en Laguna del Desierto baleado por gendarmes argentinos, los soldados del Regimiento Tacna, en Santiago, vivieron una dura experiencia militar. El grupo de artillería de esa unidad venía regresando a la capital desde Peldehue, después de cumplido el período de campaña. Los caballares y tropa habían realizado una fatigosa marcha de casi 40 kilómetros. Al llegar al viejo cuartel de la avenida Tupper, el mayor a cargo del grupo recibió una perentoria orden: al cabo de una hora, luego de cargar una dotación de munición de guerra, los cañones Krupp deberían iniciar otra jornada de marcha hasta Los Andes, para prestar apoyo de fuego a la infantería del Regimiento Guardia Vieja, que había ocupado su zona de acción táctica para repeler el inminente ataque argentino.

La orden fue cumplida, pero la artillería solo pudo llegar a su destino luego de 12 horas de marcha. Varios caballos cayeron fatigados y debieron ser sacrificados. De haberse producido la embestida argentina, la única salida decorosa para los infantes chilenos habría sido morir en sus posiciones. No hubiesen tenido otro apoyo de fuego que el de sus propios morteros Brand, de 81 milímetros, que solo disponían de munición para media hora de combate.

El 12 de noviembre de ese año, la comisión de Defensa del Senado sostuvo una urgente y secreta reunión con el Estado Mayor Conjunto de las Fuerzas Armadas. En el fondo, la única pregunta que atravesó el encuentro fue: "¿Está Chile preparado para enfrentar una emergencia militar?" Y la inquietante respuesta fue que no lo estaba en absoluto.

El episodio marcó el inicio de los planes modernizadores de las FF.AA., incipientemente asumidos por el general Bernardino Parada, comandante en jefe del Ejército, con la creación de la Escuela de Paracaidistas y Fuerzas Especiales, en 1966.

Los escasos recursos disponibles permitieron también cambiar la metodología de instrucción del Ejército, fundada en los parámetros prusianos de comienzos de siglo. Se solicitó al Cuerpo de Infantería de Marina –de formación estadounidense– que reinstruyera a los oficiales y clases del Ejército en una formación militar básica más acorde con los tiempos que corrían.

La medida no gustó mucho –en realidad, no gustó nada– a los hombres del uniforme gris. En la Escuela de Infantería de San Bernardo, el entonces capitán Hernán Saldes Irarrázaval inició, con la venia de sus superiores, una virtual revolución militar. Se llegó a contratar los servicios de un consumado cuatrero, recluido en la cárcel de San Bernardo, para que mostrara las ventajas del corvo como elemento del combate cuerpo a cuerpo y de la rápida eliminación de centinelas.[28]

En todo caso, los medios presupuestarios asignados a la Defensa Nacional no permitieron mayores avances. Los políticos, según los círculos militares, no lograban comprender y asumir las claras debilidades militares chilenas, y menos la peor de las posibilidades de conflicto estudiadas por los estados mayores institucionales: la HV3 (Hipótesis Vecinal 3), la temida guerra simultánea con Perú, Bolivia y Argentina.

Durante la administración del presidente Eduardo Frei Montalva (1964-1970) las fuerzas armadas sufrieron su peor momento como corporación, cuando el presupuesto que, en general, había promediado el 13 %, cayó al 9 %, provocando una serie de movimientos de descontento entre la oficialidad joven y la suboficialidad, tales como el "manifiesto de los Tenientes", la "renuncia" de los estudiantes de la Academia de Guerra y el denominado "Tacnazo".

Como se planteaba en la Fuerza Aérea: "América Latina debe enfrentar los inquietantes problemas militares de la Guerra Fría y sus secuelas de subversiones, si no quiere ser pasto seguro de las huestes marxistas leninistas, cuyas tropas ya se encuentran en algunas partes del continente".[29]

El gobierno de Frei solicitó a las Fuerzas Armadas su colaboración para la promoción popular y en la política habitacional. Más de dos décadas después, el general (R) Alejandro Medina Lois recordaría que "...con los escasos medios del ejército motorizado y con cargo a la bencina que era para instrucción, entonces había que andar trasladando poblaciones... lo que no lo dejaba de indignar a uno como oficial".[30]

Junto a este nuevo rol social, se acentuó la presencia militar estadounidense. Hubo un respaldo oficial a la Operación Unitas, reuniones

---

28 Testimonio de un oficial en retiro que pidió reserva de su identidad.

29 Enrique Martínez Codó: "Los problemas militares de América Latina", *Revista de la Fuerza Aérea de Chile*, N° 96, enero-marzo 1965.

30 Alejandro Medina Lois en entrevista con Verónica Valdivia en el año 2000. Valdivia, op. cit.

56

de inteligencia con argentinos y estadounidenses, creación de escuela de comandos y otras iniciativas que fortalecieron la política antisubversiva.

2.4. Rebelión en la Academia de Guerra

En mayo de 1967, la oficialidad joven de la Armada entregó una carta a su alto mando y a las autoridades políticas donde manifestó "…la urgente necesidad de mejores medios técnicos y de alza en los sueldos". La misiva, denominada por la prensa como el "Manifiesto de los Tenientes", mostró nítidamente la inquietud de los mandos medios de la Escuadra Nacional, convencidos de lo que para ellos era una evidente desidia de sus jefes y de las autoridades políticas.

En agosto, se publicó una carta en el diario *El Mercurio*, supuestamente escrita por un comandante, que resumía el pensamiento de un sector importante de los militares y que en parte señalaba: "…no tenemos derecho a deliberar en política; pero no somos tarados mentales", agregando que "en estos momentos está, justamente, produciéndose efervescencia en nuestra oficialidad joven y nada bueno puede traer". En su carta, el firmante "coronel NN", exigía remuneraciones dignas para los uniformados y un aumento en el presupuesto destinado a la defensa.

Coincidentemente empezó a circular el libro *Frei frente a frente. El Kerensky chileno*, editado en Buenos Aires por Fiducia, donde se afirmaba que "elementos de las tres armas estarían seriamente contrariados con el proceso de izquierdización que el Gobierno está promoviendo en todos los sectores de la vida nacional". En un subcapítulo titulado "Insatisfacción en los medios militares", se publicó un cuadro comparativo de los sueldos pagados en la Corporación de la Reforma Agraria (Cora) y en la Corporación de Mejoramiento Urbano (Cormu), versus los obtenidos por los oficiales de las Fuerzas Armadas. Bajo el cuadro se comentaba: "Esto significa que un muchacho de 18 años, con 4° año de humanidades, que recién entraba a prestar servicios en Cora o Cormu (demócrata cristiano desde luego, como todos los que se habían instalado en esos y otros servicios) ganaba más que un general de Ejército o de otras Fuerzas Armadas, con 40 años de servicio y con muchas jornadas de intensa preparación y perfeccionamiento profesional". El libro fue prohibido y requisado.[31]

---

[31] Ver Gerardo Larraín. *Frei frente a frente. El Kerensky chileno*; Buenos Aires: Ediciones Cruzada, 1976.

Miembros de la misión militar de Estados Unidos hicieron llegar a oficiales chilenos algunas listas de las remuneraciones de militares de los diversos países latinoamericanos. Los chilenos aparecían comparativamente en los escalones más bajos.[32]

Por esos días se congregó en el Club Militar más de un centenar de oficiales jóvenes del Ejército. En el encuentro, conocido como la "Reunión de la Pílsener", los uniformados deliberaron acerca de la situación económica que afectaba a su institución y la actitud poco comprometida que manifestaba el alto mando frente a la frustración profesional y personal que los afectaba.

Un grupo de oficiales de la Fuerza Aérea de Chile, FACh, intentó encauzar el malestar a través de algunas reuniones donde participaron tenientes y capitanes. Uno de los involucrados, el comandante de Escuadrilla (r) Carlos Castro, en esos años estudiante de la Academia de Guerra, afirmó que el contacto con los miembros del Ejército fue Horacio Toro. El 18 de marzo de 1968 se realizó una asamblea en el Club Militar a la que asistieron 45 capitanes, tenientes y subtenientes, todos del Ejército. Pretendían ponerse de acuerdo para ir al Congreso Nacional y reclamar por la postergación de los ascensos de 20 oficiales, entre coroneles y generales. Acusaban al gobierno de usar a los militares en la represión en las zonas de Emergencia de Chuquicamata y El Teniente.[33]

La rebeldía militar estalló el 1º de mayo en la Academia de Guerra del Ejército, cuando 98 de los oficiales alumnos pertenecientes al curso regular y al de informaciones, a través de sus profesores jefes, presentaron individualmente su renuncia a la institución. En la Academia Politécnica, en tanto, otros 54 tomaron igual decisión. Esa actitud, según el general (r) Horacio Toro Iturra, involucrado en el movimiento, comenzó a ser imitada en los restantes institutos militares.

El general (r) Horacio Toro recordó años después:

El descontento por el estado de postración institucional era creciente en el Ejército. Sentíamos la necesidad de expresar públicamente nuestro malestar de modo que pudiera ser percibido por el Alto Mando y el gobierno, y así encontrar un camino de salida para esa desmoralizante situación pero con la precaución de no configurar ninguna forma

[32]   Eduardo Labarca Goddard. *Chile invadido. Reportaje a la intromisión extranjera*; Santiago: Editora Austral, 1969.

[33]   Paula Coddou. "La rebelión del Tacna. Un cuartelazo con muchos misterios". Revista *Cosas*; 2 de julio de 1999.

de delito militar. El curso de acción que elegimos fue el de presentar nuestras respectivas renuncias a los comandantes de cuerpo o jefes de altas reparticiones, indicando escuetamente la razón de ellas, con la intención de ampliar verbalmente la fundamentación si se presentaba la ocasión de conversar con nuestros superiores. Acordada la forma de actuar, se procedió a 'correr la flecha', de amigo a amigo, en una cadena que se tejió día a día con gran persistencia y reserva.

Cuando tuvimos 'masa crítica', los oficiales más próximos o amigos de los comandantes de regimientos o de los jefes de reparticiones les plantearon lo que estaba ocurriendo. Ese fue el momento culminante de la operación; los jefes podrían haber reaccionado violentamente aplicando todo el peso disciplinario, pero conocieron solo el último eslabón de la cadena y también vivían los mismos problemas que el resto de la institución. El resultado fue que en el marco de las divisiones que estaban en ebullición, los comandantes de unidades se consultaron, analizaron la situación y decidieron.

Hubo jefes que aprobaron de inmediato lo actuado y se convirtieron en impulsores de la idea frente a sus compañeros de grado que tenían mando de tropas. Otros se resistieron pero, de todos modos, las renuncias fueron presentadas un día preciso en Santiago, San Bernardo, Puente Alto, Los Andes, San Felipe, Quillota, Viña del Mar y Valparaíso. El efecto fue el de una bomba de neutrones. Estaba todo en pie; aparentemente no había ocurrido nada, pero el corazón del Ejército estaba convulsionado. Los comandantes de división recibieron las renuncias de sus comandantes de regimientos y en un infructuoso esfuerzo trataron de congelar el fenómeno guardándolas en sus cajas fuertes. El comandante en jefe fue mal informado; se trató de minimizar frente a él la dimensión de lo ocurrido, pero al final el hecho trascendió a las esferas de gobierno y se produjo el relevo del ministro de Defensa y del comandante en jefe del Ejército, tal como lo conoció el país a través de escuetas informaciones periodísticas.[34]

Aquella actitud, la más grave de las ocurridas hasta ese momento, fue motivada por la paralización en el Congreso del proyecto de aumento de las remuneraciones del personal de las Fuerzas Armadas, en contraste con la rapidez con que se había aprobado el reajuste de la dieta de los congresistas pocos días antes.[35]

---

[34] Sergio Marras. *Palabra de soldado*; Santiago: Las Ediciones del Ornitorrinco, 1989.

[35] Ver David Pérez Carrillo. *La Fronda Militar*. El 11 de septiembre; Documento de Trabajo N° 82; Departamento de Ciencias Políticas; Instituto de Asuntos Públicos; Universidad de Chile; septiembre de 2006. Esta investigación, con cerca de 40 entrevistas y una extensa cantidad

La crítica al alto mando que llevó consigo las "renuncias" significó para el entonces comandante en jefe del Ejército, general Luis Miqueles Caridi, el ser llamado a retiro junto a los generales Jorge Quiroga Mardones, René Cabrera Soto y Rodolfo Abé Ortiz. El ministro de Defensa, Juan de Dios Carmona, fue reemplazado por el general (r) Tulio Marambio Marchant; en Hacienda, Sergio Molina le entregó su cargo a Andrés Zaldívar. El mando del Ejército lo asumió el general Sergio Castillo Aránguiz, primo de los hermanos Jaime y Fernando Castillo Velasco y tío de Raúl Troncoso Castillo, prominentes figuras del PDC.

Por esos días, Luis Hernández Parker, considerado el mejor redactor político de la época, escribió en la revista *Ercilla*:

> Las renuncias de los "académicos" no eran, necesariamente, actos de rebeldía. Es habitual que muchos oficiales cuelguen sus uniformes porque la actividad privada les ofrece mejores perspectivas. Pero, en este caso, la repetición cotidiana había sobrepasado las fronteras normales, y los 152 oficiales no se retiraban únicamente "porque ganamos poco y afuera ganamos más". Protestaban por las rentas de otros servicios y vociferaban por la "insensibilidad de los políticos, que solo escuchan a los gremios que gritan y se declaran en huelga".

En 1968, 80 oficiales que estudiaban en la Academia de Guerra presentaron sus expedientes de retiro voluntario y se quejaron de los bajos sueldos.

Coincidentemente con las protestas de los oficiales de las Fuerzas Armadas, ese mismo mes de mayo de 1968, el Movimiento de Acción Democrática publicó en la prensa un llamado al ex presidente Jorge Alessandri (1958-1964) para que aceptara ser candidato en las próximas elecciones de septiembre de 1970. Un comité de recolección de firmas encabezó la iniciativa, integrado por Eduardo Boetsch, Adolfo Silva Henríquez, Jaime Guzmán Errázuriz, Guillermo Feliú Cruz, Jorge Délano y Hugo Gálvez. Ese movimiento se amplió en marzo de 1969 al Movimiento Independiente Alessandrista que encabezó Ernesto Pinto Lagarrigue y formaron Ernesto Ayala, Eduardo Boetsch, Guillermo Carey, Carlos Cruz-Coke Ossa, Jaime del Valle Alliende, Jorge Délano, Hugo Gálvez, Jaime Guzmán Errázuriz, Eugenio Heiremans, Fernando Léniz, Eliodoro Matte, Luciano Morgado, Enrique Ortúzar, Julio Phillippi Izquierdo, Miguel Schweitzer, Gisela Silva

---

de referencias, es uno de los mejores trabajos realizados sobre los grupos nacionalistas y sus relaciones con las Fuerzas Armadas en el período.

Encina, Rafael Valdivieso Ariztía, Federico Willoughby y Antonio Zamorano, entre otros.

En 1969 los oficiales de la Academia de Guerra efectuaron una simulación bajo una condición clave: los militares debían tomar el gobierno.[36]

El malestar en el Ejército no se detuvo con el cambio de ministro de Defensa ni con el nuevo comandante en jefe. Es más, se encauzó a través de dos altos oficiales que aparecieron como líderes naturales. Los oficiales de las armas de Infantería y Blindados se identificaron con el mayor Arturo Marshall Marchesse; y, los de Artillería, Ingeniería y Caballería, con el general Roberto Viaux Marambio.

Marshall, segundo comandante del Regimiento Yungay, con asiento en la ciudad de San Felipe, encabezó un complot que se inició con reuniones clandestinas y empezó a tomar forma en agosto de 1969, durante los ensayos de la Parada Militar en el entonces Parque Cousiño. Su intención era manifestarse a través de un golpe de Estado y en pocas semanas consiguió el apoyo de 18 unidades del Ejército que se plegaron a su movimiento a través de sus oficiales. El capitán (r) Fernando Nieerad, comprometido en la conspiración junto al capitán Eduardo Hantke, recordó en entrevistas con el historiador Pérez unas conversaciones con un grupo de aviadores de la Base Aérea El Bosque, liderados por el capitán de escuadrilla Carlos Castro, con un sector de la Armada a través de un capitán de corbeta, y con el comandante del Grupo Móvil de Carabineros, un coronel de apellido Nilo, para fundar una Junta Militar compuesta por seis oficiales, inicialmente jóvenes, quienes debían ir retirándose de ella en la medida que oficiales de mayor graduación se integraran a la conjura. En sus líneas centrales la operación militar que ideó el Movimiento 19 de Septiembre, como más tarde pasó a denominarse, fue "...que una vez terminada la Parada Militar que conmemora el Día de las Glorias del Ejército, las 18 unidades de la institución debían acuartelarse y proceder a entregar munición y armamento de combate a sus conscriptos. Mientras esto ocurría, las tropas de los Regimientos Yungay y Guardia Vieja debían rodear el Club Militar pasadas las 23:00 horas, a fin de entregar al Presidente de la República, presente

---

[36] Luis Hernández Parker. "El 'gremio' uniformado"; revista *Ercilla*; 8 de mayo de 1968 y John Müller. "El corvo, nueva arma política"; revista *Hoy*; N° 560; 11 de abril de 1988. En la dirección de la Academia de Guerra siempre han figurado oficiales que por una u otra razón se han destacado en las filas militares: En el período 1972-73 la dirigió Herman Brady. Más tarde le siguieron Enrique Morel Donoso (1973), Sergio Arredondo González (1973), Manuel Contreras Sepúlveda (1974), Alejandro Medina Lois (1975-77), Roberto Guillard Marinot (1978-79), Carlos Meirelles Muller (1980-81), Jaime Núñez Cabrera (1981-83) y Jaime Concha (1984-86).

en la Parada, una carta en la que se exigía la renuncia del gabinete, del alto mando de las Fuerzas Armadas y el reconocimiento de la Junta Militar. Paralelo a esta acción, el Blindado N° 2 y la Escuela de Suboficiales debían tomarse los Arsenales de Guerra, quedando de esta forma el gobierno sin capacidad de reacción inmediata".[37]

La conspiración quedó al descubierto el 17 de septiembre tras la confesión de tres capitanes de infantería ante su superior. La delación en la que incurrieron estos oficiales determinó que Marshall decidiera, en primera instancia, no asistir a rendir honores al Presidente de la República cuando éste se dirigía al tradicional Te Deum de Fiestas Patrias, llegando con su unidad de formación con evidente retraso. Al día siguiente, mientras la Parada Militar se desarrollaba con aparente normalidad, la oficialidad comprometida procedió a ocupar sus puestos según la planificación acordada. Sin embargo, sus intenciones fracasaron al enterarse de la detención de Marshall y de los capitanes Nieraad y Hantke por efectivos del Servicio de Inteligencia Militar (SIM).

2.5. Reflexiones sobre la guerra en el sudeste asiático

Por esos días, en la Academia de Guerra y en las escuelas matrices de las Fuerzas Armadas se seguía con mucha atención el conflicto bélico en el sudeste asiático. A mediados de 1968, en medio de la escalada de la guerra de Vietnam, sectores de la fracción más anticomunista del Ejército, ya imbuida de la Doctrina de Seguridad Nacional, criticaron la política norteamericana por su debilidad y por no haber enviado antes a los profesionales contra la subversión: las fuerzas especiales. Para ellos, el guerrillero era "el hombre que lucha... arrostrando la muerte por sus ideales", razón por la cual solo un enemigo con la "misma fe en vencer" podría derrotarlo. En ese plano, la guerra de guerrillas era una lucha entre especialistas en la subversión. De acuerdo con este análisis, las estrategias bélicas tradicionales para neutralizar un movimiento de ese tipo eran ineficaces y solo eran útiles aquellas diseñadas para ella y que ya habían mostrado su validez en China. En sus palabras: "la guerra de guerrillas se gana matando guerrilleros y conquistando a sangre y fuego sus guaridas, sometiendo a estricta vigilancia a la población que es la base de la cual la guerrilla vive y crece".

---

[37]   Pérez Carrillo; op. cit.

Tales conceptos estaban plasmados en un artículo del teniente coronel Agustín Toro Dávila y del mayor Manuel Contreras Sepúlveda, titulado "Panorama político-estratégico del Asia sur-oriental", incluido en la revista *Memorial del Ejército de Chile*, en julio de 1968.[38]

También han aprendido la lección, al enviar por fin soldados de Fuerzas Especiales y técnicamente entrenados a luchar contra las guerrillas, ya que el guerrillero es el hombre que lucha sin el respaldo de una sociedad organizada, arrostrando la muerte por sus ideales o por sus camaradas y si no se enfrenta con un enemigo que se empeña con la misma fe en vencer, que se entrega con la misma abnegación y tesón a la tarea incansable y casi siempre ingrata de abatir obstáculos insuperables, el guerrillero triunfará.

También han aprendido la lección al dejar de lado la política de tratar de ganar la buena voluntad y el corazón de la población del Vietnam. La guerra de guerrillas se gana matando guerrilleros y conquistando a sangre y fuego sus guaridas, sometiendo a estricta vigilancia a la población que es la base de la cual la guerrilla vive y crece.

También aprendieron la lección de Corea, donde imposiciones políticas prohibieron a Mac Arthur bombardear las bases chinas de donde provenía en última instancia el socorro necesario para cambiar el destino de una guerra ya ganada en los campos de batalla de Corea del Norte.

Ahora, no han existido imposiciones políticas para prohibir el bombardeo de las bases norvietnamesas que son las que apoyan y soportan el esfuerzo de guerra de un Viet-Cong organizado.

Y concluían los oficiales Toro y Contreras:

En la guerra nunca se presentan dos situaciones idénticas, y por muy parecidas que sean, cualquier detalle puede hacer variar la solución del problema. Esta lección no ha sido aprendida por el Vietnam del Norte y el Viet-Cong, ya que con el mismo sistema de guerra de guerrillas que derrotaron a los franceses hace 11 años, pretende derrotar a fuerzas muy superiores a las francesas en armamento, en instrucción y en táctica de guerra de guerrillas. Las condiciones de la guerra han variado fundamentalmente y si el Viet-Cong no varía su sistema ya conocido, podría verse abocado a una derrota fatal.

---

[38] Agustín Toro Dávila, teniente coronel, y Manuel Contreras Sepúlveda, mayor: "Panorama político-estratégico del Asia sur-oriental": *Memorial del Ejército de Chile*; N° 344; julio-agosto 1968.

2.6. La irrupción del general Roberto Viaux

En 1969 irrumpió públicamente la figura de un militar conocido y respetado en los cuarteles como era el recién ascendido general de brigada Roberto Viaux Marambio, comandante en jefe de la Primera División del Ejército. Viaux había expresado ya su creciente inquietud por el estado en que se encontraba su institución e incluso pidió en tres ocasiones una entrevista con el presidente Frei, pasando por encima de sus superiores. Como respuesta, le notificaron que el mandatario "no recibiría a ningún general antes de que se reúna la Junta Calificadora". Viaux decidió entonces escribir una extensa carta al gobernante, fechada el 2 de octubre, donde le expresaba todas sus aprehensiones por la situación de la defensa nacional.

En la misiva enumeró seis problemas que consideró principales: Situación de la Planta del Ejército, Falta de material y equipo, Infraestructura, Situación Económico-social, Incumplimiento de promesas y Situación Moral y Disciplinaria. Finalmente, el general Viaux concluyó:

Señor Presidente

Lo anteriormente expuesto, refleja el pensamiento no solo de la I División del Ejército, sino que de la inmensa mayoría del personal del Ejército, que de una u otra manera, hacen conocer su pensamiento a sus superiores jerárquicos. Recordará Sr. Presidente, que los actuales Jefes Superiores y el Ministro de Defensa fueron designados como garantía para el cumplimiento de objetivos similares a los expuestos; ello demuestra que nuestra inquietud es general y solidaria.

Todo lo anterior no significa de manera alguna que no conozcamos nuestros deberes ciudadanos. Justamente por esto, porque por formación espiritual e intelectual deseamos para nuestra Patria grandes destinos, dentro del orden y la Ley, es que nos sentimos obligados por la jerarquía que investimos, por el respeto que debemos al País, a nuestro Ejército y por el deber que tenemos con nuestros compañeros de armas a asumir nuestra responsabilidad moral y legal, haciendo conocer nuestros anhelos y aspiraciones.

Es por otra parte lamentable haber comprobado que, a más de un año de los hechos que provocaron la renuncia colectiva de los Oficiales de la Guarnición de Santiago, no se han dado soluciones integrales que se ofrecieron en la reunión convocada por el Ministro de Defensa Nacional, en la Escuela Militar, lo que ha hecho perder a los miembros que conforman los cuerpos vivos de nuestro Ejército, la confianza ilimitada que debe existir en sus Jefes, base de la disciplina y jerarquía, fundamento angular de todo nuestro sistema militar.

Como consecuencia de lo anterior, se ha producido un abismo entre el pensamiento del Alto mando y el de la Oficialidad joven del Ejército, poniendo en peligro nuestro sistema institucional, que es obligación suya y nuestra preservar.

Sr. Presidente, no ha sido fácil para nosotros tomar esta determinación, sobre todo porque se involucra en ella a compañeros de armas, todos ellos Jefes distinguidos, pero alejados de nuestra realidad institucional, tal vez por un falso concepto del deber, pero después de un consciente y tranquilo estudio de lo planteado, nosotros asumimos nuestras responsabilidades de ciudadanos comunes y estamos dispuestos a afrontarla, porque está en juego nuestro destino histórico.

Confiamos en que el Sr. Presidente comprenderá nuestro patriotismo y desinterés personal.

Por sobre todas las cosas de la vida está nuestro amor al Ejército y a la Patria, factor determinante de nuestra actuación y ello nos obliga a solicitarle, con el respeto que debemos a su alta investidura, la suma urgencia que existe en solucionar estos delicados problemas, que pueden resumirse en:

1. Solución urgente a la falta de medios a fin de permitir a la Institución poder cumplir con la Misión para la cual fue creada.

2. Solucionar el problema económico.

Por último, hacemos presente al Sr. Presidente que todos estos problemas también afectan en menor o mayor grado, a las otras Instituciones de la Defensa Nacional, Armada y Fuerza Aérea y como también al Cuerpo de Carabineros e Investigaciones.

Para lo anterior y como garantía de disciplina y cohesión del Ejército, solicitamos al Sr. Presidente, cambios en el Alto Mando por personas que cuenten con la confianza de los Oficiales y Cuadro Permanente, como prenda segura en la obtención de estos objetivos que dicen relación directa y determinante con las Instituciones Armadas y con Chile mismo.

La carta, sin embargo, Viaux la retuvo mientras efectuaba algunas últimas gestiones para ser recibido por Frei. Mientras, varios integrantes del alto mando consideraron que la conducta del oficial rayaba en la insumisión y el 16 de octubre la Junta Calificadora del Ejército resolvió llamarlo a retiro junto a otros dos generales. Enterado de la noticia, Viaux se negó a cursar su baja de la institución. Ese mismo día decidió enviar al presidente Frei la carta que le había escrito.

El 17 de octubre, el diario vespertino *La Segunda* divulgó una declaración pública dirigida al presidente Frei, suscrita por 60 oficiales de la Primera División que rechazaban el llamado a retiro de Viaux. Lo mismo hizo *La Estrella del Norte* y *El Mercurio de Antofagasta*, periódicos de Agustín Edwards.

Viaux regresó a Santiago y el 21 de octubre, apoyado por su suegro, el coronel (r) Raúl Igualt, y varios otros militares que lo visitaron durante el día anterior, encabezó el alzamiento del Regimiento de artillería Tacna.

Viaux llegó al Tacna a la siete de la mañana y recibió el apoyo de la Escuela de Suboficiales y del Batallón de Tanques. En las horas siguientes adhirieron el Batallón de Intendencia, los alumnos de la Academia de Guerra y de la Academia Politécnica Militar, la Escuela de Fuerzas Especiales, la Escuela de Telecomunicaciones y la Guardia del Ministerio de Defensa, además de varias decenas de oficiales de la Escuela de Infantería y de la Escuela de Ingenieros de Tejas Verdes.

Las tropas del Tacna, además, tenían bajo control los Arsenales de Guerra y los depósitos de armas y municiones de Batuco. Sabían también que la gran mayoría de las unidades del Ejército no estaban dispuestas a marchar en su contra.

El coronel (r) Carlos Ossandón ha recordado que "todos sin excepción observamos con simpatía lo que estaba sucediendo... hubo algunos oficiales que pretendieron salir en su apoyo, pero sus impulsos fueron controlados. Más tarde, cuando el general Emilio Cheyre, a cargo de las tropas que debían sofocar el movimiento, solicitó nuestra ayuda, una amplia mayoría se negó a salir de la Escuela en muestra de adhesión al general Viaux".[39]

Mientras el alto mando reaccionaba para tratar de dominar la rebelión, el general Viaux llamó a la prensa y aseguró que el movimiento "que se ha generado en el Ejército es absolutamente profesional, motivado por la crítica situación económica que afecta a las Fuerzas Armadas", añadiendo su acatamiento al presidente de la República y a los poderes legítimamente constituidos. Ese mismo día *El Diario Ilustrado* puso en su portada un cuadro comparativo de los sueldos que percibían los empleados fiscales, en contraste con las menores rentas de los militares.

---

[39]   Pérez Carrillo; op. cit.

Dirigentes de la derecha sostuvieron reuniones clandestinas con los dos movimientos militares que estallaron en 1969. Si bien es cierto que no es posible señalar el número de ellas y los personajes que participaron, resulta ilustrativa la actitud de Sergio Onofre Jarpa, Miguel Ángel Salazar, Mario Arnello, Engelberto Frías, Raúl Zillaruelo y Pío Cifuentes, en arrastrar al Grupo 7 de la FACh al movimiento del Tacna el día de los hechos. El entonces comandante del Grupo 7 de la FACh, coronel Fernando Matthei Aubel, hizo detener el 21 de octubre de 1969 a los mencionados personajes por pretender inducir a esta unidad al movimiento del Regimiento Tacna, cuando los mencionados personajes intentaban convencer, mediante arengas, a los aviadores del Grupo 7 de apoyar el movimiento del Tacna.[40]

Cinco años después, el general Carlos Prats comentaría este episodio en sus *Memorias*:

> El "acuartelamiento" del Tacna tenía una finalidad política clara, gestada en varios pasillos durante los meses inmediatamente precedentes. Oscuros personajes civiles y uniformados se prepararon para mover las piezas del tablero de ajedrez, usando a Viaux de peón de partida. El jaque mate que condujera al derrocamiento de Frei se habría logrado por la dinámica de los acontecimientos, si antes de 24 horas se hubieran materializado movidas maestras de otras piezas claves; pero la actitud del general Cheyre, por una parte –aunque pueda calificarse de pasiva, por la presunta falta de disposición de algunos mandos a sus órdenes para reaccionar coercitivamente contra sus compañeros sublevados–, la inmovilidad de la I D.E. de Antofagasta por otra y, por último, la abierta disposición de la III D.E. para desplazarse en defensa del régimen constitucional, frustraron un conato golpista cuyo líder inicialmente visible habría sido Viaux, hasta que la seguridad del triunfo hiciera emerger a sus instigadores.

2.7. Panfletos y agitación en los cuarteles

La actitud "gremialista" de los líderes del levantamiento concitó un considerable respaldo en las filas de las Fuerzas Armadas, obligando al gobierno a satisfacer las condiciones exigidas por Viaux, las que fueron resumidas en el "Acta del Tacna". En los días siguientes se llamó a retiro al entonces comandante en jefe, general Sergio Castillo, y a seis oficiales generales. También se removió al ministro de Defensa, general (r) Tulio Marambio. Por antigüedad le correspondía asumir el mando del Ejército

---

40   Diario *La Nación*, 25 de octubre de 1969.

al general Guillermo Mahn, considerado por Viaux como el más apto. Sin embargo, el presidente Frei optó por la segunda antigüedad, el general René Schneider, quien se encontraba al mando de la Quinta División de Ejército con asiento en Punta Arenas. Las razones de su nominación nunca quedaron muy claras y provocaron diversas especulaciones.

Los uniformados descontentos que no fueron llamados a retiro por los sucesos del Tacna continuaron reuniéndose en las unidades y casinos militares. Un punto de encuentro fue el propio Hospital Militar, donde estuvo internado Viaux luego del acuartelamiento. Allí se establecieron nuevos contactos y se formaron más células que asistieron a un encuentro secreto en la calle Gay, en el antiguo barrio República de Santiago, donde concurrió más de un centenar de oficiales de la guarnición a deliberar sobre el acontecer político y escuchar un mensaje grabado de su líder ya marginado del Ejército. El general los instó a proseguir la "causa militar" e impedir las elecciones presidenciales de 1970, que "descansaban en una corrompida e ineficiente institucionalidad". Agregó que ninguno de los candidatos podría garantizar el orden y progreso de la nación. El abierto llamado a realizar un golpe de Estado para impedir las elecciones de septiembre se expresó en una rápida propuesta sediciosa. Las relaciones con los rebeldes se mantuvieron a través de uniformados en retiro, como el coronel (r) Raúl Igualt y el general (r) Horacio Gamboa.

Los conjurados empezaron a promover el golpe a través de los cuarteles castrenses. El teniente (r) Víctor Catalán ha relatado que "la difusión de boletines y panfletos con información sediciosa se concentró en la capital, en los casinos de oficiales y suboficiales de las principales unidades de la guarnición de Santiago, tales como los regimientos Buin, Tacna, Yungay, Andino y en la Escuela de Suboficiales, así como también en las bases aéreas de Colina y El Bosque". Catalán, además, fue uno de los encargados de utilizar los medios facilitados por los dirigentes del Partido Nacional, al cual se incorporó como guardaespaldas de Sergio Onofre Jarpa y jefe de una brigada muralista alessandrista. En forma paralela redactó algunas columnas de opinión para el diario *Tribuna*, que fueron firmadas con el seudónimo de "Rusti y Rasti" o "Semáforo".[41]

---

[41] Pérez Carrillo; op. cit. Ver también Iñaki Moulian Jara. "Bipolaridad en Chile 1960-1973"; *Revista Austral de Ciencias Sociales*; N° 5; Universidad Austral de Chile; Valdivia, Chile; enero 2001.

Inicialmente, los complotadores planearon secuestrar a varias de las más altas autoridades del país: el presidente de la República, el presidente del Senado, el presidente de la Cámara de Diputados y el presidente de la Corte Suprema, ministros de Estado y parte del alto mando de las Fuerzas Armadas que no se encontraba comprometido con la sedición. Mientras se efectuaran los secuestros, grupos de comandos militares se apoderarían de La Moneda, el Parlamento y los Tribunales de Justicia, el aeropuerto y ciertas radioemisoras.

El descubrimiento de la conspiración por parte del gobierno, tuvo como principal protagonista a un detective que recibió la orden del entonces director de Investigaciones, Jaspard da Fonseca, de infiltrar a los uniformados, luego de que los efectivos del SIM que detectaron la reunión de la calle Gay fueran reconocidos por sus compañeros de armas. En febrero de 1970 aquel detective ofreció a una célula de oficiales conspiradores su departamento para una reunión. Lo que allí se habló fue grabado secretamente y sirvió de evidencia para impedir el complot.

El 25 de marzo de 1970 fueron detenidos y requeridos ante la justicia militar el general Horacio Gamboa, los capitanes Fernando Nieraad y Julio Sarriá, y los tenientes Víctor Catalán y Jorge Morales, todos en retiro. También estaban involucrados varios oficiales activos, entre ellos el teniente coronel Edgardo Fuenzalida Verdugo; el mayor Jaime Beshler; los capitanes Raúl Droguett, Sergio Opazo, Guillermo Vaché, Florencio Fuentealba Aguayo, Carlos Fuentes, Rafael Piedra y Ricardo Muñoz; y los tenientes Joaquín Molina Fuenzalida, Víctor Vergara, Mario Melo Pradenas, Gustavo Collao, Aquiles Navarrete, Winston Cock, José Vidal, Jorge Varela, Gustavo Latorre, Julio Flánega y Gustavo Sanhueza. Todos quedaron a disposición del Segundo Juzgado Militar.[42]

---

[42] Florencio Fuentealba y Mario Melo eran integrantes del MIR. El 25 de noviembre de 2004 el juez Sergio Muñoz ordenó la detención e incomunicación de ocho ex uniformados por su responsabilidad en la muerte y desaparición de ex miembros del Comando de Paracaidistas del Ejército en 1973. El magistrado determinó el arresto e incomunicación del brigadier (r) Rafael Sánchez Vera, el coronel (r) Renato Alarcón Carrasco, el suboficial mayor (r) Domingo Cortés, el mayor (r) Carlos Sarabia Vera, y los suboficiales (r) Fidel Segovia Rojas y Hernán Arancibia. A estos detenidos se sumaron el general en retiro Carlos Parera y Luis Acevedo, quienes fueron derivados al Batallón de Policía Militar en Peñalolén, luego de ser interrogados por el juez en el Hotel Militar en Providencia. El magistrado intentaba determinar el paradero de Enrique Toledo, Javier Sobarzo, Mario Melo y Luis Alberto Barraza; y, asimismo, verificar las responsabilidades de ex uniformados en los fusilamientos de Julio Martínez Lara, Alberto Ampuero y David González, todos paracaidistas hasta 1970, año en que fueron exonerados de la institución tras ser sindicados como simpatizantes del MIR.

Progresivamente numerosos nacionalistas comenzaron a levantar la idea de una candidatura presidencial de Viaux. Entre ellos estaban Jorge Prat Echaurren, Mario Arnello, Sergio Miranda Carrington, Gastón Acuña Mac Lean y Juan Diego Dávila Basterrica. Los nacionalistas, tras confirmar sus sospechas sobre el fuerte descontento militar, se lanzaron a la cooptación de líder del "Tacnazo".

El 8 de febrero de 1970 un grupo de jubilados de la Defensa ofreció una manifestación de desagravio a Viaux en el Círculo Español. El discurso de agradecimiento lo pronunció el general (r) del Ejército, Héctor Martínez Amaro.[43] Un nuevo homenaje se le hizo el 30 de mayo en la quinta "El Rosedal", en el Paradero 18 de la Gran Avenida, sector sur de Santiago.

"La multitud ovacionó de pie la llegada a la mesa de honor de los oficiales procesados junto al general Viaux a raíz del acuartelamiento del Tacna. En tanto, se daba lectura a una lluvia de telegramas y cartas, testimonios del apoyo nacional de la chilenidad al movimiento, Casi inmediatamente después ingresó al recinto el general Roberto Viaux, acompañado de su esposa, siendo recibido en medio de una indescriptible demostración de delirante entusiasmo. Luego el público, otra de vez de pie, en expresión de ferviente lealtad, coreó: Yo tenía un compañero...". El relato está en la revista *Octubre*, de julio de 1970 en un artículo titulado "Grandiosa manifestación de homenaje al general Viaux". La revista la dirigía Enrique Arancibia Clavel.[44]

Viaux llamaba a una "revolución contra la demagogia y contra la minoría depredadora y parasitaria... contra el canibalismo político y social, alimentado paradojalmente, por quienes llevan siempre la palabra democracia entre los labios". El general Viaux bosquejó su pensamiento político en dos discursos públicos en 1970 y que fueron publicados por la revista nacionalista *Tizona*. El primero de ellos correspondía al discurso en el Círculo Español, en febrero, titulado "El Ejército y el destino nacional"; el segundo fue la intervención de la Quinta "El Rosedal", titulada "El pensamiento político del general Viaux".

---

[43] El mayor general de Ejército Héctor Martínez Amaro era el padre del ex comandante en jefe de la Armada entre 1990 y 1997, almirante (r) y ex senador designado en el período 1998-2006, Jorge Martínez Busch, quien egresó como guardiamarina desde la Escuela Naval en 1957.

[44] Más antecedentes sobre Enrique Arancibia Clavel, ver Capítulo V.

Tras las reuniones con Viaux, Héctor Martínez Amaro inició la formación del Partido Popular Nacionalista. La mesa, que él mismo presidió, quedó integrada por Fernando Figueroa Rojas, Robinson Medina González, José Willow Briones, Carlos Carmona, Héctor González Cisterna, Raúl Labarca Carmona y Samuel Pérez Pérez. Todos eran ex oficiales y suboficiales de las ramas castrenses. Pocos días después empezaron a circular anónimos en contra del alto mando del Ejército y en la zona sur se distribuyó un boletín clandestino titulado "Mi sargento", destinado a profundizar las diferencias entre oficiales y suboficiales.

2.8. La Operación Alfa y el secuestro del general Schneider

Las organizaciones que se dieron cita en el Movimiento Independiente Alessandrista, MIA, fueron múltiples. Se extendían desde orgánicas poblacionales, gremiales, nacionalistas, empresariales, hasta grupos políticos descolgados de los partidos tradicionales, todas unidas por un fuerte anticomunismo. Entre los grupos descolgados de partidos tradicionales, hubo uno proveniente del radicalismo, llamado Movimiento Recuperación Radical, que más tarde se transformó en la Democracia Radical y cuyo principal dirigente fue Ángel Faivovich. Algunos ex conservadores y liberales que no se integraron al PN se agruparon en la Legión Alessandrista, entre ellos Armando Jaramillo, Francisco Iturriaga y Enrique Prieto Urzúa.

Otras orgánicas que se incorporaron al MIA fueron el grupo gremialista de Jaime Guzmán; el Movimiento Alessandrista Democrático, MAD, de Luciano Morgado; un grupo de jóvenes de la Juventud Nacional, liderados por Guido Poli, que tras el triunfo de Allende se pasaron a llamar Junta Ofensiva Nacionalista; y el grupo Tizona, encabezado por Juan Antonio Widow.

Así como el MIA dio vida al Movimiento Cívico Patria y Libertad, MCPL, con el fin de respaldar la opción presidencial de Alessandri, miembros de esta misma organización, en compañía con otras organizaciones anticomunistas, todas las cuales contaban con grupos de choque callejeros, fundaron el Frente Republicano Independiente, FRI, que surgió como una organización de apoyo a la opción golpista implementada por algunos uniformados, y que encabezó Martínez Amaro. La improvisada estructura del FRI contempló una doble militancia entre los activistas del MCPL y el FRI. Entre las organizaciones que formaron parte de esta última cabe mencionar a un grupo de choque del MIA, liderado por Luis Hurtado

Arnés; el grupo Casa de la Victoria, encabezado por el químico industrial Luis Gallardo Gallardo; un grupo de choque de la Juventud Nacional que llamó Ofensiva Nacionalista, liderado por Guido Poli; el grupo nacional-sindicalista Tacna, representado por Juan Diego Dávila y por último, el grupo de choque de Fiducia, que no formó parte de MCPL y de la campaña alessandrista, representado por Juan Luis Bulnes, Julio y Diego Izquierdo Menéndez.

Los activistas del FRI recuerdan al general (R) Héctor Martínez Amaro como la persona que articuló el movimiento. El mencionado oficial era un reconocido nacionalista que había estado junto a Viaux en el movimiento Línea Recta de los años 50' y que en 1970 fundó, en compañía de Franz Pfeiffer, el Partido Nacional Popular, PANAPO, que trató de reagrupar a la vertiente nazi del nacionalismo y a oficiales en retiro de las Fuerzas Armadas. El PANAPO surgió del Partido Nacional Socialista, PNSO, que tras un atentado a la sinagoga de la calle Tarapacá en 1969, y la posterior detención de sus líderes, entró en crisis y desapareció.

A través de las sucesivas reuniones que tuvo el FRI con Viaux, el nacionalismo conoció la decisión de un grupo de uniformados de materializar una intervención militar, así como el papel que jugaba el FRI en los cálculos de los oficiales. Al respecto, Luis Gallardo ha contado que fue determinante para los cabecillas de la conspiración el crear condiciones de alarma pública que justificaran la acción militar, lo que condujo a efectuar acciones de carácter terrorista en la capital y otras ciudades del país. A partir de ese momento surgió en el seno del FRI la Brigada Obrero Campesina, BOC, la que a través de bombazos y panfletos con mensajes supuestamente izquierdistas ayudó a generar caos e inseguridad en la población.

Luis Gallardo fue uno de los líderes del FRI y atrajo a ese movimiento a la agrupación Casa de la Victoria que él dirigía y que estaba integrada por pobladores y pequeños comerciantes que apoyaron a Alessandri. Tras la derrota electoral y con la finalidad de mantener el grupo cohesionado, sus miembros fueron llevados por Gallardo en pequeños grupos a la casa de Viaux, donde éste les levantaba el ánimo señalándoles que las "Fuerzas Armadas eran anticomunistas y que harían lo posible por evitar el acceso de Allende al poder". Así como Gallardo, las restantes orgánicas hicieron lo suyo para mantener operativa a su gente y garantizarles que no estaba todo perdido.

En la BOC participaron todos los cuadros de choque del FRI. Para operar se delegó a Enrique Lautaro Arancibia Clavel la tarea de producir los atentados terroristas. Éste proporcionaba la dinamita, estudiaba los lugares donde se realizarían los atentados y coordinaba a las personas que participaban en ellos. Arancibia Clavel provenía ideológicamente de Tizona, agrupación viñamarina que se vinculaba a la Armada y que dirigía Juan Antonio Widow. En forma paralela militaba en la Juventud Nacional y se relacionaba con el grupo que lideraba Guido Poli, con quien fundó Ofensiva Nacionalista. Otro personaje que colaboró con estos atentados fue Nicolás Díaz Pacheco, sindicado como colaborador de la CIA, quien en reiteradas oportunidades entregó dinamita y armas. Los principales ataques realizados por este grupo fueron a Radio Magallanes, antena de Canal 9 de TV, las torres de alta tensión del aeropuerto y al Supermercado Almac. Entre los días 18 de septiembre y 11 de octubre de 1970 se registraron 14 atentados dinamiteros en el país.

La necesaria unidad que debían demostrar las Fuerzas Armadas en el movimiento golpista, pasaba por neutralizar la reacción que pudiesen adoptar los cuatro oficiales que se encontraban por sobre el general Camilo Valenzuela, quinta antigüedad del Ejército, y uno de los líderes de la intervención militar. Para ello se ideó un plan de secuestro simultáneo de estas cuatro figuras. Originalmente la planificación de "neutralización" se denominó Alfa, Beta, Gama y Delta.

La misión de secuestro simultáneo fue encomendada a los cuadros operativos del FRI, designando Viaux como coordinador de la operación a Juan Diego Dávila Basterrica, un conocido y experimentado nacionalista que había sido el cerebro intelectual y operativo de la fuga de Roberto Kelly, nacionalista trasandino que en los años 50' había sido encarcelado en Chile. Dávila era, además, oficial de reserva de Caballería, militante del Movimiento Revolucionario Nacional Sindicalista, MRNS, miembro del grupo Tacna, y comandante de tropa de asalto de la Brigada Zebra de la Acción Chilena Anticomunista, AChA. Poseía, en apariencia, las habilidades suficientes para realizar un par de secuestros.

Dávila se abocó a indagar en el Ejército la veracidad de las aprensiones de la dirección del complot hacia las cuatro primeras antigüedades de la institución. El estudio realizado redujo a dos el número de generales que se opondrían al golpe. Según el análisis presentado a Viaux, "...el general Schaffhauser mantendría una actitud funcional frente al movimiento que realizara la mayoría de la institución". En cuanto al general Manuel Pinochet, Dávila aseguró que "fuentes muy cercanas le habían confidenciado que tenía un arraigado espíritu anticomunista ante lo que no había motivos de preocupación". El plan de secuestro quedó reducido a las claves de Alfa y Beta.

Se decidió entonces detener a los generales Schneider y Prats en sus respectivas oficinas. Para ello contaban con la participación de personal que se desempeñaba como ayudantes de ambos oficiales.

Paralelamente, el gobierno del presidente Richard Nixon había emprendido una serie de operaciones para impedir que Allende llegara a La Moneda. Una de ellas era asesinar al médico socialista, para lo cual envió a un equipo de exterminio a través de América Central. Hasta hoy se ignora por qué fracasó aquella misión. Otro camino fue contactar en las filas castrenses chilenas a algunos altos mandos que estuvieran dispuestos a trabajar con Viaux en un levantamiento militar. Esa tarea le fue encargada al coronel Paul M. Wimert, agente operativo de la CIA. Entre los oficiales captados por el norteamericano estuvieron el general Camilo Valenzuela Godoy; el general director de Carabineros, Vicente Huerta Celis; el almirante Hugo Tirado Barros; y, el general de la FACh Joaquín García Suárez. Todos ellos, junto a Viaux, en quien los estrategas de la Casa Blanca no confiaban del todo, debían hilvanar el golpe militar.

El general Camilo Valenzuela se declaró dispuesto a detener a los oficiales que se opusieran al golpe después de que el general René Schneider estuviera secuestrado. Tras recibir luz verde, los conjurados intentaron dos veces capturar al comandante en jefe, pero razones circunstanciales lo impidieron. En la tercera oportunidad, el 22 de octubre, Schneider fue asesinado a balazos. Murió cuatro días después al no poder recuperarse de dos heridas de bala en el abdomen y en el tórax, y de una grave lesión en el hígado.

Los que dispararon fueron identificados como Jaime Melgoza, Juan Luis Bulnes Cerda y Diego Izquierdo Menéndez. No se logró precisar quién disparó el revólver cuyas balas impactaron en el cuerpo del oficial. Tampoco pudo establecerse por qué lo mataron si la intención era secuestrarlo. En junio de 1972, el juez militar de Santiago, general Orlando Urbina, dictó sentencias en primera instancia sobre el asesinato de Schneider. Las penas impuestas fueron las siguientes:

José Melgoza Garay: a presidio perpetuo; Roberto Viaux Marambio: 20 años de presidio y cinco años de extrañamiento; Raúl Igualt Ramírez: diez años de cárcel y tres de extrañamiento; Luis Gallardo Gallardo: 15 años de cárcel y tres de relegación; Juan Diego Dávila Basterrica: diez años de cárcel y tres de extrañamiento; Julio Fontecilla Rojas: cinco años de cárcel y tres años de relegación; Carlos Silva Donoso, Carlos Labarca Metzger, Jaime Requena Lever, Rafael Fernández Stuardo, Luis Hurtado Arnés y Edmundo Mario Berríos: todos a diez años de presidio y tres años de relegación; Jorge Medina Arriaza: diez años preso y tres años de relegación; Mario Montes Tagle: diez años; Fernando Yarur Huerta, Julio Bouchón Sepúlveda, León Cosmelli Pereira, Raúl Igualt Ossa, Jorge Lagos Carrasco, Sergio Toperberg Volosky: todos a tres años de cárcel y tres de relegación; Camilo Valenzuela y Hugo Tirado: tres años de extrañamiento; Juan Enrique Prieto Urzúa, Nicolás Díaz Pacheco y Roberto Vinet Llamazares: tres años de relegación; Abdul Malak Zacur, Carlos Aravena Toro, Adolfo Ballas Ostergaard, Alejandro Cabrioler Moya, Guido Poli Garaycochea, Boris Ravest Toro, Edwin Robertson Rodríguez, Mario Tapia Salazar, Edison Torres Fernández y Fernando Cruzat: dos años de relegación; y, Alexis Sánchez Herrera: a 541 días de relegación.

El juez militar de Santiago dejó pendientes las penas que se impondrían a ocho prófugos, varios de ellos autores materiales del homicidio. En ese caso estaban Juan Luis Bulnes Cerda, Julio Izquierdo Menéndez, Andrés Widow, Allan Leslie Cooper, Hiram Bey Banzán, Eduardo Maffei, Fernando Maffei y Rubén Santander. El general Urbina condenó a 42 personas, dejó pendiente la sentencia para ocho prófugos y sobreseyó de toda culpa a cinco acusados.[45]

En el libro *Conversaciones con Viaux*, de la periodista Florencia Varas, el general afirmó que el presidente Eduardo Frei Montalva habría sabido del plan para secuestrar a Schneider. Viaux aseguró que inicialmente se le sugirió a Frei enviar al comandante del Ejército en comisión de servicio a Estados Unidos para comprar armas, pero que el jefe militar se negó debido a la tensa situación que vivía el país. Entonces, según Viaux, se le sugirió al mandatario la opción del secuestro. En la primera semana de octubre, el abogado Guillermo Carey Tagle informó a Viaux que "el presidente Frei deseaba que se diera un golpe de Estado". De esa manera, asumiría el mando una junta militar que exiliaría a Frei, con la condición

---

[45]   Ediciones Especiales de la Editora Nacional Quimantú: *El Caso Schneider*, Santiago, 1972.

de que no se supiese su participación en los hechos. Así, el depuesto gobernante tendría la oportunidad de postular nuevamente a la primera magistratura.[46]

Otra teoría apunta a que el Movimiento de Izquierda Revolucionaria, MIR, habría infiltrado a la Operación Alfa para provocar la muerte de Schneider. La versión indica que Luciano Cruz logró introducir entre los conspiradores al mirista Rachid Saladino, quien no tuvo inconvenientes para hacerse pasar por nacionalista. Saladino habría obtenido información completa sobre los dos planes presentados a Roberto Viaux por dos de sus colaboradores: Luis Gallardo Gallardo y Juan Diego Dávila Basterrica, diseñadores de Alfa y Beta, respectivamente. Cruz habría pagado una subida cantidad de dinero a Jaime Melgoza Garay para que disparara en contra de Schneider, versión que el propio Melgoza negó categóricamente.[47]

2.9. La sublevación de los blindados

La primera semana de junio de 1973 se reunieron en algún lugar de Santiago varios oficiales del Regimiento de Blindados Nº 2, ubicado en la calle Santa Rosa, a escasas cuadras de La Moneda, con integrantes de la dirección del Frente Nacionalista Patria y Libertad, FNPL. Sus intenciones eran planificar los detalles del levantamiento de esa unidad militar contra el gobierno del presidente Allende y pactar el apoyo que le brindarían los civiles que dirigía el abogado Pablo Rodríguez Grez.

El capitán Sergio Rocha Aros y el teniente Guillermo Gasset pidieron que el FNPL les ayudara a silenciar las radioemisoras de la Unidad Popular, a conseguir combustible para los tanques y a tratar de contener el avance de algunas brigadas de izquierda que marcharían hacia el centro de Santiago para defender al gobierno popular.

En la mañana del miércoles 27 de junio, el comandante de la Guarnición de Santiago, general Mario Sepúlveda Squella, informó al comandante en jefe de la institución, general Carlos Prats, sobre actividades sospechosas en el Blindados Nº 2 y que había dispuesto la incomunicación del capitán Rocha y de algunos suboficiales, mientras se efectuaba un sumario.

---

[46] Florencia Varas. *Conversaciones con Viaux*; Santiago: Impresiones Eire, 1972.

[47] Daniel Avendaño y Mauricio Palma. *El rebelde de la burguesía*; Santiago: Ediciones Cesoc, 2001.

Ese mismo día el general Prats protagonizó un incidente en la avenida Costanera cuando creyó que iba a ser víctima de un atentado y al reaccionar amenazó con su revólver a una mujer, identificada como Alejandrina Cox Palma, que al volante de un vehículo lo había insultado. Prats se dirigió a La Moneda y presentó su renuncia ante el presidente Salvador Allende. Luego se reunió con el consejo de generales, donde recibió claras muestras de apoyo y solidaridad.

El viernes 29, el secretario general de la Comandancia en Jefe, coronel Rigoberto Rubio, informó muy temprano a Prats sobre la sublevación de la unidad blindada. Los tanques estaban amagando La Moneda y el Ministerio de Defensa. Prats le ordenó que se mantuviera en contacto con el jefe del Estado Mayor, el general Augusto Pinochet, y con otros altos oficiales del estado mayor del Ejército, y salió rápido hacia la Escuela Militar, donde se reunió con el comandante de Institutos Militares, el general Guillermo Pickering, y con el director de la Escuela Militar, el coronel Nilo Floody.

Los planes fueron inmediatos: el Regimiento Tacna ocuparía la unidad de los blindados para impedir el abastecimiento de los tanques; grupos de artillería saldrían hacia el Regimiento Libertadores y la Escuela de Suboficiales avanzaría hacia La Moneda desde el sur.

Pocas horas después, la sublevación fue controlada. Los máximos dirigentes de Patria y Libertad –Pablo Rodríguez, Benjamín Matte, John Shaeffer, Juan Eduardo Hurtado y Manuel Fuentes Welding– se asilaron en la embajada de Ecuador junto a otros dos militantes, Fernando Moro y José Manuel Ruiz, que horas después saldrían de la sede diplomática con instrucciones para la militancia. Otros dos conjurados, Patricio Jarpa y Patricio Souper, se asilaron en las embajadas de Colombia y Paraguay, respectivamente.

A contar del 3 de julio, el capitán Sergio Rocha Aros, autor intelectual del "tanquetazo", pudo contar en el cuartel del entonces Regimiento de Ingenieros de Ferrocarriles de Montaña Nº 2 Puente Alto, algunos aspectos de su frustrada empresa. Había entrado desde marzo de 1973 en contactos personales con uno de los jefes de Patria y Libertad, comenzando a urdir lo que muchos uniformados deseaban vehementemente, pero que no podían o no se atrevían a materializar: el golpe militar que depusiese al presidente Allende.

Según Rocha, ese jefe del FNPL le había dado plenas garantías de que un incruento cerco a La Moneda, con los tanques del entonces Regimiento de Blindados N° 2, contaría con el apoyo del Regimiento de infantería Buin, con el de otras unidades militares de Santiago, con la irrestricta adhesión de la Armada y con una multitudinaria manifestación callejera organizada por Patria y Libertad. No obstante, una vez más, la acción golpista fue detectada por el Servicio de Inteligencia Militar, SIM.

2.10. El asesinato del edecán Arturo Araya Peeters

Casi un mes después de la abortada sublevación de Patria y Libertad y de algunos oficiales del Blindado N° 2, el país volvió a conmoverse con un nuevo asesinato.

En la madrugada del viernes 27 de julio de 1973, el edecán naval de Allende, el comandante Arturo Araya, cayó herido de muerte en el balcón de su casa, en el barrio de Providencia, con una bala calibre 22 disparada por una metralleta Batán.

Casi 20 horas después del crimen, el electricista José Riquelme Bascuñán, obrero de una industria filial de Corfo, iba pasando en avanzado estado de ebriedad por la puerta de la Prefectura de Carabineros de Santiago. Un policía le llamó la atención y Riquelme respondió con un insulto. Fue detenido de inmediato.

Al día siguiente, varias radioemisoras de oposición y el vespertino *La Segunda* informaron del arresto de uno de los asesinos del comandante Araya. *La Segunda*, con grandes caracteres, tituló: "Cayó asesino del edecán. Se habría entregado a Carabineros. Grupo extremista de izquierda lo ultimó. Pretendían raptarlo para convulsionar al país. FTR, MIR y PS serían los cómplices".

El capitán Germán Esquivel, miembro del Servicio de Inteligencia de Carabineros, SICAR, había logrado la confesión del detenido luego de un minucioso interrogatorio. Según el informe elaborado por Esquivel, el electricista Riquelme se había entregado porque estaba arrepentido y temía que sus compañeros lo mataran.

Esquivel también entregó otros pormenores de la confesión: Riquelme había sido contratado por 12 mil escudos para realizar dos atentados terroristas; le había pagado Domingo Blanco Torres, miembro del GAP del presidente Allende; otros integrantes del grupo eran del FTR, del MIR y del

PS, además de tres cubanos; tenían órdenes de secuestrar al comandante Araya para impedir cualquier diálogo entre el gobierno y la oposición.

Aparentemente no había dudas. Esa tarde el electricista Riquelme fue conducido al cuartel de Investigaciones. Pocas horas después, los detectives comprobaron que la confesión extraída a Riquelme había sido obtenida bajo presión y que era falsa.

La Dirección General de Carabineros emitió un comunicado, en parte del cual señalaba que la detención de Riquelme "no tiene relación con el atentado y que su detención provisional se debió a razones de índole muy diversa, encontrándose en estado de intemperancia alcohólica".

Al día siguiente, la Corte Suprema designó al juez Abraham Meersohn como ministro en visita para el caso, pese a la existencia de una comisión investigadora formada por el Consejo Superior de Seguridad Nacional, Consupsena, y la existencia de un juez militar, Joaquín Earlbaum, que seguía el caso y que incluso había decidido incomunicar al electricista. En las horas siguientes, el Consupsena dirimió el conflicto de competencia dictaminando que correspondía a la Fiscalía Naval sustanciar el proceso. ¿Qué había ocurrido? ¿Cuál era la verdad? ¿Quién había asesinado entonces al comandante Araya?

En los días siguientes la historia sufriría un espectacular vuelco.

Los detectives empadronaron el lugar del homicidio. Uno de los testigos se había fijado en las patentes de algunos de los vehículos que circularon a la hora del crimen por el sector. Así, los detectives lograron ubicar una citroneta que había sido manejada por Mario Rojas Zegers.

El consiguiente arresto de Rojas y las diligencias posteriores permitieron a los policías, encabezados por Alfredo Joignant, director de Investigaciones; Hernán Romero, director de la Escuela Técnica; y Waldo Montecinos, jefe de la Brigada de Homicidios, esclarecer el asesinato del edecán naval de Allende.

Los responsables configuraban un comando integrado por René Guillermo Claverie Barbet, Edmundo Enrique Quiroz Ruiz, Guillermo Necochea Aspillaga, Guillermo Bunster Thiese, Juan Antonio Zacconi Quiroz, Miguel Víctor Sepúlveda Campos, Carlos Fernando Farías, Wilfredo y Luis Perry González, Luis Palma Ramírez, Mario Rojas Zegers, Uka Lozano, Guillermo Schilling Rojas, José Iturriaga Aránguiz, Ricardo Vélez Gómez, Rafael Mardones Saint Jean, Odilio Castaño Jiménez, Andrés Potín Lailhacar y Alejandro Figari Verdugo.[48]

---

[48]   Mónica González. *La Conjura*; Santiago: Ediciones B, 2000.

En las casas de varios de ellos se encontraron cerca de 20 armas de diferentes tipos y calibres, detonantes, cargas explosivas y municiones. Algunos afirmaron haber formado un grupo escindido de Patria y Libertad denominado "Guerrilleros Nacionalistas" en concomitancia con miembros del Comando Rolando Matus, brazo operativo del Partido Nacional.

El 24 de junio de 1973, dos altos dirigentes de Patria y Libertad, Roberto Thieme y Miguel Cessa, se reunieron en un departamento del barrio Vitacura con dos oficiales de la Armada, uno de ellos perteneciente al cuerpo de almirantes. Los oficiales informaron que en las horas siguientes se iniciaría un nuevo paro nacional y otras acciones que debían conducir a un levantamiento generalizado contra la Unidad Popular. Pidieron ayuda para generar caos en Santiago, sobre todo en los sectores más acomodados.

El día 26 de junio, Guillermo Bunster recibió instrucciones para realizar una ola de acciones terroristas. Los camioneros habían decretado un nuevo paro nacional y el país estaba en extrema tensión. Bunster reunió a una veintena de jóvenes en su casa, en Américo Vespucio Norte. Distribuyó explosivos, escopetas, metralletas y pistolas. La orden era acudir a al barrio de Providencia y provocar el mayor alboroto posible.

En una camioneta amarilla de doble cabina se trasladaron a la esquina de las calles Huelén con Providencia, muy cerca de las torres de Tajamar. Iban Bunster, Claverie, los hermanos Perry, Guillermo Necochea, Enrique Quiroz, Luis Palma, Odilio Castaño y Alejandro Figari.

En la citroneta de Rojas subieron Miguel Sepúlveda Campos y Edmundo Quiroz. Su misión era sembrar con "miguelitos" el sector elegido para el ataque. Otro grupo, formado por José Iturriaga Aránguiz, Uka Lozano, Guillermo Schilling y Carlos Gaymer, ocupó un Peugeot rojo. Ellos estaban encargados del apoyo logístico y de avisar en caso de peligro, haciendo sonar unos pitos. Todos llevaban un brazalete blanco.

Claverie, provisto de una metralleta Batán, disparó indiscriminadamente contra los vehículos que a las 0:30 pasaban por Providencia cerca de Pedro de Valdivia. Wilfredo Perry disparó su escopeta en contra de un taxibús y un bus. Bunster hizo explotar una bomba en una camioneta estatal que estaba estacionada.

Ocho miembros del comando ingresaron a la calle Fidel Oteíza. Un hombre en bata salió a un balcón a increparlos. Claverie disparó en abanico hacia arriba. Llegaron a Pedro de Valdivia y siguieron disparando. Enseguida abordaron sus vehículos y regresaron a la casa de Bunster.

En un balcón ubicado en Fidel Oteíza, con una bala calibre 22 en su corazón, agonizaba el edecán naval de Allende.

El grupo homicida, refugiado en un fundo de San Felipe, se entregó al Ejército el 12 de septiembre de 1973, siendo trasladado a Valparaíso, desde donde, luego de unos dos meses, los trasladaron a una clínica en Santiago. Finalmente, el grupo consiguió el indulto del general Pinochet en 1980.

Tuvieron que pasar más de 30 años para que uno de los detectives que inició las investigaciones en 1973 les contara a los hijos del comandante Araya que las pesquisas habían sido interrumpidas por el golpe militar y que existían datos relevantes que apuntaban a una secreta operación de inteligencia para asesinar al marino. Ella habría consistido en usar a los militantes de Patria y Libertad como pantalla para encubrir a un francotirador oculto en el techo de una casa ubicada frente al departamento del edecán, quien habría disparado con un fusil de alta precisión en los momentos en que Araya salió al balcón. La investigación de esos nuevos antecedentes aún está pendiente.[49]

---

[49] Jorge Escalante. "¿Quién mató al comandante Araya?"; diario *La Nación*; 20 de marzo de 2005 y *La Nación Domingo*: "Yo no maté al comandante Araya"; diario *La Nación*; 20 de abril de 2008.

Capítulo III.
El puño de hierro

3.1. Amanecer en Tejas Verdes

Fue un trastorno ecológico lo que posibilitó que la Escuela de Ingenieros del Ejército de Chile emigrara desde su vetusto cuartel de la calle Recoleta, en Santiago, hasta la idílica localidad de Tejas Verdes, al sur del puerto de San Antonio, unos 110 kilómetros al oeste de la capital.

Desde la década de 1930 existía en el lugar la elegante hostería "Tejas Verdes", cuya especialidad gastronómica más afamada eran los camarones de vega, que se extraían desde el río Maipo, distante a escasos metros. Su fama, sin embargo, decreció abruptamente desde 1952, cuando se estableció en la localidad de San Juan, cinco kilómetros aguas arriba de la hostería, una planta de producción petroquímica, cuyos desechos tóxicos comenzaron a caer al río Maipo y mataron a los camarones, lo que privó a la hostería de su plato más exclusivo. Los propietarios se vieron obligados a poner en venta el colonial y lujoso inmueble. El Ejército de Chile decidió adquirirlo para instalar allí la Escuela de Ingenieros.

El lugar reunía varias características para la compleja instrucción del arma de Ingenieros. En el río Maipo era posible practicar la boga y experimentar con todo tipo de balsas; además, se daban las condiciones para construir puentes colgantes, flotantes y de apoyos intermedios. Las extensas playas del balneario Rocas de Santo Domingo permitían la instrucción de explosivos y campos minados. Desde 1966, la subespecialidad de Buzos Tácticos —diseñada por el capitán Mateo Durruty y por el ex combatiente ucraniano Dimitri Schumilow— fue impartida en la piscina de la Escuela de Ingenieros, en el río Maipo y en el mar.

La Escuela contaba con una Jefatura de Estudios y con un batallón de aplicación. En la primera, se realizaban los cursos de requisito para los cabos recién egresados de la Escuela de Suboficiales y para los sargentos del arma. También se impartía especialización a los alféreces provenientes de la Escuela Militar y a los capitanes que se preparaban para mandar batallones de ingenieros en los regimientos del país.

La misión del arma de Ingenieros es facilitar el desplazamiento de las propias tropas y dificultar el del adversario. Para lo primero se trazan y construyen caminos, se calculan y tienden todo tipo de puentes, se purifica y se distribuye agua, se destruye mediante explosivos cualquier obstáculo y se siembran campos minados contra tanques y personas.

Los soldados ingenieros se jactan de ser los primeros en ingresar al campo de batalla y los últimos en retirarse, lo que queda expresado en el himno del instituto matriz: "Nuestra Escuela de Ingenieros, centinela es de honor / Con sus armas de guerrero, con su ciencia y su tesón. / Es consigna hasta morir, si el clarín toca llamada, / Ser primeros en combatir y últimos en la retirada".

Poco antes del golpe militar de septiembre de 1973, bajo el mando del coronel Manuel Contreras Sepúlveda, la Escuela de Tejas Verdes tenía como subdirector al teniente coronel Alejandro Rodríguez Faine; en el cargo de secretario de estudios, se desempeñaba el mayor Jorge Núñez Magallanes, uno de los subalternos predilectos del director; y, comandando el batallón de Instrucción, estaba un mayor al que apodaban "El topo" López. También figuraban en la planta de oficiales el capitán Eugenio Videla Valdebenito, Víctor Lizárraga Arias y Nelson Haase Mazzei.

Contreras ya se había contactado con varios de los agentes de la CIA en Chile, que le proporcionaban manuales de otras policías secretas que la agencia estadounidense había ayudado a crear, como la KCIA, en Corea del Sur; la Savak, en Irán; y el Servicio Nacional de Información (SNI), en Brasil.

A los 42 años, Contreras era un hombre de gran vitalidad y orgulloso del enorme ascendiente que tenía en el arma de Ingenieros. Desde su llegada al mando de la Escuela se vinculó con varios de los más decididos opositores al gobierno de Salvador Allende radicados en San Antonio, Santo Domingo, Llolleo, Cartagena y en otros poblados del litoral central. Entre sus amigos más cercanos destacaban el empresario de transportes Cristián "Toty" Rodríguez, el locutor Roberto Araya Silva, el dueño del hotel La Bahía de Cartagena, Benito Tricio; Juan Basagoytía, Rafael Letelier, Manuel José Moreno y Enrique Manzur Tricio. El más cercano era "El negro" Jara, un ex oficial de Caballería que vivía en Algarrobo y que mantenía estrechos vínculos con los más activos militantes del Frente Nacionalista Patria y Libertad y el Comando Rolando Matus, que dependía del Partido Nacional.

Jara le ayudó a Contreras a conocer rápidamente cómo funcionaba el gobierno provincial de la Unidad Popular en San Antonio, quiénes eran los dirigentes comunistas y socialistas, cuáles eran los sindicalistas más activos, la presencia del MIR, la organización de las Juntas de Abastecimientos y Precios, JAP, en fin, cada detalle, cada núcleo, cada estructura del "puerto rojo", nombre que los opositores daban a ese terminal marítimo.

La noche del 10 de septiembre de 1973, el coronel Contreras y su ayudante, el capitán Videla, comieron en la casa del comerciante Enrique Manzur en las Rocas de Santo Domingo. Casi a la misma hora, un destructor de la Armada llegó al puerto de San Antonio, al mando del capitán Jorge Contreras Sepúlveda, su hermano.

El coronel Contreras logró controlar en pocas horas toda la jurisdicción que estaba bajo su mando. En los días siguientes, en los subterráneos de Tejas Verdes se practicaron crueles torturas a varios detenidos, utilizando incluso sopletes de acetileno para perforar los cuerpos de las víctimas.

El campo de prisioneros de Tejas Verdes –conocido como "El Sheraton"– se instaló al pie de un cerro donde los detenidos podían observar dos cristos, a muy escasa distancia de la ruta que ingresa a Santo Domingo, junto al río Maipo, y oculto tras una empalizada. Los momentos más brutales y dramáticos se vivieron entre septiembre de 1973 y marzo de 1974, momento en que los celadores fueron trasladados. Uno de los sargentos fue destinado al norte; el otro, a una unidad militar cercana a Santiago. Se cambiaron también los torturadores y a varios oficiales.

3.2. La limpieza del puerto rojo

La represión en San Antonio y sus alrededores en las horas siguientes al golpe de Estado de septiembre de 1973 fue implacable. En los años siguientes se conocerían los detalles sobre cómo se exterminó a dirigentes políticos, obreros y estudiantiles.

Óscar Armando Gómez Farías: 31 años, casado, una hija. Administrador del Departamento de Obras Sanitarias de Cartagena. Integraba un grupo folklórico y una comunidad cristiana. Militante del Movimiento de Acción Popular Unitario, MAPU. Fue detenido el 12 de septiembre de 1973 en su trabajo, trasladado a la cárcel local y luego al Campamento de Prisioneros Nº 2 Tejas Verdes. Fue muerto el 27 de diciembre de 1973 en los subterráneos del Casino de Oficiales de la Escuela de Ingenieros.

Ceferino del Carmen Santis Quijada: 31 años, casado, un hijo. Gásfiter industrial de Rayonhil y presidente del sindicato de obreros de dicha empresa. Militante del MIR y miembro del Frente de Trabajadores Revolucionario, FTR. Fue detenido el 12 de septiembre de 1973 en su domicilio por militares que lo trasladaron a la Comisaría de Barrancas y luego a la cárcel de San Antonio, desde donde fue conducido al Campamento de Prisioneros Nº 2. El 5 de octubre fue sacado del recinto junto a otras cinco personas. Permanece desaparecido.

Raúl Enrique Bacciarini Zorrilla: 49 años, casado, cinco hijos. Trabajó durante 19 años como detective de la Policía de Investigaciones de San Antonio. Militante del PS. Fue detenido el 13 de septiembre de 1973 en su domicilio por agentes de Investigaciones, trasladado a dependencias de dicha repartición y luego a la cárcel local. El 22 septiembre, junto a otras cinco personas, fue ejecutado irregularmente por sus captores.

Luis Fernando Norambuena Fernandois: 31 años, casado, un hijo. Empleado de ESSO. Miembro del comité central del PS, regidor por San Antonio y secretario regional de la Central Unitaria de Trabajadores, CUT. El 14 de septiembre de 1973 se presentó en la Escuela de Tejas Verdes. Fue trasladado a la cárcel local y luego al Campamento de Prisioneros Nº 2. Desde allí fue sacado el 5 de octubre junto a cinco personas. Permanece desaparecido.

Jorge Luis Andrés Ojeda Jara: 20 años, soltero. Alumno de Electricidad y dirigente estudiantil en la Universidad Técnica del Estado, UTE. Miembro del Grupo de Amigos del Presidente, GAP. Militante del PS. Fue detenido en Melipilla el 16 de septiembre de 1973, trasladado a la cárcel de San Antonio y luego al Campamento de Prisioneros Nº 2. La noche del 5 de octubre de 1973 fue sacado de allí junto a cinco personas y ejecutado por sus captores. Su cadáver apareció al día siguiente flotando en las orillas del río Rapel.

Jorge Antonio Cornejo Carvajal: 26 años, casado, dos hijos, uno póstumo. Inspector de la Dirección de Industria y Comercio, DIRINCO. Militante del PS. Fue detenido en Melipilla el 16 de septiembre de 1973 por carabineros y entregado a la autoridad militar de San Antonio. Se le recluyó en la cárcel local y fue sometido a un irregular consejo de guerra. Fue condenado y ejecutado el 18 de noviembre de 1973.

Patricio del Carmen Rojas González: 21 años, soltero. Obrero militante del PS. Fue detenido el 16 de septiembre de 1973 en Melipilla por carabineros y trasladado a la cárcel de San Antonio. Sometido a un irregular consejo de guerra por la Fiscalía Militar de Tejas Verdes, fue ejecutado el 18 de noviembre de 1973.

Guillermo Amador Álvarez Cañas: 49 años, casado, cuatro hijos. Estibador en San Antonio y presidente del Sindicato de Estibadores. Militante del PDC. Fue detenido el 21 de septiembre de 1973, en su domicilio por militares y trasladado a la cárcel local Desde allí fue llevado al Campamento de Prisioneros N° 2. Esa noche fue sacado del lugar y ejecutado por sus captores.

Fidel Alfonso Bravo Álvarez: 22 años, casado. Obrero, ex miembro del GAP y militante del PS. El 22 de septiembre de 1973 fue detenido en San Antonio y trasladado al Campamento de Prisioneros N° 2. Esa noche fue sacado del recinto junto a cinco personas y ejecutado por sus captores.

Gustavo Manuel Farías Vargas: 23 años, soltero. Recaudador en Obras Sanitarias de San Antonio. Militante del MIR. Se presentó ante la autoridad militar el 22 de septiembre de 1973, siendo detenido y llevado al Campamento de Prisioneros N° 2. El 5 de octubre de 1973 fue sacado del recinto junto a otras cinco personas y ejecutado por sus captores.

Armando Enrique Jiménez Machuca: 38 años, casado, cuatro hijos. Estibador y dirigente de ese gremio en San Antonio. Militante del PS. Se presentó voluntariamente en la Escuela de Ingenieros el 22 de septiembre de 1973. Fue llevado al Campamento de Prisioneros N° 2, desde donde fue sacado junto a cinco personas y ejecutado por sus captores.

Samuel Alfredo Núñez González: 49 años. Estibador de San Antonio y dirigente de ese gremio. Militante del PS. Fue detenido el 22 de septiembre de 1973 en su sindicato y trasladado al Campamento de Prisioneros N° 2, desde donde fue sacado junto a cinco personas y ejecutado por sus captores.

Héctor Rojo Alfaro: 43 años, casado, un hijo. Estibador del puerto de San Antonio y dirigente nacional del gremio. Secretario de la Confederación Marítima de Chile, COMACH. Militante del PC. Fue detenido el 22 de septiembre de 1973 en su sindicato y trasladado al Campamento de Prisioneros N° 2. Fue sacado de allí junto a otras cinco personas y ejecutado por sus captores.

Víctor Fernando Mesina Araya: 25 años, soltero. Obrero panificador. Militante del PS. Fue detenido el 27 de septiembre de 1973 en su domicilio de San Antonio por militares y trasladado al Campamento de Prisioneros Nº 2. Desde allí fue sacado el 5 de octubre junto a cinco personas más y ejecutado por sus captores. Su cadáver apareció en el río Rapel al día siguiente.

Florindo Alex Vidal Hinojosa: 25 años, casado, un hijo. Empleado de Vialidad y alumno de la sede San Antonio de la UTE. Militante del MIR y miembro del FTR. Fue detenido el 27 de septiembre de 1973 en San Antonio por personal militar y trasladado al Campamento de Prisioneros Nº 2, desde donde fue sacado el 5 de octubre junto a cinco personas y ejecutado por sus captores. Su cadáver fue encontrado al día siguiente en el río Rapel.

Julio César Fernández Fernández: uruguayo, 24 años, casado, dos hijas. Artesano. Vinculado al Movimiento Tupamaros. Desapareció el 11 de octubre de 1973 desde su domicilio en Santiago. Estuvo recluido en Tejas Verdes, lugar desde donde desapareció en noviembre del mismo año.

Jenaro Ricardo Mendoza Villavicencio: 25 años, casado. Carabinero de la Comisaría de Algarrobo. Sin militancia política. Fue detenido junto a otro carabinero el día 15 de octubre de 1973 en Algarrobo y trasladado a la cárcel de San Antonio. Fue sometido a un irregular consejo de guerra y fusilado el 16 de octubre de 1973.

Aquiles Juan Jara Álvarez: 30 años, casado, dos hijas. Carabinero de la Comisaría de Algarrobo. Sin militancia política. Fue detenido junto a otro funcionario policial el 15 de octubre de 1973 en Algarrobo y trasladado a la cárcel de San Antonio. Se le sometió a un irregular consejo de guerra y fue ejecutado el 16 de octubre de 1973.

Miguel Andrés Heredia Vásquez: 23 años, soltero. Empleado del Hospital Barros Luco, bombero, dirigente poblacional y militante de las Juventudes Comunistas, JJ.CC. Fue detenido el 26 de noviembre de 1973 en su lugar de trabajo por miembros de la FACh, trasladado a la Escuela de Especialidades, al Instituto Politécnico y luego al campo de prisioneros de Tejas Verdes. Se ignora su paradero desde fines de enero de 1974.

Carlos Aurelio Carrasco Cáceres: 26 años, casado, dos hijos. Sin militancia política. Empleado del Departamento de Obras Sanitarias de Cartagena. Fue detenido el 14 de diciembre de 1973 en su domicilio por personal de civil que lo trasladó al Campamento de Prisioneros Nº 2. Fue asesinado en el subterráneo de la Escuela de Ingenieros el 31 de diciembre de 1973.

Rebeca María Espinoza Sepúlveda: 40 años, casada, cuatro hijos. Sin militancia política conocida. Trabajaba en el Instituto Nacional de Desarrollo Agropecuario, INDAP. Fue detenida junto a otras personas el 3 de enero de 1974 en Constitución por miembros de la FACh, que la trasladaron a la base aérea El Bosque, y luego la entregaron a la DINA. Se le vio detenida en Tejas Verdes. Permanece desaparecida.

Carlos Alberto Galaz Vera: 22 años, soltero. Obrero de la construcción. No tenía militancia política. Fue detenido el día 3 de enero de 1974 en Algarrobo por carabineros y trasladado al Campamento de Prisioneros Nº 2. Fue sometido a torturas, falleciendo a causa de ellas el 4 de enero de 1974 en la Escuela de Ingenieros Militares.

José Leonardo Pérez Hermosilla: 32 años, casado, dos hijos. Militante del PS. Periodista de INDAP. Fue detenido junto a otras personas el 3 de enero de 1974 en Constitución por miembros de la FACh, que lo trasladaron hasta la base aérea El Bosque y lo entregaron a la DINA. Se le vio detenido en Tejas Verdes. Permanece desaparecido.

José Miguel Mario Manuel Julio Rivas Rachitoff: 36 años, casado, cuatro hijos. Militante del PS, era periodista y trabajaba en INDAP. Fue detenido el 3 de enero de 1974 en Constitución por miembros de la FACh, que lo trasladaron hasta la Base Aérea El Bosque, y lo entregaron a la DINA. Se le vio detenido en Tejas Verdes. Permanece desaparecido.

José Guillermo Orellana Meza: 35 años, casado, un hijo. Rondín del Hospital Barros Luco Trudeau. Vinculado al PS. Fue detenido el día 22 de enero de 1974 en el hospital junto a otros trabajadores por agentes de la DINA y trasladado a Tejas Verdes. Permanece desaparecido.

Gerardo Ismael Rubilar Morales: 26 años, soltero. Empleado. Militante del PC. Dirigente de la CUT. Fue detenido en una fecha que no ha podido precisarse, anterior al 25 de enero de 1974, en Santiago, por agentes de la DINA que lo trasladaron a Tejas Verdes. Permanece desaparecido.

Ernesto Guillermo Salamanca Morales: 24 años, soltero. Estudiante universitario y dirigente poblacional. Militante del PC. Detenido en fecha anterior al 25 de enero de 1974, en Santiago, por agentes de la DINA que lo trasladaron hasta Tejas Verdes. Permanece desaparecido.

3.3. El asesinato de Víctor Jara

La investigación judicial que dirige el ministro Juan Eduardo Fuentes Belmar sobre el asesinato del folclorista y director teatral Víctor Jara ha logrado establecer que los presuntos autores materiales de su muerte, el 15 de septiembre de 1973 en el Estadio Chile, pertenecían a una compañía de la Escuela de Ingenieros de Tejas Verdes. En la estructura militar de aquellos años, una compañía estaba integrada por cerca de 90 hombres, a cargo de un capitán. Cada compañía se dividía en tres secciones o pelotones, al mando de un teniente o subteniente. A su vez, cada sección era integrada por tres escuadras, comandadas cada una por un cabo o sargento.

Aquella compañía de soldados permaneció en Santiago hasta junio de 1974, fecha en la que se replegó a sus cuarteles originarios, vecinos al balneario de las Rocas de Santo Domingo. Estaba al mando del capitán Germán Montero Valenzuela y sus tenientes eran Orlando Carter Cuadra, yerno del coronel Contreras, quien llegó a general y que en 2009 era director del Museo Militar; y Jorge Garcés Von Hohelstein, casado entonces con la hermana del ahora mayor (R) Carlos Herrera Jiménez, el que cumple una larga condena en el penal de Punta Peuco por los asesinatos del dirigente sindical Tucapel Jiménez y del carpintero Alegría Mondaca, crímenes perpetrados en 1982. Se presume que también estaba adscrito a esta compañía el teniente Nelson Haase Mazzei.

Entre los subtenientes que la formaban figuraban Pedro Barrientos, buzo táctico casado con la hija de un oficial de la Infantería de Marina, y Rodrigo Rodríguez Fuchslocher, quien murió a mediados de 1974 en un espectacular volcamiento de camiones militares cerca de la base castrense de Peldehue, a la salida norte de Santiago, mientras participaba en un curso de antisubversión que se dictaba en ese lugar.

El capitán Luis Germán Montero pertenece a la generación de subtenientes egresados de la Escuela Militar en 1962, cuya primera antigüedad corresponde a Ricardo Izurieta Caffarena, sucesor de Augusto Pinochet en la Comandancia en Jefe del Ejército a partir de marzo de 1998.

A esa promoción se adscriben, además, algunos subtenientes que más tarde cumplirían papeles destacados en la represión que siguió al golpe militar de 1973, entre ellos José Zara Holger, Federico Wenderoth Pozo, Gerardo Urrich González, Antonio Palomo Contreras y Luis Polanco Gallardo.

Otros de esa misma generación llegaron al alto mando y se transformaron en oficiales muy cercanos al general Pinochet, tales como Sergio Moreno Saravia y Eugenio Covarrubias Valenzuela. Este último llegó a ser jefe de la Dirección de Inteligencia del Ejército, DINE, y fue procesado por la desaparición y asesinato en Uruguay del químico Eugenio Berríos.

El capitán Montero, por su parte, junto a varios compañeros de su promoción, figura en el proceso por el asesinato del general Carlos Prats testimoniando a favor del acusado José Zara Holger, uno de los principales responsables del homicidio del ex comandante en jefe, perpetrado en Buenos Aires en septiembre de 1974.

El hoy coronel (R) Nelson Haase, sindicado por algunos testigos como presente en el Estadio Chile en los instantes en que se asesinó a Víctor Jara, pertenece a la primera generación de subtenientes que egresó en 1967 de la Escuela Militar, la que tuvo dos promociones.

Entre sus compañeros figuran varios connotados violadores de los derechos humanos en los primeros años de la dictadura militar, como los oficiales Cristoph Willike y Miguel Krassnoff. A esa generación corresponden también el coronel (R) Carlos Carreño, secuestrado por el Frente Patriótico Manuel Rodríguez, FPMR, en 1988; y el actual alcalde de Providencia, Cristián Labbé, además de otros connotados ex oficiales. Miembro del arma de Ingenieros, Haase fue jefe de una de las unidades de la DINA, la Brigada Ongolmo, y más tarde formó parte de la Sociedad Pedro Diet Lobos, pantalla comercial de la DINA. En los inicios de 1980 estuvo al mando de la unidad del Cuerpo Militar del Trabajo, CMT, en Chaitén, donde se esmeraba para que sus oficiales subordinados contaran con capa en las ceremonias –prenda militar repuesta por el general Pinochet–, pero que pocos se preocupaban de adquirir porque era especialmente cara. Algunos oficiales también recuerdan a Haase por sus ínfulas de seductor de las cónyuges de sus subordinados, característica que, al parecer, habría influido en que fuera dado de baja al promediar esa década.

3.4. Los preparativos de la represión

Desde fines de septiembre de 1973, el coronel Contreras se abocó a revisar informes de inteligencia y documentos encontrados en las sedes de los partidos de izquierda. Pidió listas de prisioneros, sugirió órdenes de arresto, ordenó allanamientos, recomendó métodos para interrogar y fijó prioridades para el trabajo represivo. Una de las carpetas que recibió fue un informe elaborado por el médico militar Augusto Schuster Cortés, que llegaría a ser ministro de Salud del gobierno de Augusto Pinochet. El informe se titulaba "Políticas a seguir con los miembros de la Unidad Popular" y en parte de él señalaba:

> Se cree que el contingente de la Unidad Popular en el país alcanzó, en el período de su auge, un porcentaje cercano al 50 % de los votantes, cantidad ésta que fue progresivamente disminuyendo hasta que alcanzó el 43,5 en las elecciones de marzo de 1973.*
>
> Aquellos que tomaron parte en este contingente pueden ser clasificados, en orden decreciente de peligrosidad y activismo, en varias categorías.
>
> En primer lugar tenemos a los extremistas, elementos fanáticos, desequilibrados, altamente peligrosos por su agresividad y capaces de matar sin titubeos. Pueden ser extranjeros o chilenos. Tienen serias inestabilidades mentales y carecen de espíritu de autocrítica, así como de una clara comprensión de sus acciones. Generalmente, no son inteligentes y no poseen buena preparación técnica. Son irrecuperables.
>
> El segundo grupo está compuesto por activistas de alta peligrosidad e inteligencia, que son técnicamente dotados y ejercen una influencia enloquecedora sobre sus grupos de trabajo. En un momento dado pueden llegar a ser violentos. Son irrecuperables.
>
> El tercer grupo está compuesto por activistas ideológicos, quienes, mientras reflejan características de los grupos antes descritos en cuanto a peligrosidad, odian la violencia directa, prefiriendo ejercerla a través de terceros... Este grupo debiera ser analizado meticulosamente, para determinar cuáles de ellos podrían ser usados técnicamente, sobreentendiéndose que deben estar bajo estricta vigilancia.
>
> El cuarto grupo está compuesto por los militantes de los partidos de la Unidad Popular, los cuales, aún cuando no son inmediatamente recuperables, es posible que con el tiempo puedan apaciguarse. Constituyen ellos una fuente de trabajo que es altamente aprovechable en este país.
>
> El quinto grupo es aquel de los simpatizantes de la UP que sin ninguna peligrosidad, y con más razón que el grupo mayoritario, pueden ser ganados con una inteligente y exitosa política.
>
> A nadie cabe duda alguna acerca de la aplicación absoluta de la norma que establece que cualquier jefe de servicio identificado con la UP, cualquiera sea el grado de su compromiso, debería ser removido de su cargo.

* Se trata de las elecciones parlamentarias (N.E.).

Si deseamos una patria fraternalmente unida, sin ganadores ni perdedores, ocupada exclusivamente en su rápida restauración, no deben permanecer en el país o libres por mucho tiempo, extremistas o activistas, sean chilenos o extranjeros.

Los extremistas y activistas más peligrosos deben ser deportados y otros neutralizados en algún lugar dentro del territorio nacional. Aquellos que son utilizables a causa de su menor peligrosidad y de su mayor capacidad técnica, deben ser cambiados de su lugar de trabajo. Que quede en claro que estamos en una firme e inexorable actitud de eliminar todos los elementos desequilibrantes de nuestra Patria.[50]

A fines de septiembre de 1973, el general Pinochet convocó al coronel Contreras a una reunión de la Junta de Gobierno con la Comunidad de Inteligencia del Estado Mayor de la Defensa Nacional. Sus miembros requerían unificar criterios sobre el trabajo de inteligencia y el manejo de la información que cada una de las ramas estaba recogiendo. Los jefes del Servicio de Inteligencia Militar, SIM; del Servicio de Inteligencia de la Fuerza Aérea, SIFA; del Servicio de Inteligencia Naval, SIN; del Servicio de Inteligencia de Carabineros, SICAR; y de la Policía de Investigaciones, habían considerado que para enfrentar la enorme tarea que se les avecinaba se debía crear un organismo superior que cotejara y centralizara la información y trazara los lineamientos de las acciones a seguir.

El coronel Contreras pidió la palabra y les expuso la estrategia por él diseñada, los planes a desarrollar, las características de la nueva orgánica e incluso los nombres de los oficiales de las distintas ramas que él consideraba que deberían incorporarse al nuevo servicio. También les leyó una lista de civiles que, a su juicio, serían de enorme utilidad para ese trabajo. Los asistentes se miraron entre sí sorprendidos, pero comprendieron que la decisión ya había sido tomada por Pinochet y los otros integrantes de la Junta de Gobierno. Solo les quedaba acatar.

Contreras se instaló, entonces, con algunos escasos asistentes en unas oficinas del Edificio Diego Portales y procedió a plasmar los detalles de la organización que había bosquejado. Revisó las listas y hojas de vida de los graduados y estudiantes de inteligencia de cada una de las ramas de las Fuerzas Armadas y de Carabineros; pidió antecedentes sobre los miembros de los grupos nacionalistas y de derecha que se habían destacado en la lucha contra el marxismo; estructuró cada uno de los soportes de la

---

50   Andrés Domínguez. "La construcción del Estado de seguridad nacional. Las violaciones a los derechos humanos". Texto original, sin publicar; Santiago de Chile; 1987.

naciente DINA y trazó los planes y prioridades para la limpieza política del país. Una de sus principales preocupaciones fue la creación de una muy secreta estructura que se encargaría de la vigilancia de los altos mandos del Ejército y de los civiles que se estaban incorporando al gobierno militar.

Uno de los más severos críticos de los planes de Contreras, el entonces director de la Policía de Investigaciones, general (R) Ernesto Baeza, revelaría años más tarde las aprehensiones que le embargaron en aquel momento:

> No estuve de acuerdo, por ejemplo, en que a él lo destinaran para formar la DINA. Yo soy profesor de Inteligencia Militar y titulado de Inteligencia Militar, y el coronel Contreras no es oficial de Inteligencia Militar. Es un profesor de Informaciones, pero no se puede confundir informaciones con Inteligencia, son dos cosas diferentes. El desacuerdo con él partió cuando yo le dije al general Pinochet que no era conveniente meter a Investigaciones en ninguna cosa política. Entonces me dijo: ¿Por qué no presenta un proyecto sobre la creación de una Dirección Nacional de Inteligencia? Yo había estado trabajando antes en el Estado Mayor de la Defensa Nacional sobre un organismo parecido... Estimaba que debía haber un organismo superior de Inteligencia de todos los organismos al servicio del país. Inteligencia Interior e Inteligencia Exterior. Ese organismo no existía y era indispensable, pero no bajo el concepto de una Dirección Nacional de Inteligencia como la DINA, aunque yo nunca conocí cuáles fueron sus misiones. Pero yo estimaba que debía haber un organismo superior, como quien dice la CIA en Estados Unidos o la KGB en Rusia. Un organismo supranacional. Y elaboré un proyecto. Cuando el general Pinochet me pidió este proyecto para presentarlo a la Junta, fui al departamento correspondiente del Estado Mayor de la Defensa Nacional que estaba en ese momento dirigido por un capitán de navío y le hice presente la necesidad de ver este proyecto; todavía estaba allí el personal que había trabajado conmigo y sabían perfectamente dónde estaba archivado. Le dije al capitán de navío: el Presidente me pidió esto. Bah, qué curioso, me dijo él, porque a mí también me pidió lo mismo. Luego me pidió el proyecto y yo se lo mostré e incluso le dije: saqué una copia para que veas cuál es el trabajo que yo he hecho, yo lo voy a actualizar lógicamente, y se lo voy a presentar al Presidente. Pero cuando me encontraba en ese trámite, y él también, recibí una invitación del general Pinochet a una exposición ante la Junta sobre la organización y la creación de la Dirección Nacional de Inteligencia. Entonces me hallé de sorpresa. Fui, y apareció el coronel Contreras manifestando que, en su calidad de especialista de Inteligencia Militar, el general Pinochet le había pedido la organización de la DINA. Hizo una exposición que

naturalmente para mí fue un balde de agua fría, y para el capitán de navío también.[51]

A mediados de octubre la DINA comenzó a asumir en propiedad sus nuevas funciones: acumuló, ordenó y procesó la información que le llegaba por múltiples canales; se apropió de algunos interrogatorios; dictó rápidos cursos contra subversión en las Rocas de Santo Domingo, en las desiertas dependencia de un centro de veraneo popular que se había creado durante la UP; creó sus primeras brigadas y agrupaciones; fundó su propia escuela de inteligencia; eligió cuarteles y recintos de detención secretos; armó una incipiente estructura económica propia; designó agentes en los ministerios y en las reparticiones públicas; y, quizás lo más importante, identificó a los generales que debían ser marginados del Ejército para que Pinochet no tuviese ninguna sombra en su camino hacia el poder absoluto.

En octubre de 1973, en una breve reunión en el edificio Diego Portales, los miembros de la Junta aprobaron el decreto ley 117, que creó la Secretaría Ejecutiva Nacional de Detenidos, SENDET. Una de sus dependencias, la Dirección de Inteligencia Nacional, DINA, se encargaría —ya formalmente— de las normas de los interrogatorios, la clasificación de los presos y la coordinación de las tareas de inteligencia. El coronel Jorge Espinoza asumió al frente del organismo que supuestamente ayudaría a los familiares de los presos, autorizaría las visitas y organizaría el tránsito por los centros de reclusión. El SENDET se instaló en las oficinas subterráneas del cerrado Congreso Nacional, a una cuadra de la Plaza de Armas de Santiago. La DINA, en tanto, en el segundo piso y en el entretecho de la parte posterior del mismo edificio.

La revista *Ercilla* informó en octubre de 1973 que 3.535 de los más de cinco mil prisioneros que fueron sometidos a interrogatorios en el Estadio Nacional estaban siendo liberados. Otros eran transferidos a diferentes centros de detención. El coronel Jorge Espinoza, comandante del campo, les dio la despedida a los prisioneros liberados: "Espero que nos entiendan. Estábamos muy enojados con los que nos obligaron a adoptar esta posición. Eso explica por qué cometimos algunos errores con todos ustedes. Pero la rabia debe ser superada y todos tenemos que volver al trabajo".[52]

En tanto, la Dirección de Inteligencia del Ejército, DINE, instalada en el noveno piso del Ministerio de Defensa, recibió instrucciones para

---

51   Sergio Marras, op. cit.

52   Revista *Ercilla*: "Estadio Nacional. Masivo retorno a la casa"; 17 de octubre de 1974.

traspasar a la DINA a los civiles que quisieran prestar su ayuda a las labores de seguridad. De ese grupo surgió la primera unidad de tareas operativas, la Brigada de Inteligencia Ciudadana, BIC, a cargo de un mayor de Carabineros, radicada en las oficinas del Congreso. La BIC recibió el nombre clave de Miraflores y dispuso de una subsede en calle Bandera 161, a una cuadra de La Moneda, con una entrada camuflada como un negocio de llaves y candados. Inmediatamente detrás del mesón ubicado en el acceso, había una escalera que conducía a un vasto segundo piso con más de 30 habitaciones.

Un porcentaje importante de los casi 200 civiles reclutados para la DINA se dedicó en un comienzo a procesar la información acumulada sobre militantes de la izquierda que trabajaban en la administración pública y empresas consideradas estratégicas. También elaboraron listas sobre los que cumplían funciones en bancos, medios de comunicación, universidades, hoteles, líneas aéreas y empresas en manos de la Corporación de Fomento, Corfo.

A comienzos de diciembre de 1973, Contreras instaló su cuartel general en Marcoleta 90, a escasos metros de la Plaza Italia, eje vial que separa el centro de Santiago del comienzo de la avenida Providencia, uno de los barrios más acomodados de la capital. El edificio tenía 1.200 metros cuadrados de construcción en tres pisos, con más de 20 habitaciones, dos departamentos interiores, un enorme subterráneo y dos cocinas industriales. Pertenecía al empresario Humberto Leone Osorio, quien desde 1967 lo había arrendado al Partido Comunista. No obstante, el 7 de diciembre el general Sergio Arellano, comandante de la guarnición de Santiago, lo expropió y lo transfirió a la DINA.

Relató Leone a fines de la década de 1980:

Acepté trabajar con el general Arellano. Junto a otros dirigentes del transporte fuimos nombrados como personal de inteligencia militar para investigar los innumerables documentos que había en el edificio. Fuimos ordenando los antecedentes y viendo todos los afiliados al PC, sus ramificaciones; dirigidos por algunos oficiales, nosotros colaboramos durante un mes.[53]

Los oficiales fundadores de la DINA, tanto del Ejército como de las demás instituciones armadas, fueron personalmente seleccionados por el coronel Contreras y, según su criterio, eran los más decididos y los más

---

[53]   Francisco Poblete. "Con metralleta en mano, la DINA expropió edificio de 500 mil dólares"; diario *La Época*; domingo 14 de febrero de 1988.

capaces. Entre ellos destacaron Pedro Espinoza, Manuel Palacios Burgos, Vianel Valdivieso, Raúl Eduardo Iturriaga Neumann, Jerónimo Pantoja, Rolf Wenderoth, Cristoph Willike, Juan Morales Salgado, Marcelo Moren Brito, Maximiliano Ferrer Lima, Miguel Krassnoff Marchenko, José Zara Holger, Gerardo Urrich, Víctor Barría, Ricardo Lawrence Mires y César Manríquez.

En cambio, el personal de suboficiales y clases puesto a disposición por las Fuerzas Armadas y Carabineros fue el que, en las respectivas unidades castrenses, resultaba más conflictivo. Entre ellos había borrachos, personas violentas, con problemas conyugales o con líos judiciales pendientes; muchos de ellos calificados en listas 3 y 4.

Al iniciarse enero de 1974, decenas de hombres que habían recibido una formación básica en las Rocas de Santo Domingo para operar en la DINA viajaron a Santiago y a otras ciudades importantes para integrar las brigadas que se encargarían de los arrestos, de los interrogatorios y de la cacería de los militantes de los partidos de izquierda. Al mismo tiempo, la capitán de Carabineros Ingrid Olderock, paracaidista y consumada experta en artes marciales, inició en el mismo balneario vecino a Tejas Verdes el adiestramiento del primer curso de mujeres para la DINA.

Las primeras unidades operativas fueron las brigadas de Arresto y de Interrogación, integradas por grupos de cinco o seis agentes que debían capturar a los buscados y conducirlos hasta dos o tres recintos secretos. Uno estaba en pleno centro de la ciudad, en calle Ahumada, bajo la cobertura de una compraventa de oro; otro, en Rinconada de Maipú, en los terrenos de la ex Escuela de Agronomía de la Universidad de Chile; el tercero, en los subterráneos de la Plaza de la Constitución, al que se denominó Cuartel Uno.

En las semanas siguientes, las brigadas, cada una con un nombre tomado de la cultura mapuche, empezaron a ordenarse en agrupaciones, también con denominaciones en clave, vinculadas a un determinado lugar de interrogatorio y detención transitoria. Los camiones frigoríficos empleados a fines de 1973, pertenecientes a algunas industrias pesqueras de San Antonio, fueron reemplazados casi todos por camionetas C-10 importadas y dotadas de toldos de goma para ocultar a los prisioneros.

El rápido crecimiento de la DINA y sus métodos de trabajo, que empezaron a ser conocidos en el gobierno militar, en los ámbitos eclesiásticos, en el mundo diplomático y entre los círculos mejor informados de la ciudadanía, inquietaron entonces progresivamente a los mandos de los servicios de inteligencia de las diversas ramas de las Fuerzas Armadas.

3.5. Alaridos en el subterráneo

En Tejas Verdes y en los otros cuarteles secretos de la DINA se hizo presente el horror. En el campo de prisioneros habilitado junto a la Escuela de Ingenieros, los detenidos permanecían recluidos en "mediaguas", contenedores, y una especie de "nichos". Existían versiones de que el subterráneo del casino de oficiales servía para albergar a los detenidos que eran considerados más peligrosos. Los arrestados eran solicitados desde el regimiento vía telefónica, y trasladados en camiones frigoríficos –con la vista vendada y amarrados– hasta el subterráneo del casino de oficiales o bien hasta el segundo piso de la Escuela, a la Secretaría de Estudio, donde se procedía al interrogatorio con torturas, las que eran presenciadas por un médico a fin de controlar sus consecuencias y evitar la muerte del preso.[54]

Los testimonios recogidos por los tribunales de justicia, casi 30 años después, en los procesos para dilucidar lo que allí ocurrió, han dado una cuenta irrefutable de lo que en algún momento denunciaron los organismos defensores de derechos humanos en San Antonio, como lo afirmó el abogado Pedro Prado: "Se calcula que en los recintos de reclusión de Tejas Verdes y en la cárcel de San Antonio, pasaron alrededor de 1.600 detenidos durante los primeros tres meses del gobierno militar. La gran mayoría de ellos fue torturada sin razón aparente, como no fuera el motivo de castigo y experimentación".[55]

A continuación, algunos de los testimonios que comprobó judicialmente el ministro en visita Alejandro Solís:

(...) se encuentra legalmente acreditado en el proceso que Nelly Patricia Andrade Alcaíno fue detenida el 27 de enero de 1974, en la comuna de Estación Central, por dos agentes de la DINA y fue trasladada al recinto de calle Londres N° 38, en el cual permaneció una semana y fue torturada en diversas ocasiones; luego fue trasladada al campo de prisioneros ubicado en el recinto del Regimiento de Ingenieros Militares de Tejas Verdes, en la comuna de San Antonio, donde fue dejada en el campamento de detenidos de ese recinto. Una semana más tarde comenzó a ser torturada en el subterráneo del casino de oficiales, privándosele de la visión al

---

[54]   Ver Hernán Valdés. *Tejas Verdes*; Santiago: LOM ediciones, 1996.

[55]   Francisco Herreros. "Con la marca de Manuel Contreras"; diario *El Siglo*; 11 de octubre de 1990.

ponerle una capucha en la cabeza: sufrió las siguientes torturas físicas a) La "parrilla" (descargas eléctricas en las partes mas sensibles del cuerpo), b) "Pau de arara"(en que es obligada a encogerse, flexionar las piernas y abrazarlas, se le pasa una varilla entre las rodillas dobladas y los codos y se le aplica electricidad); c) "El teléfono" (golpes simultáneos con las palmas de las manos sobre los oídos); d) Golpes en diferentes partes de su cuerpo con elementos contundentes; e) Desnuda y amarrada sobre una camilla le colocaban arañas en su cuerpo; f) En una oportunidad la obligaron a colocarse un arma de fuego en la boca y apretar el gatillo; g) Le tocó presenciar la violación tanto de hombres y mujeres. Finalmente, fue liberada en los primeros días de marzo de 1974. Presenta psicológicamente un fenómeno fóbico secuelar a los hechos vividos en 1974 y un estado ansioso actual.

(...) se encuentra legalmente acreditado en el proceso, que Irma Beatriz Carvajal Vega fue detenida el último domingo de octubre de 1973, en su casa de San Antonio, por dos agentes de inteligencia que la intimidaron con armas de fuego y la llevaron al campo de prisioneros ubicado en el recinto del Regimiento de Ingenieros Militares de Tejas Verdes. Allí la trasladaron a otro vehículo en que había un hombre al que le dicen: "Papá Tres Estrellas aquí está la persona que fuimos a buscar". Luego supo que era Manuel Contreras quien la interrogó y le dijo que se presentara al otro día en Tejas Verdes; así lo hizo, la dejaron varias horas de pie en el patio y luego de dar vueltas en una camioneta la ingresaron en una pieza, le ordenaron desnudarse; en una camilla metálica le amarraron los tobillos y muñecas; la interrogaron y le aplicaron corriente eléctrica en diferentes partes de su cuerpo. En los intervalos de silencio escuchaba los gritos de otros torturados, la violaron, provocándole una infección vaginal; le golpearon el estómago, luego la dejaron, encapuchada, en una caballeriza, le prohibían ir al baño; fue a varios interrogatorios siendo torturada en ellos. Permaneció allí hasta diciembre de 1973 o enero de 1974. Presenta psicológicamente un trastorno por estrés postraumático crónico de carácter grave y cursa una depresión mayor enmascarada, los que tienen relación de causalidad con los hechos que se investigan en autos y con la revivencia y evocación de esos recuerdos.

(...) se encuentra legalmente acreditado en el proceso que Segundo Feliciano Cerda Troncoso fue detenido el 18 de enero de 1974 en dependencias de la empresa "Vía Sur", donde trabajaba de portero, por funcionarios de la DINA. Lo llevaron al Estadio Chile y luego a Londres N° 38 y en la noche fue trasladado con otros detenidos al campo de prisioneros ubicado en el recinto del Regimiento de Ingenieros Militares de Tejas Verdes, donde lo dejaron en una barraca muy pequeña en que pusieron a 13 personas. Lo sacaron a las tres de la madrugada y en el subterráneo del regimiento lo golpearon en todo el cuerpo con un "tonto de goma"(madera forrada), de un culatazo le quebraron algunos dientes, le aplicaron el método de tortura conocido como "el potro", en que quedaba balanceándose, colgado de unas argollas de un pie y de la muñeca; lo amarraron a un colchón mojado, le aplicaron la "cámara de gas", lo sostuvieron de las manos desde el techo y debajo colocaron un balón con gas, el que abrían; en la "parrilla" le colocaron cables eléctricos en todo el cuerpo y le aplicaban descargas, le ensartaron agujas debajo de las uñas de las manos y de los pies, le hicieron tragar una píldora de metal conectada a una cadena. En otra ocasión lo recostaron en una cama mojada, le amarraron las piernas al techo y le hicieron cortes en las piernas y luego en las heridas le aplicaron corriente eléctrica; le introdujeron un palo en el ano. Estuvo allí unos 15 días. Antes de dejarlo en libertad lo hicieron firmar un documento en que expresaba que no recibió apremios. Presenta, físicamente, cicatrices de quemaduras antiguas, de heridas contusas y excoriaciones explicables por la acción de elementos físicos térmicos contundentes y contuso-cortantes, de pronóstico grave y lesión crónica en la tercera vértebra lumbar y, psicológicamente, un trastorno de estrés postraumático, producido por la sobrecarga vivencial que padeció en enero de 1974 al ser sometido a torturas.

(...) se encuentra legalmente acreditado en el proceso que Margarita del Carmen Durán Gajardo fue detenida el 15 de diciembre de 1973 por agentes de la DINA junto con su novio, Luis Emilio Orellana Pérez, y su hermano Sigfrido Orellana Pérez. Fueron llevados a Londres N° 38. A aquellos los mataron y ella queda libre, pero el 28 de enero de 1974 la detuvieron las mismas personas y la llevaron a Londres N° 38; la torturaron y posteriormente fue conducida al campo de prisioneros ubicado en el recinto del Regimiento de Ingenieros Militares de Tejas Verdes. Quedó en una cabaña con otras mujeres, le aplicaron corriente eléctrica, la golpearon con bolsas con arena, le colocaron ratones en el cuerpo, le introdujeron palos por la vagina. Estuvo allí hasta el 28 de febrero de 1974, fecha en que fue enviada a la Correccional de Mujeres. Presenta, psicológicamente, un trastorno de estrés post-traumático crónico y un cuadro depresivo angustioso intermitente.

(...) se encuentra legalmente acreditado en el proceso que Arturo Florencio Farías Vargas fue detenido, en virtud de un bando militar, el 15 de septiembre de 1973, y trasladado al campo de prisioneros ubicado en el recinto del Regimiento de Ingenieros Militares de Tejas Verdes, donde fue torturado. Le aplicaron el método de tortura conocido como "parrilla", con su cuerpo mojado lo acuestan en una cama metálica con las piernas y brazos abiertos; le aplicaron el tormento llamado "pau de arara", que consiste en ser colgado de un palo con las muñecas y tobillos hacia atrás; también el llamado "submarino húmedo" con agua con excrementos y el "submarino seco", le introdujeron una botella de Coca Cola por el ano, recibió golpes en todo su cuerpo, le obligaban a comerse sus propios excrementos y le practicaron un simulacro de fusilamiento. Cumplió una condena de 400 días en noviembre de 1974, pero el 4 de marzo de 1975 fue detenido nuevamente y enviado a Rocas de Santo Domingo, lugar en que lo torturaron; 15 días después lo llevaron a Villa Grimaldi. Presenta, psicológicamente, un trastorno de estrés post-traumático crónico, producto directo y consecuencia inmediata del secuestro y las torturas sufridas en 1973 y 1974.

(...) se encuentra legalmente acreditado en el proceso que Patricio Elías Mac-Lean Labbé fue detenido el 12 de septiembre de 1973 en San Antonio por agentes de la DINA y enviado al campo de prisioneros ubicado en el recinto del Regimiento de Ingenieros Militares de Tejas Verdes, donde, en el subterráneo, fue interrogado y torturado; lo golpearon con pies y culatazos, fue enviado a la cárcel por ocho meses. En seis ocasiones lo llevaron de nuevo a Tejas Verdes y lo torturaron en el subterráneo del casino de oficiales, colocándole electrodos en el cuerpo, especialmente en los testículos. Le aplicaron el "submarino húmedo" sumergiéndolo en un río y además, lo amenazaron de muerte. Salió en libertad el 21 de marzo de 1974. Presenta, físicamente, cicatriz de herida contusa en la pierna izquierda, explicable por la acción de elemento contundente y, psicológicamente, unos trastornos de estrés postraumático, secuela de la situación de secuestro y tortura vivida el año 1973 y 1974, en una personalidad de rasgos anómalos mixtos, principalmente inestables, depresivos y explosivos.

(...) se encuentra legalmente acreditado en el proceso que María Flor Núñez Malhue fue detenida el 5 de diciembre de 1973 en la localidad de Melipilla por agentes de la DINA y del SIM. La trasladaron al campo de prisioneros ubicado en el recinto del Regimiento de Ingenieros Militares de Tejas Verdes; allí estuvo hasta el 9 de marzo de 1974, la tuvieron un día sin agua, en los interrogatorios la escupían, le aplicaron electricidad en la "parrilla", querían saber el paradero de su hermano Matías Núñez, al no decirles la golpeaban, la sumergieron en agua con excrementos, le tiraban baldes con orina y excrementos, la violaron varias veces y la amenazaron con llevar a sus hijas y violarlas delante suyo. Presenta, psicológicamente, un estrés post traumático producto de la detención en 1973 y una depresión mayor.

(...) se encuentra legalmente acreditado en el proceso que Luis Mario Ovando Donoso fue detenido por agentes de la DINA el 25 de enero de 1974 y trasladado al recinto de calle Londres N° 38; a los cinco días lo llevaron al campo de prisioneros ubicado en el Regimiento de Ingenieros Militares de Tejas Verdes. Al llegar le hicieron un simulacro de fusilamiento, lo dejaron encerrado en una cabaña de madera desde donde fue sacado a interrogatorios en el subterráneo del regimiento, donde lo torturaron. Le aplicaron corriente eléctrica y golpes en diferentes partes de su cuerpo, lo dejaron sentado sobre los tobillos por largo rato, presenció la violación de hombres y mujeres. Lo liberaron el 7 abril de 1974. Presenta un estrés post traumático como consecuencia directa de la detención.

(...) se encuentra legalmente acreditado en el proceso que Nora de los Santos Ponce Vicencio fue detenida el 22 de febrero de 1974 por agentes de la DINA entre los que se encontraba Osvaldo Romo. Fue trasladada al recinto de calle Londres N° 38, donde la torturaron: a los dos días fue llevada al campo de prisioneros ubicado en el Regimiento de Ingenieros Militares de Tejas Verdes. La encerraron en una mediagua, la sacaron a sesiones de interrogatorios y torturas en el subterráneo del regimiento, le aplicaron corriente eléctrica y la golpearon en diferentes partes del cuerpo, perdió con los golpes varios dientes. Fue violada y la amenazaron con matar a sus hijas menores si no entregaba nombres de dirigentes del Partido Comunista. La dejaron en libertad el 23 de marzo de 1974. Presenta un trastorno de estrés post traumático crónico, producto directo y consecuencia inmediata de su reclusión.

(...) se encuentra legalmente acreditado en el proceso que Ramón Octavio Quilodrán Alcayaga se desempeñaba como secretario del sindicato de la empresa Vía Sur, y fue detenido el 18 de enero de 1974 por agentes del Estado que lo condujeron al campo de prisioneros ubicado en el recinto del Regimiento de Ingenieros Militares de Tejas Verdes, donde se le interrogó y torturó, aplicándosele corriente eléctrica en diferentes partes del cuerpo. Lo golpeaban con bolsas con arena o con tierra y otros elementos contundentes, le enterraban agujas en los dedos de los pies al parecer impregnadas con ácido, simularon su fusilamiento y sufrió amenazas de muerte. Dos semanas después fue llevado al Estadio Chile y a la Penitenciaria. Fue liberado en noviembre de 1974. Presenta, físicamente, secuelas de lesiones traumáticas antiguas, fractura de la mano derecha y probable fractura costal derecha, explicables por acción con elemento contundente de pronóstico grave y, psicológicamente, un trastorno por estrés post traumático.

(...) se encuentra legalmente acreditado en el proceso que María Cecilia Rojas Silva fue detenida el 27 de noviembre de 1973 en la Universidad Técnica de San Antonio y trasladada al campo de prisioneros ubicado en el recinto del Regimiento de Ingenieros Militares de Tejas Verdes, lugar en que la encerraron en una mediagua, desde donde la sacaban a interrogatorios. Sufrió torturas entre las que menciona haber sido amarrada desnuda a una camilla metálica y manoseada, le introdujeron objetos contundentes en la vagina. La dejaron en libertad el 28 de noviembre. Presenta un trastorno de estrés post traumático secular a los hechos vividos por ella a la edad de 20 años

(...) se encuentra legalmente acreditado en el proceso que Luisa del Carmen Stagno Valenzuela fue detenida el 20 de enero de 1974 por agentes de la DINA y la llevaron al recinto de calle Londres N° 38, donde permaneció un par de horas y sufrió una golpiza. Luego la condujeron al Regimiento Tacna y en horas de la noche fue trasladada al campo de prisioneros ubicado en el Regimiento de Ingenieros Militares de Tejas Verdes. La encerraron en una barraca de madera. Fue sometida a innumerables torturas. Como estaba embarazada de tres meses, le golpearon el vientre y las piernas con sacos de arena mojados, le tiraron baldes con agua, le sacaron las uñas de los dedos del pie, fue colgada durante horas con cuerdas que le pasaban por debajo de las piernas, la violaron en innumerables ocasiones amarrada a una camilla; fue sometida a falsos fusilamientos, le amenazaron con llevar a ese lugar a sus hijos, le introdujeron palos por el ano, le aplicaron la "parrilla" recostada en un catre colocándole corriente en diferentes partes del cuerpo, le quemaron con cera caliente el cuerpo, especialmente el vientre, le hicieron escuchar la tortura de sus compañeros. Permaneció detenida hasta fines de marzo de 1974. Presenta un síndrome de estrés post traumático crónico y una amnesia disociativa, además de síndrome depresivo.

El lunes 9 de agosto de 2010 el ministro en visita Alejandro Solís condenó en sentencia de primera instancia al general (R) Manuel Contreras y a seis agentes de la DINA por el delito de torturas en el centro de detención de Tejas Verdes. Los sentenciados y sus condenas fueron: general (R) Manuel Contreras Sepúlveda, cinco años y un día, sin beneficios, por torturas a 20 víctimas; prefecto (R) Nelson Valdés Cornejo, cinco años de presidio, con beneficio de libertad vigilada, por torturas a 20 víctimas; teniente coronel (R) Raúl Quintana Salazar, cinco años de presidio, con beneficio de libertad vigilada, por torturas a 20 víctimas: mayor (R) Klaudio Kosiel Horning, cinco años de presidio, con beneficio de libertad vigilada, por torturas a 20 víctimas; el médico, coronel (R) Vittorio Orvietto Tiplitzky, cinco años de presidio, con beneficio de libertad vigilada, por torturas a 20 víctimas; fiscal militar, mayor (R) David Miranda Monardes, tres años de presidio, con beneficio de la libertada vigilada, por torturas a seis víctimas; coronel (R) Jorge Núñez Magallanes, tres años de presidio, con beneficio de libertada vigilada, por torturas a seis víctimas.[56]

Las notorias variaciones en el trato a los prisioneros en Tejas Verdes coincidió con la partida del coronel Contreras. En los primeros días de marzo de 1974, el oficial abandonó Tejas Verdes y entregó el mando de la unidad al coronel Manuel de la Fuente.

3.6. El puño de hierro del caballero alemán

No se sabe con certeza desde cuándo el coronel Contreras lució en su escritorio una escultura metálica que representaba el puño de la DINA, ni tampoco cuál fue el motivo que lo inspiró para incorporar esa imagen como símbolo principal de la organización que dirigía. La historia militar moderna registra solo dos antecedentes, ligados entre sí, que tienen algún vínculo con ese singular distintivo.

En octubre de 1943, los mandos del ejército nazi crearon en el sur de Francia la 17ª SS División Panzergrenadier, a la que bautizaron con el nombre de "Götz von Berlichingen", un antiguo mercenario alemán que vivió entre 1480 y 1562, sirviendo inicialmente bajo el mando del Sagrado Imperio Romano, pero que luego se transformó en un bandido que utilizaba sus huestes para servirse a sí mismo. Berlichingen se convirtió en un héroe de leyenda luego que el dramaturgo Johann Wolfgang von Goethe

---

[56] Sentencia del ministro de fuero, juez Alejandro Solís. Rol 2182-1998 "Tejas Verdes"; 7 de febrero de 2005.

publicara en 1773 una popular obra basada en su vida, pero adornada con episodios caballerescos.

La unidad militar nazi fue conformada con soldados de las SS de reserva y de habla alemana, casi todos procedentes de los Balcanes y Rumania. La ceremonia oficial de su puesta en marcha fue presidida por el *reichfuhrer* SS, Heinrich Himmler, tras lo cual partió a Normandía para enfrentar la invasión de los aliados. Integrada por unos cuatro mil hombres y más de 20 vehículos blindados, combatió con diversa suerte y en variados frentes hasta mayo de 1945, cuando se rindió en territorio alemán ante la 101ª División Aerotransportada de las fuerzas estadounidenses. Muchos de aquellos soldados alemanes fueron muertos a golpes y enterrados en fosas comunes. La División Berlichingen fue la única en todo el ejército alemán que luego de las investigaciones que siguieron al término de la Segunda Guerra Mundial resultó absuelta de crímenes de guerra.

El emblema de la división alemana era un puño de hierro, casi idéntico al utilizado por Götz von Berlichingen a partir de 1504, año en que perdió su brazo derecho por el cañón enemigo mientras luchaba bajo los emblemas del duque de Baviera. El reemplazo prostético de hierro, que hoy se exhibe en el castillo de Jagsthausen, en Alemania, le permitía a su dueño actividades tan diversas como escribir o empuñar la espada en los campos de batalla, un verdadero prodigio tecnológico para esa época. Aquel brazo mecánico era casi idéntico al puño de la DINA.

3.7. La influencia de los colonos germanos

Al promediar la década de 1930, en medio del auge del nazismo en Europa, en las provincias del sur de Chile se notaba un creciente entusiasmo entre los descendientes de muchos colonos alemanes. Ellos denominaban "zonas de ocupación" a las ciudades que contaban con más de mil germanos. En cada una de ellas había un *Ortsgruppe* o Asociación Nazi Local a cargo de un jefe. "*Herr*" Schicketanz, por ejemplo, era el jefe de la *Ortsgruppe* de Puerto Montt y llevaba un archivo secreto con la estadística exacta de los alemanes residentes en su zona. Aquel registro señalaba la edad, el tiempo que residía en Chile, las labores a que se dedicaba y el monto anual de los negocios de cada uno de los "súbditos alemanes".

Los *Ortsgruppe* consideraban alemán a "todos los hijos de padre y madre alemanes". Aún cuando hubiesen nacido en Chile, si eran nietos o bisnietos de alemanes, se les consideraba alemanes "siempre que por sus venas corra sangre pura, no mezclada con la raza nativa". Al firmar los registros de la *Ortsgruppe*, estos hijos o nietos de alemanes prometían fidelidad al *Führer* y obediencia al jefe local en cualquier orden que este impartiera.

En el otoño de 1938, los nazis desfilaban por las calles de Puerto Montt y Osorno vistiendo el uniforme de las S.S., las tropas de asalto hitlerianas. Jóvenes y no tan jóvenes lucían camisas pardas y cinturón terciado; llevaban dagas y, al costado derecho del cinturón, un revólver. En el izquierdo, un laque de goma fundida. Los revólveres eran de un solo tipo.

Un niño de nueve años, alumno de tercera preparatoria del Liceo de Osorno, observaba exaltado aquellos desfiles. Su nombre era Juan Manuel Guillermo Contreras Sepúlveda, hijo de Manuel Contreras Morales y Aída Sepúlveda Cubillos. Seis años después, en 1944, ingresó como cadete a la Escuela Militar. Uno de los tenientes del curso militar era Augusto Pinochet Ugarte.

El aspirante Contreras mostró buena actitud militar y obtuvo sobresalientes calificaciones. Al año siguiente, le encomendaron vigilar la disciplina de una sección de los nuevos alumnos. Mientras en Europa terminaba la Segunda Guerra Mundial, en la Escuela Militar criolla destacaban los brigadieres Guillermo Clericus Etchegoyen, que llegaría a ser rector de la Universidad de Concepción al iniciarse la década de los 80; Humberto Gordon Rubio, que dirigiría la Central Nacional de Informaciones, CNI, y sería integrante de la Junta Militar de Gobierno; Rodolfo Villalón Holcomb y Horacio Toro Iturra, que en 1990 sería nombrado director de la Policía de Investigaciones de Chile.

El año 1946, el primero después del término de la guerra, el Cuerpo de Brigadieres y Cadetes Distinguidos estuvo conformado como sigue:

Curso Militar: Brigadier mayor Guillermo Clericus Etchegoyen; brigadieres Rodolfo Villalón Holcomb, Jorge Cruz Badilla, Humberto Gordon Rubio y Boris Lopicich Davidson; y, sub brigadieres Jorge Calvo Portales, Tomás Amenábar Vergara, José Mela Toro, Patricio Kellet Patronio y Horacio Toro Iturra.

Batallón de Cadetes. Primera Compañía (Cuarto año) Brigadier mayor Manuel Contreras Sepúlveda; brigadieres Hernán Latorre González, Gunther Rochefort Ernst y Jorge Rodríguez Swanston; y sub brigadieres Jorge León Leyton, Florencio Zambrano Román y Carlos Ziegele Stolzembach.

Segunda Compañía (Sexto año): Brigadier mayor Enrique Valdés Puga; brigadieres Roger Soto Rocco, Luis Abarca Inostroza, Hernán Escudero Ortúzar y Charly Haensel Krauss; y sub brigadieres Renato Alvis Fernández, Roberto Yunge Williams, Carlos Hormazábal Ascuí y Josip Uros Domic Bezic.

Tercera Compañía (Quinto año): Brigadier mayor René Hameau Uribe; brigadieres Federico Puga Concha, Miguel Otero Lathrop y Bhory González Pizarro; y sub-brigadieres Santiago Sinclair Oyaneder, Sergio Arredondo González y Luis García Montero.

Cadetes Distinguidos: Alejandro Herbach Fuschlocher, Federico Lorca Fuller, Osvaldo Vogel Yufer, Sergio Neveu Terzage, Osvaldo Norero Muller, Luis Danús Covián, Jorge Covarrubias Lyon, Gustavo Rodríguez Salfate y Óscar Sanhueza Urzúa.

De estos 42 cadetes incluidos en el cuadro de honor de la Escuela Militar, solo seis llegaron a general: Humberto Gordon Rubio, Horacio Toro Aránguiz, Manuel Contreras Sepúlveda, Enrique Valdés Puga, Luis Danús Covian y Santiago Sinclair.

Todos los oficiales que pasaron por la Escuela Militar antes, durante e inmediatamente después de la Segunda Guerra Mundial fueron influidos en gran medida por el desarrollo y el término de aquel conflicto. Oficiales y cadetes siguieron muy de cerca las campañas de los bandos en pugna, las victorias y derrotas de las distintas armas, las tácticas y estrategias de los altos mandos y las conductas de las poblaciones en los países involucrados, entre otros muchos aspectos de la prolongada conflagración.

Algunos profesores y aspirantes de la escuela matriz del Ejército chileno pusieron especial atención en el funcionamiento de la inteligencia y de la contrainteligencia, así como en las políticas de seguridad empleadas en la guerra. En ellas, los nazis hicieron un dramático aporte a las doctrinas bélicas con su política de exterminio de las minorías étnicas, sobre todo de los judíos, pero también de gitanos, comunistas, homosexuales y otros grupos humanos.

Desde mediados de la década de los años 30', Adolf Hitler y Hermann Göring, este último como ministro del Interior de Prusia, dieron forma a una nueva estructura de seguridad a la que denominaron Gestapo, que debe su nombre a una fortuita contracción de *Geheime Staatspolizei* (Policía Secreta del Estado), entidad que se transformó en la policía secreta de la Alemania nazi.

En abril de 1934, Göring transfirió la autoridad total sobre esta institución a Heinrich Himmler, y dos años más tarde todas las fuerzas policiales germanas quedaron bajo su mando. La Gestapo tuvo desde entonces la autoridad para investigar la traición, el espionaje, el sabotaje y los casos de ataques criminales al Partido Nazi y Alemania.

La Gestapo utilizó a discreción una ley que desde 1936 le confirió la facultad de arrestar y encarcelar personas sin procedimiento judicial alguno, la que eufemísticamente se le denominó *Schutzhaft* (custodia protectora). Así, miles de presos políticos en Alemania –y desde 1941 en todos los territorios ocupados– desaparecieron en virtud del decreto "*Nacht und Nebel*" (Noche y Niebla), bajo la "custodia" de la Gestapo.

Otra ley aprobada ese año asignó también a la Gestapo la responsabilidad de la creación y gestión de campos de concentración para prisioneros de diferentes procedencias. Reinhard Heydrich se convirtió en el jefe directo de la Gestapo y su subordinado, Heinrich Müller, en su jefe de operaciones, ambos bajo la tutela de Himmler. Adolf Eichmann fue subordinado directo de Müller y el encargado del Departamento IV, a cargo del tema "Judíos".

Himmler, jefe supremo de los organismos de seguridad, inteligencia y policía del Tercer Reich diseñó una complejísima estructura para ellos y sobre la cual hasta hoy existen numerosas diferencias entre los historiadores que se han preocupado del tema. Lo hizo así, al parecer, para mantener en secreto la estructura real de lo que era su propio imperio de poder, además de garantizar la autoridad absoluta de Hitler. En los juicios de Nüremberg los acusados dieron versiones distintas de cómo ellos entendían que estaban organizadas las distintas estructuras del sistema y las relaciones entre sí. El que entregó una versión más fiable y acertada fue Adolf Eichmann.

La imagen estereotipada del agente de la Gestapo, con impermeable y sombrero, corresponde muy poco a la realidad. Cuando estaban de servicio fuera de sus oficinas casi siempre vestían de civil, manteniendo en secreto la naturaleza de su trabajo. Hubo reglamentos muy estrictos para proteger la identidad de los agentes operativos, los que solo estaban obligados a mostrar una placa de reglamento que los señalaba como miembros de Gestapo, sin revelar la identidad personal. Tampoco estaban obligados a mostrar una identificación con fotografía.

Estudios históricos han indicado que el 80 % de las investigaciones iniciadas por la Gestapo fueron inducidas por denuncias de ciudadanos alemanes, mientras que el 10% se iniciaron sobre la base de datos proporcionados por las distintas instancias del gobierno alemán; el otro 10 % fue consecuencia de la inteligencia propia de la entidad. La mayoría de los historiadores ha coincidido en que fueron los alemanes comunes y corrientes, a través del soplonaje y la delación, los que facilitaron a la Gestapo la información para realizar detenciones. El trabajo realizado por historiadores sociales como Detlev Peukert, Robert Gellately, Reinhard Mann, Klaus-Michael Mallmann y otros, ha confirmado la dependencia casi total de la Gestapo de las denuncias de la ciudadanía alemana. Este feo y vergonzoso defecto de los alemanes se repitió en la misma forma e intensidad en la ex República Democrática Alemana, RDA, cuya policía política, la STASI –la que empleó a muchos ex Gestapo en sus filas– debió su eficacia al cúmulo de denuncias, la gran mayoría anónimas, que le llegaban por todo tipo de conductos.

Desde el otoño de 1939 la policía secreta soviética (NKVD) y la Gestapo colaboraron estrechamente en los asuntos derivados de la partición de Polonia. La Unión Soviética entregó a cientos de comunistas alemanes y austriacos a la policía secreta nazi, así como extranjeros no deseados. La cooperación entre la URSS y los nazis se prolongó hasta la invasión alemana en junio de 1941.

Adolf Eichmann fue el más célebre miembro de la Gestapo. Con el grado de teniente coronel fue reclutado para las operaciones logísticas de la deportación en masa de judíos y otros "indeseables" a los *ghettos* y campos de exterminio durante la ocupación nazi de Europa del Este. A principios de 1946 escapó de la custodia de los estadounidenses y se escondió en diversas partes de Alemania por un par de años. En 1950, Eichmann fue a Italia, donde se hizo pasar por un refugiado llamado Richard Klement. Con la ayuda de un fraile franciscano que tenía conexiones con el obispo Alois Hudal, logró salir hacia Argentina. El obispo Hudal organizó uno de los primeros y el más eficiente pasadizo de escape para los criminales nazis hacia Latinoamérica, sistema que benefició también a Walter Rauff, inventor y gestor de los camiones que descargaban sus gases de escape en el interior de su carrocería hermética, llena de judíos, para matarlos por asfixia, y quien se radicó en Chile. Por su parte, el obispo Hudal estaba convencido de que los criminales nazis prófugos ayudarían a los gobiernos sudamericanos a detener el avance del comunismo en el continente. De la Gestapo se derivaron muchas formas de tortura que luego se aplicaron en diversas partes del mundo, incluido Chile durante la existencia de la DINA y la CNI en la dictadura del general Augusto Pinochet. Una de ellas fue el llamado "columpio Boger", inventada en Auschwitz por el oficial alemán Wilhelm Boger y que, más tarde, con algunas modificaciones, se aplicó en Brasil y otros países sudamericanos bajo el nombre de *"pau de arara"*. Boger tenía, además, la peculiaridad de tener una secretaria privada, taquígrafa, que observaba y tomaba nota de lo que ocurría mientras él interrogaba a los prisioneros. Otro hábito extraño de los oficiales del alto mando de la Gestapo era la posesión y uso de un sello metálico personal que los identificaba como jefes de la policía de seguridad nazi.

3.8. Ingeniero militar proclive a la inteligencia

En 1948, Manuel Contreras egresó de la Escuela Militar con la primera antigüedad de su curso. Eligió el arma de Ingeniería y fue destinado al Regimiento de Ingeniería Nº 2 Aconcagua, con base en Quillota. Allí, al verano siguiente, conoció a María Teresa Valdebenito Stevenson, hija de un almirante y alumna de las monjas inglesas de Valparaíso, que pasaba sus vacaciones en casa de unos familiares. El apellido Valdebenito era conocido en esa pequeña ciudad, famosa por sus paltas y chirimoyas. Entre 1938 y 1939, Vasco Valdebenito García había sido su alcalde y más tarde diputado por Valparaíso en representación del Partido Socialista, reemplazando en la Cámara Baja a Salvador Allende Gossens cuando asumió como ministro de Salud.

En 1952, proveniente del Regimiento Aconcagua, el teniente Contreras Sepúlveda llegó nuevamente a la Escuela Militar como instructor de la Compañía de Ingenieros. En el arma de Caballería, los instructores eran Enrique Boettiguer Picasso y Horacio Toro; en Infantería, Hernán Fuenzalida Vigar, gran amigo de Contreras, y Enrique "El Tigre" Morel Donoso; y, en Artillería, Enrique Valdés Puga. Entre los capitanes destacaban Hernán Sepúlveda Caña, Eduardo Cano Quijada, Hans Kobrich y Jorge Carrasco Vilches.

Un año después, en 1953, el joven oficial contrajo matrimonio con María Teresa Valdebenito. Poco después, partió hacia su nuevo destino militar, la recién inaugurada Escuela de Ingenieros de Tejas Verdes, donde permaneció seis años. Se fue de allí en 1959 con el grado de capitán y padre de tres hijas. En 1960 ingresó al curso de oficial de Estado Mayor en la Academia de Guerra, donde el subdirector era el coronel Augusto Pinochet, que se transformó en su primer profesor de Estrategia. Ambos estaban impactados y preocupados por el triunfo de la Revolución Cubana y la expansión del comunismo en el mundo.

Contreras egresó de la Academia de Guerra en 1962 como oficial de Estado Mayor, el primero de su promoción, y obtuvo el título de profesor de academia en la asignatura de Logística. Regresó allí en 1966, cuando los tres profesores de las principales disciplinas militares impartidas eran René Schneider, en Táctica; Carlos Prats, en Estrategia; y Mario Sepúlveda Squella, en Inteligencia.

En 1967, realizó un curso de postgrado de oficial de Estado Mayor en Fort Benning, Estados Unidos, donde comenzó a perfeccionarse en los métodos de represión utilizados contra los grupos subversivos de izquierda. En 1969, siendo secretario de Estudios de la Escuela de Ingenieros de Tejas Verdes y teniendo el grado de mayor, Contreras hacía clases de su autoadquirida especialidad de inteligencia en el Curso Avanzado de Oficial Subalterno que se impartió durante ese año.

También durante ese año, Contreras fue uno de los más entusiastas impulsores del movimiento "gremialista" militar que culminó con el acuartelamiento del Regimiento de Artillería Nº 1 Tacna, protagonizado por el general Roberto Viaux. Actuando sin la autorización del director de la Escuela de Ingenieros, el coronel Herman Hutt Gunther, el mayor Manuel Contreras alentó la presentación de las renuncias de los oficiales subalternos, actitud que le significó un reproche más bien paternal del subdirector de ese instituto, el teniente coronel Manuel de la Fuente Borge.

En 1970, Contreras fue designado secretario del Estado Mayor del Ejército y al año siguiente viajó a Osorno para asumir el mando del Regimiento de Ingenieros Nº 4 Arauco.

A fines de diciembre de 1972, retornó al centro del país para asumir la dirección de la Escuela de Ingenieros de Tejas Verdes, mando militar que compartiera con la docencia en la Academia de Guerra. Allí, junto a otros coroneles y la colaboración de algunos capitanes empezó a diseñar un aparato de inteligencia que permitiera desarticular las bases de poder de la Unidad Popular.

Los oficiales de la Academia de Guerra efectuaron cuidadosos planes para anular los "cordones" industriales, bloquear las comunicaciones y enfrentar la evidente resistencia que opondría el MIR, algunos socialistas y otras brigadas de choque de la Unidad Popular.

Simultáneamente, Contreras recabó toda la información necesaria que, el día del golpe militar, le permitiría controlar en cuestión de horas el puerto de San Antonio y todas las zonas adyacentes.

3.9. Una estructura multiforme y cambiante

La segunda estructura de la DINA, afinada a comienzos de 1974, estuvo constituida por la Dirección, un Estado Mayor, una Subdirección y cuatro departamentos: Gobierno Interior, Contrainteligencia, Económico y Operaciones Sicológicas. En el segundo trimestre de 1974 se le agregó un quinto departamento: Operaciones Exteriores. Poco después se realizó un nuevo diseño que incluyó cuatro direcciones: Operaciones, Administrativa, Logística y Documentación. El personal que llegó a trabajar en la DINA se estima en algunos miles de personas. Desde su creación y hasta su término (1973-1977), el coronel Contreras, junto a sus principales asesores, modificó constantemente la organización del ente represivo, según las necesidades operativas, superponiendo cargos y funciones, ocultando las brigadas más secretas y moviendo constantemente a los responsables de las agrupaciones y brigadas. Es muy probable que esta conducta se haya debido al creciente malestar que la existencia de la DINA provocó en todos los organismos de inteligencia de las diferentes ramas de las FF.AA. y de Carabineros, que intentaron conocer por diversos medios –casi siempre infructuosamente– los pasos que daban los agentes de Contreras.

Dirección. Durante toda su existencia la DINA tuvo en este cargo al coronel Manuel Contreras. Junto a él trabajaron personas de su completa confianza como Nélida Gutiérrez, su secretaria privada, y más tarde su pareja; y el oficial de Ejército Alejandro Burgos, enlace, asistente y coordinador del coronel, que luego fue reemplazado por Hugo Acevedo Godoy. También tenía una asesoría legal, una unidad encargada de la seguridad, una oficina destinada a la preparación de los viajes, otra unidad que llevaba un archivo de microfichas, e, incluso, un responsable del equipo que cocinaba para el jefe. De ella dependió también poco después la Escuela Nacional de Inteligencia, ENI, donde se mejoraba la formación de los agentes a través de una gran variedad de cursos, tales como Servicio Secreto,

Inteligencia y Contrainteligencia, Marxismo, Relaciones Internacionales, Taller de Teatro, Criptografía, Tiro, Manejo de Explosivos, Karate, Taller de Allanamiento y Registro, Taller de Maquillaje, etc.

Estado Mayor. Son diversas las versiones acerca del número de integrantes que tenía. Se sabe que lo conformaron Rolf Wenderoth, César Manríquez Bravo, Vianel Valdivieso, Raúl Eduardo Iturriaga Neumann, Hernán Brantes Martínez, Marcelo Moren Brito, Maximiliano Ferrer Lima, Víctor Hugo Barría Barría y Germán Barriga Muñoz, entre otros, todos oficiales de Ejército.

Subdirección. Al principio fue el contralmirante Rolando García y le siguió el oficial de Ejército Jerónimo Pantoja.

Dirección de Operaciones. Este cargo fue creado cuando la DINA tuvo una estructura claramente definida y pareció necesario reemplazar el Estado Mayor. El jefe de esta instancia fue el teniente coronel Pedro Espinoza, conocido como "Don Rodrigo" y que antes de llegar al cargo se desempeñó como jefe del centro de detención y torturas de la Villa Grimaldi.

Bajo la Dirección de Operaciones estaban el **Departamento de Inteligencia Interior** y el **Departamento Exterior.**

Del Departamento de Inteligencia Interior dependían la Brigada de Inteligencia Metropolitana (BIM), la Brigada de Inteligencia Regional (BIR) y la Brigada de Inteligencia Ciudadana (BIC).

La BIM tuvo inicialmente su base en Rinconada de Maipú, en un fundo expropiado a la Universidad de Chile, y su primer jefe fue el oficial de Ejército Carlos López Tapia. Más tarde se trasladó a Villa Grimaldi, donde se instalaron bajo su dependencia las agrupaciones Caupolicán y Purén. Contaba con una Plana Mayor que se encargaba de las tareas logísticas y administrativas.

De la Agrupación Caupolicán dependían las brigadas Halcón I, Halcón II, Águila, Tucán y Vampiro.

En la Agrupación Purén, hasta 1975 dirigida por Raúl Iturriaga, trabajaron muchos oficiales que efectuaron más tarde importantes misiones en el exterior. De esta unidad dependían varios grupos operativos que se dedicaban a tareas muy distintas e incluso superpuestas. Iturriaga fue uno de los oficiales de campo más cercanos a Contreras y estuvo involucrado en casi todas las misiones más importantes y secretas que emprendió la DINA.

De la BIM también dependieron las agrupaciones Mulchén, Ongolmo, Reumén y Tucapel.

La Brigada de Inteligencia Regional (BIR) funcionaba solo en algunas ciudades del país y tenía a su cargo todas las operaciones en provincia. Las unidades más importantes estaban en Rocas de Santo Domingo, donde operaba la Agrupación Bronce, a cargo de Mario Jara; en Arica, La Serena, Valparaíso, Parral y Valdivia.

La Brigada de Inteligencia Ciudadana (BIC) tenía como tarea recabar información de las reparticiones públicas, del registro de identificación, de hoteles, empresas diversas, hospitales y de clínicas privadas. Estaba integrada en su mayoría por civiles y la encabezaba Carlos Labarca Metzger. También trabajaban en ella Guido Poli y Fernando Rojas Cruzat. Más tarde se transformó en una rama de la Subdirección de Inteligencia y agrupó a su personal por parcelas de trabajo: Movimientos subversivos, PDC, Sindical, Gremios, Iglesia, Empresas, etc.

El Departamento Exterior surgió en abril de 1974 y ya en junio había desarrollado una gran capacidad extraterritorial con agentes operativos en varios países. Sus misiones básicas eran neutralizar a las personas consideradas enemigas del régimen militar chileno, organizar los viajes de altos funcionarios de gobierno y ejercer control sobre la red oficial en el exterior, es decir los funcionarios asignados a las embajadas y consulados.

Estaba dividida en Cóndor —una instancia de coordinación de los servicios de inteligencia del Cono Sur—, Inteligencia y Contrainteligencia. Disponía de civiles de extrema derecha y personal de las tres ramas de las Fuerzas Armadas que ya tenían formación en el área de inteligencia. La mayoría pertenecían a la DINA. También contó con funcionarios del Ministerio de Relaciones Exteriores y con empleados de empresas chilenas con oficinas en otros países.

El director de la DINA ejercía un estrecho y directo control del Departamento Económico y del de Contrainteligencia, donde funcionaba la unidad de Telecomunicaciones a cargo de Vianel Valdivieso, hombre de su total confianza.

En la DINA fue muy importante el Departamento de Análisis, con labores de archivo y análisis exterior. Este departamento prestaba especial asistencia a los de Operaciones y Económico.

También existió la Brigada del Cuartel General que tenía principalmente funciones de custodia del recinto y que muy secretamente cumplió labores operativas en Chile y en el extranjero. El responsable era el oficial de Ejército Juan Morales Salgado, que encabezaba la escolta del coronel Contreras.

Esta brigada dependía directamente de Reumén, una unidad de contrainteligencia que dirigía el que fue el último subsecretario general del gobierno militar, Jaime García Covarrubias.

También operaron otras brigadas como Fresia y Guacolda.

Del Departamento de Logística dependían todos los cuarteles, las clínicas, las adquisiciones y la inteligencia electrónica.

Otra instancia fue el Departamento de Operaciones Sicológicas, que contaba con una unidad de propaganda y guerra sicológica, una de prensa y otra de relaciones públicas.

La Junta de Gobierno creó formalmente la Dirección de Inteligencia Nacional (DINA) por Decreto Ley 521 del 14 de junio de 1974, como continuadora de la comisión denominada con idénticas siglas y creada en noviembre de 1973. La DINA, señaló su articulado fundacional, cuyo director es designado por un decreto supremo, es "un organismo militar de carácter técnico-profesional, dependiente directamente de la Junta de Gobierno y cuya misión será la de reunir toda la información a nivel nacional, proveniente de los diferentes campos de acción, con el propósito de producir la inteligencia que se requiera para la formación de políticas, planificación y para la adopción de medidas que procuren el resguardo de la seguridad nacional y el desarrollo del país".

3.10. Las sombras de la traición

Desde los inicios de la Unidad Popular nacieron en Santiago numerosos campamentos que albergaron a miles de personas anhelantes de poseer una vivienda propia. En noviembre de 1970 más de 1500 familias de los campamentos "26 de Enero", "Magaly Honorato", "Ranquil" y "Elmo Catalán" recibieron sitios en la llamada población "Nueva Habana", en el recién expropiado fundo Los Castaños, al oriente de la rotonda Departamental, en la actual comuna de La Florida. En Lo Hermida, barriada obrera que en la actualidad es la puerta de entrada a la comuna de Peñalolén, se instalaron los campamentos "Asalto al Cuartel Moncada", "Villa Los Lagos", "Vietnam Heroico" y "Lulo Pinochet". En la comuna de Las Condes, a escasos metros de la Escuela Militar, se levantó el campamento "San Luis".

Y lo mismo ocurrió en otros sectores de los cuatro puntos cardinales de la capital chilena.

La mayoría de esos campamentos surgió del trabajo político efectuado por el MIR entre los pobladores. Primero, a través de la Jefatura Provincial Revolucionaria de los Sin Casa (JPR) y luego del Movimiento de Pobladores Revolucionarios (MPR), uno de los más activos frentes de ese partido.

Los militantes del MIR estaban organizados en torno a los Grupos Político Militares (GPM), estructuras de "cuadros revolucionarios profesionales", distribuidos territorialmente y vinculados a los diferentes frentes de masas del partido: poblacional, estudiantil, obrero y campesino. Los GPM, a su vez, daban origen a los Comités Regionales (CR), un nivel de organización y dirección intermedia, que servía de puente con los organismos superiores de la organización y cuyas jefaturas estaban integradas al Comité Central (CC), el más importante órgano de dirección, que en 1973 tenía cerca de 50 miembros.

Desde el CC se originaba el Secretariado Nacional, que era la representación cotidiana del MIR, y la Comisión Política (CP), que reunía a los encargados de la dirección. En el momento del golpe militar de 1973, habrían sido 12 los Comités Regionales: Norte Grande, Norte Chico, Valparaíso, Santiago, Centro, Linares, Ñuble, Concepción, Arauco, Cautín, Valdivia y Osorno. La CP, en tanto, la integraban Miguel y Edgardo Enríquez, Bautista Von Schouwen, Nelson Gutiérrez, Andrés Pascal, Arturo Villabela y Humberto Sotomayor. En el Secretariado Nacional, de cinco miembros, estaban entre otros Miguel Enríquez, Edgardo Enríquez y Andrés Pascal.

Algunos militantes o cuadros intermedios efectuaban "tareas de dirección", asociados al CC y a los CR, en labores de información, propaganda, inteligencia, seguridad y otras.

Los segmentos más radicalizados del MIR se ubicaban en los llamados "frentes intermedios", agrupados en el Frente de Trabajadores Revolucionarios, FTR; el Movimiento Poblacional Revolucionario, MPC; el Movimiento Campesino Revolucionario, MCR; y el Frente de Estudiantes Revolucionarios, FER.

A partir de 1972, el MIR había pasado de una inserción casi marginal al iniciarse el gobierno de la UP a un desarrollo considerable, señalando la propia organización que al promediar 1973 contaba con 10 mil militantes y una "periferia", articulada en los frentes intermedios, de unas 35 mil personas.

Sus propuestas y demandas, en tanto, se encaminaron cada vez más hacia una transformación profunda de la sociedad. En el congreso desarrollado en "Nueva Habana", en febrero del 72, se planteó la creación de "una nueva justicia", expresada en los Tribunales Populares y se propuso la instalación de Consejos Comunales, temas que recién habían comenzado a discutirse en el Comité Central. De igual modo, en su segunda conferencia nacional, el FTR conformó su "comando nacional" y lanzó la plataforma que presentaría a la elección de la CUT: el control obrero de las empresas, la democratización de la central sindical y la participación de los trabajadores en la planificación de la economía.

Entre los dirigentes de los pobladores de los campamentos del sector sur oriente de Santiago destacaba un hombre alto y gordo, militante de la Unión Socialista Popular, Usopo, una pequeña fracción escindida del Partido Socialista y liderada por Raúl Ampuero. Su nombre: Osvaldo Enrique Romo Mena, el "Comandante Raúl" o, simplemente, "El guatón Romo", cabecilla de los habitantes del campamento "Lulo Pinochet".

Romo se paseaba libremente por los campamentos desde los inicios de la UP y conocía de cerca a sus dirigentes y a los jóvenes miristas que les prestaban ayuda y efectuaban actividades políticas los fines de semana. La mayoría de aquellos muchachos vivía y estudiaba en los liceos de Ñuñoa o asistía a las diversas sedes de la Universidad de Chile. Frecuentaban cotidianamente, además, el Instituto Pedagógico ubicado junto a las avenidas Grecia y Macul, uno de los fortines de las juventudes de izquierda más combatientes por aquellos años.

Romo fue detenido a fines de septiembre de 1973 y conducido a la Escuela Militar, donde fue interrogado acerca de sus actividades y sus vínculos políticos. Luego fue entregado a un grupo de detectives que comenzaba a colaborar en labores de inteligencia y represión con las nuevas autoridades. Aquel núcleo de agentes lo dirigían el inspector Julio Rada y el comandante del Ejército Enrique Guissen Larrañaga (Ver libro *Romo. Confesiones de un torturador* de Nancy Guzmán).

Casi 19 años después, en julio de 1992, otros detectives ubicaron el refugio de Romo en Brasil, donde había sido conducido por la DINA en 1975 para eludir a la justicia chilena que lo buscaba para interrogarlo por el secuestro y desaparición de numerosas personas.

El 31 de julio de aquel año, Romo fue interrogado largamente por el comisario Luis Henríquez Seguel. Una parte de aquel extenso diálogo se reproduce a continuación:

–Señor Romo, yo soy el comisario Luis Henríquez Seguel, de la Policía de Investigaciones de Chile, y quiero hacerle algunas consultas. ¿Cuál es su nombre completo?

–Osvaldo Enrique Romo Mena.

–¿Dónde nació y en que fecha?

–Nací en Santiago el 20 de abril de 1938.

–¿Qué domicilio tenía usted en Chile antes del año 1973?

–Avenida Los Molineros 1308, Ñuñoa.

–¿Militó usted en algún partido político?

–Usopo, Partido Socialista Popular, el partido de Ampuero.

–¿Quién lo presentó en el Partido, señor Romo?

–Óscar Núñez, que era secretario general. Vivía en Ñuñoa, en la calle José Arrieta.

–¿Tuvo usted algún vínculo o relación con el MIR?

–No. Yo participé cuando el MIR se inició el 26 de Enero, a comienzos del año 67, más o menos. Yo fui a un congreso que se hizo en La Bandera. Yo participé para saber cuáles eran los ideales. Ese congreso era dirigido por Guido Morales, que fue después de los socialistas elenos, en la población La Bandera. Estaba todo el Comité Central del MIR.

–¿Cuáles eran sus actividades en 1973, señor Romo?

–Yo estaba en Lo Hermida, en el Campamento Lulo Pinochet.

–¿Usted en ese tiempo tenía alguna actividad política, con sueldo pagado del Partido?

–No. Salvador Allende me daba una ayuda. Tuve mucho contacto con Allende, a pesar de todos los problemas que tuve con él.

–¿Entre qué fechas, señor Romo, usted fue militante de la Unión Socialista Popular?

–Yo fui candidato a regidor en Ñuñoa, en el año 67 – 68. Entonces yo entré a la Unión Socialista Popular en Ñuñoa, en la Avenida Irarrázaval. Después fui candidato a diputado por Puerto Montt, en la última elección a diputados.

–¿Cuál era su actividad en el Partido?

–Frente de masas. Pobladores, sindicalistas, estudiantes, todo...

–¿Es verdad que usted también fue guardaespalda de Fidel Castro cuando estuvo en Chile?

–No; no fui guardaespalda. Los que fueron guardaespaldas fueron los GAP. Yo acompañé por los partidos de izquierda, acompañé a Fidel Castro en Chile, por un aparato que se llamaba GEO. El MIR lo llamaba GEO, Grupo Especial Operativo, pero yo no lo integraba. Me recopilaron para que yo estuviese junto al GEO. y otros militantes de otros partidos, para ver qué estaba pasando con Fidel.

–¿Quién lo llamó a integrar el GEO, señor Romo?

–Fue Bruno, que era GAP.

–¿Recuerda el nombre de otros integrantes?

–Condorito, del MIR, que vivía atrás del Teatro El Golf. El otro fue Adrián, que fue dirigente del MIR, que vivía en Vivaceta, en calle Gamero.

–¿Qué sucedió con usted el 11 de Septiembre de 1973, dónde estaba?

–Yo estaba en Lo Hermida. Yo fui al Hospital El Salvador para internar a un señor que estaba enfermo.

–¿Cómo se incorporó a la DINA?

–Yo caí preso en Santiago, debe haber sido a fines de septiembre, el 20 o 29 de septiembre. Me detuvieron más o menos a las diez y media de la noche. Llegó un camión con más o menos cuarenta militares con una punto treinta en la puerta de mi casa.

–Después que lo detienen, ¿adónde lo llevan?

–Me llevaron al Comando de Institutos Militares, Escuela Militar. Estuve en el comando más o menos un día y medio y me interrogó un general que me mandó para Servicio de Investigación Política de Investigaciones. Ahí caí en manos del equipo de Enrique Guissen, pero los que hablaron conmigo fueron Canales, Aguilera, un grupo de cuatro o cinco. A Canales yo lo conocía, siempre nos saludábamos. Él me dijo "te cagó el MIR; quien te denunció fue el MIR". Estuve unos siete u ocho días, me interrogaron, nunca me torturaron.

–¿A lo mejor, señor Romo, usted está diciendo esto porque yo soy detective?

–No. Inclusive había un hombre que Investigaciones estaba buscando, Enrique Fornet, que fue interventor de Mademsa, y yo sabía dónde estaba. Entonces les dije que estaba en Lo Hermida. Me dijeron vamos a Lo

Hermida. Vamos, les dije. Fuimos y ahí conversamos, conversamos bastante. Yo tenía muchas vinculación con personal del Ejército por el problema de Viaux. Yo fui de Viaux, Usopo fue de Viaux..

–¿**De quién habla usted?**

–Del general Roberto Viaux Marambio.

–¿**Quién lo presenta o lleva a la DINA a usted?**

–Enrique Guissen me habló para trabajar en Madeco. Me dijo: voy a conseguir que salgas y te vas a trabajar a Madeco. Habla con mi compadre Jaime Deichler Guzmán, que era también militar y estaba a cargo de la industria. Y entré a trabajar a Madeco, hasta que volvieron a detenerme en noviembre y me llevaron nuevamente a la Escuela Militar. Me soltaron luego y unos días después, hablando con Guissen, Canales y Aguilera, les expliqué cómo era el MIR. Son los GPM, los regionales, les dije, y Guissen se interesó. Él conocía a dos funcionarios de la FACh que también estaban interesados en el MIR, en las fuerzas centrales que habían intentado infiltrar a las Fuerzas Armadas. Eran el coronel Ceballos, Jorquera y otros. Yo trabajé con Ceballos unos dos meses, hasta que un día llegó a mi casa Miguel Krassnoff para ir a identificar a un preso que estaba baleado en el Hospital Militar y que ellos creían que era Miguel Enríquez.

–¿**Dónde reconoce usted su primer cuartel?, ¿cuál fue su primera unidad?**

–Yo fui a la Fuerza Aérea, a la base aérea que está en Apoquindo arriba, donde está la AGA. Ceballos me llevó a Alfredo Joignant, que estaba preso. Después me trajo a Roberto Moreno Burgos, de la Comisión Política del MIR, que cayó preso por casualidad. También al "Richie" Ruz y a otros tres dirigentes del MIR, incluso a una dirigente que era del dinero, de apellido Lazo.

–¿**Quién más estaba detenido allí?**

–Yo vi al general Bachelet, al "Pollo" Ruz, la Melo...

–¿**Su jefe directo era el señor Ceballos?**

–No.

–¿**Entonces a quién le colaboraba usted?**

–Al coronel Otaíza. Yo conocí al coronel Otaíza porque fue de la seguridad de Fidel. Otaíza recibió a Fidel.

–¿**Y después del AGA dónde se fue usted?**

–Estaba en casa un día y llegó un hombre que era del grupo que mató al general Schneider; que había estado en España y volvió para colaborar con la DINA. Después que se fue llegó un soldado del regimiento de Puente Alto, de apellido Leyton, que estaba en la DINA, y me dijo que su capitán, que estaba esperando afuera, quería conversar conmigo. Era Miguel Krassnoff, que venía de parte del coronel Guissen.[57]

En aquella larga entrevista en Brasil con el comisario Henríquez, Romo entregó pormenorizados detalles de su trabajo en la DINA y de su conocimiento sobre las diversas estructuras del MIR. Convertido en agente de la DINA, el ex dirigente poblacional fue determinante en la identificación y detención de cientos de militantes y simpatizantes del partido que dirigía Miguel Enríquez. Romo no sería el único. En los meses siguientes se le unirían otros ex militantes de la izquierda que tras ser torturados y amenazados optaron por colaborar con los servicios de seguridad de la dictadura. Algunos sobrevivirían; otros, serían ejecutados por los mismos organismos represivos en que trabajaron.

3.11. El suicidio de un hombre alto y de apariencia solemne

En pleno gobierno socialista, en el verano de 1973, José Tohá, a sus 45 años de edad, era considerado el más probable heredero político del presidente Salvador Allende, miembro de su círculo más íntimo, consejero predilecto y camarada de innumerables jornadas políticas. Tohá egresó de Derecho en la Universidad de Chile, no se tituló y optó por el periodismo, llegando ser director del diario *Las Noticias de Última Hora* durante casi una década, cuando el vespertino perteneció a Arturo Matte Alessandri y Aníbal Pinto Santa Cruz.

En 1952, mientras una parte del Partido Socialista apoyaba la candidatura presidencial de Carlos Ibáñez del Campo, José Tohá apoyó la postulación de Allende, levantada por el sector que dirigía Aniceto Rodríguez en conjunto con el Partido Comunista y otros sectores de la izquierda. Esta alianza, conocida como Frente del Pueblo, fue la antecesora del Frente de Acción Popular, FRAP, que surgió pocos años después. "El pueblo a la victoria con Allende" fue el eslogan de la primera candidatura presidencial

---

57	Entrevista del comisario Luis Henríquez Seguel a Osvaldo Enrique Romo realizada en Sao Paulo, Brasil, el 31 de julio de 1992. Copia en archivo del autor.

allendista, con José Tohá cumpliendo en ella un papel relevante, al igual que lo haría en las tres campañas siguientes.

Abandonó la dirección de *Última Hora* para asumir como ministro de la Unidad Popular. Fue detenido el mismo 11 de septiembre de 1973 en el Ministerio de Defensa, donde acudió enviado por Allende para intentar una fallida mediación.

Luego fue trasladado a isla Dawson y en enero de 1974, muy enfermo y con menos de 50 kilos de peso —era un hombre de 1,92 metros de estatura— lo llevaron al Hospital Naval de Punta Arenas y más tarde a Santiago, primero al hospital de la Fuerza Aérea y casi enseguida al Hospital Militar, donde el 1 de febrero quedó aislado en la pieza 303. Por las noches era frecuente que lo sacaran para conducirlo a la Academia de Guerra Aérea, la siniestra AGA, donde era interrogado y torturado.

Tohá permanecía durante el día en su cama del nosocomio castrense, desde la cual se cayó un par de veces debido a su extrema debilidad. Padecía, entre otros problemas, una depresión grave y, para intentar superarla, lo trataba el psiquiatra Julio Sepúlveda.

Su esposa, Raquel Victoria "Moy" Morales Etchevers, lo visitó en varias ocasiones; trataba de infundirle ánimo y le contaba de los esfuerzos que se hacían para conseguir su liberación. Un soldado con fusil en ristre los vigilaba permanentemente durante aquellos encuentros. Pese a las circunstancias, no hubo ningún indicio que permitiera sospechar la suerte que correría el tan cercano amigo de Salvador Allende.

El 15 de marzo de 1974 sonó el teléfono en la casa de Moy de Tohá. La voz de un hombre que se identificó como oficial de Ejército le comunicó que su marido se había suicidado.

—Si quieren venir a retirar el cadáver, pueden venir al hospital —agregó.

La viuda recordaría más tarde aquel momento:

(...) tenía pinchazos y un rostro que no era el de las personas que se han suicidado ahorcadas. Porque yo trabajé 13 años en el laboratorio criminalístico de policía técnica de Investigaciones, y vi cientos de cadáveres de suicidas que habían resuelto ahorcarse. Esos rostros no los voy a olvidar nunca en mi vida. Pero no tenían nada que ver con el rostro de José. Porque él tenía su cara pálida, tranquila, relajada. Tenía una gotita de sangre en la nariz y en el borde del cuello, casi imperceptible, una marca delgada, como un hilo, no de cuerda ni cinturón, sino un hilo rojo.

El primer experto en llegar al sitio del suceso fue el médico-perito criminalista de la Brigada de Homicidios, BH, del entonces Servicio de Investigaciones, el doctor Domingo Chelén Araya, quien comprobó que el cadáver de Tohá estaba dentro del clóset de la habitación, con un cinturón atado al cuello, sin tocar el suelo, con las piernas y los pies flectados, apoyados en el piso.

Al doctor Chelén le extrañó sobremanera que la cañería a la cual estaba amarrado el cuello del ex ministro no se elevara más allá de 1,55 metros desde el suelo y que el nudo con que el cinturón estaba ceñido era tan débil, que se desató con un leve tirón.

También le sorprendió que el surco presente en el cuello de la víctima fuera parejo y no incompleto, como se presenta generalmente en las personas que se ahorcan. Además, un quiste sebáceo cervical estaba roto lo que le resultaba inexplicable, pues para que ello ocurriera se requería de cirugía o de una enorme presión.

Chelén pidió al perito fotográfico de la BH que tomara los detalles de la escena que le parecían fuera de lugar, en especial del cuello. También le exigió un riguroso y completo dibujo al técnico planimetrista para fijar el lugar y los detalles de la postura del cuerpo.

En su examen del cadáver, el médico constató un extremo enflaquecimiento y claros indicios de quemaduras de cigarrillos en los brazos.

Esa misma tarde, desde el Hospital Militar se llamó al forense del Instituto Médico Legal, IML, doctor Alfredo Vargas Baeza, para que le hiciera la autopsia a Tohá en el mismo establecimiento, burlando la norma que establecía que el cuerpo debía ser trasladado al IML para practicar los exámenes tanatológicos correspondientes.

En los días siguientes, el Hospital Militar pidió una investigación sumaria sobre el supuesto suicidio del ex ministro de Allende, la que fue conducida por el auditor Rolando Melo Silva, de la Segunda Fiscalía del Ejército, causa que se extravió. Años después, Melo declararía ante la justicia que no recordaba casi nada de lo que hizo entonces debido a "lagunas mentales", una excusa que ya se ha hecho costumbre entre los militares procesados por violaciones a los derechos humanos.

En tanto, como era su costumbre, Chelén esperó las fotografías para redactar el correspondiente informe, pero le comunicaron que éstas se habían perdido, al igual que el gráfico planimétrico. A los 15 días de la muerte de Tohá, le llegó una hoja con un informe ya redactado en la que se consignaba "conclusión suicidio" y al pie su nombre para que estampara su firma. El médico se negó a firmar y a los dos meses fue despedido de Investigaciones "por falta de confianza en su labor profesional".

El principal contradictor de las aprehensiones de Chelén fue el funcionario de la Brigada de Homicidios, Juan Saldías Valdés, alias "Harry el sucio", integrante de la DINA.

En 1991, el Informe Rettig reseñó sobre la muerte de José Tohá que "la Comisión no tuvo antecedentes suficientes para concluir si el ahorcamiento, causa directa de la muerte del ex ministro Tohá, fue la acción de quienes lo mantenían detenido o si, en cambio, murió por su propia mano".

El 15 de marzo de 2001, la familia Tohá, representada por el abogado Juan Bustos, presentó una querella para esclarecer su muerte.

Llamado a declarar, el doctor Chelén insistió ante el juez Jorge Zepeda que el día de la muerte de Tohá pidió que se tomaran varias fotos del surco que el cadáver de Tohá tenía en el cuello, pues era imposible que se hubiese marcado completo, en todo su contorno, si realmente se hubiera suicidado. Agregó que esas fotos "jamás se presentaron en el informe pericial, el que concluyó que la muerte fue por ahorcamiento de tipo suicida".

Chelén afirmó que concluyó que "esa muerte no fue suicida, sino obra de terceros, por estrangulamiento, con simulación de suicidio (...) Por ello no quise firmar el informe, que no redacté ni sé quién lo hizo".

El perito dibujante y planimetrista forense, Sergio Labarca Maturana, por su parte, declaró ante el juez Zepeda que su trabajo final no quedó guardado donde correspondía en Investigaciones, sino que sus jefes, Pedro Méndez Valenzuela y Luis Cavada Ebel, le dijeron que ese informe "es secreto y no se guardará en el kárdex" que correspondía.

El magistrado logró establecer en abril de 2005 responsabilidades penales por las torturas aplicadas a José Tohá en el AGA y procesó en tal sentido al general (r) de la FACh, Ramón Cáceres Jorquera, y al coronel (r) Sergio Contreras Mejías. Los procesados lograron ser identificados, entre otros elementos, por unos papeles hallados en el velador de la pieza donde estuvo Tohá en el Hospital Militar, en los que había preguntas manuscritas de sus interrogadores de la FACH, a pesar de que él estaba en un recinto del Ejército.

El ex subsecretario de Aviación, Raúl Vergara, y el general Alberto Bachelet, padre de la ex presidenta Michelle Bachelet, pasaron también por la AGA, al igual que otros 700 prisioneros, aproximadamente En ese tiempo, el general Bachelet tenía 51 años y tres hijos. Bastó su desempeño como secretario de la Dirección Nacional de Abastecimiento y Comercialización durante la Unidad Popular para justificar su detención, marcada por la brutal tortura ejercida por sus ex alumnos. Debido a su pésima condición de salud, derivada de los tormentos, el general murió el 12 de marzo de 1974 en la Cárcel Pública, tres días antes que José Tohá.

Según las declaraciones de los detenidos en la AGA entre 1973 y 1975, tanto el comandante (r) Edgar Cevallos, más tarde jefe del Comando Conjunto, como el general (r) Cáceres, uno de los torturadores de Tohá, eran parte del núcleo principal de interrogadores. El entonces coronel de Aviación, Augusto Galaz Guzmán, declaró que el 14 de septiembre de 1973 fue detenido desde su oficina en el Ministerio de Defensa junto al actual subsecretario de Aviación, Raúl Vergara, el general Bachelet y el coronel Rolando Miranda. Luego de llevarlos a la Fiscalía de Aviación y a la Base Aérea de Colina, donde fueron interrogados, los trasladaron en conjunto a la AGA. En el proceso, Galaz señaló que se les mantenía con capucha "durante el interrogatorio, levantándonos con cordeles colocados entre las piernas, aplicando agujas en el nacimiento de las uñas de las manos y dándonos golpes de puño en el rostro". Galaz agregó que Cevallos y Cáceres estaban a cargo de los maltratos. No fue difícil reconocerlos: ambos habían sido alumnos suyos en la Escuela de Aviación.

Tras la muerte del abogado y diputado Juan Bustos, asumió la representación de la familia el abogado Nelson Caucoto, quien solicitó una serie de diligencias, entre ellas el investigar si en los días previos a la muerte de Tohá se habría efectuado una reunión de algunos generales del Ejército, donde se habría decidido asesinar al ex ministro.

El 30 de agosto de 2010, la Sexta Sala de la Corte de Apelaciones de Santiago ordenó al juez Jorge Zepeda reabrir la investigación sobre la muerte del abogado y periodista José Tohá González, y efectuar 27 diligencias pendientes, entre ellas la exhumación del cadáver y la reconstitución de escena del fallecimiento.

El juez Zepeda pidió entonces al Servicio Médico Legal un informe sobre los documentos de autopsia derivados del caso, el que fue efectuado por el perito forense Luis Ravanal, y conocido el lunes 15 de noviembre de 2010. El doctor Ravanal concluyó que el deceso de Tohá habría ocurrido por "estrangulamiento manual de naturaleza homicida" y no por suicidio, como se había sostenido desde marzo de 1974.

En los días siguientes, el juez Zepeda acumuló al proceso un dato relevante: en el traslado de Tohá desde el hospital de la FACH al militar habrían participado los oficiales de Ejército Marcelo Moren Brito y Raúl Iturriaga Neumann.[58]

---

[58] Ver Jorge Escalante. "Tohá habría sido estrangulado"; diario *La Nación*; Santiago, 22 de abril de 2005.

4.1. El debut de Londres 38

La iglesia San Francisco, ubicada en plena Alameda Bernardo O'Higgins, a escasas cuatro cuadras del Palacio de La Moneda, es uno de los principales referentes del centro de Santiago y puerta de entrada a un pequeño barrio de apariencia europea que se extiende serpenteante a través de aceras adoquinadas. Allí se levanta una vieja casona que hasta el golpe militar era la sede de la Octava Comuna del Partido Socialista. Requisada tras el golpe militar por las nuevas autoridades, albergó a un cuartel de Carabineros hasta que a fines de 1973 fue habilitada como centro de detención e interrogatorios de la DINA

A partir de abril de 1974, a la sede del Comité Pro Paz[59] empezaron a llegar personas que describían un centro de detención secreto al que llamaban La Venda, La Silla o La Campana. Relataban que habían sido conducidos hasta allí con los ojos cubiertos y que luego de entregar sus datos

---

[59] El Comité de Cooperación para la Paz en Chile se creó el 6 de octubre de 1973 con representantes de la iglesia católica, iglesia ortodoxa, iglesias evangélicas y la comunidad israelita. Sus propósitos se resumieron en solo tres puntos: 1. Buscar y proveer ayuda material para las personas y familias afectadas por la situación existente. 2. Proveer directamente, o con la cooperación de los organismos correspondientes, asistencia legal y judicial para la defensa de los derechos de las personas afectadas. 3. Recoger hechos irregulares que suceden y dañan gravemente la dignidad de las personas, y que estamos ciertos no son deseados por el Supremo Gobierno. El Comité Pro Paz lo presidió Helmut Frenz, obispo luterano, en representación del Consejo Mundial de Iglesias; Fernando Ariztía, obispo católico; Patricio Cariola y Baldo Santi, por la Iglesia Católica; Luis Pozo, por la Iglesia Bautista; Tomás Stevens, por la Iglesia Metodista; Julio Assad, por la Iglesia Metodista Pentecostal; Augusto Fernández, por la Iglesia Luterana; José Elías, por la Iglesia Ortodoxa; el rabino Ángel Kreiman, por la Comunidad Israelita; Fernando Salas, s.j, como secretario ejecutivo. La entidad se disolvió en noviembre de 1975.

personales a la entrada, los prisioneros eran interrogados y sometidos a violentas torturas. Permanecían siempre vendados, pero podían escuchar música a gran volumen, a menudo de Los Beatles, que apagaba los gritos de los flagelados. Cada cierto tiempo se oían repiquetear las campanas de una iglesia y a lo lejos, algunos días, escuchaban también la risa de niños que parecían estar en una feria de juegos infantiles.[60]

Poco a poco se acumularon más datos. En el lugar había un gran portón de madera por donde entraban diversos vehículos de los cuales eran bajados los detenidos. Algunos pudieron ver por el reojo de sus vendas un primer piso cubierto con baldosas blancas y negras; otros, contaron que las sesiones de torturas se practicaban en el segundo piso, en un baño que tenía azulejos color verde agua. En los meses siguientes se confeccionó un perfil cada vez más preciso del lugar y breves descripciones de sus moradores permanentes. No había dudas, la cárcel secreta estaba en Londres 38 y desde ahí operaba el "Guatón" Romo junto a otros hombres y mujeres, hasta ese momento sin identificar, pero cuya tarea principal era la cacería de miristas. En el verano de 1974 Romo trabajó como vigilante en el Instituto Pedagógico de la Universidad de Chile. Se cambió de nombre y se apellidaba Morel. Cuando la DINA terminó de adiestrar a los hombres que lanzaría contra el MIR, Romo se agregó a ellos como émbolo principal en las tareas de identificación y captura.

El nombre del "Guatón" Romo, sinónimo de tortura, circulaba silenciosamente de boca en boca en las sedes universitarias, en las poblaciones y en los barrios de clase media donde los jóvenes militantes y simpatizantes del MIR trataban de sumirse en la clandestinidad y disfrazar sus actividades en la resistencia al régimen militar. Mientras, en Londres 38 el miedo inundaba el lugar cuando Osvaldo Romo entraba al salón donde los detenidos permanecían sentados indefinidamente. Con voz inconfundible, llamaba por su nombre a alguno de ellos y lo abofeteaba a modo de preámbulo antes de subirlo a sesiones de interrogatorios impredecibles. Un día empleaban el "submarino", técnica de tortura que consistía en hundir la cabeza de las víctimas en un recipiente con agua; otro día les colocaban bolsas plásticas como capucha para asfixiarlos o elegían el "*pau de Arara*", método importado de Brasil, que significaba colgar desnudos y poca abajo a los atormentados, con un palo entre las piernas y las manos

---

[60]   Los Juegos Diana estaban donde hoy se levanta el Hotel Plaza San Francisco.

amarradas a la espalda. Todo ello mezclado con descargas de corriente eléctrica en los lugares más sensibles del cuerpo.

Las jornadas se extendían tensas e interminables en medio de la rutina de siempre. Muy temprano los detenidos dejaban el suelo donde dormían todos apilados y volvían de inmediato a las sillas con total prohibición de hablar. Era muy riesgoso romper las normas, porque resultaba imposible saber si había vigilantes mezclados en el grupo. Se pasaba hambre. Solo dos veces al día se ingería algún bocado, que consistía en los restos de la comida de los guardias o traídos desde el edificio Diego Portales, transformado en sede del gobierno militar. Medio pan y un tazón de agua caliente era todo el alimento de las mañanas. Cuando la sed arreciaba, se podía pedir permiso para tomar agua. Si el centinela estaba de buen humor, ponía a circular una botella que pasaba de mano en mano hasta agotarse. En las noches, como a las 22 horas, se hacía el cambio de guardia. Era el único momento en que los detenidos podían pararse, intercambiar algunas frases y moverse un poco dentro del recinto. Allí se transmitían nombres, identidades y recados por si alguno tenía la suerte de salir con vida.

Un día de 1974, alguien dejó extraviada en la atiborrada sede del Comité Pro Paz una extraña carpeta. Nunca se supo si fue descuido de algún agente de la DINA que llegó a husmear al lugar o si se trató de alguien que quiso ayudar. En esa carpeta había una lista de personas a las que se iba a detener, pero que se salvaron porque se les alcanzó a avisar a tiempo. También, unas fichas de cartulina, con un sistema de puntajes a un lado. Una de esas tarjetas, sin nombre, estaba a medio llenar con varios datos: nivel de escolaridad, de compromiso ideológico, de salud, de importancia en el partido político, destreza en el manejo de armas, capacidad de cambiar conducta y firmeza de convicciones. El puntaje iba del uno al diez en cada rubro.

El sacerdote Jean Daniel Planchot y "Ma", la religiosa española que se había transformado en el alma del Comité Pro Paz, quedaron muy intrigados con el hallazgo y empezaron a buscar claves ocultas en esas fichas, intentando encontrar cierta lógica, alguna conexión entre quienes caían y el puntaje posible de obtener si se llenaban aquellas tarjetas con los antecedentes previstos. Invariablemente, los que alcanzaban entre 90 y 100 puntos permanecían desde su captura en la lista de no ubicados. Sin duda, su detención era del más alto riesgo. Eso dio nuevas pistas: estaban frente a una represión selectiva. Así, en el Comité se pudo llegar a predecir con relativa certeza quiénes de los aprehendidos corrían los peligros más graves.[61]

Por entonces resultaba todavía inconcebible la desaparición de las personas. Incluso, en marzo de 1974, cuando se presentó el primer recurso de amparo masivo por 131 detenidos, se empleó el término de "no ubicados". El amparo fue rechazado en los tribunales de Justicia y solo en ese instante, por primera vez, el tema del ignorado destino de muchos detenidos ocupó algún lugar en la prensa nacional y, sobre todo, en los medios de comunicación extranjeros.

En Londres 38, se inició la práctica sistemática del secuestro y de la tortura, seguidos de la desaparición y exterminio de prisioneros políticos. Los métodos empleados se diferenciaron claramente de los utilizados en los meses de septiembre y octubre de 1973, cuando se ejecutó sumariamente a las víctimas y se ocultaron sus cadáveres.

Lo ocurrido en Londres 38, como en los otros cuarteles secretos de la DINA, se mantuvo en penumbras por largos años. El esfuerzo de las agrupaciones defensoras de los derechos humanos, de abogados y periodistas, de algunos jueces y, principalmente, de los familiares de las víctimas, hizo posible avanzar paso a paso, aunque muy parcialmente, en el esclarecimiento de los hechos. Tuvieron que pasar más de tres décadas para que, desde mediados de la década de los años 2000, ciertos magistrados se encaminaran resueltamente no solo en busca de la verdad, sino que también en pos de justicia. En esa tarea, uno de los más destacados ha sido el juez Alejandro Solís, cuyas investigaciones y resoluciones han permitido progresos considerables.

A partir de testimonios, órdenes de investigar, dichos, versiones, declaraciones indagatorias, atestaciones, deposiciones y otras partes de los procesos judiciales sustanciados por jueces chilenos abocados a los casos de derechos humanos, se ha podido reconstruir una parte de lo vivido en los cuarteles de la DINA. Muchos de los declarantes en esos procesos fueron agentes de la DINA y en la enorme mayoría de los casos intentaron ocultar sus verdaderas responsabilidades en las detenciones y torturas. Algunos simplemente negaron todo; otros, se allanaron progresivamente

---

[61] Carmen Ortúzar y Marcela Otero; "La guerra oculta"; revista *Hoy*; Santiago de Chile; enero y febrero de 1986. Esta serie en fascículos, con ilustraciones de Hernán Vidal, es uno de los primeros y mejores trabajos de investigación periodística de largo aliento que abordó el tema de las violaciones a los derechos humanos en Chile.

a relatar algunos episodios reales. En la tarea de los jueces ha sido decisivo el aporte de no pocos ex uniformados, generalmente conscriptos, empleados o personal de las plantas básicas de las Fuerzas Armadas, que fueron enviados a la DINA, pero que se dieron maña para no participar en torturas o tratos degradantes. También destaca el pormenorizado trabajo de los magistrados para encontrar en las decenas de procesos sobre las violaciones a los derechos humanos las contradicciones y los desacuerdos de muchos involucrados, lo que finalmente permitió sus procesamientos y condenas.[62]

En octubre de 1973, el teniente de Carabineros Ernesto Torré Sáez, destinado a la DINA, recibió la orden de habilitar el derruido y abandonado caserón de Londres 38, para ser ocupado por algunas de las brigadas que organizaba el coronel Contreras. Torré cumplía hasta entonces labores de logística y tenía a su cargo un grupo que retiraba bienes que quedaban en las casas allanadas. Muebles, maquinarias, imprentas artesanales, talleres fotográficos, libros, prendas de vestir y todo lo que pudiera servir a los agentes fue apilado en bodegas.

La historiadora Magdalena Garcés Fuentes recogió dos casos que demuestran que la DINA ocupó la casa de Londres 38 desde el mismo momento en que el teniente Torré la dotó de la infraestructura básica.

Una mujer mayor vinculada a un alto oficial de la DINA denunció a cinco vecinos de la Torre 12 de la remodelación San Borja, ubicada frente a la sede del gobierno militar, que se resistieron a acatar instrucciones dadas por ella en el edificio. En la madrugada del día 16 de octubre llegaron al lugar efectivos de la Escuela de Suboficiales del Ejército y detuvieron a Carlos Rodolfo Adler Zulueta, 25 años, argentino con residencia en Chile desde marzo de 1973, y a su esposa Beatriz Elena Díaz Agüero, 26 años, argentina, en estado de embarazo; a Víctor Alejandro Garretón Romero, 50 años, importador, militante del derechista Partido Nacional; a Cristián Montecinos Slaughter, 27 años, casado, funcionario del Fondo Monetario Internacional; a Julio Andrés Saa Pizarro, 37 años, cirujano dentista; y, a Jorge Miguel Salas Paradiso, 25 años, estudiante de Pedagogía en Matemáticas de la Universidad de Chile, sede Valparaíso, quien estaba enfermo en cama.

---

[62]   Ver Proceso 2.182-98, resuelto por el ministro de fuero, juez Alejandro Solís, el 22 de junio de 2010.

Todos ellos fueron trasladados a la casa de Londres Nº 38 y luego a la Casa de la Cultura de Barrancas, recinto ubicado en la entonces comuna del mismo nombre, a cargo de efectivos del Ejército. Al día siguiente, el 17, sus cuerpos sin vida aparecieron en la carretera que une a Santiago con Valparaíso en el kilómetro 12, a la altura del túnel Lo Prado. Todos presentaban múltiples heridas de bala.

Inmediatamente después de los hechos, a petición del padre de una de las víctimas, Carlos Garretón, se inició un sumario interno en el Ejército, concluyendo que se había tratado de "un error militar", comunicándoselo así a los familiares y procediendo el Ejército a presentar "el pésame de la Junta de Gobierno por este gran error militar".

El caso llegó a la Comisión Interamericana de Derechos Humanos, ante la cual el gobierno de Chile informó que los seis detenidos, alrededor de las 05:00 horas del día 17 de octubre de 1973, "aprovechándose de las precarias condiciones del edificio, se fugaron por una ventana que carecía de protecciones, dirigiéndose a la carrera hacia una pandereta que cierra el recinto que da a unas poblaciones periféricas. Mientras huían, fueron sorprendidos por los centinelas del cuartel, quienes les intimaron la detención, dando las voces de alto de rigor y efectuando disparos al aire de prevención". El informe agregó que "pese a ello, los detenidos continuaron su fuga, ante lo cual los centinelas de guardia hicieron blanco en sus cuerpos provocándoles la muerte". Finalizó la respuesta oficial señalando que "posteriormente, los cadáveres de los seis detenidos fueron conducidos en una camioneta hasta las cercanías del túnel Lo Prado, donde existía el hospital de campaña del Ejército, donde fueron entregados y conducidos en una ambulancia del mismo hospital hasta el Instituto Médico Legal, donde se procedió a efectuar las autopsias de rigor".

Casi 30 años después, el ministro en visita de la Corte de Apelaciones de Santiago Carlos Gajardo Galdames, tras investigar minuciosamente aquel episodio, correspondiente a una delación interesada, ordenó el procesamiento en contra del coronel (R) Gerardo Urrich González, de Juan Fernández Berardi y René Cardemil Figueroa por el delito de secuestro con daño de muerte. En su investigación, la historiadora Garcés Fuentes menciona que la DINA ocupó por segunda vez la casa de Londres 38 entre los días 18 y 20 de noviembre de 1973, en la llamada "Operación Leopardo", cuando fueron detenidos en distintos puntos de Santiago varios miembros del comité local Galo González de las Juventudes Comunistas de la población La Legua.

El 18 de diciembre fue detenido Alejandro Patricio Gómez Vega, 22 años, en el centro de Santiago. Al día siguiente, cayó Luis Emilio Orellana Pérez, su hermano Sigfrido y la pareja del primero, Margarita del Carmen Durán Gajardo, los que fueron llevados a Londres 38 en una camioneta frigorífica de color blanco. El día 21, los agentes capturaron a Carlos Alberto Cuevas Moya y Pedro Rojas Castro, ambos de 21 años. A todos se les aplicó electricidad en diversas partes del cuerpo. Margarita Durán fue violada reiteradamente por tres sujetos, integrantes de un grupo que dirigía Marcelo Moren Brito.

La mujer y Sigfrido Orellana fueron abandonados en la periferia de la ciudad. Al día siguiente escucharon por radio que el novio de la muchacha y sus cuatro amigos habían sido abatidos a balazos al ser sorprendidos intentando volar una torre de alta tensión en el sector de Cerro Navia.

En agosto de 2006 el juez Joaquín Billard Acuña condenó a penas de diez años y un día al general (R) Manuel Contreras, al coronel (R) Marcelo Moren y al sargento (R) de Carabineros José Mario Friz Esparza, como autores de los homicidios de aquellos cinco hombres. Las autopsias que el magistrado tuvo a la vista señalaban que el cuerpo de Carlos Cuevas presentaba múltiples heridas de bala y no tenía uno de sus ojos; el cuerpo de Rojas Castro tenía las manos sin uñas, su brazo derecho quebrado y su cabeza aplastada; el cadáver de Alejandro Gómez Vega presentaba impactos de 14 balazos y el de Luis Orellana Pérez, 15.

Aquellos dos casos, que tuvieron como dos de los principales responsables a los oficiales Moren y Urrich, fueron una especie de ensayo general de lo que ocurriría en Londres 38 a partir de los primeros meses de 1974.[63]

4.2. Prioridad Uno: los GPM del MIR

Las brigadas de la DINA adscritas al cuartel de calle Londres empezaron a operar desde noviembre de 1973 deteniendo e interrogando a decenas de personas. La tarea principal era acumular información, en especial sobre el MIR. En el cuartel general de Belgrado 11, los analistas de la Subdirección de Inteligencia Interior reunían nombres, datos, recortes

---

63 Ver Magdalena Garcés Fuentes. *La Dirección de Inteligencia Nacional, DINA*; Programa Doctorado Historia y Presente de los DD.HH.; Universidad de Salamanca, España; octubre de 2008.

de prensa, procesos judiciales, fotografías, fichas del Registro Civil, antecedentes policiales, delaciones, soplos y cualquier indicio que les permitiera identificar y ubicar a los cuadros dirigentes de ese partido. Todos los días llegaban las fichas de los nuevos detenidos y las listas de militantes o conocidos de izquierda que se les exigían redactar a los confinados. Rápidamente surgieron los cuadros y organigramas de las diversas estructuras del movimiento que dirigía desde la clandestinidad Miguel Enríquez.

Los encargados de operaciones sicológicas de la DINA, por su parte, prepararon informes y documentos que enviaron a los medios de prensa para justificar las acciones represivas que se iniciaban. En febrero, por ejemplo, la revista *Ercilla* publicó partes de un escrito atribuido a José Riveros, un supuesto asesor cubano de seguridad del presidente Allende, uno de cuyos informes "fue encontrado en las dependencias privadas de Salvador Allende, en una caja de fondos en el Palacio de La Moneda".

Agregaba aquella nota de prensa:

Entre los personajes del depuesto régimen marxista, Riveros mencionó a Eduardo Paredes y Miguel Enríquez; señala, además, las relaciones del Gobierno con el MIR –a través de las llamadas "tropas de apoyo"– y con el Comité Central del PS, por intermedio de Paredes. Del informe del cubano Riveros se desprende también que ya en 1971 la UP había bosquejado la organización de un aparato paramilitar. Aparte de las tropas miristas se identifica a otros grupos: "escolta (GAP), operativo, guarnición y servicio".

Y concluía:

Las cuatro carillas del informe ratifican la influencia cubana en las tácticas extremistas de la UP. Con posterioridad a Riveros llegaron al país "Barbarroja" Piñeiro y otros elementos del régimen de Castro. En tres años lograron armar una maquinaria bélica que alcanzó su máxima organización en agosto de 1973. Todos los planes de combate, defensa y operaciones –asimilados al Plan Zeta– quedaron concluidos. Faltó –según la decisión y seguridad del informe– la oportunidad para ponerlo en ejecución. Una parte de ellos fueron detectados por los Servicios de Inteligencia Militar, originando el pronunciamiento del 11 de septiembre.[64]

En Londres 38, mientras, se afinaba la conformación de los grupos operativos. La dirección del cuartel la asumió el mayor de Ejército Marcelo

---

[64] Ver Ercilla: Documento. El informe de José Riveros; revista *Ercilla*; Santiago; 27 de febrero de 1974.

Moren Brito y bajo su mando se constituyeron diversas brigadas o grupos de tarea.

La brigada Halcón, al mando del capitán de Ejército Miguel Krassnoff Marchenko, la integraron Osvaldo Romo Mena, Basclay Zapata, Ítalo Pino Jaque, José Fuentes Torres, Osvaldo Pulgar, el "Negro Paz", el "Cara de Santo" Fuentes y el "Muñeca", entre otros.

La brigada Cóndor, dirigida por el capitán Ciro Torré, secundado por el teniente Miguel Hernández, quedó integrada solo por carabineros. Allí estaban Pedro Alfaro Fernández, Nelson Ortiz Vignolo, Armando Cofré Correa, José Muñoz Leal, José Hormazábal Rodríguez, Juan Guzmán Guzmán y Enrique Gutiérrez Rubilar.

La brigada Purén, fue encabezada por el capitán Gerardo Urrich González; la brigada Puma, por el capitán Manuel Carevic Cubillos; Águila, por el teniente Ricardo Lawrence; y Tucán, por el teniente Gerardo Godoy García. Algunos investigadores mencionan, además, a una brigada especializada en el exterminio de prisioneros.

Samuel Fuenzalida –un agente de la DINA que años más tarde se decidió a colaborar con la justicia– fue destinado al grupo Caupolicán con la "chapa" de "Marco Antonio" para efectuar labores de "escucha" y operativos de detención a bordo de camionetas. Él salía con Riesco, Óscar de la Flor y un tal Juan. Se actuaba de noche y se dirigían al domicilio del requerido, previa orden dada por Miguel Krassnoff, quien también iba en las excursiones acompañado de un grupo selecto integrado por Basclay Zapata, José Concha, Tulio Pereira, Antolini, Luis Torres, Raúl Toro, Clavería y otros.

A las brigadas de la DINA se sumaron poco después varios detectives encargados de los interrogatorios rutinarios, entre ellos Risière Altez España, Manuel Rivas Díaz, Hugo Hernández y Manuel Chirinos Ramírez. En muchos casos, sin embargo, fueron los oficiales militares y los agentes operativos los que emplearon las torturas más crueles con los detenidos que consideraban relevantes.

Diversas estimaciones efectuadas en los últimos 35 años por las más variadas entidades permiten suponer que en Londres 38 operaron a lo menos ocho brigadas, cada una integrada por entre siete y 15 agentes, además de unos 50 guardias y personal de planta en el recinto. Estas estructuras variaban constantemente en función de los requerimientos de las labores represivas.

La ofensiva principal en contra del MIR se inició el 20 de mayo de 1974 con la detención de Álvaro Modesto Vallejos Villagrán ("El Loro Matías"), 25 años, casado, estudiante de Medicina, encargado de organización del Regional Santiago. El día 23 fue detenido Jorge Grez Aburto ("Conejo"), 29 años, soltero, una hija, artesano en cuero y estudiante de Medicina en la Universidad de Concepción. El 25 fue arrestado Agustín Reyes González ("El Gato" o "Aníbal"), 23 años, casado, un hijo, artesano, estudiante de Filosofía de la Universidad de Chile, jefe del Grupo Político Militar GPM3, una de las estructuras intermedias del MIR, que comprendía Ñuñoa, La Reina, Lo Hermida, Peñalolén, Macul, La Florida y otros sectores poblacionales de la zona sur oriente de la capital. En tres ocasiones los agentes de la DINA llevaron a Reyes González a su domicilio, donde pudo ser visto por sus familiares. Su esposa y su cuñado habían sido detenidos casi un mes antes.

En los primeros meses, los agentes de la DINA apresaron no solo a los buscados, sino también a sus familiares y amigos más cercanos. Esposas, hijos, padres, hermanos, incluso vecinos, fueron salvajemente torturados para obligar a los miristas a entregar a sus compañeros, dar direcciones, puntos de contacto y nexos con otras estructuras.

La captura del "Gato" Reyes fue devastadora por la importancia que tenía en el movimiento. Raúl Romo* conocía a muchos de los integrantes del GPM3. Los había frecuentado en los campamentos, en los jardines del Instituto Pedagógico y en los lugares habituales de reunión de los miristas.

El 26 de junio cayó en manos de la DINA otro de los hombres claves del GPM3, Eduardo Ziede Gómez ("El flaco Santiago"), quien, además, era un nexo con algunas instancias superiores del partido. Dos semanas después, el 10 de julio, fueron detenidos en Ñuñoa Bárbara Uribe Tamblay y su esposo, Edwin Van Yurick Altamirano. El día 13 capturaron, también en Ñuñoa, a Jaime Buzio Lorca, todos integrantes del GPM3 y hasta hoy desaparecidos.

A partir de los primeros días de junio de 1974, los grupos operativos de la DINA contaron con una nueva y valiosa ayuda. En Curicó, a comienzos de mayo, había sido detenida Marcia Alejandra Merino Vega, la "Flaca Alejandra", mirista que tenía un vasto conocimiento de las estructuras del partido y que en los primeros meses de 1974 estuvo encargada de reorganizar al MIR en Talca, Curicó y San Fernando. La mujer se quebró en las torturas y decidió colaborar para evitarlas. Primero redactó informes y luego acompañó a Raúl Romo y a los agentes de la brigada Halcón en

---

*   Se trata del mismo agente Osvaldo Enrique Romo Mena más conocido como "guatón" Romo (N.E.).

largos recorridos por las calles de Santiago, a bordo de las camionetas de la DINA, identificando a sus compañeros de militancia y llevando a los equipos represores hasta las casas o departamentos que habitaban. En las semanas y meses siguientes, Marcia Merino y Raúl Romo cumplieron un papel protagónico en la captura de decenas de los principales cuadros dirigentes del MIR.

A la casi aniquilación del GPM, le siguió la cacería de los miembros del GPM1, estructura que comprendía las barriadas obreras de San Miguel, La Granja, San Bernardo, Puente Alto y el cordón industrial de Vicuña Mackenna. Los primeros en ser identificados y detenidos, el 14 de julio, fueron Abundio Contreras González ("Pablo"), funcionario de la Corporación de Reforma Agraria (CORA), Francisco Fuentealba Fuentealba y Artemio Gutiérrez Ávila. El día 15, en la Villa Francia, en lo que hoy es la comuna de Estación Central, fue detenido José Villagrán Astudillo ("Pancho" o "Nelson"), integrante de la subjefatura de pobladores del MIR y enlace con la dirección del partido. Le siguieron sus compañeros en labores clandestinas, Juan Chacón Olivares, capturado el 17 de julio, y Juan Ibarra Toledo, el día 25.

Simultáneamente, los escuadrones de la DINA cayeron sobre los miembros del GPM4, la orgánica que cubría la amplia zona obrera de Maipú, Cerrillos y Lo Valledor, donde habían funcionado dos de los más importantes y combativos "cordones industriales" durante la Unidad Popular. El 15 de julio fue detenido el estudiante de Derecho Germán Moreno Fuenzalida; el 16, el periodista Máximo Gedda Ortiz ("David"), segundo hombre del aparato de informaciones, el GPM10, que también integraba el periodista José Carrasco; el 17, en la esquina de las calles Lyon y Providencia, detuvieron a María Inés Alvarado Borge, la compañera del muy buscado estudiante de Economía Martín Elgueta Pinto ("Renato"), jefe del GPM4, quien antes del golpe militar había trabajado con Edgardo Enríquez, hermano de Miguel, en la comisión política y que luego del golpe militar se encargó del territorial Santiago Poniente y de coordinar a todos los GPM como miembro volante del comité central del MIR.

Aquel mismo día fue arrestado el empleado público Marcos Quiñones Lembach y el propio Martín Elgueta. El día 19, cayó el obrero metalúrgico Pedro Poblete Córdova ("Tito"), miembro de la subjefatura del GPM4, integrante del comité central del MIR y encargado de agitación y propaganda. El 20, atraparon a Leopoldo Muñoz Andrade ("El Chico Lucho"), otro de los principales dirigentes de aquella estructura, y al estudiante de Ingeniería

Luis Guajardo Zamorano ("El Pato Romo"), jefe del GPM9, la zonal mirista correspondiente a Barrancas, Quinta Normal y Pudahuel, en el sector poniente de Santiago, que funcionaba estrechamente ligada al GPM8.

Pocas horas después cayó Sergio Tormen Méndez, uno de los mejores ciclistas de competencia que tenía el país. El día 25 fue arrestado Ramón Núñez Espinoza; el 27 cogieron a José Ramírez Rosales, ("El Pelado Moisés") y a Jorge Olivares Graindorge; el 28, a Luis Valenzuela Figueroa; y, el 30, a Antonio Machuca Muñoz. Todos del GPM9.

La "Flaca Alejandra", cada vez más exigida por los oficiales de la DINA, entregó el 30 de julio a Alfonso Chanfreau Oyarce ("Emilio"), un dirigente al que conocía bien, del cual incluso había sido su pareja por algún tiempo y que ahora era miembro del comité central del partido y coordinaba el territorial del sector Santiago Oriente, que comprendía las comunas de Las Condes, La Reina, Ñuñoa, Providencia y Santiago. Chanfreau estaba a cargo también del GPM5, el aparato estudiantil del MIR, y era, además, muy cercano a Dagoberto Pérez y a Germán Cortés, dos de los miembros más buscados de la dirección.

Al finalizar el mes de julio de 1974, muchas personas ya sabían de la existencia del cuartel secreto de calle Londres, donde ocasionalmente llegaban algunos familiares de los detenidos golpeando los portones para conseguir una respuesta sobre la suerte de los secuestrados.

Poco antes de que los mandos de la DINA decidieran dejar ese recinto secreto de detención y trasladar a las brigadas a otras dependencias, las unidades a cargo de la guerra contra el MIR recibieron la orden de redoblar sus esfuerzos para capturar a Miguel Enríquez. Apremiada una vez más, la "Flaca Alejandra" entregó nuevos antecedentes para ubicar y detener a dos muchachas que formaban parte de la estructura de apoyo del líder clandestino de la resistencia.

El 6 de agosto un grupo de agentes que se movilizaba en una camioneta Chevrolet amarilla, guiados por Marcia Merino, detuvo en su domicilio de calle Bilbao 5900, en uno de los sectores más acomodados de la capital, a María Angélica Andreoli Bravo, 27 años, soltera, empleada de la empresa Sigdo Koppers y estudiante de Nutrición y Dietética de la Universidad de Chile, quien cumplía, además, el importante papel de secretaria de la comisión política del MIR. El mismo día, en la comuna de Maipú, fue arrestada Muriel Dockendorff Navarrete, 22 años, casada, ex estudiante de Economía en la Universidad de Concepción, donde llegó a ser dirigenta estudiantil. La joven ya había estado detenida por agentes del Servicio de Inteligencia de la FACh, SIFA, en la Academia de Guerra Aérea, AGA, entre el 6 y el 16 de julio junto a su esposo.

A esa altura del año, la DINA contaba también con otra eficaz colaboradora para identificar a los militantes de izquierda. Se trataba de Luz Arce Sandoval, socialista, ex integrante del Dispositivo de Seguridad Presidencial de Salvador Allende, al que todos conocían como el GAP (Grupo de Amigos Personales) del fallecido mandatario.

La mujer también ubicaba a varios dirigentes e integrantes del aparato militar del PS, los que, a su vez, se relacionaban con las cúpulas miristas. Luz Arce había sido detenida el 17 de marzo de 1974 y tras pasar por el cuartel de Londres, Tejas Verdes y el Hospital Militar, donde estuvo recuperándose de un balazo en un pie, se convenció de que la iban a matar y decidió colaborar con la DINA. La instalaron inicialmente en el cuartel Ollagüe, en la calle José Domingo Cañas, en Ñuñoa, desde donde apoyaba las faenas de búsqueda y detención.

Así, varios socialistas fueron detenidos y llevados a la casona de Londres 38. El 27 de julio cayó Joel Huaiquiñir Benavides, 28 años, casado, empleado del mineral de cobre El Salvador, que había llegado a ser secretario regional y miembro del comité central del PS; el 1 de agosto fue prendido Sergio Montecinos Alfaro, 28 años, sastre, ex interventor de una empresa del área social en el gobierno de la Unidad Popular; el 15 de agosto le tocó a Rodolfo Espejo Gómez, 18 años, y a Gregorio Gaete Farías, 24 años; el 16 fue apresado Óscar Castro Videla, 40 años, casado, fotógrafo. Todos eran socialistas y permanecen desaparecidos hasta hoy.

Por esas mismas semanas, en Londres 38 también operó una brigada encargada de la represión al Partido Comunista, dirigida por Germán Barriga Muñoz e integrada, entre otros, por los agentes Emilio Troncoso Vivallos, Heriberto del Carmen Acevedo y Julio Leyton Robles.

Ese grupo de tarea detuvo el 21 de agosto en su lugar de trabajo en la Vega Central a Víctor Arévalo Muñoz, 26 años, casado, vendedor de frutos del país; el 22 capturó en su domicilio a Alberto Arias Vega, 19 años, casado, mecánico en radiadores; el día 24 a Juan Maturana Pérez, 33 años, casado, comerciante, a quien se llevaron junto a algunos miembros de su familia; y a Washington Maturana Pérez, 29 años, soltero, comerciante. Todos eran comunistas y también permanecen hasta ahora desaparecidos.

4.3. Ollagüe, el cuartel de José Domingo Cañas 1367

A unas ocho cuadras del Estadio Nacional y a unos 300 metros hacia el sur de la avenida Irarrázaval, en la comuna de Ñuñoa, se ubicó el cuartel Ollagüe de la DINA, en calle José Domingo Cañas N° 1367. La casa era propiedad del sociólogo brasileño Teotonio Dos Santos, quien la facilitó a la embajada de Panamá entre octubre de 1973 y enero de 1974 para albergar allí a unos 400 asilados. Los últimos refugiados en esa sede diplomática abandonaron el país a fines de enero y entonces la DINA puso sus ojos en ella, probablemente teniendo presente que en ese sector de Santiago, o muy cerca de allí, tenían sus domicilios, sus trabajos o estudios, muchos de los militantes del MIR, los que eran el principal objetivo de las brigadas operativas que dirigía Manuel Contreras.

Los agentes de la DINA se instalaron en Ollagüe a comienzos de agosto de 1974, tras abandonar el cuartel de Londres 38, donde ya se habían fijado demasiadas miradas y empezaban a acudir a sus puertas los familiares de los detenidos y desaparecidos.

Casi todos los hombres y mujeres que estuvieron secuestrados y fueron torturados en Ollagüe pertenecían al MIR y sus detenciones coincidieron con la obsesiva persecución al secretario general de ese partido, el médico Miguel Enríquez, y a sus principales dirigentes. Desde esa casa se perdieron para siempre cerca de 45 personas, en su mayoría jóvenes estudiantes o profesionales que recién iniciaban su vida laboral. Entre ellos había cuatro matrimonios[65] y dos de aquellas esposas estaban embarazadas. Varios otros fueron sacados del lugar y conducidos a diferentes recintos desde los cuales también desaparecieron.

Ollagüe era una casa de un piso, con jardín en la entrada y rodeada de una reja. En el costado derecho había un garaje donde se recibía a los detenidos. En el interior tenía un patio mediante el cual se comunicaba con un edificio contiguo de tres pisos. Durante su permanencia en el lugar, los detenidos estaban con sus ojos siempre vendados y amarrados o encadenados, privados de alimentos, de agua y de sueño. Se les mantenía en una pieza común, relativamente amplia, y en un lugar llamado "el hoyo", que al parecer se trataba de una despensa, sin ventanas ni ventilación, de aproximadamente uno por dos metros, donde se llegó a tener simultáneamente

---

[65] Los matrimonios estaban integrados por Lumi Videla Moya y Sergio Pérez Molina; Cecilia Bojanic Abad y Flavio Oyarzún Soto; Jacqueline Drouilly Yuric y Marcelo Salinas Eytel; y, Cecilia Castro Salvadores y Juan Carlos Rodríguez Araya.

hasta más de diez personas en condiciones de extremo hacinamiento. El tiempo de permanencia en Ollagüe era variable, de días, semanas o meses. Entre las torturas que han mencionado los detenidos que estuvieron allí, se enumeran golpes de puños y pies en todo el cuerpo, garrotazos con laques o "tontos de goma" y culatazos, descargas eléctricas en la "parrilla", vejaciones sexuales, simulacros de fusilamientos, submarinos "húmedo" y "seco", quemaduras, introducción de objetos por el ano, colgamientos y torturas psicológicas.[66]

El cuartel Ollagüe fue habilitado casi en forma conjunta con la Villa Grimaldi, pero en el primero se concentró inicialmente el trabajo de interrogatorios y tortura. Su primer jefe fue el capitán de Carabineros Ciro Torré, quien fue sustituido en octubre por el capitán de Ejército Francisco Ferrer Lima. Casi diariamente llegaba desde Villa Grimaldi el mayor Marcelo Moren para dirigir y planificar el trabajo. Los grupos operativos siguieron funcionando como lo habían hecho en la casona de Londres: Halcón, dirigido por Miguel Krassnoff; Águila, por Ricardo Lawrence; y Tucán, por Gerardo Godoy. Desde Grimaldi, acudía Fernando Lauriani, quien se hizo cargo del grupo Vampiro.

Uno de los primeros detenidos desaparecidos que llegó a la casa de José Domingo Cañas, capturado el 5 de agosto, fue Mauricio Jorquera Encina ("El chico Pedro"), 19 años, estudiante de Sociología en la Universidad de Chile, a quien identificó Marcia Merino. Era miembro del GPM5 y había sido jefe de los secundarios del MIR. Ex alumno del Instituto Nacional, tenía otras apreciadas características para los hombres de la DINA: era amigo de muchos importantes miristas, como José Carrasco, Máximo Gedda,

---

[66] En junio de 2002, la jueza del Cuarto Juzgado del Crimen de San Miguel, María Teresa Díaz, procesó al brigadier (r) y ex agente de la DINA Maximiliano Ferrer Lima como presunto autor del secuestro de la pareja integrada por Cecilia Bojanic Abad y Flavio Oyarzún Soto. En julio de 2002, el ministro Juan Guzmán dictó auto de procesamiento contra siete miembros de la DINA por la desaparición de Jacqueline Drouilly y otros 22 miembros de la resistencia, detenidos entre 1974 y 1975. El 23 de julio de 2007, el juez Alejandro Solís Muñoz dictó sentencias en la causa Rol 2182-98, conocida como "Villa Grimaldi", episodio Lumi Videla Moya y otro. El ministro condenó a Manuel Contreras Sepúlveda a diez años y un día de presidio por el secuestro de Sergio Pérez Molina, perpetrado el 22 de septiembre de 1974; a Miguel Krassnoff Marchenko a cinco años y un día, al igual que a Ciro Torré Sáez. Contreras, además, fue condenado a 15 años y un día por el homicidio de Lumi Videla Moya, esposa de Pérez Molina, perpetrado el 3 de noviembre de 1974. Krassnoff recibió una condena de 10 años y un día por el mismo delito, al igual que Francisco Maximiliano Ferrer Lima, Cristoph Willike Floel y Marcelo Moren Brito. Basclay Zapata Reyes fue condenado a cinco años y un día, en tanto que Torré Sáez fue absuelto de la acusación en su contra por el crimen de la joven mirista.

Martín Elgueta, Juan Chacón, María Isabel Joui y Jacqueline Drouilly, entre otros; y, en su casa paterna, en calle Ejército, solía reunirse desde hacía tiempo la comisión política del MIR

El 13 de agosto cayó Newton Morales Saavedra, soltero, ingeniero eléctrico, suboficial (R) de la Armada, miembro también del GPM5. El día 16 detuvieron en la calle, sin testigos, a Carlos Salcedo Morales, 21 años, casado, estudiante de Sociología en la Universidad de Chile.

La colaboradora Luz Arce, por su parte, siguió identificando y entregando a miembros del PS. El 15 de agosto cogieron a Rodolfo Espejo Gómez ("Jano"), 18 años, estudiante secundario, encargado de propaganda de la Juventud Socialista. El 16 agarraron en pleno centro, cuando cruzaba la avenida Bernardo O'Higgins hacia calle Ahumada, a Juan Mura Morales.

Otra de las brigadas se dedicó a la cacería de miristas vinculados al mundo del trabajo. El 22 de agosto cayó Modesto Espinoza Pozo, casado, dirigente sindical de la Corporación de la Vivienda, Corvi, e integrante del Frente de Pobladores del MIR; el 27, Marcia Merino identificó en la calle a Jacqueline Binfa Contreras ("Paulina"), 28 años, estudiante de Servicio Social, integrante también del Frente de Pobladores, donde había trabajado muy cerca de su máximo dirigente, Víctor Toro, hasta la detención de éste por la SIFA en abril, momento en que la joven se sumergió y desconectó del partido.

Krassnoff Marchenko y los agentes de la brigada Halcón, en tanto, trataban de arrinconar a las estructuras dirigentes del MIR por diversos flancos. El 26 de agosto detuvieron a Francisco Javier Bravo Núñez, casado, mecánico de la FIAT, quien conseguía y arreglaba vehículos para algunos cabecillas del MIR; el 2 de septiembre apresaron a Luis Alberto Guendelman Wisniak, 25 años, casado, egresado de Arquitectura de la Universidad de Chile.

Desde comienzos de septiembre, los agentes de la DINA empezaron a acorralar a una red de la resistencia que había montado una agencia de noticias clandestina que enviaba periódicos informes al exterior. El día 14 arrestaron a uno de sus miembros, Sergio Hernán Lagos Hidalgo, casado, vendedor de la Editorial Millaray, militante del Movimiento de Acción Popular Unitario, MAPU, ex redactor de *Chile Nuevo*, una revista que durante la UP dirigió el dirigente de ese partido, Óscar Guillermo Garretón, desde la Subsecretaría de Economía. La DINA llevó a Lagos a su casa en San Miguel para allanarla y allí sorprendió fortuitamente a Víctor Alfonso

Martínez, 23 años, ingeniero de ejecución mecánica de la Universidad de Concepción, integrante del equipo de seguridad de Miguel Enríquez.

Ese mismo día capturaron a otros dos componentes de aquella estructura: José Hipólito Jara Castro ("Jaime Castro"), 29 años, soltero, egresado de Química y Farmacia de la Universidad de Concepción; y Luis Durán. El primero de ellos trabajaba con una contadora a quien le había pedido que alojara en su departamento de calle Tenderini a un joven que muy secretamente era el encargado de la seguridad y protección del secretario general del MIR.

La mujer fue detenida el día 16 y en su departamento la DINA montó una nueva ratonera, atrapando horas más tarde, el día 17, a Mamerto Eulogio Espinoza Henríquez, estudiante de Dibujo Técnico en la Universidad de Chile de Temuco, natural de Concepción, a cargo de la custodia de Miguel Enríquez.

A mediados de 1974, las jefaturas de la DINA percibieron que los miristas que capturaban poseían identidades falsas de impecable factura. A través de sus agentes en el Registro Civil y en la Policía de Investigaciones iniciaron entonces una cuidadosa búsqueda de datos y pistas que les permitiera ubicar a los responsables de las adulteraciones. A fines de agosto la cacería dio resultados gracias a algunas delaciones.

El 22 de agosto fue apresado Antonio Teobaldo Tello Garrido ("Luis"), 25 años, ex detective, jefe de la red que fabricaba documentos para todos los miembros del partido y que, además, se encargaba de microfilmar diversos escritos destinados al exterior o a las comunicaciones internas. Tello había pertenecido durante la UP al núcleo del MIR en la policía civil, supervisado por Edgardo Enríquez, y cuyo jefe operativo era Claudio Rodríguez Muñoz ("Lautaro"), quien caería abatido en un enfrentamiento con agentes de la DINA en los días siguientes.

Antonio Tello fue golpeado hasta desfigurarlo y ante su pertinaz silencio decidieron pasarle una camioneta por las piernas. Testigos han relatado que aquel ex detective no podía tenerse en pie y, sin embargo, lo seguían torturando.

Pocos días más tarde, el 5 de septiembre fue capturada Sonia Bustos Reyes, 30 años, soltera, ex cajera del casino del Servicio de Investigaciones, militante del Partido Demócrata Cristiano, PDC, y del MIR. Hasta su domicilio en la calle Catedral, en el barrio Brasil, llegó Raúl Romo y otros agentes a bordo de una camioneta blanca, llevándosela al cuartel de Londres 38 y transformándose en la última detenida desaparecida desde aquel recinto. Escasas horas más tarde, cayó Mónica Llanca Iturra, 23 años, casada, un hijo, empleada del Gabinete de Identificación, proveedora de los elementos para falsificar identidades, la que fue conducida a José Domingo Cañas.

A continuación, siguiendo una cadena, el 10 de septiembre apresaron en su oficina a Carlos Pérez Vargas, casado, publicista. Sería el primero de cinco hermanos en sufrir la represión; los otros cuatro también desaparecieron o murieron asesinados. El día 14, cogieron a Bernardo de Castro López, dibujante técnico, casado, tres hijos, militante del PS. Lo detuvieron agentes de la DINA que llegaron preguntando por "el señor que pinta". Se lo llevaron junto a unas matrices de panfletos que Bernardo había confeccionado con el rostro del presidente Allende. Cuarenta y ocho horas después prendieron a Vicente Segundo Palomino Benítez, ex profesor de Química en el Instituto Pedagógico de la Universidad de Chile, fotógrafo. Los agentes lo condujeron hasta su taller fotográfico en la calle Santa Genoveva.

Los mandos de la DINA comprobaron también por aquellos días que muchos dirigentes de las estructuras provinciales del MIR se trasladaban a Santiago intentando burlar los cercos que tendía la represión en sus respectivas ciudades. Instruyeron entonces a dos de sus brigadas para extirpar lo que los militantes de izquierda habían bautizado como las "colonias" en la capital. Los procedimientos de la DINA no siempre obedecían a una estricta lógica operativa, muchas veces bastaba una breve mención de un nombre en una sesión de tortura para que el aludido, su familia y sus amigos más cercanos fueran también detenidos.

El 6 de septiembre fue arrestado Roberto Salomón Chaer Vásquez ("Francisco"), soltero, dos hijos, ex estudiante de Sociología de la Universidad de Concepción. Se desempeñaba como encargado de compras de la empresa constructora TECSA en Puente Alto. En sus años de estudiante, Chaer había trabajado políticamente en el sector costero de Concepción. Estando preso, con sus amigos Carlos Rioseco ("Marcelo"), Héctor González ("Genaro") y Carlos Fernández ("Flaco Raúl"), formaron un colectivo denominado festivamente como "Los Tres Chanchitos".

El 7 de septiembre cayó Néstor Alfonso Gallardo Agüero, 24 años, contador, dirigente regional del MIR de Temuco; el 10, fue capturado Carlos Eladio Fernández Zapata ("Raúl"), casado, dos hijos, uno de los ex encargados de organización del MIR en la Universidad de Concepción; y el 16, fue capturado Héctor Cayetano Zúñiga Tapia, casado, ex alumno de

Química y Farmacia en la Universidad de Concepción. Los agentes de la DINA lo llevaron hasta la casa que compartía con su hermano, a quien, para intimidarlo, se lo mostraron amarrado y botado boca abajo en el piso de la parte trasera de la camioneta, muy golpeado y sangrando profusamente.

Por esos días se apersonó en Ollagüe el coronel Manuel Contreras. María Alicia Uribe Gómez, alias "Carola", otra mirista que terminó colaborando con la DINA, declaró años después ante la justicia que "estando en José Domingo Cañas con los ojos vendados, conversó conmigo un señor de trato duro pero no grosero, quien me preguntó las motivaciones por las que yo era mirista. Después de esta conversación con este señor el trato cambió, ya no fui más torturada y se me dio atención médica. Con el tiempo supe que esta persona era Manuel Contreras Sepúlveda, con quien continué teniendo contacto y en una ocasión me dijo que me había liberado del trato que se les daba a los otros detenidos porque yo no era su enemiga sino una 'pobre niña' que quería cambiar el mundo".

4.4. La muerte de Miguel

A pesar de los extremos resguardos que tomaban los militantes, el cerco contra el MIR se acrecentó. Entre el 6 de agosto y el 20 de septiembre, 40 miristas cayeron en manos de los organismos de seguridad de las Fuerzas Armadas, de los cuales 36 fueron muertos o se encuentran desaparecidos. Carmen Castillo, la última compañera de Miguel Enríquez, en su libro *Un día de octubre en Santiago*, editado por primera vez en octubre de 1979 en Francia, afirma que de los 21 miristas y amigos de la misma red, detenidos entre el 21 de septiembre y el 5 de octubre de 1974, solo había tres en libertad. Otros tantos, integrantes de otras redes, permanecían por esos días secuestrados en los cuarteles secretos de la dictadura militar.

El 17 de septiembre cayó Héctor Patricio Vergara Doxrud, casado, tres hijos, ingeniero civil, militante del Mapu, ex funcionario durante la UP de la Corporación de Fomento de la Producción, Corfo, e interventor de la industria de muebles Marttonfy y Galaz. Lo sorprendieron en su oficina, ubicada en calle San Antonio, en pleno centro de Santiago.

Horas después capturaron a Manuel Jesús Villalobos Díaz ("Jaime" o "Catú"), 22 años, casado, estudiante de Sociología y miembro de la dirección del MIR en Concepción. Osvaldo Romo comandaba el grupo que lo secuestró en su departamento de Morandé 882 y le propinó una feroz golpiza ante la presencia de su esposa, su hijo, su hermana y su cuñado.

Casi un mes después, su padre lo vio por Gran Avenida al interior de una camioneta, en medio de dos individuos. Nada pudo hacer.

Tres días más tarde, el viernes 20, ubicaron a Luis Fernando Fuentes Riquelme ("Tacho"), soltero, estudiante de Biología en la Universidad de Chile, miembro del GPM3. Cuatro agentes lo sorprendieron en la esquina de Bilbao con Amapolas, donde debía encontrarse con otro mirista que lo esperaba muy cerca de allí. Trató de huir, pero los hombres de la DINA le lanzaron un vehículo encima; cayó, se reincorporó y trató de escapar, pero fue alcanzado por un disparo.

El sábado 21 de septiembre empezaron a enlazarse una serie de detenciones y circunstancias que le permitieron a la DINA ubicar y eliminar a la presa mayor, al líder indiscutido del MIR, el médico Miguel Enríquez.

En la mañana de aquel día, en una aparente faena de "poroteo",* la "Flaca Alejandra" señaló a Lumi Videla Moya ("Luisa"), cuando ésta se dirigía a un contacto con "Octavio", el segundo responsable de organización del MIR. Romo y sus hombres cayeron sobre ella de inmediato. Era la mujer de Sergio Pérez Molina ("El Chico Pérez"), el jefe de organización, miembro de la comisión política y amigo muy cercano de Enríquez.

Los jefes de Ollagüe ordenaron "apretarla" en la tortura. Conocían su importancia, sabían que a través de ella podían capturar a la cúpula mirista. Ella, por su parte, se propuso resistir el tormento lo suficiente como para que Sergio Pérez supiera que había caído en manos de la DINA. Habían acordado que si cualquiera de ambos no llegaba a la casa antes de las 22 horas, significaba que estaban detenidos. Tuvo que soportar las descargas eléctricas y los golpes durante toda aquella jornada.

Pasadas las 22 horas, Pérez cargó documentos y armas en varios bolsos y salió de su vivienda junto a Humberto Sotomayor Salas ("Tonio"), otro de los máximos dirigentes miristas, que lo pasó a buscar apuradamente. Miguel Enríquez y su entorno más cercano supieron que la DINA se les acercaba peligrosamente.

Apenas se levantó el toque de queda en la mañana siguiente, Sergio Pérez le pidió a Sotomayor que lo llevara a su casa. Tenía la esperanza de encontrar a Lumi, confiaba en que su retraso solo hubiera sido un percance imprevisto. Al llegar, bajó del Fiat 125 blanco con dos granadas en los bolsillos y un revólver en la mano. Traspuso el antejardín, introdujo la

*   Se trata de un reconocimiento de personas en la vía pública por parte de detenidos colaboradores de los servicios de inteligencia (N.E.).

llave y entró a la casa. Sotomayor, quien esperaba con el motor en marcha y un fusil AKA a su lado, escuchó un balazo y un grito. Apretó el acelerador y salió de allí a toda velocidad. Los agentes de la DINA estaban adentro, habían montado una ratonera.

Casi dos horas después, "Tonio" llegó al refugio de Miguel Enríquez, en calle Santa Fe, en el barrio de la Gran Avenida, sector sur de Santiago, donde vivían con Carmen Castillo Echeverría ("Catita"), la compañera del jefe del MIR. Miguel le reprochó duramente el que no hubiera intentado rescatar al "Chico" y su retraso en llevar la mala noticia. Ambos salieron raudos a reunirse con los enlaces de la pareja detenida. Era fundamental recuperar los contactos con los regionales y los comités de resistencia que conocían "El Chico" y "Luisa". Toda la estructura nacional estaba en riesgo inminente.

Pasado el mediodía, Enríquez se reunió con Rosalía Martínez Cereceda ("Amelia") y su esposo, Julio Laks Feller ("Jaime"), quienes trabajaban con los dos apresados. La mujer poseía la información necesaria para entrar en contacto con las dirigencias de provincias. Tras un breve diálogo, acordaron volver a juntarse al día siguiente.

"Amelia" y "Jaime" vivían en una casa en calle Vasco de Gama junto a María Cristina López Stewart ("Carolina"), encargada del análisis de la información que recogían las redes miristas desde el interior de las fuerzas armadas y de los partidos de derecha. "Carolina", 21 años, estudiante de Historia en el Instituto Pedagógico, dirigía también parte del trabajo de inteligencia y telecomunicaciones, bajo el mando de Alejandro de la Barra ("Nano").

En Ollagüe, mientras, los agentes de la DINA revisaban los papeles requisados en la casa de Lumi Videla y proseguían con los crueles interrogatorios. Ya de noche, obtuvieron una pista decisiva. Cerca de las dos de la madrugada del 23 de septiembre dos brigadas al mando del teniente de Carabineros Gerardo Godoy García, alias "Cachete", irrumpieron en la casa de Vasco de Gama e intentaron armar una nueva ratonera para atraer a Humberto Sotomayor, "Tonio".

"Amelia" no acudió a la cita programada ni tampoco al lugar de reemplazo previsto para las horas siguientes. "Tonio" llamó por teléfono y sospechó lo ocurrido. Miguel Enríquez se comunicó más tarde. Una de las mujeres, pese a estar amenazadas por los agentes de la DINA que estaban a su lado, reconoció la detención.

El 25 de septiembre fue capturado Mario Eduardo Calderón Tapia ("El Negro"), 31 años, periodista, ex presidente de la Federación de Estudiantes de la Universidad de Chile en Valparaíso. Fue detenido en la esquina de las calles Bandera y Catedral, al lado del Congreso Nacional y de la catedral de Santiago. Trabajaba directamente con Lumi Videla y cumplía un papel relevante en el tramado sindical del MIR.

Ese mismo día cayó Ariel Martín Salinas Argomedo, casado, una hija, estudiante de Sociología en la Universidad de Concepción, donde era presidente del centro de alumnos y profesor auxiliar. Lo llevaron a su casa para exigir dinero y se lo mostraron a su hermano y su esposa. Tenía la cara hinchada y deformada. Pocos días antes lo habían designado miembro de la comisión política del MIR.

El 29 apresaron a Aldo Pérez Vargas, técnico electrónico, hermano de Dagoberto, el jefe del aparato militar, uno de los hombres más buscados por la DINA; a Carlos Alberto Aracena Toro, egresado de Construcción Civil de la Universidad del Norte, donde había sido dirigente estudiantil; y, a Carlos Alfredo Gajardo Wolf ("El Pelado"), arquitecto, casado, una hija, profesor de la Escuela de Arquitectura de la Universidad de Chile en la sede de Valparaíso.

El 1 de octubre apresaron a Antonio Llidó Mengual, catalán, sacerdote católico, miembro del grupo Cristianos por el Socialismo. Testigos lo vieron en Ollagüe muy golpeado y con frecuentes hemorragias estomacales. Al día siguiente arrestaron a Flavio Oyarzún Soto, 27 años, y a su esposa, Cecilia Miguelina Bojanic Abad, 23 años, embarazada de cuatro meses y medio. Junto a ella se llevaron también al hijo de la pareja, de un año y medio.

El jueves 3 de octubre Carmen Castillo debía contactarse en un supermercado de la cadena Unicoop con Cecilia Jarpa ("Sonia"), enlace de Miguel Enríquez. Esperó 45 minutos pero "Sonia" no llegó al encuentro. La joven había sido detenida mientras cobraba su sueldo en la empresa donde trabajaba. La DINA obtuvo aquel dato de uno de los detenidos en la casa de José Domingo cañas, sometido a feroces torturas.

Esa tarde, los agentes al mando del teniente de Ejército Fernando Laureani Maturana arrestaron en su casa a Jorge Elías Andrónico Antequera y a Luis Francisco González Manríquez. En la vivienda instalaron una ratonera y pocas horas después cayó en ella Juan Carlos Andrónico

Antequera. Los tres miristas formaban parte de un grupo de técnicos electrónicos que estaban montando una radio clandestina de la resistencia y trabajaban ligados a Humberto Sotomayor.

En la mañana del día siguiente había una nueva oportunidad de contactar a "Sonia", en la avenida Grecia, en un paradero de microbuses junto a la hoy desaparecida Piscina Mund. Carmen Castillo se aprestaba a salir a la cita, pero Miguel Enríquez decidió hacerlo personalmente acompañado de "Tonio".

Cerca del mediodía, Enríquez y Sotomayor, a bordo de su Fiat 125 blanco, transitaron raudos hacia el oriente por el lugar de la cita. Todo parecía tranquilo. Al llegar al Estadio Nacional dieron media vuelta y tomaron la avenida en sentido inverso. Pasaron por segunda vez y Sotomayor tocó la bocina. Enríquez le hizo un gesto a "Sonia". La joven comenzó a mirar nerviosamente de izquierda a derecha. Algo anormal ocurría. De pronto, detrás de ella, apareció un hombre armado que empezó a disparar a los miristas, entre tanto Raúl Romo y los agentes de las brigadas Halcón bajaban de una camioneta. Enríquez extrajo un revólver 38 y repelió el ataque. Sotomayor aceleró a fondo y huyó del lugar. Minutos después ocultaron el vehículo en un garaje del sector norte de Santiago y volvieron a la comuna de San Miguel

Pasadas las 14 horas, las brigadas de la DINA ubicaron el escondite del secretario general del MIR, en la casa de calle Santa Fe. Los detalles precisos sobre las pistas que los condujeron al lugar aún están difusos. Enríquez, Sotomayor, Bordaz ("El Coño Molina") y Carmen Castillo resistieron con las armas en la mano. La mujer fue herida en un hombro; Enríquez se desmayó algunos minutos por el estallido de una granada; Sotomayor y Bordaz huyeron por los techos vecinos. Tras volver en sí, Enríquez siguió disparando hasta que una bala le impactó en la cabeza y fue rematado por más de una decena de disparos. Entre sus ropas portaba el documento falso que lo identificaba como Arturo Enrique Ortúzar Gaete, ingeniero industrial y supervisor de la empresa minera El Teniente.

El coronel Manuel Contreras llegó al lugar donde fue abatida su presa más buscada. En la tarde, el jefe de la DINA concurrió a la capilla de la Escuela Militar para entregar en matrimonio a una de sus hijas. Durante mucho tiempo se diría que el temido oficial llegó esa tarde perfumado con pólvora.

En todos los cuarteles de la DINA el regocijo de los agentes contrastó con la tristeza y el abatimiento de los prisioneros. Los vencedores estaban seguros que en cuestión de horas atraparían al resto de los miembros de la dirección del MIR y para ello no debían perder ni un minuto. Las detenciones y las extensas sesiones de tortura prosiguieron. Ese mismo día llegaron a Ollagüe otros dos apresados: Amelia Ana Bruhn Fernández, 34 años, decoradora; y David Silberman Gurovic, 35 años, ingeniero civil, casado, ex gerente general de Cobre Chuqui, militante del Partido Comunista, quien cumplía una condena a diez años de prisión en la Penitenciaría de Santiago, desde donde había sido retirado irregularmente por agentes de la DINA, con propósitos que también hasta hoy permanecen en penumbras. Estas dos personas fueron los últimos detenidos desaparecidos del cuartel Ollagüe.

El último y uno de los más dramáticos episodios que se vivieron en Ollagüe fue el asesinato de la pareja integrada por Sergio Pérez Molina y Lumi Videla Moya, ambos integrantes de la dirección del MIR. El primero fue torturado con ensañamiento: no solo lo golpearon y aplicaron electricidad, también le trituraron los testículos y le pasaron una camioneta por encima. Agónico fue llevado a Rinconada de Maipú, desde donde no regresó. Su mujer, en tanto, siguió siendo atormentada casi diariamente, hasta que el 3 de noviembre, luego de un enfrentamiento entre miristas y agentes de la DINA del cuartel Venda Sexy, resultó herido el capitán Gerardo Urrich, lo que indujo a los torturadores de Ollagüe a redoblar el castigo y terminar matándola por asfixia, tapándole la nariz y la boca mientras estaba en la parrilla de tortura. Esa misma noche dos oficiales de la DINA lanzaron el cuerpo de la mujer por sobre uno de los muros de la Embajada de Italia, ubicada en la comuna de Providencia. Seguidamente, a través de la agencia de comunicaciones del gobierno militar, informaron a la prensa que Lumi Videla había muerto durante una orgía de los asilados en la repartición diplomática europea.

Varios agentes de la DINA, años después ante los tribunales de justicia, sindicaron al oficial Cristoph Willike Foel como el autor directo del crimen. Tras aquel último capítulo del horror experimentado en Ollagüe, el cuartel se cerró como centro de detenidos el 18 de noviembre.

4.5. Venda Sexy en calle Irán 3037

Era una casa de dos pisos con los muros del sitio cubiertos de latón. Camionetas con toldos entraban y salían durante el día bajo la atenta vigilancia de hombres con lentes oscuros. Dos o tres sujetos permanecían siempre en la esquina de las calles Irán y Los Plátanos portando armas bajo sus ropas. Los vecinos escuchaban a diario una fuerte música que salía del interior. El inmueble, situado en lo que es hoy la comuna de Macul, muy cerca de la rotonda Quilín y a escasas cuadras de la avenida Américo Vespucio, pertenecía a un vecino que tras el golpe militar debió abandonar el país y se radicó en Europa. El hermano de éste arrendó la vivienda al teniente de Carabineros Miguel Hernández a comienzos de 1974. El uniformado le dijo que sería utilizada como residencia para colegas suyos que venían a Santiago desde las provincias. En los meses siguientes el mismo teniente pagó puntualmente y en dinero el canon acordado.

La casa tenía en la planta baja un hall de distribución y una amplia escalera de mármol que conducía al segundo piso. Había también un comedor en desnivel, un escritorio, un baño de visitas con una pequeña ventana redonda y una cocina que daba a un patio de servicio por donde se accedía a un subterráneo. Arriba se ubicaban tres dormitorios y el baño principal. Los pisos eran de parquet.

Música melódica y canciones de moda trataban de apagar los sonidos del espanto que se vivía en el interior de aquel cuartel de la DINA. Los prisioneros no solo eran torturados, sino que además se abusaba sexualmente de ellos. Muchas mujeres fueron violadas y sometidas a vejaciones inenarrables. Afirma el Informe Valech:[67]

> Quienes estuvieron en la Venda Sexy denunciaron haber sido sometidos a interrogatorios y torturas que se desarrollaban en el subterráneo del inmueble. En este recinto se practicó con especial énfasis la tortura sexual. Eran frecuentes las vejaciones y violaciones sexuales de hombres y mujeres, para lo que también se valían de un perro adiestrado.

---

[67] El 11 de noviembre de 2003 se publicó en el Diario Oficial el decreto supremo N° 1.040, que creó la Comisión Nacional sobre Prisión Política y Tortura para establecer en un plazo de seis meses quiénes fueron las personas que sufrieron privación de libertad y tortura por razones políticas en el período comprendido entre el 11 de septiembre de 1973 y el 10 de marzo de 1990, y proponer medidas de reparación. Se le conoció como "Comisión Valech" porque la presidió el obispo católico Sergio Valech.

Los innumerables testimonios señalan que se torturaba mediante corriente eléctrica, con quemaduras de cigarrillos, rompimiento de dedos y muñecas de las manos por largos colgamientos y otros métodos crueles y degradantes.

Venda Sexy, nombre que le dieron los prisioneros que lograron salir vivos, fue un cuartel de detención e interrogatorios destinado a albergar principalmente a los miristas que integraban las estructuras estudiantiles y juveniles de ese partido de izquierda.

Entre febrero y abril de 1974, la DINA reorganizó sus equipos operativos, en especial la denominada agrupación Purén, a cargo del mayor Raúl Eduardo Iturriaga. A comienzos de mayo, el comandante de la FACh Mario Jahn, subdirector entonces de la DINA, incorporó a Purén al capitán Gerardo Urrich, apodado "Pantalón Cortito", quien había sido oficial de órdenes del coronel Manuel Contreras. En Purén ya estaban los capitanes Manuel Andrés Carevic Cubillos y Ciro Torré, y los tenientes Ricardo Lawrence y Miguel Hernández. Una parte de Purén operaba en el cuartel Ollagüe, otra en la Compañía de Teléfonos y una tercera en el cuartel central de Belgrado.

Inicialmente, el teniente Hernández estuvo al mando del recinto de Irán con Los Plátanos y le correspondió iniciar las detenciones y traslados de detenidos desde y hacia la Villa Grimaldi. Un ex agente de Purén, el suboficial de Carabineros Segundo Gangas Godoy, alias "Víctor Hugo", declaró ante la justicia que aquella brigada estuvo compuesta por cinco grupos operativos: Alce, encargada del área sindical; Ciervo, Chacal, Puma y Leopardo. Los analistas de Purén fueron destinados a Venda Sexy a mediados de 1974. Uno de ellos, el carabinero Alejandro Molina Cisterna, estaba a cargo de confeccionar las fichas de quienes iban a ocupar puestos de confianza en el gobierno militar, las que entregaba al capitán Carevic. Por esa misma fecha llegaron los detectives encargados de los interrogatorios rutinarios, dirigidos por Risière del Prado Altez España, apodado "El Conde".

El 2 de noviembre de 1974, el capitán Urrich resultó herido en un enfrentamiento en el sector de Bilbao con Jorge Matte. Estuvo hospitalizado siete meses y lo reemplazó en la brigada Purén el capitán Manuel Vásquez Chahuán.

La casa de calle Irán también era frecuentada por Osvaldo Andrés Pincetti Gac, a quien desde 1974 el coronel Contreras lo envió a hipnotizar al personal de la DINA y medir su coeficiente intelectual, lo que hizo con unos 800 funcionarios, en Villa Grimaldi, Londres 38, José Domingo Cañas y en Venda Sexy.[68]

A mediados de 1974 los analistas de la DINA empezaron a encontrar numerosos vínculos y puntos de encuentro entre algunas estructuras miristas y militantes del Partido Socialista. Los mandos decidieron entonces concentrar a varios grupos de tarea en el nuevo cuartel de calle Irán con Los Plátanos y reunir allí a los detenidos del PS. Decenas de jóvenes de ambos sexos con aquella militancia, muchos de ellos aprehendidos por agentes de Investigaciones y luego entregados a la DINA, han atestiguado su presencia en ese lugar entre agosto y septiembre, siendo sometidos a bárbaras torturas y frecuentes violaciones y abusos sexuales.

No obstante, en las semanas siguientes a la muerte de Miguel Enríquez, mientras las jefaturas decidían empezar a desocupar la casa de José Domingo Cañas, se redobló la ofensiva en contra del MIR.

El 19 de noviembre, los agentes de la DINA llegaron a la calle Joaquín Godoy, en la comuna de La Reina, y tras una breve espera capturaron a la arquitecta boliviana Ida Vera Almarza, 32 años; al dirigente campesino Isidro Miguel Ángel Pizarro Meniconi, 21 años, y a otros dos jóvenes. Los dos primeros fueron baleados cuando intentaron una desesperada resistencia.

El 20 arrestaron a Luis Mahuida Esquivel, 25 años, profesor de Inglés, muy cercano al buscado nuevo jefe del GPM1. Dos días después, el 22, cerca de las cuatro de la madrugada, cinco hombres saltaron la reja de una casa en San Miguel e ingresaron violentamente a uno de los dormitorios, desde donde sacaron a Luis Genaro González Mella, 25 años, estudiante de la UTE. Horas más tarde arrestaron en la población La Bandera a Antonio Patricio Soto Cerna, 32 años, carpintero, miembro de la Fuerza Central del MIR.

En Venda Sexy, en tanto, se aglomeraban los nuevos detenidos, las torturas se multiplicaban y los agentes obtenían nuevos nombres de contactos, enlaces y puntos de encuentro en diversos lugares de la ciudad. Los miembros de la brigada Purén acumulaban fotografías obtenidas en el Registro Civil y en los archivos del Instituto Pedagógico de la Universidad de Chile, por donde habían pasado o incluso aún estaban muchos de los buscados.

---

[68] Más antecedentes sobre el cuartel Ollagüe en María Eugenia Camus. "La casa de José Domingo Cañas"; revista *Análisis*; Santiago de Chile; 6 de julio de 1987. Ver también www.fundacionjosedomingocanas.cl

En la mañana del 27 de noviembre, los hombres de la DINA se apostaron en los alrededores de la esquina de las calles Independencia y Olivos, a escasos metros del río Mapocho, en el centro de Santiago. Un dato obtenido bajo tortura les indicaba que hasta allí llegaría el jefe del GPM1, que comprendía la vasta zona de San Miguel, La Granja, el cordón industrial de San Joaquín, San Bernardo y Puente Alto. A las 7:45 horas en punto apareció Félix Santiago de la Jara Goyeneche ("Diego Parra"), 24 años, ex estudiante del Pedagógico, quien fue reducido rápidamente.

La arremetida prosiguió el 9 de diciembre con la detención de Marta Silvia Adela Neira Muñoz, 29 años, secretaria bilingüe, ex funcionaria de revista *Ramona*, en la desaparecida editorial estatal Quimantú, enlace o correo de César Arturo Negrete Peña ("René"), su pareja. La mujer fue capturada en los alrededores de las calles Bascuñán y San Alfonso, muy cerca de la Estación Central de ferrocarriles. Pocas horas más tarde los agentes llegaron hasta el domicilio de ambos, en las Torres San Borja, frente a la sede del gobierno militar, donde arrestaron a Arturo Negrete Peña, 25 años, ingeniero comercial, natural de Tomé, segundo jefe del GPM1. En los días siguientes, Marta Neira fue reiteradamente violada por perros que eran mantenidos en Venda Sexy, brutal odisea que fue testimoniada meses después por Laura Ramsay, hija de un diplomático que estuvo detenida en aquel cuartel de la DINA y cuyo relato fue publicado por la revista estadounidense *Time*.

Aquel mismo día fue aprehendido Mario Fernando Peña Solari ("Bruja" o "Boris"), 21 años, estudiante de Arquitectura de la Universidad de Chile, jefe del GPM5, quien acudió a encontrarse con Cristián Mallol, dirigente mirista que ya permanecía detenido en Villa Grimaldi, donde era sometido a constantes torturas. Casi simultáneamente, cayeron también en manos de la DINA varios enlaces de Peña Solari, integrantes de la Red de Resistencia de Medicina, asentada en la facultad que se encuentra junto al Hospital José Joaquín Aguirre, en la comuna de Independencia, al norte del centro de la capital.

A la caída de Mario Peña, le siguió el día 10 la detención de su hermana, Nilda Patricia Peña Solari, 23 años, estudiante de Biología de la Universidad de Chile, encargada de la impresión de la publicación clandestina *El Rebelde*, quien vivía en un departamento en calle Valentín Letelier, a escasos metros del Palacio de La Moneda.

El joven Peña Solari no pudo soportar el ver cómo torturaban a su hermana y para evitarlo entregó algunos puntos de contacto y acompañó a los agentes de la DINA a efectuar las detenciones.

El 12 cayeron Jorge Ortiz Moraga, 20 años, estudiante de Medicina de la Universidad de Chile, encargado de las tareas militares del GPM5; Carlos Terán de la Jara, 25 años, dibujante proyectista; y Renato Sepúlveda Guajardo, 21 años, estudiante de Medicina de la Universidad de Chile; el 13, fue detenido Jorge Antonio Herrera Cofré, 18 años, estudiante secundario; el 14, Ramón Labrador Urrutia, 24 años, comerciante; el 17, Luis Dagoberto San Martín Vergara ("Peluca"), 22 años, estudiante de Agronomía de la Universidad de Chile. Este último estuvo detenido en muy malas condiciones, torturado hasta lo indecible, con sus dedos y muñecas quebrados, incapaz de sostenerse en pie, afectado además por un infarto cardíaco; la última vez que fue visto, lo conducían a una clínica de la DINA, el 18 ó 19 de diciembre de 1974.

El ciclo se cerró el 20 de diciembre con la detención de María Joui Petersen, 19 años, estudiante de Economía de la Universidad de Chile; y de Francisco Rosas Contador, 22 años, fotógrafo.

Todos los arriba mencionados, que estuvieron en Venda Sexy, fueron hechos desaparecer sin que hasta hoy se sepa su destino. Los últimos 16 fueron sacados de Venda Sexy el día 24 de diciembre.

4.6. Terranova en la Villa Grimaldi

La Villa Grimaldi tuvo un pasado de esplendor. Durante más de 150 años su parque y jardines fueron cuidados con esmero y cariño por las familias Arrieta, Morandé, Altamirano Orrego y los Vassallo Rojas, sus sucesivos propietarios. En sus once mil metros de superficie se erguían ombúes, paulonias, abetos, dracenas africanas, magnolios, jacarandás, cañas de la India, buganvillas, camelias y madreselvas, entre otras especies de exuberante vegetación. Más de mil rosales, tres espejos de agua, seis terrazas y senderos ornamentados con estatuas de mármol de Carrara y de bronce, albergaron a intelectuales, artistas y políticos durante el desarrollo de la república. Por allí pasearon Andrés Bello, Ignacio Domeyko, Lorenzo Sazié, Antonio Varas, José Manuel Balmaceda y muchas otras figuras de relieve que dirigieron sus birlochos a los soleados campos de Peñalolén, en las estribaciones cordilleranas de Santiago.

La magnificencia y boato del lugar se prolongó hasta fines de la década de 1960. A comienzos de los años 70 se transformó en una casa para eventos, luego que su último dueño, Emilio Vassallo Rojas, decidiera arrendarla. El hermano del último propietario, Carlos Vassallo –abogado, periodista y diplomático–, fue designado en 1971 embajador en Italia por el presidente Salvador Allende. Nadie en aquel tiempo podría haber imaginado el futuro que tendría esa residencia de estilo victoriano y sus tan admirados jardines.[69]

Ubicada en la avenida José Arrieta N° 8.200, la Villa Grimaldi fue ocupada por los militares luego del golpe militar y unos pocos meses después traspasada a la naciente DINA para que sirviera de cuartel general a la Brigada de Inteligencia Metropolitana, BIM, instancia que fue reestructurada al iniciarse el otoño de 1974, cuando los mandos superiores percibieron que las tareas represivas demandaban una jefatura operativa más centralizada y nuevos cuarteles secretos de detención e interrogatorio.

Grimaldi fue dirigida entre diciembre de 1973 y noviembre de 1974 por César Manríquez Bravo, a quien reemplazó Pedro Espinoza, hasta marzo de 1975, cuando éste entregó la jefatura al mayor Marcelo Moren Brito.

Aproximadamente entre abril y mayo del 74, la BIM quedó conformada por dos grandes agrupaciones: Caupolicán y Purén. La primera, de carácter eminentemente operativo, a cargo de Marcelo Moren; y la segunda, en apariencia solo de análisis e inteligencia, bajo el mando de Raúl Eduardo Iturriaga Neumann. Desde Grimaldi se dirigieron las tareas en Londres 38, José Domingo Cañas y Venda Sexy, para lo cual se crearon y reformularon numerosas brigadas o grupos de trabajo.

La agrupación Caupolicán tuvo una plana mayor que encabezó el mayor Rolf Wenderoth, quien además dirigía la unidad de análisis, secundado por el oficial de Investigaciones Eugenio Fildhouse, Higinio Barra, un suboficial de apellido Cofré y dos mujeres, una de la Armada y otra de la FACh.

Las brigadas de Caupolicán fueron:

Halcón I y Halcón II, dirigidas por Miguel Krassnoff, quien siempre se movilizaba en automóviles nuevos, Fiat 125 o Peugeot 404, conducidos por Rodolfo Concha Rodríguez. Sus grupos los integraban, entre otros, Basclay Zapata, Tulio Pereira, Osvaldo Romo, Heriberto Acevedo, "El Cara

---

[69]   Ver Emilio Vassallo Rojas. *Grimaldi*; folleto sin pie de imprenta; Santiago de Chile; mayo de 1967.

de Santo", el "Negro Pulgar", Teresa Osorio, María Órdenes, Luis Torres Méndez, José Yévenes, Juan Ángel Urbina Cáceres, José Aravena Ruiz y Heriberto del Carmen Acevedo, quien recababa información desde el Registro Civil.

Águila, conocida como "Los Guatones", dirigida por el teniente Ricardo Lawrence, integrada por Rosa Humilde, Silvio Concha González, Luis Villarroel Gutiérrez, Emilio Marín Huilcaleo y Luz Arce.

Tucán, dirigida por Gerardo Godoy García, alias "Teniente Marcos" o "Cachete", quien se movilizaba en un Austin Mini rojo.

Cóndor, dirigida por Ciro Torré, e integrada por Pedro Alfaro Fernández, Nelson Aquiles Ortiz Vignolo, José Muñoz Leal ("Tulio Fuentes"), José Hormazábal Rodríguez, Juan Guzmán Guzmán, Enrique Gutiérrez Rubilar ("Mauricio Rivera"), José Fuentealba, Luis Torres Méndez y Pedro Alfaro ("Juan Marcovich"). Luego se transformó en la brigada Vampiro.

Vampiro, dirigida por Fernando Laureani Maturana, alias "Teniente Pablito", secundado por el detective Daniel Valentín Cancino Varas ("Mauro"). Tenían un vehículo emblemático que llamaban "La Mosca Azul". La integraban Luis Germán Gutiérrez Uribe, Pedro Juan Herrera Henríquez, José Jaime Mora Diocares, Adelina Ortega Sáez ("Mónica"), José Stalin Muñoz Leal, Rubén Agustín Fiedler Alvarado y una mujer apodada "Pinina".

La agrupación Purén, en tanto, tuvo como segundo comandante a Gerardo Ernesto Urrich González, alias "Don Claudio". Su plana mayor la integraron Germán Barriga, Manuel Vásquez Chahuán, Marco Antonio Sáez, Rolando Mosqueira, Manuel Carevic, Ingrid Olderock y Palmira Almuna, alias "La Pepa". Un papel destacado le correspondió en Purén a la carabinera Clodomira de las Nieves Reyes Díaz, alias "Marcela Martínez", quien investigaba partidos políticos, en especial la Democracia Cristiana, y debía realizar labores de escucha, interviniendo teléfonos y grabando conversaciones.

Algunas de sus brigadas, en constantes cambios y reestructuración, fueron:

Puma, capitaneada por Manuel Carevic, encargada de los partidos políticos de centro y de derecha, e integrada por Manuel Mosqueira, Sergio Burgos Vidal ("Héctor Salazar"), Juan Villanueva Alvear y Adolfo Demanet. En junio de 1974, una parte de este equipo de tarea se instaló en la calle Monjitas, en el cuarto piso del Ministerio de Salud, encargada de vigilar esa área de actividad.

Leopardo, comandada por Marco Antonio Sáez y encargada del área Educación.

Ciervo, conformada por Héctor Lira Aravena, Guido Jara Brevis.

Chacal, al mando del teniente de Carabineros Miguel Hernández Oyarzo.

Alce, a cargo del mundo sindical. En ella estaba el carabinero Enrique Tránsito Gutiérrez Rubilar, alias "Mauricio Rivera".

En el segundo semestre de 1974, Villa Grimaldi se transformó en el lugar secreto de detención y tortura más grande de Santiago. Cientos de detenidos fueron sometidos a tormentos difíciles de imaginar y muchos de ellos asesinados y hechos desaparecer por los agentes de la DINA. En los jardines se construyeron improvisadas celdas que prolongaban el castigo hasta lo inenarrable. Algunas de las más características fueron:

–"La Torre". Se trataba de una construcción de unos seis metros de altura que sustentaba un depósito de agua; en su interior se construyeron alrededor de diez estrechos cubículos para encerrar a los detenidos, de unos 70 por 70 centímetros y dos metros de altura, con una puerta pequeña, por la cual solo se podía ingresar de rodillas. En cada celda se mantenía a dos detenidos, los que debían permanecer con sus cuerpos doblados. En este lugar se encerraba a los prisioneros de cierta relevancia y que se negaban a colaborar.

–"Casas Chile". Eran construcciones de madera destinadas al aislamiento individual. Consistían en secciones verticales similares a closets donde el detenido debía permanecer de pie y a oscuras durante varios días.

–"Casas Corvi". Eran pequeñas piezas de madera de 80 x 80 centímetros, construidas en el interior de una pieza mayor, donde se ubicaba un camarote de dos pisos. En este lugar se ingresaba a los detenidos que estaban en las etapas más intensas de interrogatorio y torturas para "ablandarlos".

El ingreso a Grimaldi era por el norte, por Avenida José Arrieta, donde existía una edificación que correspondía a la guardia. Hacia el sur, de poniente a oriente, se ubicaba una casa tipo patronal con un corredor y una serie de puertas y ventanas que daban a la cocina, a los baños de los oficiales, oficinas de analistas y la puerta de ingreso a la casa principal. Al sur de la casona estaba la puerta de ingreso a las dependencias de los grupos Halcón 1 y Halcón 2. Al costado sur poniente, estaba la oficina de "Los Papis", los detectives que efectuaban los interrogatorios, y, junto a ella, otra más grande, destinada a los detenidos. A unos pocos metros se ubicaba la sala de torturas y los baños para los confinados. Al sur oriente se erguía "La Torre", de cuatro pisos, en el segundo y tercero con celdas de detenidos. Frente a las puertas de ingreso de las dependencias ocupadas por el grupo Halcón, estaba el patio en que los agentes de la DINA maltrataban a los detenidos, pasándoles vehículos sobre sus piernas.[70]

El día comenzaba con el desayuno, consistente en té hirviendo con medio pan. Al mediodía se daba el almuerzo, casi siempre una sopa con pedazos de papas y zanahorias o los restos de la comida de los agentes. Una sobreviviente recordó algunas de sus vivencias en aquel cuartel secreto:

> Los sábados y domingos faltaban los jefes. A veces nos hacían participar de sus fiestas. Nosotras íbamos con la promesa de hablar por teléfono, pero en realidad nos convidaban para tener relaciones sexuales. Era imposible resistirse. Estábamos inmundas, con sangre pegada a las piernas y ropas. Había compañeras con hemorragias, muchas veces a causa de la electricidad aplicada en la vagina. Para lavarnos debíamos aprovechar el momento de tirar la cadena en el baño. Algunas sufrían simulacros de fusilamiento. Los hombres tenían celdas más pequeñas y había más de 60 en cada una. Recién llegados a la Villa, permanecían esposados y engrillados, con las manos atrás. A Jorge Fuentes Alarcón, el "Trosko" Fuentes, lo tenían encerrado en una jaula, rapado, como animal en una cruel exposición. En Grimaldi le decían "Bicho"; estaba lleno de piojos y lo trataban como a una bestia.[71]

A fines de noviembre de 1974 llegaron a Grimaldi Marcia Merino, la "Flaca Alejandra"; María Alicia Uribe, "Carola"; y Luz Arce, las que fueron instaladas en una casa de madera junto a uno de los jardines. Luz Arce fue destinada a la oficina de Rolf Wenderoth y a las otras dos colaboradoras se les ordenó revelar microfilmes incautados al MIR en el exterior, reconocer a miristas en fotografías que les entregaba Marcelo Moren y captar imágenes de los detenidos. Marcia Merino ha declarado ante diversos magistrados que los interrogatorios y torturas eran dirigidos por Moren y Krassnoff y recordó la voz de este último diciendo "denle no más, denle no más, hasta que hable".

En la antigua piscina de Villa Grimaldi se ubicó un trípode desde donde pasaban una soga y a los detenidos los colgaban de los pies con la

---

[70] Descripción de Villa Grimaldi sobre la base de reconstrucción realizada por la Policía de Investigaciones.

[71] Testimonio de Ángeles Beatriz Álvarez Cárdenas, quien fue detenida a comienzos de enero de 1975. Citada por León Gómez en *Que el pueblo juzgue*; Santiago: Terranova Editores, 1988.

cabeza en el agua. Los sacaban cuando estaban a punto de ahogarse o en otras ocasiones los colgaban de los brazos.

Desde los primeros años de la década de 1990, casi todos los agentes de la DINA adscritos a ese centro de detención han debido declarar en reiteradas oportunidades en los tribunales de justicia que investigan los crímenes allí cometidos. Esos testimonios han permitido reconstituir una parte importante de lo que aconteció.

El detective Manuel Rivas Díaz, por ejemplo, llegó al lugar en el verano de 1975 como interrogador, bajo las órdenes de Manuel Carevic. Declaró que "algunos interrogatorios eran violentos, con aplicación de corriente eléctrica y golpes a los detenidos por parte de agentes de los grupos operativos, a cargo de diferentes jefes, como Barriga, Miguel Krassnoff, Gerardo Godoy y Felipe Bascur. En una ocasión llegó detenido un músico de la Orquesta Filarmónica, con heridas en las muñecas de tipo suicida. Comencé a interrogarlo y le curé las heridas, hasta que apareció Marcelo Moren, quien al ver las curaciones se puso furioso y obligó a unos subalternos a desangrar al detenido, presionándole las muñecas hasta que falleció".

Samuel Fuenzalida, un agente de la DINA que años después prestaría valiosa colaboración a la justicia para aclarar crímenes y desapariciones, aseguró ante un tribunal que en una oportunidad Moren Brito dio una orden para que pasara un vehículo sobre una detenida, Adriana Urrutia Asenjo. En otra ocasión, Moren le sacó los dientes a un detective que estaba preso. En cuanto a Krassnoff, lo vio en una ocasión golpeando a una mujer agente por mantener una relación sentimental con el detenido Emilio Iribarren, apodado "Joel". El ex agente afirmó que la DINA tenía varios kioscos de diarios repartidos en varios puntos de Santiago, una serie de locales de compra y venta de oro, y una red de prostitutas y lanzas. Uno de los kioscos estaba en la calle Matías Cousiño y lo atendía un sujeto al que le decían "El Susi".

Adolfo Demanet Muñoz, un ex conscripto, relató que "mientras me encontraba en Villa Grimaldi me correspondió ir a hacer guardia a la detenida Luz Arce, al Hospital Militar. Fui una o dos veces. Ella estaba internada por una herida de bala. Carevic me mandó a realizar esta función. Recuerdo a Rodolfo Valentín González Pérez. Sé que un día lo fueron a buscar a su domicilio, porque se decía que él estaba ayudando a Luz Arce. Lo llevaron como detenido a Villa Grimaldi y lo encerraron en 'La Torre'.

González Pérez también era integrante de la agrupación Puma. Un día nos avisaron que se había lanzado de 'La Torre' y que se había quebrado las piernas. Supe que a Rodolfo González lo torturaron. Urrich estaba metido en esto, porque era el más malo, junto a Marcelo Moren. Sé que estos dos eran 'malos, malos'...porque los escuchaba conversar de sus detenciones; hablaban de que le habían pegado a éste y a este otro".[72]

El detective Eugenio Jesús Fieldhouse Chávez llegó a Villa Grimaldi a comienzos de 1975 y permaneció allí hasta 1976. Analizaba la documentación incautada por los agentes operativos y semanalmente se confeccionaba una lista de los detenidos donde se colocaba el nombre, la filiación y cargo que ocupaba en el grupo político al que pertenecía; y, en el margen derecho, quedaba un espacio en que se colocaba el destino. La lista se entregaba al jefe de la oficina y éste al jefe del cuartel, quien la dirigía al comandante para ser llevaba al cuartel general. Como la lista se hacía con copias, volvía una de éstas a la oficina donde se podía apreciar el destino del detenido: Cuatro Álamos, Tres Álamos, o manuscritas la palabras "Puerto Montt" o "Moneda", cuyo significado en clave era que serían lanzados al mar o enterrados en un lugar secreto.

La oficial (R) de Carabineros Ingrid Felícitas Olderock Berhard manifestó que los funcionarios tenían "chipe libre" para abusar de los detenidos y hacer lo que querían con ellos. Recordó que el oficial teniente Ricardo Lawrence trabajaba con los presos políticos directamente y participaba en los operativos. "Lo vi con mis propios ojos proceder a torturar a un preso, dándole a tomar grasa hirviendo... éste murió. Después le pidió a un doctor que lo reviviera para poder interrogarlo pero el muerto, muerto estaba...", sostuvo, agregando que Lawrence trabajaba con Moren Brito y juntos cometían torturas. "Las torturas consistían en ponerlos en unas cajas de madera chicas, los metían doblados, les ponían corriente, les pegaban, torturaban a los niños chicos para que hablaran los padres y todo esto lo presencié", afirmó.[73]

En mayo de 1974 en una habitación con muebles de mimbre, se ubicó un enorme organigrama donde todos los días se agregaban nombres, fotografías y direcciones. Los analistas procesaban la información que les enviaban desde los otros cuarteles secretos y se acumulaban las fichas de

---

[72]	Rodolfo González Pérez, conscripto de la FACh en comisión de servicios en la DINA, fue detenido por agentes de ésta entidad en julio de 1974 y acusado de una supuesta colaboración con prisioneros. Se le vio por última vez en Villa Grimaldi.

[73]	Ver otras declaraciones en Anexo 1.

los militantes ya capturados o aún buscados. A mediados de 1974 empezaron a llegar los detenidos y se iniciaron los interrogatorios, cada vez más intensos y prolongados. Entre junio y septiembre se obtuvieron datos, descripciones, apodos, rutinas, puntos de encuentro y otras informaciones que les permitieron a las brigadas de Villa Grimaldi afinar sus objetivos para el ataque final destinado al exterminio del MIR.

Tras la muerte de Miguel Enríquez y aprovechando la conmoción que cundió en las filas de la resistencia mirista, los mandos de la DINA decidieron iniciar la última arremetida en contra de la organización rebelde.

El 24 de octubre fue detenida Eugenia Martínez Hernández, 25 años, obrera textil de la industria Laban. Ocho agentes la sacaron de su trabajo ante la presencia de compañeros y ejecutivos. Por esos días la prensa nacional informaba que varios chilenos habían muerto en enfrentamientos en la provincia argentina de Salta.

Le siguió, el día 30, Jacqueline Drouilly Jurich, 24 años, cuatro meses de embarazo, estudiante de Servicio Social en la Universidad de Chile. Pocas horas después fue capturado su esposo, Marcelo Salinas Eytel, 31 años, técnico en radio y televisión. Su hermana, Ana Salinas ("La Peque"), estaba casada con Roberto Moreno ("Andrés"), miembro de la comisión política del MIR y preso en la Academia de Guerra de la FACh. Jacqueline, Marcelo y Ana trabajaban en la estructura de Informaciones, junto a Jorge D'Orival, Claudio Silva Peralta y Luis Muñoz, bajo la dirección de Alejandro de la Barra ("Nano").

El día 31, Raúl Romo y su brigada, acompañados de un detenido de Villa Grimaldi, detuvieron en su casa en Conchalí a Jorge D'Orival Briceño, 26 años, egresado de Medicina Veterinaria de la Universidad de Chile. Su hermano Agustín, detective, presenció oculto la detención y se asiló en la Embajada de Italia. Aquella estructura del MIR estaba diezmada. La represión ya tenía en sus manos, además, a Cristián López, Néstor Gallardo, al ex detective Antonio Tello, a Sonia Bustos, Mónica Llanca y a los hermanos Antequera, todos vinculados a tareas de la dirección. D'Orival y Silva Peralta habían vigilado a oficiales golpistas en los últimos meses de la Unidad Popular e interferido las comunicaciones radiales de los militares, dos tareas que sus captores les harían pagar muy caro.

La DINA buscaba intensamente a Andrés Pascal Allende y a su pareja, Marie-Anne Beausire, quienes permanecían ocultos en una parcela en el sector suroriente de la capital. El 2 de noviembre, arrestaron al hermano de la mujer, Guillermo Beausire Alonso, 24 años, ingeniero, empleado de la Bolsa de Comercio de Santiago. Le siguieron el día 13 Ariel Santibáñez Estay, 26 años, profesor de Castellano; y, el 25, Rubén Arroyo Padilla, 29 años, artesano.

El 26 de noviembre, en las inmediaciones de la calle Macul, en Ñuñoa, mientras efectuaba labores de "poroteo", María Alicia Uribe Gómez, "Carola", identificó a Claudio Guillermo Silva Peralta, ("Samuel"), 23 años, estudiante de Biología de la Universidad de Chile. Allanaron su casa en Las Condes y esa noche arrestaron a su padre, el decorador de interiores Fernando Guillermo Silva Camus; a Claudio lo acusaron de construir "barretines" camuflados para ocultar armas y documentos. Era ayudante y conductor de Alejandro de la Barra, y miembro de la estructura de Información y de la Fuerza Central, el selecto grupo de miristas encargado de las tareas militares. Además, había formado parte de la unidad de Técnicas de Información Operativa, que interfería las comunicaciones del Ejército, e integrado el GAP del presidente Allende.

En la mañana del 29 de noviembre, la DINA detuvo en Providencia con Los Leones a Carmen Bueno Cifuentes, 24 años, cineasta; y a su pareja, Jorge Hernán Müller Silva, camarógrafo del filme *A la sombra del sol*, presentado en *première* el día anterior en el cine Las Condes. Casi a la misma hora, muy cerca de allí, fue arrestado Sergio Alejandro Riffo Ramos, 23 años, alumno de Sociología de la Universidad de Chile, ex secretario general de la Federación de Estudiantes de la Universidad de Concepción.

El 30, mientras visitaban a su hija y esposa, María Antonieta Castro Martínez, en el recinto de Tres Álamos, retuvieron a María Julieta Ramírez Gallegos, 65 años, actriz, y a Juan Mac Leod Trener, 29 años, empleado de la empresa pesquera Tarapacá.

Al día siguiente, el 31, capturaron a Luis Loyola Cid, 19 años, ayudante de soldador; a Gastón Cifuentes Norambuena, 25 años, comerciante, militante del PS; y, a Gregorio Palma Donoso, 21 años, estudiante.

El 5 de diciembre, en una emboscada preparada por el Servicio de Inteligencia de la FACh, SIFA, fue herido el jefe militar del MIR, José Bordaz Paz ("El Coño Molina"), cuyo ayudante, Leonardo Alberto Schneider Guzmán ("El Barba") estaba colaborando desde mediados del año 1974 para la SIFA. Schneider fue el responsable de la caída de numerosos miembros del comité central del partido y, desde abril de 1975, trabajando para la DINA en Villa Grimaldi, de los principales integrantes de la Fuerza Central del MIR. Bordaz fue baleado cuando se dirigía a reunirse con "El Barba" en la esquina de las calles Vitacura y Alonso de Córdova. Murió dos días después en el hospital de la FACh.

El viernes 6 de diciembre la DINA cayó sobre Héctor Hernán González Osorio ("Nicolás"), quien había pasado a ser el encargado militar de una estructura regional del MIR, cuyos otros jefes eran Cristián Mallol y María Teresa Bustillos. La esposa de González Osorio había viajado al exterior como correo y había sido detectada por la DINA. A su regreso, los agentes estaban esperando que se reuniera con su marido para apresarlos a ambos. En los días siguientes cayeron los otros miembros de aquella red clandestina.

El sábado 7 cogieron a los hermanos Eduardo Helmuth, Erwin Edgardo, Eva Eugenia y Luis Jaime Palominos Rojas ("Rolan"), 23 años, estudiante, miembro de la Fuerza Central. Eva Eugenia era la pareja del dirigente Cristián Mallol Comandari, quien fue apresado poco más tarde. En los interrogatorios, Mallol entregó el domicilio de otros dos dirigentes clandestinos. El domingo 8 arrestaron a Washington Cid Urrutia ("Perico"), 25 años, estudiante de Sociología de la Universidad de Concepción, miembro del grupo especial de la Fuerza Central, dirigente histórico del MIR, amigo de Luciano Cruz. Junto a ellos, los agentes capturaron a la esposa de Cid, María Isabel Ortega Fuentes, y se llevaron todos los enseres de su casa, situada en la población Compañía de Cervecerías Unidas, en Renca.

También fue apresado José Carrasco Vásquez ("Vicente"), ex miembro del GAP, segundo encargado militar del Regional Santiago del MIR, en reemplazo de Patricio Rivas ("Gaspar"), detenido en marzo de 1974 por la SIFA y preso en la Academia de Guerra Aérea de la FACh.

El 9 prendieron a María Teresa Bustillos Cereceda ("Claudia" o "La Colorina"), 25 años, estudiante de Servicio Social de la Universidad de Chile. Fue detenida en el departamento donde revelaba fotografías, copiaba microfilmes y hacía "barretines", en calle San Antonio. Su jefe, Hernán González ("Nicolás"), miembro del comité central y recién nombrado nuevo jefe del GPM1, había sido detenido junto con su esposa, a quien estaban torturando. "Nicolás" entregó el local de San Antonio, donde había varias direcciones de contactos. Ese día cayeron Mario Peña Solari, Marta Neira Muñoz y César Negrete Peña, todos desaparecidos.

El 12 de diciembre fue capturada en la calle, sin testigos, María Teresa Eltit Contreras ("Ximena"), 22 años, estudiante de secretariado en el Departamento Universitario Obrero Campesino, Duoc. Ella era el enlace entre José Bordaz ("Coño Molina"), el encargado militar del MIR, y Hernán Aguiló ("Francisco"), y había presenciado la detención del primero una semana atrás.

Ese mismo día apresaron a Anselmo Osvaldo Radrigán Plaza ("Pedro" o "Julián"), 25 años, casado, estudiante universitario, miembro del comité central del MIR, coordinador territorial del sector Santiago Norte y jefe del GPM8 y GPM9. Era, además, concuñado de Ramón Martínez González ("Tano"), miembro del comité central y primer jefe del GPM3.

Los analistas de la DINA detectaron tempranamente las numerosas relaciones sentimentales y de amistad entre los militantes y simpatizantes del MIR. Recomendaron entonces instar a los interrogadores para que redoblaran las torturas y presiones destinadas a conseguir el más mínimo dato que les permitiera ubicar las piezas que les faltaban en su organigrama.

En el Informe Valech se reproducen, sin los nombres de las víctimas ni de los victimarios (se omite, explicitaron en la redacción del mismo), algunos testimonios que hablan por sí solos.

–Mujer, detenida en enero de 1975. Relato de su reclusión en el recinto de la DINA Villa Grimaldi, Región Metropolitana:

> Escuché con horror cómo sabían cada uno de mis pasos, lo que los calificaba para tratarme de puta cuantas veces quisieron. Lloré bajo la venda de algodón, tuve mucho miedo; me decían a cada rato que había desaparecido sin dejar rastros y que no volvería a ver a mis dos hijos. Sabían sus nombres, los colegios a donde iban, los horarios de entrada y salida. Yo no lo podía creer.

–Mujer, detenida en febrero de 1975. Relato de su reclusión en el recinto de la DINA Villa Grimaldi, Región Metropolitana:

> Se me obligaba a hacer mis necesidades con la puerta abierta mientras los guardias me miraban y se mofaban de mí, se me obligaba a sentarme en la taza del baño con restos de excrementos y orina y sin que me permitieran limpiar un poco la taza antes de sentarme o limpiarme yo cuando ya había hecho mis necesidades. Exigencia de controlar el organismo de tal modo que la orina y los excrementos debían salir del cuerpo a horarios fijados por ellos. En caso contrario, se amenazaba con que si no se controlaba el organismo, te obligarían a comer tus excrementos o a beber tu orina. Este tipo de amenazas aprendí rápidamente a creerlas, cuando me tocó presenciar esta situación con un

preso que no logró controlar su diarrea. De forma inexplicable mi organismo se adaptó a esta exigencia [...].

–Hombre, detenido en diciembre de 1975. Relato de su reclusión en el recinto de la DINA de Villa Grimaldi, Región Metropolitana:

[...] tras incitarnos injuriosamente a colaborar y ante mi mutismo, me golpeó brutalmente haciendo uso de puños, pies y un objeto contundente durante varios minutos delante de mi madre y de mi esposa. Mi madre fue llevada aparte (luego fue liberada) y la golpiza continuó sobre mi esposa. Ofuscado por nuestro silencio [...] ordenó "¡a la parrilla!" [...] me sacaron a un patio donde me dejaron tendido mientras me hacían escuchar los gritos de mi compañera que torturaban en una pieza aledaña. Tras una media hora de mantenerme escuchando los tormentos de mi esposa, durante los cuales me intimaban para evitarle sufrimientos [...] me desnudaron a la fuerza, me introdujeron en una pieza con catres metálicos de dos pisos, me amarraron a uno de ellos, me conectaron cables y electrodos hechos con ganchos y llaves metálicas a los pies, las manos, narices, ojos, encías, ano, pene y testículos, y comenzaron a aplicar descargas eléctricas producidas por un dínamo a manivela. [...]

–Hombre, detenido en abril de 1975. Relato de su reclusión en el recinto de la DINA Villa Grimaldi, Región Metropolitana:

Aproximadamente a medianoche fui sacado nuevamente de la celda y arrastrado a la sala de interrogatorio. Esta vez no se me aplicó electricidad. Se me ató a una silla y se me puso una bolsa de plástico en la cabeza que se me anudó con un cordón apretado al cuello. La bolsa contenía un poco de aire y un poco de aserrín de madera. Yo empecé a respirar el aire de la bolsa que en menos de un minuto se agotó. Las paredes de la bolsa se me adhirieron al rostro y en mi desesperación por inhalar aire ya inexistente empecé a tragar por nariz y boca el aserrín. Aquellas materias extrañas me penetraron hacia los pulmones y violentas contracciones musculares intentaron expulsarlas. El esfuerzo me provocó vómitos que se vaciaron en la bolsa. Ahora tragué mis propios vómitos unido al aserrín. Cuando los síntomas de asfixia se hicieron muy fuertes, retiraron la bolsa y me dejaron tranquilo por unos minutos. Luego me golpearon con correas de cuero y con puños en cara, brazos, tórax y muslos. La tortura de la bolsa, conocida como submarino seco, me la aplicaron por dos veces más durante esa noche.

–Mujer. Detenida en un recinto secreto de la DINA en 1974 cuando tenía 25 años:

Por violación de los torturadores quedé embarazada y aborté en la cárcel. Sufrí shock eléctricos, colgamientos, "pau de arara", "submarinos", simulacro de fusilamiento, quemadura con cigarros. Me obligaron a tomar drogas, sufrí violación y acoso sexual con perros, la introducción de ratas vivas por la vagina y todo el cuerpo. Me obligaron a tener relaciones sexuales con mi padre y hermano que estaban detenidos. También a ver y escuchar las torturas de mi hermano y padre. Me hicieron "el teléfono", me pusieron en la parrilla, me hicieron cortes con yatagán en mi estómago. Estuve detenida hasta 1976. No tuve ningún proceso.

–Mujer. Detenida en un recinto secreto de la DINA en 1975 cuando tenía 17 años:

Fui detenida en mi hogar luego de un violento allanamiento y destrozo de enseres.
Estuve en [un recinto secreto de la DINA], recibí toda clase de torturas, corriente en parrilla y colgada [se omite], simulacro de fusilamiento, golpes, violaciones reiteradas, quemaduras internas (útero), golpes con elementos metálicos, sesiones psiquiátricas para olvidar las torturas. Me hicieron presenciar violación con perros dirigidos por [se omite].*
Viví torturas y sesiones de masturbación por parte de los encargados del recinto, quemaduras con agua hirviendo en mi brazo izquierdo, costillas fracturadas.
Mi torturador la mayor parte del tiempo fue el [se omite] y [se omite] presenciaba junto con otros.

–Mujer. Detenida en un recinto secreto de la DINA en 1975:

Sufrí golpes y aplicación de corriente eléctrica en todo el cuerpo. Fui colgada de pies y manos y me taparon la boca con una toalla, en ese momento me encontraba embarazada (un mes). Fui violada por distintos sujetos, mientras mis manos y pies se encontraban atados, me introducían en el agua, luego aplicando corriente eléctrica específicamente más en los órganos genitales, dedos y vientre. Además, sufrí agresión psicológica, amenazándome que matarían a mi hija de nueve meses que se encontraba en poder de ellos.

---

*   Ver p. 165, cuarto párrafo (N.E.).

El 24 de diciembre un camión llegó a Villa Grimaldi a buscar detenidos, al igual que como ocurrió en Venda Sexy. Los que se marcharon, nunca más aparecieron.

El 30 de diciembre fue detenido Carlos Eduardo Guerrero Gutiérrez, 20 años, estudiante de Historia de la Universidad de Chile. El mirista acudió a un punto concertado en la esquina de las calles Antonio Varas y Simón Bolívar en Ñuñoa, donde era esperado por la DINA; intentó huir, pero fue herido por tres balazos.

Al día siguiente, el 31, en un patrullaje de la brigada Halcón, el teniente Miguel Krassnoff reconoció a un ex compañero suyo en la Escuela Militar. Se trataba de Claudio Thauby Pacheco, dirigente de la Coordinadora de Regionales del Partido Socialista. Fue detenido junto a su acompañante, Carlos Robotham Gutiérrez, 23 años, socialista, estudiante de Sociología, 23, PS. A Thauby le cortaron el cuerpo con un yatagán y en su pecho le grabaron a sangre una cruz en medio de un círculo.

El 1 de enero de 1975 fue capturado Agustín Alamiro Martínez Meza ("Chico Boris"), 27 años, ingeniero de ejecución mecánica, miembro de la Fuerza Central. En otro punto de reunión, apresaron a Manuel Cuadra Sánchez. No soportó la tortura y señaló un contacto con Agustín Alamiro Martínez Meza, dirigente de la Universidad Técnica, detenido en las horas siguientes. El día 3 cayó Herbit Ríos Soto ("Chico Rubén"), 25 años, estudiante de Pedagogía en Historia de la Universidad de Chile, miembro de la Fuerza Central.

El 4 de enero, la DINA propinó un nuevo gran golpe. Cayó en sus manos el encargado del Departamento de Informaciones (Inteligencia) del MIR, Emilio Iribarren Lederman ("Joel"). Marcelo Moren ordenó que extremaran el interrogatorio. "Aprieten más y más, tienen que quebrarlo y someterlo", les dijo una vez más. "Joel" entregó a María Eugenia Ruiz-Tagle ("Ximena"), integrante del aparato de informaciones.

El día 6, delatado también por Iribarren, cayó en la calle Bascuñán Guerrero, Ramón Hugo Martínez González ("Tano"), 24 años, estudiante universitario, integrante del comité central del MIR, encargado de las relaciones con los miembros de las Fuerzas Armadas que se oponían a la dictadura militar y el primer jefe que tuvo el GPM3. Fue herido a bala y luego sometido a prolongados tormentos. Falleció el día 13 de enero en manos de sus aprehensores.

Ese mismo día cayó Gilberto Patricio Urbina Chamorro ("Andrés") 25 años, estudiante de Medicina de la Universidad Católica, miembro de la Fuerza Central con instrucción en Cuba. El 7 fue detenido Claudio Contreras Hernández ("Coco"), 27 años, constructor civil e ingeniero, miembro de la Fuerza Central, también con instrucción en Cuba. Lo arrestaron al salir de su casa en calle Domingo Bondi, en Las Condes, donde vivía con Mariana Carvajal Zamora, Manuel Cortez Joo y su esposa, Gabriela Wenger Meza. Su compañera era Sylvia Castillo.

Horas más tarde prendieron a Miguel Sandoval Rodríguez ("Pablito"), 26 años, sastre, casado, miembro de la Fuerza Central. Vivía en avenida Grecia 1159 con su mujer Pabla del Carmen Segura Soto. Era miembro de la "Tropita", nombre que recibió un grupo de alrededor de 70 miristas que integraron el GAP del presidente Allende hasta que se hizo cargo el PS.

El 10 de enero de 1975, en el paradero 27 de la Gran Avenida, fue arrestado Julio Fidel Flores Pérez ("Víctor" o "Niño Raúl"), 22 años, estudiante de la UTE de Antofagasta, miembro de la Fuerza Central. El 16 agarraron a José León Gálvez, 29 años, profesor primario. El 20, a Luis Muñoz Rodríguez, 22 años, empleado y estudiante. El 29 fue arrestado, en Portugal con Avenida Matta, el técnico forestal Iván René Molina Mogollones, 22 años, quien estaba acompañado por Patricia Zúñiga Barros. A las nueve de la mañana del día siguiente fue secuestrada desde un taxi, en Irarrázaval con Chile España, Elena María Altieri Missana, esposa de Lautaro Videla, uno de los encargados de organización.

Por esos días estaba detenida en Villa Grimaldi, junto a su madre, una joven estudiante de Medicina de la Universidad de Chile, quien casi 30 años después llegaría a ser presidenta de la República. La doctora Michelle Bachelet recordó en una entrevista concedida a la periodista Raquel Correa, parte de aquella dramática experiencia:

Nos llevaron a Villa Grimaldi. Un camino largo. De repente se pararon en un lugar, siguieron, doblaron y subieron, subieron, subieron... Llegando allá nos empezaron a interrogar. Qué contactos, a quiénes conocía, ese tipo de cosas. Una niña que estaba presa, al ser interrogada y torturada, dijo que sabía que yo estaba activa y tenía contacto con la directiva del PS, lo cual era efectivo. Me llevaron –siempre con los ojos vendados– a una pieza donde había camarotes. Éramos unas ocho presas. No las conocía, estaban Lucrecia Brito, Patricia Guzmán, María de los Ángeles Salinas Farfán. Patricia y Lucrecia estaban embarazadas. Para el Año Nuevo los guardias se curaron y las fueron a buscar. Violaron a una y a la otra la dejaron porque se puso a vomitar. Había otra chica, Mónica Villanueva, de unos 16 años, y una dentista cuyo nombre se me escapa... La María Eugenia Ruiz-Tagle. Y la primera esposa del cineasta Álvaro Covacevich. Ella nos dijo "estamos en Villa Grimaldi. Lo sé porque con Álvaro teníamos una industria de baldosas y una vez me subí un poco la venda y vi las baldosas que yo les vendí a los antiguos dueños de Villa Grimaldi". La detuvieron con su hijo de 8 años...[74]

A las ocho de la mañana del 1 de febrero de 1975, nuevamente una camioneta se llevó a otro grupo de presos de Villa Grimaldi. Partieron esa vez: Julio Flores, Jaime Robotham, Herbit Ríos, Agustín Martínez, Gilberto Urbina, Claudio Contreras. Nunca más se supo de ellos.

El 7 de febrero apresaron a Sergio Lagos Marín, 26 años, egresado del Instituto Comercial de Chillán; y a Rodrigo Ugaz Morales, 22 años, trabajador independiente, sin militancia reconocida. El 10 le correspondió a Patricio Cerda Aparicio, 20 años, estudiante de electrónica, militante del MIR.

El 10 de febrero, al mediodía, los agentes de la DINA interceptaron a un taxi que llegaba a la esquina de las avenidas Tobalaba y Apoquindo y bajaron del vehículo a Lautaro Videla y Amelia Negrón Larre, los principales encargados de organización del MIR.

Tres días más tarde, el 13, en un "poroteo" a un sector de Las Condes, los agentes detuvieron al ingeniero de ejecución Eugenio Montti Cordero, a su hijo de cinco años y a Carmen Margarita Díaz Darricarrere, 24 años, estudiante de Enfermería en la sede Temuco de la Universidad de Chile. Los llevaron a su casa de Los Illanes 95 y montaron una ratonera. Cerca de las 13 horas llegó Alan Roberto Bruce Catalán, 24 años, estudiante de Ingeniería Civil en la Universidad Católica, miembro de la Fuerza Central; y luego Jaime Vásquez Sáenz ("Joaquín"), 27 años, casado, estudiante de Construcción Civil en la UTE, ex miembro del GAP. Ambos fueron apresados. En tanto, en calle José Miguel de la Barra 449, muy cerca del cerro Santa Lucía, fue detenido René Roberto Acuña Reyes ("Chico Pedro"), 22 años, estudiante, quien trató de huir, pero fue abatido con un balazo en un hombro y conducido a Villa Grimaldi.

---

[74] Ver Raquel Correa. "Entrevista a Michelle Bachelet"; diario *El Mercurio*; 13 de noviembre de 2004.

Al día siguiente, el 14, los agentes de la DINA utilizaron como cebo al mirista Alan Bruce, quien solo podía desplazarse a pasos muy cortos. Uno de sus tobillos estaba disimuladamente amarrado a sus testículos; si corría, se los estrangulaba. En Américo Vespucio con Gran Avenida, capturaron a Hugo Ríos Videla ("Peque José Luis"), 21 años, estudiante en la UTE, miembro de la fuerza central, ex integrante del GAP. Ríos, pese a su juventud, era uno de los cuadros militares mejor evaluados en el MIR; había hecho tres cursos en el exterior, incluso uno de oficial; fue instructor militar del GPM8 y muy cercano a Mario Melo, primer jefe del GAP, y de Oscar Delgado Marín ("Manuel" o "Aquiles el Carta"), ex instructor de los boinas negras, desaparecido desde el Estadio Nacional. Minutos después, los hombres de la DINA atraparon a Manuel Cortez Joo ("Chino Rony"), 28 años, contador, miembro de la fuerza central, ex GAP.

Una semana más tarde, el día 20, fueron arrestados la periodista Gladys Díaz y su compañero, el ingeniero químico Juan Perelman Ide, 31 años. Ambos eran miembros del comité central. Ella recuperó tiempo después su libertad; él desapareció para siempre a fines de febrero.

Al promediar aquel verano, gran parte del Regional Santiago del MIR había caído, muchos miembros de la dirección y de la fuerza central estaban muertos, presos o desaparecidos. La dictadura celebró entonces su victoria con un montaje televisivo en el cual algunos conocidos militantes del MIR aparecieron en las pantallas haciendo un llamado a sus compañeros a deponer la lucha y asumir que la dictadura militar había triunfado.

El 19 de febrero aparecieron en una cadena de televisión José Carrasco Vásquez, Cristián Mallol Comandari, Humberto Menanteaux Aceituno y Héctor González Osorio, detenidos desde hacía semanas en Villa Grimaldi.

"No queremos más muertes ni detenidos. Continuar la resistencia en estas condiciones es autoinmolarse", dijo uno de ellos, agregando que "el deseo del gobierno es encontrar la reconciliación y la unidad nacional". Informaron sucintamente que de la comisión política y del comité central del MIR había nueve muertos, 24 presos, diez exiliados, un expulsado y ocho prófugos.

Dos días después los mismos miristas fueron llevados al edificio Diego Portales, donde ofrecieron una conferencia de prensa para ratificar que su presentación ante las cámaras había sido voluntaria. "La derrota del MIR es militar y política", insistió el que actuó como vocero. Añadieron que "la capacidad militar es definitivamente nula" y afirmaron que otros 26 dirigentes del partido estaban de acuerdo con el llamado a deponer las armas.

El 25 de febrero de 1975, el MIR anunció que los cuatro hombres que hablaron habían sido sometidos a un inmediato juicio y condenados a muerte por los delitos de traición, delación, colaboración consciente y activa con la dictadura.

Dos de ellos, Humberto Menanteaux y José Hernán Carrasco, fueron liberados y vueltos a detener en noviembre. El 25 de diciembre sus cuerpos fueron encontrados destrozados y mutilados en la cuesta de Chada, asesinados por agentes de la DINA. Los otros dos, Héctor Hernán González y Cristián Mallol, recuperaron su libertad y partieron al exilio.

4.7. El turno de los socialistas

Desde mucho antes del golpe militar, los socialistas estaban en la mira de los aparatos de inteligencia de las Fuerzas Armadas. Por ello, desde el 11 de septiembre de 1973 la represión en su contra fue rápida e implacable. En La Moneda, en diversos edificios públicos que la rodean, en algunas industrias y poblaciones, los socialistas intentaron resistir la asonada con las armas en la mano. Casi todos perecieron en su intento. En los días y semanas siguientes la persecución fue encarnizada. Los 26 prisioneros que se rindieron en el palacio presidencial, entre ellos 16 miembros del GAP, fueron asesinados en el complejo castrense de Peldehue, al norte de Santiago. Poco después fue abatido Arnoldo Camú, miembro del comité central y encargado de los grupos operativos especiales del aparato militar del PS. Luego, siguieron los fusilamientos por ley de fuga, la muerte de al menos otros diez integrantes del GAP y el exterminio de dirigentes de los regionales. En la denominada "Caravana de la muerte", que recorrió Chile en octubre del año 1973 al mando del general Sergio Arellano Stark, e integrada por varios oficiales que luego pasaron a la DINA, fueron masacrados 16 dirigentes socialistas locales. Lo mismo ocurrió en matanzas registradas de norte a sur en localidades como Pisagua, Salamanca, Tejas Verdes, Isla de Maipo, Paine, Mulchén, Laja y Chihuío, cerca de Valdivia Otros muchos fueron llevados a campos de concentración o se asilaron en diversas embajadas.

En diciembre de 1973, diez integrantes del comité central estaban presos y a lo menos otros 15 de los máximos dirigentes del PS permanecían refugiados en alguna representación diplomática en Santiago. El balance era desolador.

Ese mismo mes, sin embargo, Carlos Altamirano Orrego, el secretario general del PS, uno de los hombres más buscados por los militares, logró eludir el cerco represivo y huyó de Chile a través de un paso cordillerano sureño para aparecer públicamente poco después en Cuba. Aquella evasión se transformó en una vergonzosa esquirla que permaneció durante muchos años bajo la piel de los principales jefes de la DINA.

Exequiel Ponce, un corpulento obrero portuario de origen campesino, encargado hasta entonces del frente interno del partido, asumió la conducción clandestina de los socialistas en Chile, apoyado por Ariel Mancilla Ramírez, Víctor Zerega Ponce, Joel Huaiquiñir Benavides, Manuel Carpintero, Ricardo Lagos Salinas, Gustavo Ruz Zañartu, Carlos Lorca y algunos otros militantes, hombres y mujeres, promovidos desde las dirigencias juveniles.

La diezmada situación de la tienda partidaria quedó registrada fragmentariamente en una carta que Lorca envió a un contacto en el exterior en diciembre de 1973. En ella expresó:

> ...estamos remontando lentamente, con cierta ineficiencia por nuestra falta de experiencia en el trabajo clandestino, una situación inicial muy difícil, ya que la represión afectó fundamentalmente al Partido. Cuatro miembros de la dirección fusilados (Arnoldo Camú, Eduardo Paredes, Arsenio Poupin y Luis Norambuena), siete u ocho arrestados, muchos de los cuales deben estar pasándola muy mal (Uldaricio Figueroa y Tito Martínez brutalmente torturados, Clodomiro Almeyda enfermo y en la Isla Dawson) y direcciones regionales completas fusiladas. Pese a ello, hemos logrado reconstruir el Comité Central y hemos dado los primeros pasos para reconstruir la organización partidaria y el movimiento de masas.[75]

Lorca se quedó corto. Carecía, como la inmensa mayoría de los chilenos, de la información suficiente para ponderar el verdadero impacto de la embestida represiva desatada por la dictadura. En marzo de 1974, la dirección interna produjo un informe titulado "Al calor de la lucha contra el fascismo, construir la fuerza dirigente del pueblo para asegurar la victoria", más conocido como el "Documento de Marzo", donde se propuso la conformación de un frente amplio, desde el MIR y el PC hasta el PDC, para oponerse al régimen militar. Además, planteó una reestructuración del

---

[75]   Citado por León Gómez, op. cit.

partido para hacer frente a los tiempos oscuros que se vivían. Aquel escrito provocó una aguda polémica en el socialismo, la que se iría ahondando hasta su quiebre en 1979.

La DINA, en tanto, preocupada del MIR, ocasionalmente acometía en contra de algunas estructuras socialistas, algunas de ellas bastante cercanas a las redes de la resistencia que dirigía Miguel Enríquez. No obstante, cuando terminaba el verano de 1975 y tras haberse efectuado en abril un pleno del comité central del PS en La Habana, Cuba, y estando el MIR casi completamente diezmado, los jefes de las brigadas que dirigía el coronel Manuel Contreras empezaron a orientar sus esfuerzos de búsqueda y captura hacia las nuevas dirigencias del partido de Salvador Allende.

Numerosos antecedentes recogidos de los testimonios de los detenidos que sobrevivieron a los cuarteles secretos y de los mismos agentes de la DINA que desde la década de 1990 debieron acudir a declarar a los tribunales de justicia, permiten presumir que los grupos de tarea que operaban desde Villa Grimaldi fueron reestructurados de cara a la persecución de los socialistas. En las detenciones que siguieron figuran hombres y mujeres de las agrupaciones Caupolicán y Purén, además de otros integrantes y colaboradores que no estuvieron muy activos en los meses previos.

El 4 de marzo de 1975 fue detenido Alfredo Rojas Castañeda, 34 años, casado, tres hijos, ex director de Ferrocarriles del Estado, domiciliado en Clorinda Wilshaw 743, Ñuñoa. Había sido arrestado por primera vez a fines de septiembre de 1974 y trasladado al recinto de José Domingo Cañas, donde permaneció cerca de diez días, tras lo cual fue dejado en libertad. Posteriormente, a fines de enero de 1975, nuevamente fue aprehendido por agentes de la DINA, entre ellos Osvaldo Romo, Basclay Zapata y Luz Arce Sandoval, siendo conducido a Villa Grimaldi y horas más tarde liberado. En la tercera captura fue llevado nuevamente a Villa Grimaldi y sometido a intensas torturas e interrogatorios. En ese recinto fue visto hasta finales de la segunda semana de abril de 1975, perdiéndose luego todo rastro de su persona. La DINA se quedó con su automóvil Citroen AK-88 Yagán, patente KR-406 de Providencia. Durante su permanencia en Villa Grimaldi, la DINA lo obligó a firmar cheques de su cuenta corriente, los que posteriormente fueron cobrados por otras personas.

Diez días después, el 14 de marzo de 1975, detuvieron a Adolfo Ariel Mancilla Ramírez, 26 años, casado, un hijo, constructor civil, miembro del comité central del PS. Lo cogieron a las 13:30 horas, al ingresar al inmueble de Cumming 732, lugar en el cual se iba a efectuar una reunión del PS. La vivienda había sido ocupada previamente por unos 15 agentes de la DINA. Mancilla logró convencer a sus captores de que tenía una cita con otro dirigente del partido y salió con algunos de ellos, aprovechando el momento para lanzarse al paso de un microbús, resultando gravemente herido.

La DINA buscaba a Ariel Mancilla desde hacía varios meses, su casa había sido allanada dos veces y en tres ocasiones habían detenido a su cónyuge, Ema Fuenzalida Martínez, para conseguir que Mancilla se entregara. En una de esas oportunidades la mujer estuvo 15 días detenida en Londres 38.

Mancilla fue visto en Villa Grimaldi muy golpeado, cojeando de una pierna a causa de una herida. Lo tenían en las celdas con forma de cajones que los prisioneros llamaban "Casas Chile" y luego lo trasladaron a la "Torre". Otros presos debían ayudarlo a caminar.

Lautaro Videla, uno de los sobrevivientes, relató que en una ocasión, "después de tres días de demanda de los presos para que lo viera un médico, conseguimos que lo atendieran y luego de un examen superficial, el médico decidió operar al compañero y solicitó la ayuda de nosotros para sujetarlo, mientras procedía a cortar tejidos muertos e infectados en su pierna. Yo fui uno de los que ayudaron en la labor que realizaba el doctor al lado de nuestras celdas y sobre el suelo. La pierna de Ariel acusaba alguna forma de gangrena; sin embargo, fue vendado en el lugar y enviado de regreso a la Torre, para posteriormente desaparecer algunos días después".

Fidelia Herrera Herrera, detenida en la Villa Grimaldi en aquellos meses, agregó: "Vi a Ariel Mancilla malherido y con un pie destrozado. Durante tres noches consecutivas él fue conducido en una silla a la pieza en que yo permanecía sola. Lo llevaron para hacerle curaciones. Tenía la cabeza enteramente vendada, hablaba en voz muy baja, y hacía un tremendo esfuerzo para hacerse oír".

El 17 de junio de 1975 los agentes de la DINA cayeron sobre Ricardo Ernesto Lagos Salinas, 24 años, casado, dos hijos, contador, miembro de la comisión política del PS. Fue detenido en su domicilio de calle Tiros, en Villa Japón, en Las Rejas, a la salida poniente de la ciudad. Aunque no hay testimonios directos de su aprehensión, existen antecedentes que permiten deducir que ésta se produjo junto a su pareja, Michelle Marguerite Peña Herreros 27 años, nacida en Francia y de nacionalidad española, soltera, ocho meses de embarazo, estudiante de Ingeniería Eléctrica en la

UTE, ex empleada del Instituto Chileno-Vietnamita, asistente del Sindicato Mademsa y de los trabajadores de Cristalerías Chile. Juan Carlos Ruiz, también socialista, declaró que, en noviembre de 1974, después de salir libre de una detención, tomó contacto con Michelle Peña, cuando ella y Ricardo Lagos vivían en una pensión de calle Tocornal. Posteriormente, en 1975, el testigo asumió tareas de enlace entre Exequiel Ponce y los dirigentes Ricardo Lagos, Carlos Lorca y Michelle Peña. En marzo de 1975 ubicó la casa de calle Tiros en la que vivían Lagos y la afectada, domicilio en el que se reducían documentos, había un taller fotográfico y se realizaban los puntos de encuentro y reunión con Ponce. Alrededor del 21 de junio, Ruiz concurrió al domicilio de Lagos e ingresó sin darse cuenta que la señal de alerta previamente convenida –una ventana abierta– estaba presente. Adentro había un gran desorden, los colchones estaban rajados y todas las cosas desparramadas. Posteriormente, el 1 de julio de 1975, cuando el militante socialista Héctor Eduardo Riffo se encontraba recluido en el sector denominado "La Torre" en Villa Grimaldi, sintió que a una cabaña vecina ingresaban a dos mujeres detenidas. Escuchó sus voces y reconoció la de Michelle Peña. Riffo fue detenido el 24 de junio, cuando acudió a un domicilio de Villa Ríos, donde había acordado reunirse con Ricardo Lagos. El testigo llegó alrededor de las 15:30 horas y vio que cerca de la casa estaba estacionado un automóvil Chevrolet color blanco y celeste. En su interior se encontraba Lagos. Riffo pensó que Lagos venía recién llegando y subió al departamento de la cita. De inmediato fue detenido por dos civiles armados para ser conducido después hasta un auto MG amarillo al que habían trasladado a Lagos. Ambos fueron llevados a Villa Grimaldi. Según afirmó Riffo en los tribunales de justicia, entre los agentes que actuaron en ese momento estaba uno a quien llamaban "Alberto", que después sería capitán de la CNI, de unos 38 años, 1.70 de estatura, tez mate, cara redonda, ojos café oscuro, pelo entrecano y contextura fornida; y un conscripto de la Unidad de Comandos del Regimiento Buin de apellido Díaz, alrededor de 23 años, 1.75 de estatura, moreno, pelo negro ondulado, cara alargada, delgado, ojos cafés y que era de La Pincoya, una población de la comuna de Conchalí. Ricardo Lagos había comenzado a ser buscado a partir del mismo 11 de septiembre de 1973. Su esposa, Patricia Paredes, abandonó el país junto a sus dos hijos en 1974, refugiándose en Alemania.

El 16 de septiembre de 1973, el padre del dirigente socialista, Raúl Lagos Reyes, ex alcalde de Chillán; su madrastra, Sonia Ojeda, embarazada, y su hermano, Carlos Eduardo Lagos, habían sido ejecutados en el patio de su propio domicilio en Chillán por efectivos militares. Ocho días después, el 25 de junio, cuatro agentes de la DINA apresaron a Exequiel Ponce Vicencio, 39 años, casado, una hija, obrero portuario, miembro de la comisión política del PS y el principal dirigente del partido. Lo arrestaron en una pensión en calle Tocornal, a la 1:30 de la madrugada, junto a su enlace, Mireya Rodríguez Díaz. Los agentes sabían con precisión que Ponce y Mireya Rodríguez ocupaban la última pieza de la residencial. En la calle esperaban a lo menos tres vehículos que participaron en la operación. Uno de los agentes era chico, de bigotes tupidos y anchos.

Emilio Iribarren Lederman, el mirista que colaboraba con la DINA, declaró en noviembre de 2003 ante un grupo de detectives que lo entrevistó en Nueva York que a fines de junio de 1975 vio en Villa Grimaldi algo que nunca pudo olvidar:

> Un hombre que fue largamente torturado durante un período de 24 ó 48 horas. Fue colgado con una soga que le amarraba las manos por detrás. La soga pasaba por encima de una viga. Unos agentes tiraban de la cuerda hacia una polea, levantando a este detenido. Simultáneamente lo apaleaban. El prisionero estaba desnudo y le mojaban constantemente el cuerpo para aumentar el efecto de la electricidad. Al hombre lo subían y lo bajaban. Le dieron hasta la madrugada. Gritaba. Cada vez que miré, pude ver a Germán Barriga dirigiendo personalmente la tortura. Al viejo Exequiel Ponce lo torturaron brutalmente.[76]

Aquel mismo 25 de junio la DINA logró capturar a Carlos Enrique Lorca Tobar, casado, un hijo, médico psiquiatra, ex diputado por Valdivia, miembro de la comisión política del PS. Lo detuvieron ocho agentes alrededor de las 16:00 horas, en la casa ubicada en calle Maule N°130. El domicilio pertenecía a Yolanda Abarca, ayudante de los dirigentes socialistas. Los sujetos llegaron cerca de las 13:30 para, según dijeron, esperar al doctor Lorca y a una acompañante.

Los agentes aguardaban que el médico llegara con su enlace, la asistente social Carolina Wiff, 33 años, quien luego del golpe militar, al alero del Comité Pro-Paz, se había dedicado a organizar programas de ayuda a familias de presos políticos y a reubicar niños huérfanos víctimas de la represión. De acuerdo con versiones de testigos, en el operativo habrían actuado Basclay Zapata, Osvaldo Romo y Juan Muñoz Alarcón. Otro agente habría sido el oficial de Ejército Ricardo Thieme Bahre, hermano del ex

---

76   Ver Jorge Escalante. "Los pecados de mi capitán"; diario *La Nación*; 29 de enero de 2005.

secretario general del Frente Nacionalista Patria y Libertad, FNPL, Roberto Thieme. Todos ellos, bajo la supervisión del capitán Germán Barriga, Don Jaime o Don Julio. Testimonios recogidos posteriormente indican que también habrían participado la oficial de Carabineros Palmira Almuna y el teniente de Ejército Patricio Castro, quien años después se haría célebre en la CNI por su participación en la financiera clandestina "La Cutufa". Alrededor de las 15:00 horas arribaron Lorca y Carolina Wiff. Sin poder retirar la señal de normalidad, un banderín del club de fútbol Audax Italiano en la ventana, Yolanda Abarca fue conminada a abrir la puerta. Al hacerlo, los empujaron violentamente hacia el interior de la vivienda y los redujeron. Raúl Romo le puso unos lentes ópticos al hombre y dijo, triunfante: "¡No hay duda, éste es el doctor Lorca!". Testigos que transitaban a esa hora por el sector afirmaron haber visto sacar de una casa a la pareja, rodeada por cuatro civiles que los mantenían asidos por los brazos. El hombre iba esposado. Ambos fueron subidos a un Fiat 125 rojo que salió raudo hacia Vicuña Mackenna.[77]

Héctor Eduardo Riffo testimonió que el 25 de junio de 1975, alrededor de las 17:00 horas, escuchó que ingresaba a Villa Grimaldi un gran número de vehículos. Estos hacían sonar sus bocinas y se oían gritos insistentes de "Lorca, Lorca". Dentro de la Villa se notó entonces un gran ajetreo y alboroto. El testigo agregó que el miércoles 2 de julio del mismo año, alrededor de las 10:00 de la mañana tuvo lugar una visita inspectiva a dicho recinto. Pudo escuchar que cuando le informaron que Lorca y Ricardo Lagos se encontraban detenidos, el visitante se mostró interesado y pidió ver las celdas de ambos detenidos.

Otro detenido, Sergio Hernán Gajardo, vio a Carlos Lorca vestido con un terno plomo, camisa blanca y zapatos negros, pelo largo y barbón. Era conducido por dos guardias pues no podía caminar. Lo llevaron a una pieza donde había una mesa, una silla y una máquina de escribir. Allí uno de los agentes conminó al detenido: "Bueno, doctor, va a llenar este cuestionario y contestar todas las preguntas. Queremos que las respuestas sean lo más completas posibles".

---

[77] Ver el libro de Juan Azócar Valdés. *Prometamos jamás desertar. Apuntes para un memorial de la militancia socialista en la resistencia*; Editorial Memoria y Futuro; Santiago, 2007; y, del mismo autor, *Lorca, De la Reforma Universitaria a la lucha antidictatorial*; 2008.

En septiembre de 1975, Edwin Patricio Bustos, recluido en Villa Grimaldi, al ser interrogado por Osvaldo Romo, éste lo amenazó con colgarlo de los testículos, "tal como lo hicieron con Carlos Lorca".[78]

La arremetida contra la dirección clandestina del PS culminó con la detención de dos estudiantes universitarias. En una fecha cercana al 7 de julio apresaron a Rosa Elira Soliz Poveda, 23 años, soltera, alumna de Enfermería en la sede Norte de la Universidad de Chile. Vivía en un departamento junto a Sara de Lourdes Donoso Palacios, 25 años, soltera, también alumna de Enfermería en el mismo campus. Ambas trabajaban en el consultorio del Servicio Nacional de Salud, ubicado en calle Independencia Nº 1345, y las dos militaban en el PS bajo las órdenes de Modesta Carolina Wiff Sepúlveda, realizando funciones de enlace entre la directiva central y otros partidos políticos. La fecha del arresto de Rosa no ha podido ser precisada; Sara, en tanto, fue detenida el 15 de julio, a las 8:30 horas, en la entrada del consultorio donde laboraba, desde donde fue subida a una camioneta que aguardaba a los agentes.

El balance era desolador, pero también lo era la sombra de una terrible sospecha que mantendría con la piel erizada a los militantes que sobrevivieron y que se aprontaban a reemplazar a los caídos. Uno de los dirigentes más importantes de ese período, muy cercano a Exequiel Ponce y a Carlos Lorca, el más indicado para sucederlos en la conducción del partido, había desaparecido sin dejar rastros, de un modo extraño y sospechoso. Las dudas y la desconfianza cayeron sobre Jaime Eugenio López Arellano ("Pablo" o "Felipe"), 25 años, estudiante de Medicina de la Universidad de Chile, encargado de las relaciones internacionales y de los vínculos con la dirección exterior. Había sido enviado al pleno del comité central en La Habana y en busca de recursos financieros a Berlín oriental, en la RDA, donde se reunió con su pareja, Michelle Bachelet. Luego, ya de regreso en Santiago, su conducta fue errática y confusa, hasta que semanas y meses más tarde, al confrontar datos, fechas y situaciones, los nuevos dirigentes llegaron a la conclusión de que López, obligado o no, colaboraba con la DINA desde una fecha imprecisa. Entre diciembre de 1975 y marzo de 1976, las detenciones nuevamente arreciaron, pero casi todos los aprehendidos recuperaron su libertad. Algunos de ellos contaron entonces que habían visto a Jaime López en Villa Grimaldi y no precisamente como prisionero. Su caso ha sido un misterio hasta el día de hoy. Varios de los

---

[78]   Ver artículo de Juan Azócar Valdés en www.cronicadigital.cl; 11 de julio 2006.

antiguos dirigentes que sobrevivieron creen que "Pablo" puede haber sido un agente infiltrado en el PS desde antes del golpe militar; otros lo consideran una víctima más del horror de aquellos tiempos. Lo único cierto, por ahora, es que nunca más fue visto ni se supo de su destino.

4.8. Los alemanes de la Colonia Dignidad

El 23 de octubre de 1977, en un sitio eriazo de la comuna La Florida, en el suroriente de Santiago, víctima de múltiples puñaladas, fue encontrado el cadáver de Juan René Muñoz Alarcón, 34 años, ex militante del Partido Socialista, quien tras el golpe militar de 1973 se había transformado en colaborador de los aparatos represivos de la dictadura. Pocos meses antes, Muñoz Alarcón trató de ser escuchado por el sacerdote Cristián Precht en la Vicaría de la Solidaridad. Deseaba entregar un dramático testimonio de su paso por la DINA.[79]

En las semanas siguientes al golpe de Estado había sido conducido encapuchado al Estadio Nacional para reconocer a militantes y dirigentes del PS y de otros partidos de la Unidad Popular. Más tarde cumplió ese mismo papel en las calles, a bordo de las camionetas de las brigadas operativas de la DINA. Mucha gente fue torturada y asesinada por su culpa.

En la Vicaría de la Solidaridad lo escucharon, pero no le creyeron del todo. Dejó entonces una grabación donde con trémula voz relató detalles del funcionamiento de los aparatos represivos. Afirmó que en la Colonia Dignidad permanecían detenidas 112 personas, las que eran sometidas cotidianamente a crueles torturas. Agregó que allí, en el fundo El Lavadero, existía una central de comunicaciones que permitía establecer contacto con todos los agentes y colaboradores que la DINA mantenía en el exterior.

Muñoz Alarcón, el "Encapuchado del Estadio Nacional", ex miembro de la Federación de Trabajadores del Cobre, fue sorprendido por sus aprehensores eludiendo identificar a un ex compañero y lo recluyeron durante tres meses. Su libertad la obtuvo a cambio de una mayor cooperación con los agentes y así fue llevado al fundo de los alemanes en Parral.

En sus confesiones declaró que en Dignidad "funciona un centro de adiestramiento de la inteligencia nacional, regido por alemanes". Añadió también que había un hospital, aviones correo, aviones ambulancias

---

[79] La Vicaría de la Solidaridad fue creada por el cardenal Raúl Silva Henríquez el 5 de enero de 1976. A la cabeza de ella se nombra al sacerdote Cristián Precht Bañados, ex secretario ejecutivo del disuelto Comité Pro Paz.

y cárceles subterráneas. Reconoció haber participado en la desaparición de algunas personas "que están en Dignidad. Hay once personas en estos momentos en la Colonia, antiguos dirigentes de los diferentes partidos de la UP", afirmó.

Explicó que el *modus operandi* consistía en capturarlos en Santiago, llevarlos a Tobalaba –al lado de Villa Grimaldi– y de allí a la Colonia.

El cadáver de René Muñoz Alarcón mostraba heridas cortopunzantes en el abdomen y el cuero cabelludo. El proceso por su asesinato permaneció archivado, pero su confesión quedó grabada y fue presentada ante los tribunales alemanes. En agosto de 1988, Albert Schreiber, un colono de Villa Baviera, reconoció ante un juez que había llevado a René Muñoz y su familia a Dignidad.

Hasta promediar la década de 1970, los chilenos solo conocían de algunas fugas, denuncias de malos tratos y ciertos extraños hábitos de vida que practicaban los casi 300 colonos alemanes avecindados desde 1961 en la zona precordillerana de Parral, 495 kilómetros al sur de Santiago.

Su líder indiscutido era un enigmático pastor bautista llamado Paul Schäfer, quien había fundado en Alemania el 2 de febrero de 1958 la "Misión Social Privada", una secta religiosa de origen protestante.

En septiembre de 1961, Schäfer creó en Chile la Sociedad Benefactora y Educacional Dignidad y adquirió una hijuela de tres mil hectáreas perteneciente al fundo San Manuel, llamada El Lavadero, en las cercanías de Parral. En aquellas gestiones Schäfer fue ayudado por Rudi Cohen, un ciudadano alemán avecindado en Chile que había huido de la Alemania nazi en 1936. En los meses siguientes, en pequeños grupos, llegaron los restantes colonos.

En 1968 se fugó uno de los alemanes y denunció malos tratos y conductas impropias de los colonos. El revuelo obligó a la Cámara de Diputados a crear una comisión investigadora que poco después absolvió a Dignidad de todas las acusaciones. Conocido el triunfo de la Unidad Popular, los colonos se sintieron amenazados. Hugo Baar, uno de sus máximos dirigentes y luego prófugo de la Colonia, aseguró que en 1969 viajó a Canadá para estudiar un traslado masivo a ese país. También pensaron en Australia y Argentina, donde ya habían comprado una propiedad para ser usada como "plataforma de escape".

"Luego del triunfo de Allende, cambiaron muchas cosas y reflexionamos mucho respecto a nuestro futuro. Yo sé que antes del golpe habían, por tanto, algunas cuestiones en marcha en Dignidad", dijo Baar en una sesión especial del Parlamento alemán. "Cuando Allende fue elegido presidente fui llamado a Chile y tuvimos una conversación con el candidato opositor, el ex presidente Alessandri. Las cosas no estaban definidas aún, pero nosotros estábamos convencidos de que los dados se habían detenido y por eso nuestra inquietud por Canadá", agregó.

Heinz Kuhn, uno de los fundadores de la Colonia Dignidad en Chile y Alemania, precisó las actividades conspirativas de los colonos. Relató que en la época de la UP, Schäfer le encargó que fotografiara una torre de alta tensión ubicada frente al fundo El Lavadero. "Schäfer mandó una tropa en la noche y puso las cargas para hacer explotar la torre. Al parecer una sola carga explotó, porque, cuando Carabineros fue a investigar, uno de ellos perdió un brazo al estallar otra carga. La torre que volaron fue la misma que yo fotografié. Supe en ese tiempo de los contactos que tenia Schäfer con Patria y Libertad".

El propio Roberto Thieme, ex dirigente de Patria y Libertad, contó que la primera vez que llegó a Dignidad lo hizo con el general Alfredo Canales. Reconoció también que en 1972, cuando simuló haber muerto en un accidente aéreo, en realidad había aterrizado en el aeródromo de la colonia.

Allí aterrizaban también los despachos de armas y explosivos que los miembros del Frente Exterior de Patria y Libertad, distribuidos al otro lado de la cordillera, enviaban a territorio nacional para intentar derrocar a la UP.[80]

Los dirigentes de la Colonia se esforzaron por aquellos años en mantener un perfil muy bajo. Incluso no pocos dirigentes de los partidos de izquierda los miraban con cierta simpatía, convencidos de que en las más de 15 mil hectáreas que habían adquirido en pocos años se practicaba una especie de socialismo comunitario, con innovadoras relaciones de trabajo.

En el gobierno de Eduardo Frei Montalva, algunos fervientes partidarios de la reforma agraria reclamaron por los privilegios que tenían los colonos alemanes, a quienes se les permitía importar todo tipo de maquinarias e insumos sin pagar impuestos y, además, se les entregaba apoyo del Estado para su manutención.

---

[80]   Ver Manuel Salazar. *El rebelde de Patria y Libertad*; Editorial Mare Nostrum; Santiago, 2007.

Schäfer y sus colaboradores más cercanos empezaron a tejer desde esos años un manto de protección para ocultar sus actividades más secretas. Empresarios agrícolas, políticos de derecha, inmigrantes alemanes, miembros del Poder Judicial, periodistas y oficiales del Ejército, entre otros, fueron contactados, halagados, agasajados y favorecidos por los colonos alemanes.

Tras producirse el golpe militar en septiembre de 1973, Schäfer vio la oportunidad de consolidar definitivamente su bastión y decidió prestar toda su ayuda a las faenas represivas desatadas por la DINA. Puso, además, a disposición de Manuel Contreras a todos sus contactos en Alemania y en otros países de Europa y Sudamérica. Uno de los primeros nexos formales entre la Sociedad Benefactora y Educacional Dignidad y la DINA fue la casa de calle Unión –más tarde Ignacio Carrera Pinto– 262, de Parral, que estando ocupada por colonos, súbitamente se convirtió en el cuartel de la DINA en esa ciudad. El inmueble fue adquirido formalmente por la Colonia, en 1974, a la viuda de un médico parralino amigo de los alemanes. El recinto estaba a cargo del oficial de Ejército Guy Neckelmann Schutz, quien integró uno de los primeros contingentes de la DINA. Con doble nacionalidad, el militar hablaba perfectamente el alemán y su aspecto lo hizo dueño del apodo "El Gringo". Poco después, Fernando Gómez Segovia, el segundo encargado de aquel cuartel, se agregó como un nuevo amigo en la DINA.

En la década de los 80, varios medios de prensa alemanes y las revistas opositoras chilenas empezaron a dar cuenta de las numerosas sospechas que recaían sobre la Colonia Dignidad. Hablaban de sofisticados laboratorios para experimentos militares, de una búsqueda casi frenética de materiales radioactivos, de insólitas prospecciones en los ríos vecinos al fundo y en los contrafuertes cordilleranos, de comunidades mapuche que lucían el pelo blanco producto de la contaminación con uranio… Cualquier intento de forasteros por acercarse a los terrenos del fundo era violentamente reprimido por sus moradores. Modernos equipos de vigilancia electrónica, así como una férrea red de protección organizada entre los lugareños, impedían aproximarse al vasto territorio ocupado por los colonos alemanes. Poco a poco, sin embargo, comenzaron a conocerse datos reales que revelaron la verdadera magnitud de lo que allí acontecía.

El caso que entreabrió las puertas a la verdad fue la de un parralino, estudiante de Medicina de la Universidad de Chile, residente en Maipú, en Santiago, dirigente del MIR, identificado como Álvaro Vallejos Villagrán, apodado "Loro Matías". Un piquete de agentes de la DINA llegó a su casa el 24 de mayo de 1974 llevándoselo sin rumbo conocido. En los días siguientes fue visto por otros detenidos en Londres 38 y en Cuatro Álamos, pero su rastro se perdió tras ser conducido a la Colonia Dignidad.

Nueve meses después, el 2 de febrero de 1975, agentes de la DINA secuestraron desde la base naval de Talcahuano, donde se encontraba detenido, a Enrique Peebles, alumno del último año de Medicina de la Universidad de Concepción, integrante del MIR. Lo subieron a una camioneta donde viajaba amarrado Erick Zott, otro mirista, y una mujer que no logró identificar, pero que años después reconocería como Marcia Merino, "La flaca Alejandra".

Los dos hombres fueron llevados a la Colonia Dignidad, donde se les sometió a refinadas aplicaciones de electricidad. Pocos días después fueron liberados, viajaron a Europa y en 1986 entregaron sus testimonios a Amnistía Internacional, AI, entidad que los dio a conocer a la revista germana *Stern*. Los dirigentes de la Colonia Dignidad decidieron querellarse contra AI y el semanario germano, aumentando el interés público sobre el caso.

"Recibimos al Loro Matías esposado en Cuatro Álamos. Él quería llevarse algunas cosas personales, pero el mayor que lo conducía, que se llamaba Fernando o Fernández, o algo semejante, le dijo: Eso no será necesario. Ya no lo necesitarás". Así contó, el 30 de septiembre de 1979, ante un tribunal en Bonn, Alemania, el ex agente de la DINA, Samuel Fuenzalida, el momento en que Vallejos Villagrán fue llevado a la Colonia Dignidad.

Fuenzalida ingresó al servicio militar en 1973 y fue destinado al regimiento de Calama, desde cuya comandancia lo llamaron después del golpe militar para trabajar en la DINA. En su declaración, Fuenzalida agregó que en la DINA se sabía que quienes morían en Colonia Dignidad eran sepultados cerca de la cordillera. "Durante el tiempo que duró mi servicio en la DINA visité personalmente la Colonia Dignidad en 1974. Fui dos veces en el año mencionado. En la DINA no se utilizaba el nombre oficial Colonia Dignidad. Allí cuando se refería alguien a este lugar hablaba solamente de los alemanes". Precisó que su primera visita a Villa Baviera se realizó pese a que él trabajaba en la Villa Grimaldi, en Santiago: "Fue en el invierno de 1974, es decir, en junio-julio. Entonces fui llamado por el comandante Manuel Manríquez. Me informó que debía acompañar a un oficial al sur, donde los alemanes". Indicó que el militar era un capitán de Ejército, próximo a ser ascendido, llamado Fernando o Fernández. La misión asignada consistió en ir a buscar a un detenido, el "Loro Matías", a Cuatro Álamos y trasladarlo a la Colonia, desde donde desapareció.

Fuenzalida reconoció haber participado en el seguimiento de la misma víctima por expreso encargo de la DINA. El "Loro Matías" era miembro de la comisión política del MIR, hijo de un suboficial de Ejército que trabajaba en el Ministerio de Defensa después del golpe de Estado. El ex agente afirmó que durante el viaje, el prisionero, "que estaba totalmente quebrado como consecuencia de la tortura", le dijo tener la impresión de que era llevado a un lugar donde ya había estado. Al llegar a la Colonia, el capitán hizo subir al detenido a un Mercedes Benz azul que los esperaba al otro lado del portón, con dos alemanes en su interior. El capitán habló en alemán con ellos. A uno de los extranjeros lo llamaban "El Profesor" y andaba siempre con un perro ovejero alemán negro.

"Ya en un edificio y al cabo de un rato, 'El Profesor' hizo un gesto con ambos brazos, que según mis conceptos significa que el detenido estaba muerto". Asimismo, el ex agente recordó que en la conversación durante la comida, "El Profesor" se refirió al director de la DINA, coronel Manuel Contreras, como un viejo amigo. Habló también de la misma forma del presidente Pinochet.

En la misma confesión, señaló que entonces sabía que muchos agentes habían estado en Colonia Dignidad. "Debido a mis actividades en la DINA, tuve conocimiento de una visita que hizo en agosto de 1974 el presidente Pinochet a la Colonia Dignidad, a su regreso de una gira al sur". En esa fecha se produjo la segunda visita de Fuenzalida a la Colonia donde nuevamente fue recibido por "El Profesor". Puntualizó que se encontraron, entre otros, con un oficial de la DINA, chileno, que trabajaba en la Colonia. "No sé si vivía en la Colonia en forma permanente...". Coincidiendo con lo afirmado por ex prisioneros, sostuvo que "en Santiago supe en la DINA que allá trabajaban cuatro brasileños para ellos. Uno de ellos estaba en Colonia Dignidad".

Cuando entregaba su testimonio en Bonn, ingresó a la sala el sociólogo Erick Zott, apodado "El Gringo", sobreviviente de Colonia Dignidad. Fuenzalida recordó haber sido su centinela durante la permanencia de éste en Villa Grimaldi. El ex agente identificó al "Profesor" como a Paul Schäfer, cuando se le exhibieron fotografías del ex enfermero alemán. "En especial llamaba la atención el ojo defectuoso", enfatizó.

El "Gringo" Zott, entonces militante del MIR, fue detenido en Viña del Mar el 17 de enero de 1975 en un operativo dirigido por Marcelo Moren Brito. Fue llevado al Regimiento Maipo, a la Villa Grimaldi, a Concepción y de allí a Colonia Dignidad. Al ser sacado del lugar, fue la propia Armada, en Talcahuano, la que le dijo que había estado en el recinto de los alemanes, aseguró Zott.

"Me llevaron en un vehículo del BIM a cargo del teniente Pablo, cuyo verdadero nombre es Adrián Laureani Maturana". Ya de regreso a Santiago, subalternos de "Pablo" le ratificaron que había permanecido donde "los alemanes". De las declaraciones de Zott se desprende que entre Colonia Dignidad y Villa Grimaldi existía comunicación directa por radio, lo que permitía a los agentes interrogar a diferentes detenidos sobre un mismo tema. En una entrevista difundida a fines de 1990 por la televisión alemana, Erick Zott reconoció a Schäfer como uno de sus torturadores.

Luis Enrique Peebles, médico, exiliado desde 1975, fue detenido en 1974 bajo la imputación de ser uno de los jefes del aparato militar del MIR en Concepción, ciudad donde realizaba sus estudios universitarios. Estando en la base naval de Talcahuano, la DINA lo sacó junto a Zott y Marcia Merino, la "Flaca Alejandra", en febrero de 1975 y los llevaron a Colonia Dignidad.

El mismo día que llegó al lugar, Peebles fue golpeado e interrogado durante casi toda la noche, hasta que finalmente lo dejaron dormir. Al día siguiente, un hombre calvo, de tez tostada, de 40 a 50 años, alto y corpulento, con acento portugués, lo sacó de su letargo. "El era el verdadero jefe, una especie de profesor. Los agentes de la DINA tenían con él una actitud de completa sumisión", aseguró.

Le aplicaron corriente en todo el cuerpo y otros tormentos. Peebles afirmó que el interrogatorio y los castigos eran mucho más metódicos que en los lugares donde estuvo detenido antes. Asimismo, advirtió que un día le dieron un jugo de frutas —"que jamás había probado en Chile"— en un vaso de cristal europeo, y unos canapés también desconocidos.

Adriana Bórquez fue otra testigo clave. En abril de 1975 fue detenida en su casa, en Talca, por una patrulla a cargo de un hombre alto, rubio y de ojos claros, que se hacía llamar "Hans". La llevaron hasta un lugar que logró identificar como Colonia Dignidad, lo que confirmó luego al escuchar que uno de los agentes reclamaba porque había tenido que irse "a dedo hasta la Colonia". Agregó que un día llegó una comisión al recinto, entre la cual había dos hombres que hablaban alemán. "Otro día un guardia me llevó una especie de compota en un plato, todo un lujo; en el plato había una inscripción: *Bavaria*, y en la cucharita decía *Weihnachten*". En mayo de 1975, la trasladaron al cuartel que la DINA tenía en calle Irán en Santiago, conocido como Venda Sexy. Allí reconoció a uno de los interrogadores de la Colonia, donde era apodado "El Doctor", y otras voces que ya había escuchado en Villa Baviera.[81]

Las sospechas de que en Colonia Dignidad se asesinaba y hacía desaparecer a prisioneros políticos adquirieron renovada fuerza cuando huyó un personaje clave de la Villa Baviera, con una lista de 14 vehículos que pertenecieron a detenidos desaparecidos y que alguna vez estuvieron en el fundo.

En 1957 Georg y Lotty Packmoor se habían unido a la secta que integraban Baar y Kuhn en Alemania. Al trasladarse a Chile, el marido –un ex obrero textil– se empleó con Kuhn y se vino siete años antes que Lotty al país. Hábil y confiable, ella permaneció en la RFA a cargo de algunos negocios de la sociedad. Al llegar a Chile, siguió contando con la confianza de los más altos jerarcas de la Colonia y llegó a conocer de cerca detalles del funcionamiento interno en el recinto, los que reveló luego de fugarse en febrero de 1985. En su testimonio, Lotty Packmoor dio cuenta de las estrechas relaciones entre la DINA y Colonia Dignidad. Reconoció haber sido la mujer de confianza de Schäfer, bajo la responsabilidad de atender al general Manuel Contreras y su gente. "Manuel Contreras visitaba la colonia muy a menudo, incluso iba con su señora, y era recibido como huésped. Yo trabajaba en la cocina en ese tiempo y pude cocinar para él", señaló.

Manifestó que "el doctor (Hartmut) Hopp es el principal hombre de contacto de Schäfer. Apacigua todos los problemas internos de Schäfer en la Colonia. Fue el hombre de contacto con la DINA...". Precisó también

---

[81] La Colonia Dignidad ha concitado en los últimos 45 años, como ningún otro tema, el interés casi permanente del periodismo chileno. Se han escrito numerosos libros y miles de crónicas y reportajes, así como cientos de horas de televisión. Ver Gero Gembala. *Colonia Dignidad*; Santiago: Ediciones Chile América; Cesoc, 1990. Álvaro Rojas. *Los secretos de Colonia Dignidad*; Editorial Las Noticias de Chile; s/f. Carlos Basso. *El último secreto de Colonia Dignidad*; Santiago: Editorial Mare Nostrum, 2002. Entre los reportajes se sugiere: Lilian Olivares. "36 años de Colonia Dignidad en Chile"; serie del diario *La Segunda*; Santiago, mayo y junio de 1996. Mónica González. "Autos de detenidos desaparecidos en Colonia Dignidad"; revista *Análisis*; Santiago, 26 de agosto de 1989; Paula Chahin. "Los secretos de Dignidad"; serie Grandes Reportajes; diario *La Nación*; Santiago; 9 de febrero de 1991. Pascale Bonnefoy. Recuerdos del infierno"; diario *La Nación*; Santiago, 11 de abril de 2004. También, el seguimiento del tema efectuado por el periodista Marcos Robledo en el diario *La Época*, entre los años 1988 y 1992.

la información que ya había aportado el ex agente Fuenzalida en relación al sujeto que dirigió el operativo contra el "Loro Matías". Dijo que era el oficial de la DINA Fernando Gómez Segovia.

Su marido, Georg Packmoor, estaba a cargo de reacondicionar vehículos que permanecían en el interior de Villa Baviera. Al huir llevó consigo una lista de los autos, con sus modelos y especificaciones técnicas, para comprar —en sus viajes al exterior de Dignidad— modelos iguales que estuvieran chocados y que les permitieran arreglar el número de motor y carrocería para inscribir legalmente los autos que estaban en el fundo y que —según aseveró Packmoor— pertenecían a detenidos desaparecidos.

Dijo que muchas de las piezas de los autos de las víctimas habrían sido llevadas a un taller mecánico que la colonia poseía en la calle Gran Avenida, en Santiago. En sus declaraciones judiciales, Georg Packmoor entregó una lista de vehículos que recordaba haber arreglado en la Colonia, algunos de los cuales coinciden con aquellos en que viajaban diversos detenidos y que, al igual que sus dueños, permanecen hasta hoy desaparecidos. Packmoor habló de un Dodge Dart 290; un British Leyland modelo AA-2S, chassis número 627680; un Fiat 600 Serie 724270, motor 2862668; de dos Renault; un Chevrolet Nova, motor L 6 A 231·59595; un Citroën Yagán y un AK-6. Los modelos y marcas son los mismos de aquellos en que fueron detenidas algunas personas.

Alfredo Rojas Castañeda, ingeniero, director de Ferrocarriles hasta el golpe militar, fue detenido —por segunda vez— en marzo de 1975 cuando iba en su vehículo, un Citroën modelo AK-88 Yagán, patente KR-406 de Providencia. Desde entonces está desaparecido, aunque se sabe que estuvo en la Villa Grimaldi en poder de Marcelo Moren. El arquitecto comunista Alejandro Rodríguez Urzúa fue aprehendido el 27 de julio de 1976 cuando viajaba en su Chevrolet, modelo Chevy Nova, celeste. Su rastro se perdió hasta hoy.

El 26 de mayo de 1976 fueron detenidos Antonio Elizondo y Elizabeth de las Mercedes Rekas por agentes de la DINA que los llevaron en su propia citroneta a la Villa Grimaldi. Ese mismo día, su amigo y compañero, Juan Maino Canales, dirigente del MAPU, también fue aprehendido por agentes de la DINA, quienes se lo llevaron junto a otra citroneta de propiedad de Maino. Una tercera citroneta sustraída a una de sus víctimas es la del médico Carlos Godoy Lagarrigue, quien viajaba en su AX-330 verde el 4 de agosto de 1976 cuando fue detenido. A las pocas horas de su secuestro, fue aprehendido su amigo, colega y compañero, Iván Insunza Bascuñán, que también desapareció con su Renoleta color gris.

José Palomera Vásquez, técnico en construcción de barcos, fue detenido por tres civiles que dijeron ser del SIM, el 4 de diciembre de 1976 en Concepción. Lo condujeron a la Colonia Dignidad y lo introdujeron a un subterráneo de 10 metros de ancho por 125 de largo, donde había unas 125 camas de metal y plegables. Allí pudo ver a unas 60 personas detenidas, que eran sometidas diariamente a interrogatorios nocturnos al aire libre. Palomera perdió todos sus dientes en las torturas. Fue liberado en Santiago, el 12 de abril de 1977, y entregó su testimonio a la Vicaría de la Solidaridad.

En 1988, Schäfer mandó a Willi Malessa, uno de sus hombres de confianza, a desmantelar y cargar los autos en un camión y sepultarlos en un valle cercano, bajo la atenta vigilancia del jefe de seguridad, Erwin Fage. A fines de ese año, según José Morales Norambuena, quien huyó de la Colonia tras permanecer allí 36 años contra su voluntad y ser rebautizado como José Efraín Vedder Veuhoff, se hicieron desaparecer los restos de los detenidos desaparecidos. Morales hizo tales afirmaciones antes de viajar a Alemania.

4.9. El cerco sobre Paul Schäfer

A fines de 1992, tras conocerse algunas declaraciones proporcionadas a la Comisión Rettig, los familiares de Álvaro Vallejos Villagrán presentaron una querella por secuestro ante el Séptimo Juzgado del Crimen de Santiago. Su titular, el juez Lientur Escobar, avanzó rápidamente en sus investigaciones. En diciembre, el magistrado ordenó detener y someter a proceso al ex jefe de la DINA en la Zona Sur, coronel (r) Fernando Gómez Segovia, egresado de la Escuela Militar en 1958 como oficial de infantería y que en 1970 hizo un curso para técnico en radio televisión y electrónica. También agregó a su currículo un curso de administración de personal en la Academia de Guerra. Más tarde realizó un postgrado en Inteligencia en Brasil y un seminario sobre satélites en el Comando de Telecomunicaciones.

Alentado por las diligencias del juez Escobar, el Comité de Defensa de los Derechos del Pueblo, Codepu, presentó en el mismo juzgado una denuncia por 21 desapariciones en Parral entre 1973 y 1974, casos que estaban radicados en el Juzgado de Letras de esa ciudad y que poco habían avanzado. Los casos de desaparecidos en la zona llegaban a la treintena y se habían originado inmediatamente después del golpe de Estado.

Entre el 12 y el 20 de septiembre de 1973 cuatro hombres fueron detenidos por carabineros de Parral y conducidos a la cárcel pública de la ciudad. Se trataba de Hugo Soto Campos, 18 años, estudiante; Aurelio Peñailillo Sepúlveda, 32 años, jubilado por invalidez; Oscar Saldías Daza, 22 años, estudiante; y Luis Evangelista Aguayo Fernández, 21 años, inspector de liceo. El 26 de septiembre de 1973 el libro de novedades del recinto penal señalaba que por orden del gobernador departamental, Hugo Cardemil, fueron entregados a personal del Ejército los cuatro detenidos y un quinto que luego fue devuelto al centro de reclusión.

Las desapariciones prosiguieron el 23 de octubre con un mayor número de víctimas. Siete de los detenidos entre septiembre y octubre fueron llevados a declarar a la fiscalía militar por una patrulla castrense y de ellos nadie volvió a saber. Los nombres consignados en los registros de la cárcel de Parral son: Claudio Jesús Escanilla Tobar, 16 años, lustrabotas; Raúl Alfonso Díaz Mesa, 23 años, obrero; Ireneo Alberto Méndez Hernández, 22 años, socialista; José Ignacio Bustos Fuentes, 52 años, comerciante, comunista; Manuel Eduardo Bascuñán Aravena, 23 años, estudiante, militante socialista; Óscar Abdón Retamal Pérez, 19 años, estudiante socialista; y Roberto del Carmen Romero Muñoz, 23 años, obrero.

También en octubre de 1973 desaparecieron desde la cárcel de Parral otras cuatro personas: Luis Alberto Yáñez Vásquez, 19 años, estudiante, militante del MIR; José Hernán Riveros Chávez, 27 años, obrero de la construcción; Víctor Julio Vivanco Vásquez, 19 años, estudiante, miembro del MIR; y Luis Enrique Riveros Cofré, 21 años, socialista.

Las órdenes del gobernador para trasladar presos a recintos militares y que significó la desaparición de los detenidos, se repitieron en la localidad de Catillo. Ahí las víctimas fueron Ruperto Torres Aravena, 58 años, ingeniero químico; Miguel Rojas Rojas, 52 años, obrero agrícola, socialista; Gilberto Rojas Vásquez, 28 años, carpintero, militante comunista; y Ramiro Romero González, 28 años, dirigente campesino, socialista.

La represión en Parral siguió en 1974. El 28 de julio carabineros detuvieron a Hernán Sarmiento Sabater y Arnoldo Vivian Laurie Luengo, quienes fueron trasladados a Londres 38, donde se les perdió el rastro. Más tarde corrieron la misma suerte José Luis Morales y Juan Francisco Ponce González.

Luego, entre el 18 y el 25 de octubre desaparecieron los obreros agrícolas José Apolinario Muñoz, 33 años; Edelmiro Valdés Sepúlveda, 42 años; Alcibíades Valenzuela Retamal, 23 años; Benedicto de la Rosa Sepúlveda Valenzuela, 64 años; Armando Arnoldo Pereira Merino, 49 años; Luis Alcibíades Pereira Hernández, 31 años; y Rolando Antonio Ibarra Ortega, de 32 años.

Todos los indicios apuntan a que estos hombres fueron conducidos a la Colonia Dignidad, donde habrían sido ejecutados tras someterlos a torturas experimentales.

A comienzos de 1993, el juez Lientur Escobar encargó reos a Hugo Cardemil Valenzuela, coronel (r) de Ejército y gobernador de Parral en 1973; a Pablo Caulier Grant, coronel (r) de Carabineros y gobernador de la misma ciudad en 1973 y 1974; y a los sargentos (r) de Carabineros Diógenes Toledo Pérez y Luis Alberto Hidalgo, acusados de ser autores de secuestro y asociación ilícita.

De Gómez Segovia, en tanto, el magistrado señaló que "en su calidad de jefe de la DINA, facilitó los medios, ya sea información o recintos de detención para personas contrarias al gobierno establecido de la época, como asimismo se vinculó con residentes de la Colonia Dignidad, lo que permite al tribunal atribuirle una calidad de cómplice en los delitos de secuestro y desaparición de Arnoldo Laurie Luengo y Hernán Sarmiento Sabater, y además autor del delito de asociación ilícita, por cuanto reconoce que sus subordinados actuaban con chapas, e ignora sus identidades, y porque Colonia Dignidad ha sido señalada por los habitantes de Parral y organismos internacionales como centro de detención y tortura de la DINA, de la cual Gómez Segovia era el jefe".

En la casa que la DINA ocupaba en Parral, cedida por Colonia Dignidad, vivían Gómez Segovia y uno de sus lugartenientes, el oficial de Ejército Eduardo Guy Neckelmann S., compañero de promoción en la Escuela Militar de Rolf Wenderoth Pozo, Augusto Deichler Guzmán y Nelson Luvecce Massera, todos oficiales que trabajaron en la DINA. Neckelmann había cumplido algunas tareas económicas encargadas por Manuel Contreras. También realizaba misiones de hostigamiento a obispos y sacerdotes de la Iglesia Católica. La casa que la DINA tenía, en Parral, desde comienzos de los años 90 fue ocupada como sede de la Asociación Nacional de Amigos de la Colonia Dignidad.[82]

---

[82] Lautaro Muñoz. "Los 30 que desaparecieron en Parral"; diario *La Nación*, Santiago, 8 de febrero de 1993.

Al finalizar el mes de febrero de 1993 llegó hasta el despacho del juez Lientur Escobar uno de los colaboradores de la DINA en Alemania. Se trataba de Wolf von Arnswaldt, ex cadete de la Escuela Militar que había abandonado Chile en 1971 y que tras el golpe militar se encontraba trabajando para Lan Chile en Francfort.

Von Arnswaldt relató que en 1974 se apersonó en las oficinas de Lan uno de sus ex compañeros en la Escuela Militar llamado Christoph Willike, quien le dijo que trabajaba para el gobierno militar chileno. Poco tiempo después el antiguo camarada le presentó a Alfred Schaak, representante legal de Colonia Dignidad en Alemania y muy cercano a Paul Schäfer.

En los tres años siguientes Von Arnswaldt recibió periódicamente unas maletas que le entregaba Schaak para ser enviadas a Chile, destinadas a la Colonia Dignidad.

En Santiago, las maletas eran recibidas por Alfred Matus, uno de los encargados de Dignidad en la Región Metropolitana, quien tenía sus oficinas en una casona ubicada en la calle Campos de Deportes, en Ñuñoa.

Luego, la DINA encargó a Von Arnswaldt la creación de una oficina periodística en Frankfurt, desde la cual se recogía información sobre los exiliados chilenos en Alemania. A cargo de esa empresa de pantalla quedó Angélica Radman, hermana de otro hombre que también trabajaba para Paul Schäfer.

El coronel Manuel Contreras llevó a su hijo al fundo El Lavadero para que fuera protegido por los colonos alemanes mientras él se dedicaba a cazar militantes de izquierda y partidarios del gobierno de Allende. Hasta allí también llegaron los más diversos personeros del régimen militar para conocer los "talentos" de los colonos y agradecerles sus servicios en la cruzada contra el marxismo internacional. Esos contactos les permitieron no ser molestados durante casi dos décadas, hasta que tras el retorno a la democracia, en 1990, las nuevas autoridades decidieron investigar lo ocurrido al interior del fundo El Lavadero.

Surgieron entonces las redes de protección durante tanto tiempo tejidas.

En 1991, todos los senadores de la derecha, excepto el actual presidente Sebastián Piñera, acudieron en ayuda de Paul Schäfer para impedir que se revocara la personalidad jurídica de la Colonia Dignidad. Los firmantes fueron Sergio Onofre Jarpa, Beltrán Urenda, Sergio Diez, Ignacio Pérez Walker, Sergio Romero, Francisco Prat, Mario Ríos, Hugo Ortiz de

Filippi, Bruno Siebert, Jaime Guzmán, Arturo Alessandri, Ricardo Martín, Olga Feliú, Sergio Fernández, Santiago Sinclair y William Thayer.

En septiembre de 1993, diez miembros de la Corte Suprema fueron recusados para fallar sobre un tema que afectaba a la Colonia debido a sus reiteradas opiniones a favor del reducto. Ellos eran Servando Jordán, Enrique Zurita, Roberto Dávila, Lionel Beraud, Arnaldo Toro, Efrén Araya, Marco Aurelio Perales, Germán Valenzuela Erazo, Hernán Álvarez y Óscar Carrasco.

En 1997, el diario *La Nación* reveló que la senadora designada Olga Feliú, casada con el abogado Waldo Ortúzar, ex abogado integrante de la Corte Suprema, había realizado labores profesionales en defensa de los jerarcas de Villa Baviera. Incluso aparecía gestionando la entrega de un niño chileno dado en adopción al entonces segundo hombre de la Colonia, el doctor Hartmut Hopp. Ministros de la dictadura militar como Sergio Fernández, Mónica Madariaga y Jaime del Valle, se transformaron en abogados o consejeros legales de Schäfer y sus hombres; parlamentarios de los partidos de la derecha –la Unión Demócrata Independiente, UDI, y Renovación Nacional, RN–, en tanto, acudían presurosos a defender a los colonos, intentado transformarlos en víctimas cuando en verdad habían sido implacables homicidas.

A comienzos de abril de 2005, la Corte Suprema concentró en el ministro Jorge Zepeda las investigaciones sobre los delitos cometidos en la Colonia Dignidad y las acusaciones en contra de Paul Schäfer. El juez Zepeda, quien ya investigaba algunos casos desde 2002, reunió los antecedentes recopilados por los ministros de la Corte de Apelaciones de Santiago Alejandro Solís, Sergio Muñoz y Joaquín Billard, y los jueces Gerardo Bernales, de Talca y Ximena Pérez de Parral.

Dos meses después, el 15 de junio, detectives que allanaban Villa Baviera en busca de armas y restos de vehículos enterrados, encontraron cerca de 40 mil fichas ocultas, la mayoría de ellas elaboradas por el comando de operaciones sur y la brigada regional de la DINA. Aquellas fichas revelaron en detalle el paso de los detenidos desaparecidos por la colonia alemana, así como los nombres de sus captores, de sus interrogadores y torturadores, y su destino final.

El juez Zepeda también dio con un cuantioso arsenal conformado por un misil tierra aire, morteros, 50 lanzacohetes, unas 100 subametralladoras, fusiles de asalto, minas antipersonales, miras láser y telescópicas.

Se examinaron, además, las bodegas donde permanecieron los detenidos por la DINA. En el lugar donde más tiempo se detuvo fue en las dependencias de la "Gildehaus", una vivienda cercana al hospital de la Villa, en cuyo subterráneo estaban las bodegas de papas, como lo había señalado casi 30 años atrás René Muñoz Alarcón, el "encapuchado del Estadio Nacional".[83]

Paul Schäfer murió en prisión en Chile el sábado 24 de abril de 2010, a los 88 años de edad. Había sido detenido en Argentina en marzo de 2005 y estaba condenado a siete años de prisión por homicidio calificado; a tres años por infracción a la ley de control de armas; a tres años y un día por torturas y a 20 años por abusos sexuales contra menores que vivían en la Colonia Dignidad.

4.10. Rinconada de Maipú, Tres Álamos y Cuatro Álamos

En diciembre de 1973, mientras se desempeñaba como ayudante en la Subsecretaría de Guerra, el teniente coronel de Ejército César Manrique Bravo fue destinado en comisión extrainstitucional a prestar servicios en la DINA como comandante de la Brigada de Inteligencia Metropolitana, BIM, con asiento en Rinconada de Maipú, lugar que se estaba habilitando como cuartel de los grupos de tarea que estaba creando el coronel Manuel Contreras.

La BIM tenía solo dos secciones, una de Administración y Logística, y otra Operativa, la que era dirigida desde el cuartel central de la DINA. Los agentes operativos integraban cinco o seis grupos de 30 personas cada uno y viajaban todos los días a Santiago, situación que fue variando hasta que en mayo de 1974 las dependencias de Maipú casi solo se usaban como bodegas de pertrechos y materiales de oficina.

En junio de 1974 se abrió el campo de prisioneros Tres Álamos, a cargo de Carabineros, habilitado en un sitio de casi dos hectáreas que se ubicaba en la intersección de las avenidas Vicuña Mackenna y Departamental, en la calle Canadá N° 53, muy próximo a lo que hoy corresponde al paradero 14 de Vicuña Mackenna, en la comuna de La Florida, en el sector sur oriente de Santiago.

Aquel terreno perteneció originalmente a una orden religiosa antes de ser vendido a Carabineros, institución que deseaba construir allí un

---

[83]	Jorge Molina. "La pista química", diario *La Nación*; Santiago, domingo 19 de junio de 2005; y, Mario Aguilera. "Ahora buscan el laboratorio secreto de Dignidad"; diario *Siete*; Santiago, 17 de junio de 2005.

centro juvenil, proyecto que nunca se realizó, pasando a convertirse en un centro de detención para desocupar el Estadio Chile.

El campo fue cercado con paneles de cemento, alambradas de púas y torres de vigilancia. Los edificios principales se convirtieron en oficinas y dependencias de servicios generales para el uso de los oficiales superiores. Se habilitaron tres largas construcciones adicionales con dormitorios cuyas puertas desembocaban a un pasillo cubierto. Cada edificio tenía su propio patio a la intemperie; había uno para hombres, otro para mujeres y un tercero para prisioneros incomunicados. A esta última sección se le denominó Cuatro Álamos, controlado por la DINA, y donde los prisioneros llegaban con sus ojos vendados después de ser interrogados y sometidos a torturas en los cuarteles secretos de los diferentes aparatos represivos de la dictadura militar.

Cuatro Álamos disponía de 12 pequeñas celdas, una celda grande y algunas oficinas. Los detenidos allí no eran reconocidos como tales, permanecían en tránsito y eran ingresados y retirados desde los diversos cuarteles ocultos distribuidos en Santiago y provincias. Un número considerable de personas llevadas allí fueron sacadas y hechas desaparecer por los agentes de la DINA.

Aquellos que no iban a ser asesinados ni interrogados nuevamente, eran transferidos generalmente a Tres Álamos, y solo entonces podían recibir visitas y ser incluidos en las listas oficiales de detenidos. El director de la revista *Punto Final*, Manuel Cabieses, relató su paso por ese campo de concentración:

En Tres Álamos hay unos 400 presos, entre ellos casi 90 mujeres en un pabellón separado. Hay cuatro pabellones, aislados entre sí; uno fue destinado al grupo de cien personas que seríamos obligados a abandonar el país. En la puerta de uno de los pabellones hay un letrero que dice "¡Peligro, no entre, explosivos, material de guerra!". Allí no tiene acceso la Cruz Roja Internacional, ni siquiera el propio comandante del campo de prisioneros, al que hemos visto –cuando nos sacaban a trabajar– atisbando por un agujerito. Se trata del pabellón de los "incomunicados", o sea de las personas que todavía están siendo interrogadas y, por tanto, torturados por la DINA. Son los agentes de la propia DINA los que se encargan de la vigilancia de ese pabellón y a cualquier hora del día o de la noche, preferentemente de noche, van a buscar a los prisioneros para llevarlos a interrogar en las llamadas "casas del terror" en diversos puntos de Santiago.

Las mujeres son frecuentemente castigadas, como respuesta a la valiente y digna actitud que ellas mantienen en prisión. Cuando México, dando un ejemplo al mundo, rompió relaciones con la Junta gorila, las mujeres prisioneras en Tres Álamos lo celebraron cantando canciones de la Revolución Mexicana, por lo cual fueron trasladadas al peor pabellón del campamento, uno de madera que dispone de un patio muy pequeño.

Terminados los interrogatorios y torturas, los prisioneros son trasladados del pabellón de incomunicados a otros pabellones, donde ya pueden recibir visitas. Recién es ese momento, luego de meses, la tiranía admite que los tiene prisioneros. Las visitas son de 5, 10 ó 15 minutos. Colocan una mesa entre el preso y la visita, generalmente su mujer, y le impiden tocarse con las manos. Las prisioneras que son madres pueden recibir una vez al mes a sus bebés y niños, que son allanados por los carabineros. Incluso despojan de sus pañales a los más chiquitos para impedir que con ellos entren o salgan mensajes.[84]

---

[84] Testimonio del periodista Manuel Cabieses Donoso, actual director de la revista *Punto Final*, ante los miembros de la Comisión Internacional de la Junta Investigadora de los Crímenes de la junta militar en Chile; Ciudad de México, 1975. Ver en www.memoriaviva.com

5.1. El asesinato del general Carlos Prats

El viernes 20 de septiembre de 1974 el general Carlos Prats terminó de escribir sus memorias. Las últimas reflexiones, que servirían de prólogo a su libro las plasmó en una "Carta a mis compatriotas". Allí resumió muy sucintamente lo que había sido su salida de Chile y su último año en Argentina:

> Se me informó que grupos fascistoides o esquizofrénicos me buscaban para matarme. Por ética profesional y por la dignidad de los cargos que había desempeñado, no podía tolerar la idea de vivir escondido o de refugiarme en alguna embajada. Por consiguiente, opté por hacer saber al Presidente de la Junta Militar que deseaba salir del país y, para el efecto, solicitaba el salvoconducto y las garantías necesarias para mi seguridad personal.

> Para acceder a mi petición, se me impuso la condición de que previamente declarara, por cadena nacional de televisión, que era falso –como efectivamente lo era– que yo estuviera dirigiendo la organización de la resistencia armada en el sur.

> Salí azarosamente de Chile en la mañana del sábado 15 de septiembre y, desde que ingresé al territorio argentino, se me brindaron las más fraternas atenciones personales, por expresas instrucciones del Comandante en Jefe del Ejército argentino, general Carcagno.

> Antes de asumir la Presidencia de Argentina, me recibió, en Gaspar Campos, el general Perón, ciudadano de América y lúcido observador de la realidad latinoamericana. Tuve el honor de recibir de él las mayores deferencias y –consciente de mi soledad y de mi situación personal– me brindó su apoyo para encontrar un trabajo decoroso que, en la actualidad, me permite subsistir.

Prats extremó su apuro por concluir aquellas memorias. En los días y semanas previas recibió amenazas telefónicas directas y nuevos indicios de que era vigilado muy de cerca por los aparatos de inteligencia del régimen militar que dirigía Augusto Pinochet.

Desde febrero de 1974 había insistido una y otra vez ante el consulado y la Embajada de Chile en Buenos Aires para que se le concediese un pasaporte que le permitiera a él y a su esposa, Sofía Cuthbert, salir de Argentina hacia Europa o algún país americano que le diera mayores seguridades.

A comienzos de septiembre de 1974, el abogado Manuel Valenzuela Bejas le llevó a Prats un urgente mensaje de Carlos Altamirano, instalado por esos días en la República Democrática Alemana. El dirigente socialista fue advertido en agosto de 1974 por Markus Wolff de que la Staci, la inteligencia alemana, tenía la información de un inminente atentado en contra de Prats. Altamirano envió entonces a un emisario personal con pasaportes y dinero para que Prats y su esposa salieran lo antes posible de Argentina. El militar se negó a abandonar el país trasandino sin un pasaporte chileno.

En septiembre de 1973, Prats fue recibido como huésped oficial por el gobierno de Juan Domingo Perón. Su ministro de Economía, José Ver Gelbard, le consiguió un empleo en la administración de una fábrica de neumáticos y el general Jorge Raúl Carcagno, comandante en jefe del ejército trasandino, destinó a un coronel a cargo de la seguridad de su colega chileno. Esa situación, sin embargo, sufrió bruscos cambios que se precipitaron a partir del fallecimiento de Perón, el 1 de julio de 1974.

María Estela Martínez, viuda del líder del justicialismo, y el ministro de Bienestar Social, José López Rega, cambiaron a las jefaturas militares y desplazaron del gobierno a los personeros moderados para robustecer la línea más dura de la derecha peronista. "El Brujo" López Rega lanzó a las calles a los escuadrones de la muerte de la Triple A y a los agentes de la Secretaría de Informaciones del Estado, SIDE, para exterminar a las militancias de los "montoneros", del Ejército Revolucionario del Pueblo, ERP, y de todos los que oliesen a izquierda. Los bandos se enfrentaron a tiro limpio en las barriadas de Buenos Aires y en las principales ciudades del interior. En julio y agosto más de 70 personas cayeron acribilladas o perecieron víctimas de los bombazos.

En Santiago de Chile, en tanto, los altos mandos de la DINA y el general Pinochet estaban enterados desde hacía varios meses de que Prats escribía sus memorias y suponían que en ellas podía estar el germen de una rebelión. Pinochet, además, creía que Prats le había impedido reunirse con Perón antes de su muerte y que ejercía una nefasta influencia entre los militares argentinos. Al promediar el mes de julio, Pinochet tomó la decisión de eliminar al general Prats. El coronel Contreras repitió la orden al jefe del Departamento Exterior de la DINA, coronel Pedro Espinoza, y éste, a su vez, instruyó al mayor Raúl Eduardo Iturriaga Neumann para que se hiciera cargo de los detalles operativos de la tarea.

La DINA mantenía en Buenos Aires una red de agentes y colaboradores que encabezaban el coronel Víctor Hugo Barría, instalado con una identidad falsa en la Embajada de Chile; Enrique Lautaro Arancibia Clavel, quien encubría sus verdaderas actividades aparentando ser un ejecutivo de la sucursal bonaerense del Banco del Estado de Chile; y el capitán Cristoph Willike, el que con diversas identidades se vinculaba preferentemente con uniformados y agentes de los servicios de seguridad argentinos.

Arancibia Clavel, a los 26 años, ingresó a Patria y Libertad en septiembre de 1970, luego del triunfo electoral de Salvador Allende, y fue puesto a cargo de un grupo de militantes que cometió diversos atentados entre el 5 de septiembre y el 22 de octubre de 1973. La Brigada Obrero Campesina, BOC, se atribuyó bombazos contra una estación de televisión, la Escuela de Derecho de la Universidad de Chile, la Bolsa de Comercio y el aeropuerto de Pudahuel. Arancibia también integró la Ofensiva Nacionalista de Liberación, ONL, constituida a fines de 1969 en torno al general Roberto Viaux.

El ocho de octubre de 1970 fue allanada la casa de Arancibia en la comuna de Providencia, pero éste quedó libre luego de denunciar a Viaux como autor intelectual de los atentados. Más tarde fue condenado en rebeldía por su complicidad en el asesinato del general René Schneider. A fines de 1970, Arancibia consiguió eludir a la justicia y tras refugiarse en casa de un conocido en el lago Ranco, cerca de la sureña ciudad de Valdivia, logró huir a Mendoza. De allí se trasladó a Buenos Aires y adoptó la identidad de Luis Felipe Arizmendi, estableciendo sólidos nexos con agrupaciones argentinas de ultraderecha, entre ellas Milicia, dirigida por Martín Ciga Correa, quien era un antiguo agente del servicio de inteligencia argentino, SIDE. También se vinculó muy estrechamente con Raúl Arnaldo Di Carlo, secretario general de la revista *Verbo*, órgano de difusión de la Ciudad Católica, entidad protegida por la Fundación Pacinter, cuya corriente provenía de la organización Ciudad Católica de Francia.[85]

Tras el golpe militar de 1973, Arancibia Clavel viajó en noviembre a Chile y se puso a disposición de la DINA en el cuartel general de calle Belgrado –hoy José Carrasco Tapia–, a una cuadra de la Plaza Italia. Quedó adscrito a la Brigada de Inteligencia Metropolitana, BIM, bajo la chapa de "Luis Felipe Alemparte". La cobertura para cumplir funciones en Argentina se la proporcionó el Banco del Estado de Chile, creándole un puesto en su oficina comercial de Buenos Aires, con un sueldo mensual de 1.800 dólares.

Manuel Hernández Anguita, representante del Banco del Estado en Buenos Aires desde octubre de 1973 a octubre de 1978, declaró años más tarde:

En abril de 1974 fui llamado telefónicamente a Buenos Aires para que me presentara dos días después en Santiago ante el presidente del Banco del Estado, el general de Aviación Enrique González Batlle. En ese encuentro me fue presentado Arancibia Clavel, expresándome que había sido contratado y designado en la capital argentina. Se me explicó que no tendría relación de dependencia. El señor Arancibia no tenía horario de trabajo, sus honorarios eran pagados directamente por el Banco del Estado, oficina principal, ejecutando trabajos que serían encomendados directamente y de los cuales yo no tenía por qué tener conocimiento.[86]

Poco después de su designación, Arancibia Clavel recibió un télex de la DINA desde Santiago:

Ha sido designado como delegado de Inteligencia Nacional en Baires el coronel Juan Barría Barría, ocupando el puesto de consejero de nuestra embajada. Él se encargará de los contactos oficiales entre la embajada y los servicios de inteligencia. El coronel Barría es un representante oficial y tú eres un jefe de información clandestina. Tus relaciones con él deben ser totalmente encubiertas. No te debes 'quemar'. Saludos, Luis Gutiérrez.

En la red construida para la DINA por Arancibia en Buenos Aires figuraron Germán Vogel-Blaya, ex funcionario de la embajada chilena;

---

[85] Los miembros de la revista *Verbo* refugiaron por algún tiempo a Enrique Arancibia Clavel en un convento. Raúl Di Carlo viajó a Chile y estableció relaciones e intercambios de información con Álvaro Puga, agente de la DINA, y Gastón Acuña, un destacado nacionalista que más tarde fue director del diario *La Nación*.

[86] Proceso rol 2.182-98 denominado caso Prats.

Jaime Patricio Arrau y Eduardo Delgado Quilodrán, ambos gerentes de Lan Chile; Mario Igualt Pérez y Nicolás Díaz Pacheco, inculpados en el proceso por el crimen del general Schneider; el argentino Eladio Acuña y el español Alfonso Morata Salmerón, antiguo amigo de Sergio Onofre Jarpa y recaudador de fondos para la campaña de Jorge Alessandri. Otros dos eran Renato Maino y Francisco Fernández.

Los agentes de la DINA y sus contactos se reunían en la joyería Orbis, ubicada en la calle Uriburu al 400, propiedad de Jorge Iturriaga Neumann. Entre los visitantes más habituales destacaban el propio Arancibia, Vartan, Samuel Papasian, Fernando Aninat, Alberto Parot y Fernando Arrau Henríquez. También se congregaban en un restaurante de la calle Suipacha llamado "Los Chilenos".[87]

A mediados de 1974, la DINA le informó a "Luis Felipe Alemparte" que "Luis Gutiérrez", el apodo que tenía el jefe de las operaciones internacionales de la DINA, se trasladaría a Buenos Aires para una misión especial. Se trataba del mayor Raúl Eduardo Iturriaga Neumann, bajo la identidad encubierta de "Diego Castro Castañeda", cuya tarea principal era contactarse con miembros del grupo Milicia para que algunos de sus integrantes, previo pago de unos 25 mil dólares, asesinaran al general Carlos Prats. El encargo, sin embargo, no prosperó. Los argentinos temieron que el atentado les acarreara muchas más dificultades que probables beneficios. Se pensó luego encomendar el trabajo a una banda de croatas neonazis radicada en Montevideo, pero también se desechó aquella posibilidad.

Por esos días, en Santiago, durante una breve visita al cuartel general de la DINA, Arancibia Clavel conoció personalmente a Michael Townley, quien ya había iniciado junto al coronel Pedro Espinoza los preparativos dc un nuevo plan para suprimir al general Prats. El estadounidense pidió a Espinoza los explosivos necesarios para el atentado. Los probó y no le gustaron. Le proporcionaron otros, adquiridos en Panamá, que sí le satisficieron. Viajó enseguida a Buenos Aires, pero sin el apoyo necesario no pudo acorralar a Prats y retornó a Chile para afinar mejor los detalles de la operación.

A fines de agosto, la DINA envió a Buenos Aires a un grupo de agentes para que vigilaran a Prats y prepararan todos los detalles que requería el atentado. Entre ellos viajaron Maximiliano Ferrer Lima, José Zara Holger y Armando Fernández Larios, que se sumaron a Raúl Iturriaga, Juan Morales

---

[87]　Proceso rol 2.182-98 denominado caso Prats.

Salgado y Cristoph Willike, instalados en la capital del vecino país. Los preparativos de la DINA coincidieron con la salida rumbo a Brasil, a un supuesto curso de inteligencia, de otro número significativo de agentes, cuyo destino real aún permanece en el misterio. Ese grupo estuvo conformado, entre otros, por Fernando Lauriani Maturana, Jorge Escobar Fuentes, Sergio Peñaloza Marusic, Manuel Carevic Cubillos, Sergio Wenderoth Sanz, Marco Antonio Sáez Saavedra, Rolando Mosqueira, Germán Barriga Muñoz y Jaime García Covarrubias.

También cruzó la cordillera Celinda Aspé Rojas, alias "Carolina Bascuñán Rodríguez", quien trabajaba en la agrupación Lautaro bajo el mando del capitán Juan Morales Salgado. Este oficial llevaba varios meses siguiendo los pasos del general Prats y había enviado un detallado informe de sus hábitos, costumbres y rutinas al coronel Manuel Contreras. Otro agente que se sumó a la operación fue Reginaldo Valdés Alarcón, alias "Robinson", estafeta personal del coronel Pedro Espinoza.

Michael Townley, bajo la identidad de Kenneth Enyart, viajó con su esposa, Mariana Callejas, aproximadamente el 20 de septiembre. Entre sus ropas llevaba los explosivos y los elementos técnicos necesarios para instalar y hacer explotar una bomba en el automóvil de Prats.

La pareja se hospedó en diversos hoteles céntricos. En uno de ellos, Townley construyó la bomba con dos cartuchos de C4 y tres detonadores. Raúl Iturriaga le mostró el edificio donde residía la víctima y el norteamericano y su mujer comenzaron a esperar el momento propicio para instalar el artefacto explosivo. Era día viernes cuando encontraron abierta la puerta del garaje del edificio del matrimonio Prats Cuthbert. Townley entró. Callejas lo esperó afuera, en un automóvil Renault. El hombre caminó hasta el fondo del garaje y se recostó en el suelo para colocar la bomba debajo de la parte central del Fiat de Prats. La ató a la cruceta de la barra y al lado de la transmisión, justo debajo del asiento del conductor. Segundos después, abandonó el garaje mezclándose con un grupo de personas que se retiraba de una fiesta.

Prats y su esposa salieron a bordo del vehículo temprano el sábado y se dirigieron a una quinta en las afueras de Buenos Aires, donde pasaron el día con unos amigos. En la noche fueron a ver la película *Pan y chocolate* en compañía de Ramón Huidobro, ex embajador de Allende en Argentina, y su cónyuge. Luego, los cuatro cenaron carnes en un pequeño restaurante.

A las 00:50 de la madrugada del domingo 30 de septiembre de 1974, Townley y Callejas divisaron el automóvil de Prats acercándose a su residencia. Cuando se detuvo frente al garaje, la mujer presionó el detonador radial, pero no funcionó. Townley le quitó el artefacto, encendió el interruptor de seguridad y activó la bomba.

Una explosión estruendosa arrancó de sus camas a los vecinos del edificio de la calle Malabia 3351, a metros de Libertador. Atónitos, miraron desde sus balcones un escenario de horror. Los restos del Fiat 125 se hallaban esparcidos 50 metros a la redonda. Del lado derecho de los restos del carro estaba el cuerpo irreconocible de Sofía Cuthbert. Le faltaban ambas piernas y el brazo izquierdo. Tenía heridas expuestas y quemaduras en varias partes del cuerpo. Sobre la mitad de la acera yacía el cadáver del general, quemado. El portón del garaje estaba hundido hacia adentro. Las luces del entorno seguían apagadas, como lo habían estado siempre en los días previos.

Años después, uno de los vecinos de Prats, Cymric Federico Bridges, gerente de una empresa comercial de motores llamada Perkins, recordó que por ese tiempo, justo frente a la salida del departamento de los Prats, hubo por un período largo un automóvil Ford Falcon verde estacionado con una o dos personas adentro; y, asimismo, entre el domicilio del general y la Avenida del Libertador, se instaló un kiosco de flores que le llamó la atención porque la gente que lo atendía no tenía aspecto de floristas y más bien se parecía a quienes ocupaban el coche que vigilaba. Refirió, asimismo, que el puesto de flores, después de la noche de la explosión, desapareció, al igual que el Ford Falcon.[88]

5.2. Los orígenes del Plan Cóndor

Los orígenes del llamado Plan Cóndor hasta hoy están difusos. La mayoría de los investigadores ha señalado una reunión efectuada a fines de noviembre de 1975, en Santiago, como el momento de la partida de las operaciones conjuntas entre los servicios de inteligencia de los gobiernos militares de la región. No obstante, la información desclasificada en la última década por Washington permite afirmar con bastante solidez que los

---

[88] Ver Mónica González y Edwin Harrington. *Bomba en una calle de Palermo*; Santiago: Editorial Emisión, 1987. Lilian Olivares. "Testimonio secreto de Townley sobre el atentado al general Prats"; diario *La Segunda*; Santiago, 27 de abril de 1983. Se sugiere también revisar el seguimiento del caso que hizo el periodista Ascanio Cavallo en los años 1982 y 1983 para la revista *Hoy*.

comienzos de la cooperación represiva se remontan hacia fines de 1973 y comienzos de 1974, y que desde un principio contó con el apoyo de la CIA.

Manuel Contreras declaró en 2000 que poco tiempo después del golpe militar en Chile, Pinochet le ordenó pedir apoyo a la CIA para organizar la DINA. Agregó que se había reunido con el general Vernon Walters, subdirector de la agencia de inteligencia norteamericana, y que en marzo de 1974 la CIA envió ocho oficiales a Chile para ayudar a formar la policía secreta.[89]

Ray Warren, el jefe de la estación de la CIA en Santiago, jugó un papel decisivo en esa ayuda a Contreras. Consiguió el apoyo del SIN de Brasil, cuyos oficiales capacitaron a los agentes de la DINA en diversas materias de inteligencia, incluidos los métodos de interrogatorios y torturas.

En un informe de la CIA al Congreso estadounidense en 2000 se aseguró que Contreras había sido un recurso importante de la CIA entre 1974 y 1977 y que recibió un pago no especificado por sus servicios.

Contreras puso al frente de las operaciones extraterritoriales al mayor Raúl Eduardo Iturriaga Neumann, quien entre febrero de 1963 y marzo de 1966 había sido asignado al Octavo Grupo de Fuerzas Especiales en el Fuerte Gulick, en la zona del canal de Panamá, donde se transformó en instructor de varios cursos en la Escuela de las Américas. En 1970 asistió a un curso de tres meses para oficiales de inteligencia de alto nivel en Fort Holabird, en Maryland.

En febrero de 1974 se reunieron en Buenos Aires los representantes de las policías secretas de Bolivia, Brasil, Chile, Paraguay, Uruguay y Argentina en el denominado Primer Seminario de Policía sobre la Lucha Antisubversiva en el Cono Sur. Ahí se analizó el modo de establecer un sistema de coordinación que les permitiera intercambiar datos sobre los dirigentes y militantes de la izquierda continental. Una de las primeras medidas fue recomendar que trabajaran juntos los jefes policiales y los jefes de los organismos militares de inteligencia, conformando una especie de Interpol dedicada a la lucha contrainsurgente.

Un documento desclasificado del Departamento de Estado agregó mayor información, indicando que en marzo de 1974 "Perón autorizó a la Policía Federal Argentina y a la Inteligencia argentina a colaborar con la Inteligencia chilena para capturar a extremistas de izquierda chilenos que estaban exiliados en Argentina. Arreglos semejantes también se habían

---

[89] Lilian Olivares. "Contreras cuenta sus relaciones con la CIA y con el mundo que lo rodea en Punta Peuco"; diario *La Segunda*, Santiago, 29 de septiembre de 2000.

hecho con los servicios de seguridad de Bolivia, Uruguay y Brasil. Esta cooperación entre fuerzas de seguridad aparentemente incluía el permiso para que funcionarios extranjeros operaran al interior de Argentina en contra de los exiliados nacionales de sus países... Esta autoridad incluía, supuestamente, el arresto de tales exiliados y su traslado al país de origen sin recurso legal alguno".

Por esa fecha, la CIA detectó que la DINA y sus aliados trataban de establecer un centro de operaciones encubiertas en Miami para vincularse con la comunidad de cubanos anticomunistas.[90]

A fines de 1974 los planes de colaboración impulsados por Contreras habían encontrado buena acogida en algunos países. En Paraguay, el coronel Benito Guanes los veía con buenos ojos y solo tenía algunas mínimas reticencias; en Uruguay, el interés principal era que se integrara Argentina para poder capturar a los tupamaros refugiados en ese país: si los argentinos podían ayudar con el SIDE o con la Triple A, podrían establecer un amplio trato recíproco.

Desde Brasil, en tanto, el general Joao Baptista Figueiredo, director del SIN, dio una buena noticia. En carta dirigida al coronel Contreras, el 21 de agosto de 1975, le explicó que "para adelantarse a los posibles efectos de la victoria de los demócratas en los Estados Unidos, es necesario neutralizar antes a autoridades eclesiásticas, conocidos políticos socialdemócratas y demócrata cristianos de ambos países, que podrían contar con el apoyo mayor de la administración norteamericana". El 28 de agosto respondió Contreras, con el "entusiasta y total apoyo" de su organización a las proposiciones del SIN. La DINA recibiría, pocos días después, 600 mil dólares adicionales a su presupuesto para extender sus operaciones en el exterior.

En el sexto piso de la calle Moreno 1417, en Buenos Aires, bajo la cobertura de la Superintendencia de Seguridad Federal, empezó a funcionar un departamento especial dedicado a recibir y entregar información a los chilenos. En Brasil, vinculada a la agregaduría militar, se instaló otra sección especial. Los nexos con Uruguay se establecieron con la temible Compañía de Contrainformaciones del Ejército, dependiente del Departamento II del Estado Mayor, con especial participación del mayor Carlos Rossel, que viajó a Chile con cierta frecuencia. En Paraguay, el coronel Benito Guanes, jefe de la J-2, la división del Ejército destinada a inteligencia,

---

90   Uno de las mejores investigaciones sobre el trabajo conjunto de las policías secretas de las dictaduras de América del Sur corresponde a J. Patrice McSherry. *Los Estados depredadores: La Operación Cóndor y la guerra encubierta en América Latina*; Santiago: LOM ediciones, 2009.

mantuvo una línea directa y abierta. Vianel Valdivieso, en tanto, un oficial muy cercano a Contreras, tomó contacto en Madrid con la Savak, la policía secreta de Irán.

Una de las primeras tareas formales de la red Cóndor fue la detención en Paraguay del mirista chileno Jorge Isaac Fuentes Alarcón, el 16 de mayo de 1975, en la localidad de La Enramada, cuando ingresaba a ese país por vía terrestre proveniente de Argentina. La policía lo condujo a Asunción, donde se le interrogó y fichó. Permaneció allí detenido, hasta que el 23 de septiembre fue entregado a agentes de la DINA que viajaron a buscarlo para trasladarlo a Chile, a la Villa Grimaldi. El "Trosko" Fuentes, como lo apodaban sus compañeros del MIR, llegó infectado con sarna y los agentes de la DINA lo trataron como a un perro, haciéndolo dormir en una casucha, recibiendo el apodo de "pichicho". Allí permaneció hasta enero de 1976, fecha desde cuando se ignora su paradero.

Leonardo Schneider Jordán, alias "El Barba", ex integrante del MIR y posterior colaborador de la DINA, declaró ante la justicia que Jorge Fuentes fue traído a Chile por Marcelo Moren Brito y Osvaldo Pinchetti. Agregó que un sargento al que apodaban "El Chacra" quemó su ropa, cometiendo una infidencia al decir que se había ido "p´abajo", trabajo que hacía un grupo de la DINA que no era de la Villa Grimaldi.[91]

5.3. La Operación Colombo

Las bases iniciales de la red Cóndor le permitieron a la DINA montar desde los primeros meses de 1975 una vasta acción sicológica que se conoció más tarde como Operación Colombo o "Caso de los 119". Ella se inició con la difusión de informaciones que indicaban que el MIR estaba preparando cientos de guerrilleros en distintas ciudades argentinas para hacerlos ingresar clandestinamente a Chile e iniciar una ofensiva contra el gobierno militar.

Periodistas de diversas agencias de noticias en el exterior y algunos editores y reporteros de los diarios chilenos *El Mercurio*, *La Tercera*, *Las Últimas Noticias* y *La Segunda*, colaboraron con la acción de propaganda digitada por la DINA.[92]

---

[91] Proceso rol 2.182-98 instruido por el ministro de fuero Juan Guzmán Tapia, donde se investigó como episodio separado los hechos vinculados a la denominada "Operación Cóndor".

[92] Copia del Fallo del Tribunal de Ética del Consejo Metropolitano del Colegio de Periodistas, del 21 de marzo de 2006, fojas 2983 a 3088. Ver fallo completo en http://www.purochile.org/27952-Fallo_final_completo.doc.

En abril de 1975 fue encontrado en un sótano de Buenos Aires un cuerpo destrozado por una explosión con un cartel que decía "dado de baja por el MIR". Se informó que pertenecía a David Silberman, un ingeniero comunista que había sido secuestrado por la DINA desde una cárcel de Santiago donde cumplía una condena impuesta por un consejo de guerra, pero que luego fue secuestrado por la DINA y desapareció misteriosamente. El cuerpo no era el de Silberman.

El 4 de junio se informó que el capitán de Ejército Osvaldo Heyder había sido asesinado en Talca por un comando mirista. Casi 20 años después se sabría que el oficial fue ejecutado por dos miembros de la Colonia Dignidad, comisionados para ello por la DINA, que culpaba al uniformado de haber colaborado con algunos detenidos.

"Extremistas chilenos son adiestrados en guerrilla", publicó *La Segunda* el 12 de junio;

"Paso de miristas armados a Chile", tituló *El Mercurio* el 16 de junio de 1975, mientras ese mismo día la portada de *Las Últimas Noticias* señalaba: "Extremistas cruzan la frontera".

El 12 de julio aparecieron en Buenos Aires otros dos cuerpos baleados y quemados con una leyenda similar a la anterior. La dictadura chilena informó que se trataba de otros dos desaparecidos –Jaime Robotham Bravo y Luis Guendelman Wisnik–, pero tampoco era efectivo. Robotham, militante del PS, y Guendelman, miembro del MIR, habían sido detenidos por la DINA en Santiago a fines de 1974. Parientes cercanos viajaron a Buenos Aires y comprobaron que los cadáveres calcinados no correspondían a sus buscados familiares.

El punto culminante de la Operación Colombo se registró los días 17 y 19 de julio de 1975, cuando primero el diario brasileño *Novo O'Dia*, de breve existencia, informó que 59 militantes chilenos de izquierda habían sido ejecutados en Argentina por sus propios compañeros debido a ajustes de cuentas políticas. El día 19, la revista argentina *Lea*, que circuló solo por ese día, publicó que "extremistas chilenos han sido eliminados en los tres últimos meses por sus propios compañeros de lucha en un vasto e implacable programa de venganza y depuración política". En otra página, bajo el título "Los que callaron para siempre", entregó 60 nombres distintos a los 59 publicados en *Novo O'Dia*. Las víctimas de ambos informes sumaban 119 personas, la mayoría del MIR. El financiamiento del montaje provino de la Línea Aérea Nacional, LAN, y de la embajada de Chile en Brasil.

El 24 de julio de 1975, *La Segunda* publicó en portada tal vez el titular más representativo de aquella operación de la DINA: "Exterminados como ratas: 59 miristas chilenos caen en operativo militar en Argentina".

Mediante la Operación Colombo, ideada por el muy secreto Departamento de Operaciones Clandestinas de la DINA, que entre otros dirigió Raúl Eduardo Iturriaga Neumann, Pinochet y Contreras quisieron hacer creer a los chilenos que quienes eran requeridos por sus familiares como detenidos desaparecidos en realidad habían huido a Argentina, país donde estaban siendo ajusticiados, acusados de traición, por sus propios compañeros.[93]

El 27 de agosto de 1975, en el "Gacebo", un lujoso restaurante ubicado sobre una de las muchas colinas de Caracas, el coronel Contreras cenó con Rafael Rivas Vásquez, el director de la Disip.* El jefe de la DINA le expuso sus planes internacionales y le pidió ayuda para vigilar a los exiliados chilenos. Helados de champaña, servidos entre plato y plato,

---

[93] El 26 de mayo de 2008 el juez Víctor Montiglio procesó a 98 ex agentes de distintas ramas de las Fuerzas Armadas, Carabineros e Investigaciones por 42 víctimas de la Operación Colombo. Los procesados fueron Manuel Contreras Sepúlveda, Pedro Espinoza Bravo, Raúl Iturriaga Neumann, Marcelo Moren Brito, Miguel Krassnoff Marchenko, Ricardo Lawrence Mires, Basclay Zapata Reyes, Conrado Pacheco, Francisco Ferrer Lima, Gerardo Urrich, Orlando Manzo Durán, Risière Altez España, Fernando Lauriani Maturana, Víctor Molina Astete, Sergio Castillo González, Eduardo Guerra Guajardo, Víctor San Martín Jiménez, José Fuentes Torres, Manuel Carevic Cubillos, Jaime Paris Ramos, César Manríquez, Raúl Toro Montes, Eduardo Reyes Lagos, Orlando Torrejón Gatica, Osvaldo Tapia Álvarez, Juvenal Piña Garrido, Juan Suárez Delgado, Nelson Paz Bustamante, José Aravena Ruiz, Luis Torres Méndez, Raúl Soto Pérez, Jorge Andrade Gómez, Juan Escobar Valenzuela, Rolando Concha Rodríguez, Gustavo Apablaza Meneses, Hiro Álvarez Vega, Víctor Álvarez Droguett, Jorge Venegas Silva, Carlos Rinaldi Suazo, Carlos Letelier Verdugo, Reinaldo Concha Orellana, Máximo Aliaga Soto, Hugo Clavería Leiva, Samuel Fuenzalida Devia, Juan Urbina Cáceres, Hugo Hernández, Manuel Rivas Díaz, Herman Alfaro, Eugenio Fieldhouse, Osvaldo Castillo, Gerardo Godoy García, Ciro Torré Sáez, Alejandro Molina Cisternas, Camilo Torres Negrier, Héctor Lira Aravena, José Fritz Esparza, Claudio Pacheco Fernández, Jorge Sagardia Monge, Sergio Castro Andrade, Luis Villarroel Gutiérrez, Armando Cofré Gómez, Fernando Roa Montaña, Gerardo Meza Acuña, Enrique Gutiérrez Rubilar, Luis Mora Cerda, José Muñoz Leal, Juan Duarte Gallegos, Carlos Miranda Meza, Rufino Jaime Astorga, Luis Urrutia Acuña, Luis Zúñiga Ovalle, Pedro Alfaro Hernández, Orlando Inostroza Lagos, Rosa Ramos Hernández, Gustavo Caruvan Soto, Héctor Valdebenito Araya, Manuel Avendaño González, José Mora Diocares, Guido Jara Brevis, Nelson Ortiz Vignolo, Ruderlindo Urrutia Jorquera, Héctor Flores Vergara, Jerónimo Neira Méndez, Manuel Montré Méndez, Heriberto del Carmen Acevedo, Claudio Orellana de la Pinta, Nelson Iturriaga Cortés, Luis Gutiérrez Uribe, José Ojeda Obando, Delia Gajardo Cortés, Hernán Ávalos Muñoz y Teresa Navarro Osorio. Sobre la Operación Colombo, ver Eugenio Ahumada y otros: *Chile La Memoria Prohibida*; Tomo II; Santiago: Pehuén Editores, 1989. El mejor trabajo de investigación sobre las víctimas corresponde a Lucía Sepúlveda. *119 de nosotros*; Santiago: LOM ediciones, 2005.

* Dirección General Sectorial de los Servicios de Inteligencia y Prevención de Venezuela (N.E.).

ayudaban a limpiar el paladar de los contertulios mientras medían con cuidado sus palabras.

Contreras no mencionó que venía de Langley, Virginia, donde había sostenido varias reuniones con el general Vernon Walters, el director adjunto de la CIA. Dijo sí que la recién creada Junta Coordinadora Revolucionaria –una alianza continental de grupos guerrilleros de izquierda– trasladaría su sede desde Buenos Aires a Caracas.

La DINA mantenía una vasta red de informantes entre los chilenos residentes en Caracas. Casi todos pertenecían a una secta esotérica llamada Sociedad Filosófica Hermética, cuya sede estaba en la Quinta María, en la avenida de Los Palos Grandes.

Todos –incluidos varios funcionarios de la embajada chilena– usaban en el cuello un distintivo llamado *ankh*, conocido también como cruz ansada, símbolo originario de Egipto donde incluso fue adoptado por Akenaton, desafortunado faraón que intentó imponer vanamente el monoteísmo algunos miles de años antes de Cristo.

El jefe de la Disip respondió que le comunicaría su decisión en las semanas siguientes. Contreras siguió hacia Brasil, Uruguay, Paraguay, Argentina y Bolivia. En Brasil, con el general Figueiredo, acordó varias operaciones conjuntas en Europa.

En octubre, Contreras envió al coronel de Aviación Mario Jahn, subdirector de la DINA, a entregar personalmente las invitaciones a sus colegas de los países vecinos a una "Reunión de Trabajo de Inteligencia Nacional" que se efectuaría en Santiago a partir del 25 de noviembre bajo el más "estricto secreto". En el acta de clausura de esta reunión, el 28 de noviembre de 1975, estamparon sus firmas el coronel Contreras, por Chile; el coronel Benito Guanes Serrano, por Paraguay; el capitán José Casas, por Argentina; el mayor Carlos Mena, por Bolivia; y el coronel José A. Fons, por Uruguay. Todos quedaron comprometidos para reunirse nuevamente en Santiago en junio de 1976, una semana antes de la programada Conferencia de los Ejércitos Americanos.[94]

---

[94] Aparte del libro de McSherry, op. cit., ver John Dinges. *Operación Cóndor. Una década de terrorismo internacional en América del Sur*; Santiago: Ediciones B, 2004. Y Martín Andersen: *Dossier Secreto*; Buenos Aires: Editorial Planeta, 1993. La fuente principal de este último libro fue Robert Scherrer, agente del FBI destacado en Buenos Aires, quien murió dos años después, en 1995.

5.4. La conexión cubana

Michael Townley y Mariana Callejas llegaron a Miami a comienzos de febrero de 1975. Se alojaron unos días en Boca Ratón, donde habitaba Jay Vernon, el padre del agente de la DINA, que había abandonado la Ford y trabajaba como vicepresidente del First National Bank, en el lado sur de la capital de Florida. La pareja hizo algunas compras de artículos electrónicos y luego empezó a contactar a varios de los más connotados miembros de los grupos de exiliados cubanos.[95]

Algunas referencias indican que el coronel Pedro Espinoza le proporcionó a Townley los nombres de algunos de sus contactos; otras, señalan que la conexión la hizo Vladimir Secen, socio en algunos negocios con el padre de Townley y ex integrante de los grupos croatas pro nazis que combatieron en contra de los guerrilleros yugoslavos de José Broz Tito en la Segunda Guerra Mundial.

Secen estuvo vinculado en la década de 1960 a Mile Ravlic, un activo miembro de los servicios secretos croatas que colaboraron con la Gestapo y la SS en la persecución de sus compatriotas durante la ocupación de Yugoslavia. Tras la derrota de los nazis a manos del Ejército de Liberación Nacional Yugoslavo, Ravlic huyó en 1945 a Austria y de allí a Italia, donde se mostró ante las fuerzas estadounidenses de ocupación como un declarado anticomunista, y consiguió empleo de traductor de la policía militar de los norteamericanos en Roma. En esas labores se vinculó al diplomático argentino José Antonio Güemes, caballero de la Orden de Malta, que le consiguió una nueva identidad y un pasaporte para viajar a Argentina, país al que llegaron varios de los más destacados criminales de guerra croatas y fundaron en Buenos Aires el gobierno en el exilio del Estado Independiente de Croacia, reconocido solo por el Rey Hussein de Jordania y el general Chiang Kai Shek, de Taiwán.

Ravlic, bajo el falso nombre de Milosz de Bogetich, trabajó para el general Rafael Leónidas Trujillo, reclutando emigrantes croatas para su custodia, bajo el amparo de la CIA, hasta que la agencia estadounidense decidió prescindir del dictador de la República Dominicana. En esa época, el representante de Ravlic en Europa, en la capital de Alemania, era Vladimir Secen.

---

[95]   Manuel Contreras ha afirmado que Jay Vernon Townley, el padre de Michael Townley fue jefe de la CIA en Chile a fines de la década de 1950.

Townley se entrevistó con Secen, Pablo Castellón y Felipe Rivero; con los integrantes del Movimiento Nacionalista Cubano, MNC, Ignacio Novo y Sergio Gómez; y con el jefe militar de la Brigada 2506, Armando López Estrada.

La Brigada 2506, cansada de las promesas de la CIA y de los gobiernos estadounidenses, anunció en 1975 su irrestricta adhesión a un nuevo paladín del anticomunismo, el general Augusto Pinochet, a quien concedió la Medalla de la Libertad, el único extranjero hasta ese instante que recibía tamaño honor.

Felipe Rivero, en tanto, era el autor de la consigna de una "guerra a través de todos los caminos del mundo" y condujo a sus seguidores a sabotajes contra barcos que comerciaban con Cuba y a esporádicos bombazos contra los diplomáticos de la isla caribeña en América Latina. Se hizo famoso en 1967, en Canadá, cuando disparó una bazuca contra el pabellón cubano en la Expo Mundial que se desarrollaba en Montreal.

Rivero intentó, poco después del golpe militar en Chile, que Pinochet reconociera al MNC como el verdadero y único gobierno cubano en el exilio. Para ello, en diciembre de 1974, envió a Santiago a dos miembros de su organización, Guillermo Novo y José Dionisio Suárez, junto a otro líder del exilio cubano, el doctor Orlando Bosch, los que fueron tratados con bastante rudeza por los agentes de la DINA, conducidos encapuchados a algunas mazmorras e interrogados ásperamente durante largas horas.

Después de aclararse las intenciones de los cubanos, abandonaron Chile con algunas esperanzas de ayuda, las que empezaron a concretarse poco después en una reunión formal en la embajada de Chile en Washington con el primer secretario, Tomás Amenábar, para discutir algunos proyectos conjuntos, y a la que asistieron Novo, Suárez, José Ponjoan y Ricardo Pastrana, de Nueva Jersey; y Humberto Medrano, de Miami.

Rivero envió a Townley y su mujer a conversar con Guillermo Novo en Newark, Nueva Jersey, a quien le advirtió de la visita de los agentes de la DINA y lo instruyó para que, a través de ellos, pidiera al régimen chileno un apoyo explícito y efusivo para el MNC, que lo pudiera poner a la cabeza del exilio cubano en Estados Unidos.

La misión de los agentes chilenos era eliminar a algunos de los asistentes a una reunión sobre política y derechos humanos que se efectuaría en México, a la que concurrirían varios de las más destacados dirigentes de la Unidad Popular, entre ellos Hortensia Bussi, Carlos Altamirano, Volodia

Teitelboim, Clodomiro Almeyda y Orlando Letelier. Townley recibió el encargo de matarlos y un sobre con 25 mil dólares para el cometido. No obstante, requería de algún apoyo y consideraba que los cubanos de Miami podían prestárselo.

Los agentes de la DINA llegaron a Nueva Jersey, contactaron telefónicamente a Novo y lo invitaron a cenar. No se conocían. Novo llegó con José Dionisio Suárez y Armando Santana. Desconfiaban, creían que Townley podía colaborar con la CIA o ser informante del FBI. El rubio y espigado estadounidense que trabajaba para la DINA les relató con detalles los malos ratos que habían pasado los cubanos en Santiago en diciembre, pero aquella información fue insuficiente y el recelo se mantuvo. Novo les pidió a los chilenos que se alojaran en un motel cercano para poder contactarlos. Allí llegaron los tres cubanos al día siguiente con pistolas en la mano. Revisaron las maletas y volvieron a interrogarlos minuciosamente. Tras largos esfuerzos, Townley logró convencerlos y les explicó la importancia de su misión: un golpe demoledor a la incipiente organización del exilio chileno; y el plan: instalar poderosas bombas en la reunión que al explotar acabarían con varios de los asistentes y sembrarían el terror entre los comunistas y socialistas, los principales opositores a Pinochet.

Novo aceptó proporcionar los explosivos y el apoyo de un miembro del MNC que colaboraría en la misión y con el que debían reunirse en Miami. Pocos días después hicieron el contacto con "Javier Romero", nombre de combate de Virgilio Paz, un joven de 23 años, cabello negro y una cuidada barba, que simularía ser primo de Mariana Callejas.

Townley había recibido de Novo explosivo plástico, TNT y mecha detonante. En Miami, en la tienda Silmar Electric Company, adquirió los elementos que le faltaban. El principal era una especie de bipper, marca Fanon-Courier, que le permitiría, después de algunos arreglos, detonar las bombas desde un control remoto. Compraron también una casa rodante, elementos de camping, tenidas deportivas e incluso una caña de pescar. Simularían ser un matrimonio con un primo, en viaje de descanso. Novo los proveyó de licencias de conducir falsas a nombre de Andrew y Ana Brook. Los trámites y preparativos, sin embargo, tardaron demasiado.

Townley llamó a Santiago al mayor Raúl Iturriaga y le avisó que la reunión de los chilenos en México había terminado el 20 de febrero. Iturriaga le ordenó que fueran igual y que atentaran contra cualquier izquierdista chileno importante. Había que dar una lección a los chilenos y mexicanos, le dijo el jefe del aparato exterior de la DINA.

Los tres llegaron a Ciudad de México el 16 de marzo pero, imposibilitados de montar un ataque explosivo, armaron una red de contactos con partidarios de la Junta Militar, la que permitiría vigilar a los exiliados, especialmente a los que frecuentaban la Casa de Chile en la capital azteca.

Manuel Contreras, mientras, obsesionado con eliminar a Carlos Altamirano, introdujo cambios en el Departamento Exterior. Dio de baja a un oficial que no se atrevió a dispararle al dirigente socialista en pleno centro de París y encargó la tarea de matarlo a Townley.

A mediados de junio de 1975, Townley viajó nuevamente a Estados Unidos, recogió a Virgilio Paz y juntos salieron hacia Frankfurt, en Alemania. Allí existía una base consolidada de la DINA, conformada con elementos vinculados a la Colonia Dignidad. Para ampliarla, se reunió con Wolf von Arnswaldt, ejecutivo local de Lan Chile con quien había sido coetáneo en el colegio Saint George, y lo convenció de que trabajara para la DINA, inicialmente como encargado de brindarle apoyo logístico, arriendo de autos, reservas en hoteles y adquisición de artículos electrónicos y productos químicos.

Von Arnswaldt, alemán nacionalizado chileno, se abocó a adquirir en Gran Bretaña, en la empresa Gallemkamp and Co., los componentes necesarios para poner en marcha el Proyecto Andrea, un ambicioso y letal plan de exterminio que el químico Eugenio Berríos preparaba en una casa de la DINA ubicada en los faldeos cordilleranos de Lo Curro, en Santiago.

Townley, liberado de los trámites y las compras, se concentró en la infiltración de los chilenos exiliados en Hamburgo, Berlín, París, Bruselas, Londres y otras ciudades europeas. Dos semanas después, sin embargo, fue convocado con urgencia a Santiago y se le encargó fotografiar los campos británicos con prisioneros en Irlanda del Norte. El general Pinochet quería mostrar esas imágenes cuando le pidieran que dejara entrar a Chile a una comisión de derechos humanos. Las relaciones con el gobierno liberal de James Callaghan se habían deteriorado después del conflicto por la detención y torturas a la doctora Sheyla Cassidy.[96] Townley envió a Virgilio Paz a Belfast y el cubano pudo ingresar a la casi inaccesible prisión de Maze

---

[96] El 1 de noviembre de 1975 agentes de la DINA llegaron hasta una residencia de la congregación de los padres columbanos, dieron muerte a la portera del lugar y se llevaron a la doctora inglesa Sheyla Cassidy, acusada de prestar auxilio al mirista prófugo Nelson Gutiérrez. Trasladada a Villa Grimaldi y torturada violentamente, la doctora fue luego expulsada del país. Aquel caso estuvo a punto de ocasionar la ruptura de relaciones diplomáticas con Gran Bretaña.

y tomar las fotografías pedidas, las que fueron enviadas a través de Lan a Chile al cuartel central de la DINA. Cuando llegaron, Pinochet ya se había negado a permitir la entrada de los activistas de derechos humanos. Las fotos resultaron fuera de foco y movidas.

De regreso en Alemania, alojado en el Hotel Savoy de Frankfurt, Townley se reunió con el mayor Cristoph Willike, quien bajo la identidad de "George Wegner", seguía de cerca los pasos del dirigente demócrata cristiano Patricio Aylwin en sus viajes al extranjero. También se contactó con Alfredo Schaak, representante de la Colonia Dignidad en Alemania, quien conseguía los informes que la policía local elaboraba periódicamente sobre las actividades de los grupos de izquierda y los exiliados chilenos.

A fines de julio de 1975, Townley recibió una orden directa, en carta cifrada y por mano, donde el mayor Raúl Eduardo Iturriaga Neumann le ordenó centralizar todos sus esfuerzos en un solo blanco: Bernardo Leighton. Había que evitar como fuera que el "hombre bueno" del PDC chileno, radicado en Roma, lograra un acuerdo entre su partido y la UP para crear el tan temido "Frente Antifascista" contra Pinochet.

Los datos concretos sobre los esfuerzos de Leighton los consiguió la mayor de Carabineros Ingrid Olderock, que integraba un grupo de oficiales de la DINA instalado en Europa desde fines de 1974 para vigilar a los chilenos en el exilio y a sus grupos locales de apoyo. Algunos de aquellos agentes también seguían de cerca la construcción en Génova de varios buques que la Armada peruana había comprado en Italia.

Townley mencionó años después, en declaraciones judiciales, que aquel grupo lo integraban, entre otros, Pedro Espinoza, Armando Fernández Larios, Irma Nelly Guareschi Salmaron, Ricardo Lawrence, Ingrid Olderock, un teniente de Carabineros de apellido Godoy y el sargento Cuevas, que estaba adscrito a la Embajada de Chile en Madrid.

Alguno de estos agentes podría conocer las circunstancias reales de la muerte del periodista chileno Eugenio Lira Massi, ocurrida en París en los primeros días de junio de 1975. Redactor de los diarios *Clarín* y *Puro Chile*, el "Paco Lira", como lo llamaban sus amigos, llegó exiliado a la capital francesa poco tiempo antes. Su cuerpo sin vida fue encontrado el 14 de junio, tres días después de su fallecimiento, en el departamento donde vivía solo.

En 1990, el periodista Edwin Harrington publicó en la revista *Nueva Voz*, editada en Viña del Mar, que Lira habría sido asesinado por la DINA en un plan denominado Operación Francia, el que fue concretado poco después del arribo a París de un sujeto llamado Bernardo Conrads Salazar, cédula de identidad Nº 4.152.556-6, quien viajó utilizando los servicios de la agencia de turismo Dinamic, propiedad de la DINA.

Harrington citó como fuente un informe del FBI, donde se añadía que el periodista pudo haber sido asesinado con gas sarín.

En Europa, el principal informante sobre las actividades de Bernardo Leighton fue el democratacristiano Guillermo Riveros, ex dirigente de la disuelta Central Única de Trabajadores, CUT, que colaboraba con la DINA bajo la chapa de "Pedro Rojas", y que desde Alemania, donde vivía, se movía por todo el viejo continente.

En agosto de 1975 Townley llamó a un teléfono particular en Roma. Le contestó un hombre apodado "Gigi", quien sería el encargado de reunirlo con el misterioso F.A., nombre en clave del fundador de Avanguardia Nazionale, un movimiento neofascista integrado por hombres partidarios de la acción directa, que habían decidido romper con su rama madre, el Fronte Della Gioventú, instancia que, según ellos, estaba sufriendo un proceso de "aburguesamiento" y su lucha contra la "amenaza roja" se había diluido en discursos inconducentes. La culpa se la endosaban a los creadores del Fronte, el Movimiento Social Italiano (MSI), cuyo líder, Giorgio Almirante, había abandonado la premisa sagrada del *"Duce"* Benito Mussolini: "Es necesario vivir peligrosamente".

Lo que Townley ignoraba es que la relación entre aquellos neofascistas y los principales conductores del régimen militar chileno se había iniciado a fines de abril de 1974, luego de llegar a Chile el príncipe Valerio Borghese y su lugarteniente Stefano Delle Chiaie, quien además de ser el fundador de Avanguardia Nazionale, el misterioso F.A. había sido uno de los conjurados en 1970 en un intento de golpe en Italia, organizado por "el príncipe negro", como se le llamaba a Borghese, ex comandante de la "X Mas", unidad militar que se alineó con Mussolini y que en cierto modo se convirtió en el ejército regular de la República de Saló.[97] Ambos fueron recibidos por Pinochet, a quien le regalaron un libro de la "X Mas". En los días siguientes los dos italianos visitaron diversos recintos militares. En uno de ellos, en la Academia de Guerra, conocieron al coronel Manuel Contreras, quien era su flamante nuevo director.

---

[97] La República Social Italiana, llamada por muchos historiadores República de Saló o República Social Fascista de Saló, fue un Estado creado por Benito Mussolini en el norte de Italia, ocupado por la *Wehrmacht* alemana cuando las fuerzas aliadas tomaron el sur del país.

Townley, Mariana Callejas y Virgilio Paz llegaron a Roma en una tarde de septiembre. A la noche siguiente, los tres acudieron a un restaurante céntrico a reunirse con tres italianos. "Gigi" hizo las presentaciones. F.A. dijo llamarse Alfredo Di Stefano y el tercero se identificó como Giorgio.

La charla fue animada. Se habló de la crisis de Occidente y de la cada vez más preocupante amenaza soviética. Alfredo Di Stefano recordó los años gloriosos de Europa en la década del 30, y Paz no pudo dejar de referirse a la "victoria pendiente" que los nacionalistas cubanos tenían sobre el castrismo en la isla caribeña. Townley fue convincente al mostrar que el futuro se abría en América Latina. Les dijo, con rebuscada parsimonia, que Brasil, Uruguay, Chile, Bolivia, Paraguay y Argentina estaban encaminados a derrotar al comunismo y a todos sus aliados pequeñoburgueses.

Di Stefano, Gigi y Giorgio asintieron entre brindis y bocaditos. Europa ya no era más la reserva de la civilización occidental. Sus envolventes políticos, su corrupción, su molicie e incluso su bienestar material, habían bloqueado el camino para los hombres de acción. En América del Sur, en cambio, el sol estaba alumbrando y ellos ayudarían en todo lo que estuviese en sus manos. Townley les explicó la misión y en breves minutos cerraron el trato: ellos eliminarían a Bernardo Leighton.

Alfredo Di Stefano salió hacia su base de operaciones en Madrid. Él y sus camaradas estaban viviendo al amparo de la España franquista desde unos años antes, cuando abandonaron a Almirante y después de que se intensificara la búsqueda de los responsables del golpe abortado del príncipe Borghese. Entre los miembros de la ultraderecha mundial refugiados en España, los neofascistas se relacionaban con Otto Skorzeny, ex oficial de la SS que liberó a Mussolini en 1943, y Renu Ghedeanu, el secretario privado de Corneliu Codreanu, considerado un mito por los neofascistas.

En Roma, mientras se hacían los preparativos, Townley se entretuvo enseñando algunas de sus habilidades a los italianos, en la sede que tenían en la calle Sartorio, una anónima arteria en las afueras de la ciudad, cerca de la Vía Appia. El norteamericano les explicó, por ejemplo, cómo fabricar un temporizador para una bomba con un reloj pulsera común y corriente. Los neofascistas se fascinaron y le pidieron que les ayudara a confeccionar una bomba para ponerla en la Embajada de Argelia. Por esa fecha varios atentados similares remecieron a las embajadas de Argelia en Alemania, Gran Bretaña y Francia. Más tarde se supo que los había organizado la Internacional Negra, grupo que dirigía Ives Guerin Serac, un ex combatiente de la ultraderechista Organisation de l' Armée Secrète, OAS.

Stefano Delle Chiaie ya usaba pasaporte chileno, al igual que Augusto Cauchi, otro neofascista acusado del atentado a un tren que en 1974 provocó muertos y heridos en Italia. Los documentos los habrían recibido como pago por el seguimiento y fichaje de opositores chilenos que estudiaban en la Universidad de Perugia.[98]

La "Matanza del tren Italicus" se perpetró el 4 de agosto de 1974, cuando explotó una bomba ubicada a la salida de un túnel en la línea ferroviaria entre Bolonia y Florencia que descarriló el expreso Munich-Roma, denominado Italicus. Hubo 12 muertos y 267 heridos. Por ese atentado fue procesado Augusto Cauchi, jefe de una de las células toscanas de Ordine Nuovo, confidente de los servicios secretos italianos y hombre de confianza del jefe de la Logia Masónica Propaganda 2, P2, Licio Gelli.

En España, Avanguardia Nazionale había encontrado desde hacía varios años un ambiente propicio, una sólida infraestructura represiva y un hombre de ideas afines, como lo era el presidente del gobierno, el almirante Luis Carrero Blanco, creador de los Servicios Especiales de Documentación de la Presidencia, que proporcionaba trabajo a mercenarios, fugitivos y fascistas de los más extraños orígenes. Aunque el almirante Carrero Blanco fue asesinado por la ETA, a fines de 1973, con un bombazo que lanzó su vehículo a la terraza de un edificio de seis pisos, la estructura de sus servicios permaneció casi intacta hasta 1975, pero el caudillo Francisco Franco, viejo y cada vez más enfermo, pronto abandonaría este mundo sumiendo a España nuevamente en un incierto destino. Por ello los "soldados" de F.A. –uno de los apodos secretos de Stefano Delle Chiaie– estaban inquietos.

Delle Chiaie buscó en Madrid al hombre elegido para el ataque a Bernardo Leighton. Se trataba de Pier Luigi Concutelli, un sujeto de mirada fanática e intimidante que llevaba algún tiempo trabajando para los servicios secretos españoles como "enviado especial" en misiones secretas al exterior. Entre sus muchas operaciones, Concutelli había matado personalmente a tres miembros de la ETA en las ciudades de Niza y Saint Raphael. Siempre dispuesto, Concutelli partió a Roma donde sus camaradas tenían todo preparado.

El 6 de octubre de 1975, a las 20:50 horas, Concutelli se acercó por atrás a Bernardo Leighton y a su esposa Anita Fresno y disparó dos balazos de su Beretta calibre 9 milímetros sobre las nucas de los dos chilenos.

---

[98] Cauchi estaba en Chile en 1977 y trabajaba para la brigada informática de la DINA.

Leighton y su mujer cayeron junto a su residencia, en el número 145 de la vía Aurelia. La prensa italiana informó que el atentado había sido de frente, pero la versión fue corregida el 17 de octubre en Miami. Un comunicado dirigido al *Diario de las Américas*, y firmado por el grupo cubano "Cero", se adjudicó la autoría del crimen y entregó detalles muy precisos de su comisión. La carta que contenía el comunicado tenía timbre de un correo de Nueva Jersey.

El 4 de noviembre llegó otro comunicado del grupo "Cero" a las oficinas de la agencia de noticias Asociated Press en Miami, con timbre de correos de Filadelfia. En él reivindicaban el asesinato del cubano anticastrista Orlando "El Tigre" Masferrer, muerto el 31 de octubre por una bomba colocada en su auto, justo debajo del asiento del chofer. Acusaron a Masferrer de "debilitar la lucha anticastrista" y mantener contactos con los órganos de seguridad de Fidel Castro. Townley estaba en Nueva York agradeciendo a Guillermo Novo por su ayuda en la operación contra Leighton y ayudando a reivindicarla para el MNC, movimiento que con ello demostraría poseer un largo y temible brazo en Europa.

De regreso en Santiago, a comienzos de noviembre, "El gringo" –como le llamaban algunos amigos– entregó un extenso informe a Manuel Contreras, alabando a Virgilio Paz y, por sobre todo, a Stefano Delle Chiaie y a su gente.

Por esos días, una noticia golpeó fuerte a los partidarios del régimen militar chileno: en España agonizaba el generalísimo Francisco Franco, emblema mundial de la lucha contra el comunismo. El dictador tenía 82 años y un cuadro de múltiples enfermedades.

La prensa recogió con amplios titulares el sentimiento del gobierno. El diario *La Tercera* del 22 de octubre señaló que Franco había sufrido dos ataques cardíacos y destacó que "lucha como un león con la muerte". Días después tituló "El caudillo muere con las botas puestas". El vespertino *La Segunda*, por su parte, presagió un "inminente desenlace" y comentó la "serena agonía del Caudillo".

Las crónicas resaltaron incluso que Franco no quería sedantes para calmar sus dolores. En todas las noticias sobre el tema se apreciaba una clara admiración por el dictador español. "No lloramos a un muerto, lloramos a un inmortal", fue el adiós del historiador Enrique Bunster en *Las Últimas Noticias*.

La agonía se extendió más de lo previsto hasta que el 19 de noviembre llegó un breve despacho urgente por las agencias noticiosas: "Murió Franco". Pinochet, conmovido por la visión de sí mismo en un ocaso similar, anunció que acudiría a las exequias del caudillo. Era su primer viaje al extranjero después del golpe militar de septiembre de 1973. En la comitiva del dictador criollo destacaban su esposa y las figuras del general Sergio Arellano y del coronel Manuel Contreras. Este último se hizo acompañar por cerca de 70 agentes de la DINA. Dos meses antes de aquel viaje, el 17 de septiembre de 1975, Pinochet había recibido en Santiago la Gran Cruz al Mérito Militar de España, que le fue impuesta, en nombre de Franco, por el jefe del Estado Mayor Central del Ejército español, teniente general Emilio Villaescusa.

A su llegada a Madrid, el 22 de noviembre, Pinochet fue recibido en Barajas al pie de la escalerilla del avión por el entonces príncipe Juan Carlos. En las horas siguientes, pese a que era para la prensa internacional una de las estrellas del funeral, el gobernante chileno debió reducir su estancia en la capital española a solo tres días, debido a las protestas de otros mandatarios europeos, opuestos a su presencia en las ceremonias oficiales.

En su breve estadía, Pinochet se dio tiempo para recibir y alternar un largo rato con tres italianos que llegaron a saludarlo al Hotel Valencia donde se hospedaba. Eran Stefano Delle Chiaie, Pierluigi Concutelli y Piero Carmassi, los nuevos socios italianos de la DINA que tanto ensalzaba Michael Townley.[99]

5.5. La fundación del CORU

El tres de diciembre de 1975 una serie de nueve bombazos estremeció a Miami. Los blancos fueron varios de los principales símbolos de la seguridad norteamericana, entre ellos la oficina local del FBI. El autor era Rolando Otero, el cubano más joven que desembarcó con solo 16 años de edad en Bahía Cochinos, miembro del Frente Nacional para la Liberación de Cuba, FNLC. Otero huyó a Santo Domingo, la capital de la República Dominicana, donde lo visitó Frank Castro, el jefe del FNLC. El bombardero

---

[99] Ver: Patricia Mayorga. *El cóndor negro*; Santiago: El Mercurio Aguilar, 2003. Stuart Christie. *Stefano Delle Chiaie; Portrait of a Black terrorist*; London: Anarchy Magazine, 1984. Alejandra Matus: "Ex sindicalista traicionó a Bernardo Leighton"; diario *La Época*; Santiago, 29 de abril de 1992.

cubano concedió una entrevista exclusiva al diario *The Miami Herald*, humillando al FBI con un pormenorizado relato de sus actividades en Florida, y salió rumbo a Venezuela huyendo de la ira de los agentes federales estadounidenses. En Caracas lo recibió Ricardo "Mono" Morales, otro cubano, segundo hombre de la Dirección de Seguridad e Inteligencia Pública, Disip, cuyo jefe, Orlando García, también cubano, era el principal asesor del presidente Carlos Andrés Pérez.

Morales y García deseaban saber los planes de la DINA en Venezuela y convencieron a Otero para que viajara a Chile y ofreciera sus servicios a la organización que dirigía el coronel Contreras. Sería un triple agente, operando para los chilenos, para la Disip y para el FNLC.

A fines de enero de 1976, Otero voló a Chile, se alojó en el Hotel Emperador y se apersonó ante un oficial de Ejército en el Ministerio de Interior. A los pocos días llegaron a su hotel dos hombres que se presentaron como el mayor Torres y el capitán Andrés Wilson, encargados de interrogarlo y revisar sus datos. Otero reconoció ser un orgulloso miembro de la Brigada 2506 del FNLC, interesado en colaborar con el gobierno chileno en la lucha contra el marxismo internacional.

A mitad de febrero el capitán Marcelo Estrobel le encargó a Otero asesinar al dirigente mirista Andrés Pascal Allende y a su pareja, Marie-Anne Beausire, antes del 22 de febrero en Costa Rica. Si al cubano se le ocurría traicionarlos, la DINA lo mataría donde estuviera, le advirtió.

Otero decidió volver a Caracas, solo tres días antes de que el secretario de Estado norteamericano, Henry Kissinger, iniciara una gira por América del Sur que incluía la inauguración de una asamblea de la OEA en Santiago de Chile. Otero convocó a Frank Castro a Venezuela y le explicó la misión encargada por la DINA. El "Mono" Morales les contó que Pascal Allende estaba hospedado en el Hotel Presidencial en San José. Castro decidió que otros dos hombres del FNCL hicieran el trabajo.

Los tres cubanos ignoraban que la DINA había enviado a otro cubano, en una misión paralela a la de Otero, con el mismo propósito de asesinar al entonces máximo líder del MIR chileno. Se trataba de Orlando Bosch Ávila, un médico pediatra que se incorporó tempranamente a la contrarrevolución cubana a través del Movimiento Insurreccional de Recuperación Revolucionaria, MIRR, que operó en el Escambray desde inicios de 1960. Bosch abandonó Cuba para convertirse en el delegado exterior del MIRR. Recibió entrenamiento de la CIA, pero no fue incluido en el fallido intento de invasión de Bahía de Cochinos y se dedicó a realizar ataques contra las costas y embarcaciones cubanas. En 1968 fue condenado a diez años de cárcel en Estados Unidos por disparar una bazuca contra el barco polaco "Polanica", surto en el puerto de Miami. Estando aún en prisión, fundó Poder Cubano, una organización con bases en Florida, Nueva York y California, cuyo objetivo era actuar contra cualquiera que apoyara en Estados Unidos eventuales negociaciones con el gobierno de Fidel Castro. Ese mismo año, Poder Cubano efectuó en Nueva York atentados dinamiteros contra los consulados de España, México, Canadá, Japón y Yugoslavia; contra una agencia de turismo mexicana en Chicago y la embajada cubana en Japón. Los miembros de Poder Cubano colocaron 28 bombas en Miami, entre ellas, en un avión mexicano, en la residencia del cónsul británico, en el consulado chileno y en las oficinas de Air Canada.

Pese a su enorme prontuario terrorista, Bosch obtuvo la libertad condicional en 1972 e inició una campaña para recaudar diez millones de dólares, tres de los cuales prometió que serían destinados a pagar una recompensa para quien asesinara a Fidel Castro.

En 1974, Bosch fue detenido en Caracas y acusado de realizar acciones terroristas en ese país. El gobierno venezolano intentó deportarlo a Estados Unidos, pero Washington no lo aceptó. El pediatra recuperó su libertad, viajó a Curazao y de ahí a Chile, donde arribó el 3 de diciembre de 1974. El cubano Rolando Otero estuvo con Bosch en Santiago poco después de esa fecha. Mas tarde relataría:

> Lo visité en Chile y me disgustó la forma como vivía, tenía un apartamento caro e incluso había contratado una criada que vivía en la casa, conjuntamente con su esposa y una muchacha que supuestamente trabajaba en el Ministerio de Relaciones Exteriores chileno. A Chile habíamos ido a discutir el problema de los gastos y la actuación inconsulta de Bosch respecto al resto de la organización.[100]

Ahora, al iniciarse el otoño de 1976, tanto Bosch como Otero, por cuerdas distintas, habían recibido el encargo de asesinar a Pascal Allende en Costa Rica. El primero fue detenido preventivamente al pisar la ciudad de San José. Otero regresó a Chile y, poco antes de que llegara Kissinger a Santiago, se le apareció el capitán Wilson, que no era otro que Michael Townley, quien lo condujo al cerro San Luis, en el barrio de Las Condes, y

---

[100] Ver: Taylor Branch y Eugene M. Propper. *Laberinto*; Buenos Aires: Javier Vergara Editor, 1990. Este libro es una fuente obligada y casi inagotable sobre la investigación del crimen de Orlando Letelier.

bajo las sombras de los árboles lo conminó a contarle toda la verdad de lo ocurrido. No hubo sorpresas, la DINA ya lo sabía todo. Otero había jugado a dos bandas y eso los hombres de Contreras no lo perdonaban.

El seis de mayo, Robert Scherrer, agregado del FBI en Buenos Aires, y funcionarios de la Embajada de Estados Unidos se reunieron con los oficiales de la DINA a cargo de la seguridad de Kissinger en su próxima visita. La Comisión de Derechos Humanos de la OEA estaba visitando los centros de detención de la DINA. Los prisioneros habían sido sacados subrepticiamente y los guardias aparentaban ser los detenidos. Scherrer, informado de que la DINA lo mantenía en sus mazmorras, pidió que le entregaran a Otero. El 19 de mayo el agente del FBI salió con el cubano desde el aeropuerto de Pudahuel hacia Estados Unidos, donde le esperaban los agentes federales en Miami para lavar la deshonra que el cubano les había infligido.

Al promediar el mes de junio de 1976 los principales cabecillas de los grupos de cubanos exiliados se congregaron en la República Dominicana y fundaron la Coordinación de Organizaciones Revolucionarias Unidas, CORU. Dirigidos por Orlando Bosch y Frank Castro allí estaban los representantes de Acción Cubana, el Movimiento de Nacionalistas Cubanos, el Frente de Liberación Nacional de Cuba, la Asociación de Veteranos de la Brigada 2506 de Bahía de Cochinos, el Movimiento 17 de abril, Alpha 66 y la Agrupación Juvenil Abdala.

El CORU surgió después de que el presidente de Estados Unidos, Gerald Ford, decidió abandonar la política encaminada a buscar un arreglo con Cuba y de ese modo impedir el apoyo de Castro a la revolución en Angola. Un veterano oficial antiterrorista de la policía de Miami entregó poco después a los investigadores John Dinges y Saul Landau su versión de aquella iniciativa:

> Los cubanos llevaron a cabo la reunión del CORU a solicitud de la CIA. Los grupos cubanos actuaban frenéticamente a mediados del 70 y los Estados Unidos habían perdido control sobre ellos. Por tanto, los Estados Unidos apoyaron la reunión para lograr tenerlos a todos en la misma dirección nuevamente, bajo el control de los Estados Unidos. La señal básica fue adelante y hagan lo que deseen, pero fuera del territorio de los Estados Unidos.[101]

Menos de un mes después de haber creado el nuevo referente que los unificaba, los cubanos intentaron volar un automóvil en la Embajada

---

[101] Ver: John Dinges y Saul Landau. *Asesinato en Washington*; Santiago: Editorial Planeta, junio de 1990.

de Chile en Bogotá y plantaron bombas en el pabellón chileno en la Exposición Internacional que se desarrollaba en la capital colombiana. Ambos atentados eran una respuesta a la decisión del régimen militar chileno de entregar a Otero al FBI. Esos ataques, sin embargo, fueron solo el pálido inicio de una escalada mayor. En las semanas de aquel mes de julio los cubanos anticastristas colocaron una bomba en el equipaje de un avión de pasajeros de Cubana de Aviación en Jamaica; estaba previsto que explotara al despegar, pero un retraso de la salida provocó que ocurriera en tierra. También realizaron atentados con explosivos en la oficina de la British West Indian Airline y en el automóvil del gerente de Cubana de Aviación en Barbados; ametrallaron la embajada cubana en Colombia; pusieron una bomba en la oficina de Air Panama y en el vehículo de un funcionario colombiano encargado de las relaciones con Cuba; intentaron secuestrar al cónsul cubano en Mérida y en la operación asesinaron a un funcionario que lo acompañaba; por último, tres miembros del MNC fueron detenidos en Nueva York cuando colocaban una bomba en una Academia de Música, donde actuaba un grupo cubano.

En agosto, el CORU se acreditó el secuestro y asesinato de dos diplomáticos cubanos en Argentina, un crimen que realizaron en realidad grupos fascistas argentinos en complicidad con los cuerpos represivos de ese país. En septiembre, los cubanos prosiguieron su arremetida con un atentado explosivo contra la embajada guyanesa en Trinidad y Tobago y la instalación de una bomba en un barco soviético en Nueva Jersey; y otra en el Palladium Theatre , en Nueva York.

En octubre de 1976 los hombres del CORU cometieron uno de sus ataques más emblemáticos, al hacer explotar sobre Barbados un avión con 73 pasajeros de la compañía cubana de aviación. El feroz atentado fue preparado escrupulosamente por Orlando Bosch y Luis Posada Carriles, quien había sido enviado a Venezuela, como colaborador de la CIA, para trabajar en la Disip.

Entre 1973 y 1976, el FBI investigó 103 atentados dinamiteros y seis asesinatos cometidos por los grupos cubanos anticastristas en Estados Unidos. Diversos estudios reportaron que, en la década del 70, las organizaciones terroristas cubanas ejecutaron al menos 279 acciones en diversas partes del mundo, más de la mitad dentro del territorio norteamericano.

Un informe desclasificado del FBI reveló años más tarde que Jorge Mas Canosa, quien luego fuera el creador de la Fundación Nacional

Cubano-Americana, participó personalmente en negociaciones con los militares chilenos, el 12 de diciembre de 1974. Otro documento del FBI, fechado del 17 de diciembre de 1974, precisó que Chile ofreció entrenamiento paramilitar a los exiliados cubanos. El gobierno chileno, señaló el escrito, fue entonces hasta el extremo de proveer pasaportes a Orlando Bosch Ávila para realizar acciones. Asimismo, otro informe, fechado del 29 de abril de 1986, confirmó un encuentro entre los exiliados cubanos y Pinochet el 17 de marzo de 1975. El dictador chileno les ofreció ayuda económica con la condición de que se unificaran los diferentes grupos contrarrevolucionarios y les prometió mediar a favor de ellos ante los gobiernos de Paraguay y Uruguay.[102]

5.6. El químico Berríos consigue fabricar sarín

El químico, alias "Hermes Bravo", consiguió en abril de 1976 estabilizar los fluidos con que venía experimentando y producir finalmente el tan deseado gas sarín. El Proyecto Andrea, como se le conocía entre unos pocos mandos de la DINA, se había iniciado en diciembre de 1974, cuando Manuel Contreras le encargó a Michael Townley la fabricación de productos neurotóxicos para usarlos como armas de eliminación masiva o clandestina. Los militares temían un posible conflicto bélico con Perú y se estaban preparando para ello.

La DINA adquirió, para desarrollar el proyecto, un inmueble ubicado en Vía Naranja N° 4925, en el exclusivo sector de Lo Curro, en la zona precordillerana del sector oriente de Santiago, al que se bautizó como "Centro de Investigación y Desarrollo Técnico Quetropillán". El lugar sirvió también como hogar para el matrimonio Townley Callejas y sus tres hijos. El coronel Contreras puso a disposición del norteamericano a la secretaria Alejandra Damiani y los suboficiales Carlos Alfonso Sáez, Héctor Saavedra, Robinson Quezada y Reinaldo de la Cruz Alarcón. Antes de construir el laboratorio, Townley revisó minuciosamente las investigaciones del científico alemán Gerhart Schrader en el campo de los gases de la familia organofosforados que atacan el sistema nervioso. Ese era el nombre genérico del sarín, Soman y Tabún, entre otros, elaborados por los nazis en la Segunda Guerra Mundial.

---

[102]	Ver: Hernando Calvo Ospina y Katlijn Declercq. *¿Disidentes o mercenarios?*; La Habana: Casa Editora Abril, 2000. Y Taylor Branch y Eugene M. Propper, op. cit.

El laboratorio fue construido bajo la supervisión de Berríos y del químico Francisco Oyarzún, seleccionados por la DINA. Al primero, Townley lo conocía desde la época de la Unidad Popular, cuando militaron juntos en Patria y Libertad. Todo el año 1975, Berríos lo pasó encerrado en el laboratorio y los agentes de la DINA siempre lo veían con delantal blanco, pechera plástica y guantes de goma, laborando por largas horas junto a una misteriosa caseta de vidrio donde introducía ratones y conejos.

El coronel Contreras, muy entusiasmado con los logros de Quetropillán, decidió transformar al equipo de Townley en la Agrupación Avispa e incorporarla a la Brigada Mulchén, a cargo de misiones secretas de eliminación, bajo el mando del jefe del Departamento Exterior, el mayor Eduardo Iturriaga.

Mulchén trastornó la rutina en la casa-laboratorio de los Townley Callejas. La brigada la integraban solo capitanes de Ejército y dos suboficiales que hacían de conductores. Todos ellos fueron adiestrados en el manejo del sarín.[103]

El 14 de julio llegaron dos vehículos a la casa de Lo Curro: un Fiat 125-S, que pertenecía a Mulchén, y un desconocido Volkswagen escarabajo, desde los cuales se bajaron varios carabineros con un hombre de unos 55 años que se veía aterrorizado. Townley comprobó que los supuestos policías eran los agentes de Mulchén: Guillermo Salinas, Jaime Leppe Orellana, René Patricio Quilhot y Juan Delmás Ramírez, y los suboficiales José Ríos San Martín y José Aqueveque. El detenido era Carmelo Soria Espinoza, español, funcionario del Centro Latinoamericano de Demografía, Celade, dependiente de la ONU. Soria, vinculado al trabajo de propaganda del PC, había ayudado a asilarse a muchos de sus compañeros comunistas.

Aquella noche los agentes de Mulchén torturaron a Soria hasta lo indecible. Finalmente lo asesinaron quebrándole el cuello contra los escaños de una escalera. Subieron el cadáver al Volkswagen del funcionario diplomático y lo llevaron hasta el cerro San Cristóbal. Allí rociaron el cuerpo con abundante pisco y arrojaron el automóvil al canal El Carmen, hacia el costado norponiente de Santiago.[104]

---

[103] Ver Jorge Molina Sanhueza. *Crimen imperfecto: historia del químico DINA Eugenio Berríos*; Santiago: LOM ediciones, 2002. Samuel Blixen. *El vientre del Cóndor*; Montevideo: Ediciones de Brecha, 2000. Sergio Israel. *Silencio de Estado: Eugenio Berríos y el poder político uruguayo*; Montevideo: Aguilar. Ediciones Santillana, 2008.

[104] Diario *La Época*: "Impactante testimonio despejó la nebulosa en torno al crimen de Soria"; Santiago de Chile; lunes 22 de noviembre de 1993.

5.7. Bomba en Sheridan Circle

Casi coincidentemente con el asesinato de Carmelo Soria, una mañana de julio, en el mismo cerro San Cristóbal, en el sector de La Pirámide, de cara al sector oriente de Santiago, el teniente Armando Fernández Larios condujo un vehículo hasta la cumbre del promontorio. A su lado viajaba Michael Townley; atrás, el coronel Pedro Espinoza.

El automóvil se detuvo y bajaron los dos últimos. Espinoza, sin mayores preámbulos, le encargó una nueva misión al estadounidense: tenía que viajar a Washington y matar a Orlando Letelier. Debía parecer un accidente y solo en una situación ineludible podía recurrir a los explosivos.

El coronel recién había sido nombrado director de Operaciones de la DINA y trasladado desde la Villa Grimaldi a una pequeña oficina en la planta baja de uno de los edificios laterales del cuartel central de Manuel Contreras, en calle Belgrado, a escasos metros de la Plaza Italia. Viviana Palmira Almuna, oficial de Carabineros, era su nueva ayudante. Luego de haberle comunicado su misión a Townley, convocó a su despacho a Fernández Larios y le notificó que debía viajar con Townley a Paraguay para obtener pasaportes falsos y visas para ingresar a Estados Unidos. Ambos debían presentarse ante el general Benito Guanes, jefe de la Dirección de Inteligencia paraguaya, más conocida como la J-2, quien, ya alertado, les allanaría los trámites.

Sus identidades falsas serían las de William Rose y Alejandro Romeral Jara. La supuesta misión: investigar una posible infiltración marxista en las oficinas de Codelco en Nueva York. El 19 de julio se reunieron Fernández y Townley en Buenos Aires y juntos abordaron un avión hacia Asunción. Guanes estaba en Brasil y debieron esperarlo. El 26 de julio estuvieron listos los pasaportes, pero la demora provocó demasiadas infidencias. Uno de los asesores del general Alfredo Stroessner contó al embajador de Estados Unidos, George Landau, que Pinochet había pedido ayuda para encontrar una célula comunista en la oficina que Codelco tenía en Nueva York. Ante la cara de sorpresa del diplomático, le dijo que todo estaba arreglado, que incluso el director subrogante de la CIA, Vernon Walters, estaba al tanto de la operación de los chilenos. Landau desconfió y envió un télex a Walters. En Santiago, mientras, Espinoza evaluó que todo el plan para matar a Letelier estaba en grave riesgo y convenció a Contreras de sacar a sus agentes de Asunción. Townley y Fernández volvieron a casa el 26 de julio.

La DINA no podía dejar huellas y hubo que montar una operación anexa para borrar las pistas dejadas en Paraguay. El 21 de agosto salieron hacia Estados Unidos los tenientes Rolando Mosqueira Jarpa y René Riveros Valderrama con las identidades de Romeral Jara y William Rose. Debían entrevistarse con Vernon Walters, quien ya no estaba en la CIA y nunca consiguieron ubicar, pero eso ya no importaba. La misión de despiste fue considerada un éxito.

El segundo paso correspondía a la inteligencia preoperativa. Había que ubicar el domicilio, el lugar de trabajo, observar, registrar hábitos, rutinas, costumbres, identificar amistades, hacer croquis de los desplazamientos y otros detalles. Para esa tarea fue elegido Fernández Larios. Espinoza le propuso a Contreras enviar, además, a una agente para colaborar en el seguimiento de Letelier e incluso, posiblemente, atraerlo a una fugaz aventura amorosa que les daría buenos dividendos. Propuso a Mónica Luisa Lagos Aguirre, a quien ambos conocían de cerca.

El equipo de agentes femeninas estaba a cargo del mayor Rolf Wenderoth y de la mayor de Carabineros Viviana Palmira Almuna Guzmán. Se desempeñaban en el departamento de contrainteligencia, bajo el mando del mayor Vianel Valdivieso, amigo personal del director de la DINA. Las jóvenes y atractivas mujeres operaban en dos departamentos, uno en calle San Antonio, entre Huérfanos y Merced; el otro, en calle Seminario, a la entrada de la comuna de Providencia. En ambos lugares efectuaban fiestas especiales para los jefes de la DINA o llevaban a importantes personajes públicos, empresarios y diplomáticos, para conseguir información.

Luisa Lagos, de 25 años, rubia y ojos verdes, tenía un cuerpo que difícilmente pasaba inadvertido; piernas torneadas, caderas sinuosas, pechos generosos y mirada coqueta, eran sus principales atractivos. Había sido bailarina en Televisión Nacional y en un cuarteto que animaba las noches en los hoteles Carrera y Crillón. A comienzos de 1975 conoció a Vianel Valdivieso, que le propuso colaborar con la DINA y ella aceptó. La joven, además, había sido alumna del teniente Fernández en las clases de tiro que éste dictó en la escuela de inteligencia de la DINA.[105]

El 25 de agosto, bajo las identidades falsas de Armando Faúndez y de Liliana Walker Martínez, la pareja viajó a Nueva York. El ocho de septiembre los siguió Michael Townley; en uno de los bolsillos de su

---

[105] Ver investigación periodística del diario *La Época* que permitió descubrir la verdadera identidad de la agente Liliana Walker. Ediciones de abril y mayo de 1990.

chaqueta llevaba un pequeño frasco de perfume Chanel N° 5 que contenía gas sarín.

El nueve de septiembre, Fernández Larios y Townley se juntaron en el aeropuerto Kennedy. En pocos minutos el primero relató todo lo que había podido averiguar sobre Letelier y le entregó al estadounidense varios mapas y planos. Luego, Townley se encaminó a reencontrarse con Virgilio Paz, a quien le pidió que lo contactara con Guillermo Novo. Paz le presentó a Alvin Ross, un corpulento cubano colorín que admiraba al agente de la DINA.

Al día siguiente, el viernes 10, en el *Diario Oficial* publicado en Santiago apareció el decreto mediante el cual se le quitó la nacionalidad chilena a Orlando Letelier. En Nueva York, Townley se reunió con Guillermo Novo y con Dionisio Suárez, les contó su misión y les pidió ayuda. Los cubanos estaban muy molestos por el mal trato dado en Chile a Rolando Otero y Orlando Bosch, del FNCL y el MNC, respectivamente.

Townley extremó sus recursos para convencerlos. Los cubanos respondieron que debían consultar con el directorio del MCN. Esa noche, siete cubanos llegaron al motel donde se hospedaba el agente chileno, entre ellos Guillermo Novo, José Dionisio Suárez, Virgilio Paz, Alvin Ross y el doctor Polito.

Los cubanos expresaron que querían establecer en Chile un gobierno de Cuba en el exilio, tener una base de apoyo, atención médica, colaboración logística y otras prebendas. Agregaron que nunca habían pedido nada, que su ayuda la ofrecían por convicciones ideológicas. Townley les prometió que haría todo lo posible para conseguirles lo que solicitaban. Lo visitantes se marcharon sin dar una respuesta.

Al día siguiente, el sábado 11, Novo comunicó que aceptaban la misión, pero puso dos condiciones: había que esperar algunos días y el propio Townley debía participar en el atentado. Una vez más estarían juntos en su lucha mundial contra el comunismo. Esta vez, sin embargo, el objetivo estaba en Washington, en el corazón del imperio norteamericano. Coincidieron en que el mejor medio para deshacerse de Letelier era una poderosa bomba colocada bajo su automóvil, método que ya era un verdadero símbolo de sus operaciones conjuntas. El miércoles 15, los cubanos le hicieron llegar a Townley cuatro beepers, TNT y explosivo plástico.

El MCN destinó a Paz para que lo acompañara a Washington. Dionisio Suárez se les uniría poco después. Esa noche viajaron a la capital y con el mapa de Fernández Larios llegaron a la casa de Letelier. De ahí siguieron al lugar de trabajo del ex canciller de Allende, a unos 20 minutos de distancia. Se alojaron en un motel cercano y se turnaron para vigilar a su presa. El acoso final había comenzado.

La familia Letelier Morel vivía en el condado de Bethesda, distrito de Maryland, justo fuera del límite de Washington. Letelier trabajaba en el Transnational Institute, TNI, dependiente del Institute for Policy Studios, IPS. Entre sus más cercanos estaban Waldo Fortín, Saul Landau, Juan Gabriel Valdés y el matrimonio conformado por Michael y Ronnie Moffitt, ambos de 25 años.

En la madrugada del domingo 19 de septiembre, Townley instaló una poderosa bomba bajo el Chevrolet Chevelle azul de Letelier, el que siempre quedaba estacionado fuera del garaje de su residencia. La puso justo debajo del asiento del conductor, afirmada con cinta adhesiva, y colocó el interruptor en "on". Horas después salió hacia Nueva Jersey, donde lo esperaba Alvin Ross, visitó a su hermana Linda y, más tarde, Guillermo Novo lo condujo al aeropuerto Kennedy. Allí dejó un formulario de inmigración con el nombre de Hans Petersen Silva –la identidad que había usado para entrar a Estados Unidos–, entre las fichas de los pasajeros de un vuelo Iberia con destino Madrid. Siguió rumbo a Miami como Kenneth Enyart.

El lunes 20, Townley visitó a Felipe Riveros en Miami para excusarse por la expulsión de Chile de Rolando Otero. Aquella noche, Paz y Suárez intentaron hacer volar el auto de Letelier. La bomba no funcionó y hubo que sacarla y volverla a poner.

Al día siguiente, el martes 21, Letelier salió temprano de su casa al volante de su Chevelle azul. A su lado viajaba Ronnie Moffitt; en el asiento de atrás, el marido de ésta, Michael. A las 9:30 entraron a Sheridan Circle, una pequeña rotonda, en medio del barrio de las embajadas. Michael Moffitt escuchó un sonido similar al que se produce cuando el agua cae sobre un fierro caliente. Una bola de fuego de color anaranjado surgió desde el piso del vehículo, quemó cabellos y piel de los pasajeros e hizo saltar las ventanas. La mujer salió del carro con un corte en el cuello y empezó a desangrarse. Moriría poco después en un hospital. Orlando

Letelier, con las piernas cercenadas a la altura de las rodillas, falleció en pocos minutos.[106]

5.8. Lobos grises italianos se instalan en Santiago

Stefano Delle Chiaie, Giorgio y Roberto Graniti, fueron recibidos por Townley en Pudahuel, a comienzos de 1976. Faltaba Gigi, que se había quedado en Italia "en cumplimiento del deber". Aquel "deber" lo hizo huir a los pocos días. Un atentado contra la sede central del Partido Comunista en Milán fue rápidamente desentrañado por la policía local, que se puso a los talones de Gigi.

En Santiago, la DINA les ofreció garantías personales y facilidades para convocar a otros hombres que pudieran ser necesarios. Gigi y Giorgio se alojaron en el segundo piso de la casa de Townley en Lo Curro, junto al taller electrónico. Stefano y Graniti fueron acogidos por el coronel Pedro Espinoza Bravo.

En la casa de Lo Curro, Delle Chiaie, Gigi, Giorgio y Graniti disfrutaban de días tranquilos y cálidos. Townley les enseñaba algunos rudimentos de electrónica, y los italianos contaban con entusiasmo sus acciones en Europa. Los italianos decidieron abocarse a la propaganda, a la "acción sicológica", según el lenguaje de los servicios de inteligencia. Los cuatro se instalaron en una oficina de la calle Ismael Valdés Vergara, junto al Parque Forestal, a un costado del río Mapocho. Su puerta daba a un pasillo desde el cual llegaban voces de locutores, de disc-jockeys y de periodistas apresurados. Era la Radio Nacional.

En mayo de 1976, durante una manifestación del post fascista Movimiento Social Italiano (MSI), irrumpió un grupo de estudiantes de izquierda. El diputado del MSI Sandro Saccucci disparó sobre ellos y mató a Luigi di Rosa, militante de la Federación Juvenil Comunista (FGCI). Huyó a Gran Bretaña y se refugió con los ultraconservadores del Monday Club. El Parlamento italiano lo desaforó y el gobierno británico lo expulsó. Saccucci se refugió en España, pero al ser detectado por la policía italiana se organizó una operación de desinformación para ocultarlo. Entre los italianos que estaban en Chile y los servicios secretos de España se montó una supuesta huida del diputado hacia Sudamérica, pero quien en realidad viajó fue Mauricio Giorgi, otro miembro de la ultraderecha italiana, quien

---

[106]   Ver: Francisco Artaza y Alejandra Matus. "Crimen en Washington DC"; investigación especial del diario *La Nación*; Santiago de Chile; s/f.

llegó a Santiago en un vuelo de Lan Chile aparentando ser el perseguido. Saccucci se quedó en España, pero luego vivió también un breve tiempo en Chile.

Años más tarde se encontró entre los documentos incautados a Enrique Arancibia Clavel en Argentina un memorando del 27 de julio de 1976 que le había remitido Luis Gutiérrez, chapa del jefe exterior de la DINA, que decía:[107]

> La presente tiene por objeto activar una operación negra de inmediata ayuda de nuestros amigos italianos y por disposición expresa del director de la Firma.
>
> Se trata de efectuar la siguiente maniobra: 1. a) Que en la prensa de ese país –Argentina– aparezca la declaración del diputado Saccucci que te adjuntamos, firmada por él. Debe darse a entender que esta declaración fue hecha en ese país abierta o clandestinamente. b) Conjuntamente con la declaración se publique la fotografía que te adjuntamos. 2. Envíes a la brevedad la carta que te adjuntamos en forma certificada a Milano sin cambiarle sobre por ningún motivo. 3. Una vez conseguido que salga en la prensa la declaración (a la brevedad) hacer que por Agencia Periodística llegue a nuestros diarios y a Europa. Firmado, Luis Gutiérrez.

La operación tuvo pleno éxito. En noviembre de 1976, el diario italiano *La Repubblica* informó que Saccucci estaba en Argentina.

El grupo de neofascistas instaló en mayo de 1977 una oficina de prensa en las Torres San Borja, en la Torre N° 9, en Portugal con Diagonal Paraguay. Trabajaban en coordinación con Antal Lipthay, jefe de un grupo de desinformación de la DINA, muy cercano a Contreras y en ese tiempo director de la agencia de noticias Orbe. El departamento fue arrendado por su dueño, Guillermo Cruzat Corssen, a su amigo, el entonces capitán de Ejército y oficial de la DINA, Juan Viterbo Chiminelli Fullerton, con quien lo unía una común afición por las carreras de caballos. El oficial era el jefe del Departamento de Relaciones Públicas y Operaciones Sicológicas.

Townley reconoció años después que fue el agente de control de los italianos, función que luego desempeñó el oficial Carlos Parera Silva. Vivieron casi un año y medio en Chile. Un tiempo lo hicieron en una casa

---

[107] En 1986, la periodista chilena Mónica González, con la ayuda de su colega argentino Horacio Verbitsky, encontró en los archivos judiciales de Buenos Aires algunos indicios que permitieron avanzar significativamente en las investigaciones de la Operación Colombo.

cercana a la avenida Los Leones, después de Lo Curro, apenas llegados al país.

Allí estaban Alfredo, Gigi, un tal Enzo, una pareja joven con pasaporte suizo, un señor llamado Giulio y un francés, Daniel, ambos con sus esposas, declaró Mariana Callejas en 1992. Alfredo era Delle Chiaie; Daniel era Albert Spaggiari, ex miembro de OAS, arrestado en junio de 1976 con 10 millones de dólares provenientes de un robo al Banco Central de Francia en Niza.[108]

Giulio era Giulio Crescenzi, acusado y luego absuelto de entregar la pistola Beretta con que se atacó a los esposos Leighton. Gigi era Pierluigi Pagliai; Giorgio era Maurizio Di Giorgi, célebre por su habilidad propagandística. Callejas no recordó a Roberto Graniti, alias Mario, que también habría vivido en Chile.

Delle Chiaie impulsó una agencia internacional de noticias que ocultaba una plataforma de propaganda. Viajó con documentación falsa a Francia, España y Portugal. En Miami fortaleció los contactos con el grupo cubano Alpha 66. En Guatemala abrió una importante brecha de cooperación con Mario Sandoval Alarcón, jefe del ultraderechista Frente de Liberación Nacional.

De inmediato la red produjo resultados. Un importante flujo de información sobre exiliados, miembros del MIR y del Partido Comunista, y organizaciones de fachada, comenzó a llegar a Santiago. Así pudo iniciar su labor una sucursal criolla de la agencia francesa AFIP, con un nombre muy parecido: AIP.

A fines de 1976, Delle Chiaie abrió una oficina en Argentina, donde el ambiente era propicio luego del golpe militar. Uno de sus contactos era Roberto Acuña, el hijo de un alto oficial del Ejército argentino que trabajaba en el católico y ultraconservador grupo Milicia, donde también participaban algunos chilenos como Enrique Arancibia Clavel. El italiano recibía las informaciones que le entregaba Milicia y las hacía llegar a la DINA, que le pagaba en dólares. Los contenidos no eran muy relevantes, pero algunos de ellos, de carácter militar, sirvieron para que después el gobierno argentino los acusara de espionaje a favor de Chile.

---

[108] La periodista y documentalista francesa Stephanie de Montvalon realizó una prolija investigación sobre el paso por América del Sur de algunos de los acompañantes de Stefano Delle Chiaie. Ver *Spaggiari, L'homme aux cent visages. La grande traque*; France: Eclectic Production, 2010; 2.70 min.

Enrique Arancibia Clavel fue encontrado muerto en su departamento en Buenos Aires el jueves 28 de abril de 2011. Estaba con los intestinos en la mano y con al menos 15 puñaladas, varias en el cuello, la mandíbula, el tórax, el estómago y en la espalda. En los días siguientes, la policía informó que había sido asesinado por un prostituto luego de una relación ocasional. Arancibia salió de la cárcel en libertad condicional en 2006, luego de ser condenado en 2004 a cadena perpetua por el crimen del general Prats.

6.1. Muertes extrañas y convenientes

Augusto Lutz Urzúa fue la primera antigüedad de su curso en la Escuela Militar, de donde egresó en 1942. En 1968 y 1969, cuando el general Carlos Prats era jefe del SIM, tuvo a Lutz como su segundo y entre ellos surgió un fuerte lazo de amistad. Durante la UP, Lutz infiltró el gobierno en puestos y funciones que ningún militante de izquierda hubiera sospechado.

En enero de 1974, Lutz afirmó en revista *Ercilla*:

> Me alegro de poder corroborar que el pronunciamiento fue para salvar a todos los chilenos, y no para beneficiar a unos pocos. En cuanto a si es posible que esto pueda ocurrir, lo estimo casi imposible, pues en todas las reuniones en que he tenido la ocasión de estar presente con los miembros de la Junta, me he podido dar cuenta que las clases desposeídas, los parientes pobres de nuestra sociedad, tienen sus mejores defensores en los cuatro miembros de la Junta, quienes, ante cualquier iniciativa que se les presente, ya sea relacionada con salarios, con reforma agraria, etcétera, siempre están preocupados de que las clases más necesitadas salgan favorecidas. Si pudiera haber alguna preferencia, ella tendería a beneficiar a los más necesitados, a los más desposeídos, que, a la vez, son los más numerosos. Los que a pesar de ello, sigan creyendo que el movimiento fue para el beneficio de unos pocos, tendrán que atenerse a las consecuencias posteriores.

Junto a otros generales como Sergio Arellano, Óscar Bonilla, Pedro Palacios y Arturo Viveros, Lutz compartía la religión católica y el humanismo cristiano. Los días domingos, siempre se veía a Lutz y Bonilla charlando, acompañados de sus esposas, a la salida de misa de la iglesia de Avenida El Bosque, en Providencia. Lutz se encargó en los primeros meses del gobierno militar de llevar las tensas relaciones con la Iglesia Católica, como puente entre el régimen y el cardenal Raúl Silva Henríquez. En esas funciones empezó a recibir decenas de peticiones de familiares de personas que habían desaparecido.

Poco a poco se fue desencantando del "proceso de restauración" al ver que el gobierno militar era influenciado por un pequeño grupo de civiles que solo defendía sus intereses políticos y económicos. Pinochet, además, imponía sus decisiones por medio del terror a través de la DINA.

Lutz se transformó en un fuerte crítico del coronel Manuel Contreras, con quien sostuvo un primer enfrentamiento verbal por el arresto del marido de una profesora de su hijo. Llamó telefónicamente al jefe de la DINA para pedirle información sobre el caso. "No tiene acceso a esa información, general. Solo el presidente", le contestó Contreras. Lutz se crispó. "¿Qué te has creído? ¿Cómo te atreves a decirle eso a un general de la República? ¡Ya vas a ver!", fue su indignada respuesta.

Los generales no quedaron muy conformes con el discurso que Pinochet pronunció el 11 de octubre de 1973 en el edificio Diego Portales, en cuya redacción tuvo un papel muy importante el abogado gremialista Jaime Guzmán. "Reconstruir es siempre más arduo que destruir. Por ello, sabemos que nuestra misión no tendrá la transitoriedad que desearíamos, y es así como no damos plazos ni fijamos fechas. Solo cuando el país haya alcanzado la paz social necesaria para el verdadero progreso y desarrollo económico a que tiene derecho, y Chile no muestre caras con reflejos de odio, será cuando nuestra misión habrá terminado...", afirmó Pinochet.

En mayo de 1974, algunos generales buscaron una fórmula para frenar la intención de Pinochet de proclamarse jefe supremo del Estado. Consideraban que iba en contra de la legalidad y del respeto a la tradición democrática chilena. Según Olga Lutz, hija del general, su padre cometió el error de comentar con el general César Benavides que Pinochet no debía hacerse nombrar jefe de Estado. El 24 de junio, Lutz y Bonilla, en un consejo de generales, plantearon sus inquietudes sobre la pérdida del sentido original del "pronunciamiento" militar. También manifestaron sus críticas al coronel Contreras y a la conducta de la DINA. Pinochet respondió con la publicación del decreto 521, que consagró la existencia de la DINA y el decreto 527, que lo nombró jefe supremo de la nación. Casi al mismo tiempo, Bonilla fue desplazado desde el Ministerio del Interior al de Defensa; y el 10 de julio, Lutz fue destinado a la Quinta División en Punta Arenas.

Lutz enfrentó entonces a Pinochet en una reunión del cuerpo de generales. Su sostiene que allí firmó su sentencia de muerte. El militar ingresó al salón con una grabadora escondida en su guerrera. Junto al general Bonilla enrostraron a Pinochet los delitos de la DINA. Los gritos quedaron registrados en la cinta que después Lutz escuchó a solas encerrado en su casa, espiado a través de la puerta del salón por su hija Patricia.

–¡Señores, la DINA soy yo! –gritó Pinochet golpeando la mesa–. ¿Alguien más quiere pedir la palabra?"

–¡Hijo de puta! escuchó Patricia murmurar a su padre.[109]

En Punta Arenas, durante la segunda semana de noviembre, luego de concurrir a una comida con otros miembros de las Fuerzas Armadas, el general Lutz se sintió enfermo. Al día siguiente, fue examinado por el médico del Servicio de Sanidad del Ejército, quien le diagnosticó una gastritis, indicó régimen alimentario y dejó una receta. Tras un breve viaje a Santiago y ya de vuelta en Magallanes, el militar sufrió una hemorragia digestiva y tuvo que hospitalizarse. El médico que lo trató decidió intervenirlo quirúrgicamente cuando no parecía necesario hacerlo. Tampoco autorizó que se le trasladase al Hospital Militar de Santiago. Los familiares de Lutz en Santiago, al conocer el diagnóstico, intentaron que el Ejército dispusiera un avión para transportarlo a la capital, pero recibieron una negativa de parte del nuevo ministro del Interior, el general César Benavides, quien adujo que le aseguraban que la situación de Lutz no revestía mayor gravedad. Los familiares consiguieron que el subdirector del Hospital Militar, el cirujano Patricio Silva Garín, y un médico anestesista viajaran con ellos a Punta Arenas. Lutz ya había sido operado y el doctor Silva, tras examinarlo, decidió su inmediato traslado a Santiago.

En el trayecto sufrió una nueva hemorragia digestiva. A su llegada lo operaron de urgencia y, aunque el diagnóstico fue una úlcera gástrica, todo indicó que se recuperaría rápido. Así se confirmó en los días siguientes, cuando el doctor Silva, el 19 de noviembre, le dijo a la familia que el general abandonaría la Unidad de Tratamiento Intensivo. Esa noche, sin embargo, se agravó y se diagnosticó una peritonitis. El facultativo, disgustado, constató que, durante ese día, la sonda de drenaje abdominal se había salido de su sitio y que el paso del suero le había sido cortado. Debió ser sometido a una tercera intervención. Lutz presentó, además, una complicación pulmonar, por lo cual se le colocó un respirador artificial,

---

[109]   Ver Patricia Lutz. *Años de viento sucio*; Santiago: Editorial Planeta, 1999.

previa traqueotomía. El doctor Silva ordenó una guardia permanente para impedir que personas no autorizadas se acercaran al militar. Se trajeron desde Panamá medicamentos de última generación, no existentes en Chile. Hubo un breve período de recuperación y en esos días, Lutz, impedido de hablar por la traqueotomía, escribió una nota que decía: "Sáquenme de aquí". Al día siguiente cayó en coma, atribuido a una sobredosis de antibióticos, que una enfermera por un inexplicable error le había administrado dañando la función de sus riñones.

En la madrugada del 28 de noviembre de 1974, Lutz falleció. La información oficial fue: "Transcurridos 17 días de la primera intervención quirúrgica, se presentó un cuadro de sepsis originado en infección pleural y peritoneal, lo que produjo un shock irreversible que le ocasionó su fallecimiento". Durante el funeral, el general Óscar Bonilla se vio desencajado. No solo había perdido a su mejor amigo, sino que a uno de los generales que compartía su temor de que Pinochet instaurara una dictadura personal sin contrapesos. Al poco tiempo, cuando debió operarse de la columna, Bonilla lo hizo en la Clínica Alemana. No confiaba en el hospital de su institución.

Bonilla también había chocado con el coronel Contreras y con la DINA luego de una visita efectuada a Tejas Verdes, donde descubrió en los sótanos a decenas de prisioneros salvajemente torturados, sangrando y hambrientos.

Tomé mi helicóptero con mi ayudante y me trasladé a la Escuela de Ingenieros Militares de Tejas Verdes. Le dije a su comandante, el coronel Manuel Contreras, que quería visitar los calabozos. Titubeó, pero tuvo que llevarme. En mi recorrido me encontré con hombres que estaban tendidos boca abajo en el suelo, otros desnudos y amarrados, algunos colgados de los brazos y con su cuerpo al aire. Se podía percibir que habían sido golpeados o torturados. Cuando comprobé que la realidad era más horrible que lo que me habían dicho, llamé al subcomandante y le comuniqué que él asumía el mando y que el coronel Contreras quedaba arrestado para someterlo a proceso.[110]

Contreras, indignado, se reunió de inmediato con Pinochet para informarle sobre el proceder de Bonilla.

El 3 de marzo de 1975, en un extraño y nunca aclarado accidente aéreo en las proximidades de San Fernando, en la provincia de Colchagua, cuando Bonilla abandonaba el fundo Santa Lucía de Romeral, su helicóptero

---

[110]   Ver Manuel Salazar. *Guzmán, quién, cómo, por qué*; Santiago: Ediciones BAT, 1994.

capotó poco después de haber tomado altura y tanto el general como seis de sus acompañantes fallecieron en el lugar. La empresa francesa que había vendido al ejército una partida de esos helicópteros envió a Chile a dos de sus técnicos para investigar las posibles fallas mecánicas experimentadas por el aparato en el que pereció Bonilla. Mientras realizaban los primeros pasos de la pesquisa a bordo de un helicóptero similar al que había usado Bonilla, ambos técnicos también murieron.[111]

6.2. Guerra en las calles con el Comando Conjunto

Al promediar 1975, los jefes de los escuadrones de la DINA concluyeron que la FACh había logrado conformar un comando integrado por oficiales y agentes de las distintas ramas uniformadas. Contreras envió varios oficios a Pinochet e incluso se lo expuso verbalmente en varias ocasiones, pero el general aún no tenía suficientes ases en sus manos para desafiar a los otros miembros de la Junta Militar.

Unos 50 hombres fueron elegidos en la FACh para sumarse a la Dirección de Inteligencia de la Fuerza Aérea, DIFA. Algunos fueron enviados a la Academia de Guerra Aérea, AGA, en Las Condes, donde permanecían decenas de prisioneros. Otros pasaron a formar los grupos encargados de los allanamientos y detenciones del naciente Comando Conjunto, como empezó a ser llamado. Pronto se les sumó un importante número de carabineros, militares y marinos. También se incorporaron civiles provenientes de Patria y Libertad, varios de los cuales estaban acusados de haber participado en el asesinato del edecán naval de Allende, el comandante Arturo Araya.

Contreras optó entonces por un acercamiento con la DIFA, en un intento para una colaboración recíproca en las tareas de inteligencia. Comisionó para ello al coronel Pedro Espinoza, jefe de Operaciones de la DINA. En una fecha imprecisa de junio o julio, Espinoza acudió a una cita nocturna en el sector de La Pirámide, en las inmediaciones del cerro San Cristóbal. Hasta allí llegó Roberto Fuentes Morrison, alias "El Wally", el encargado de las operaciones del Comando Conjunto. Ambos se hicieron acompañar por un grueso contingente de hombres, fuertemente armados, pero hablaron solos, entre los árboles, con las luces de Santiago y las sombras de la noche como únicos testigos de los acuerdos que tomaron.

---

[111]	En el año 1977, de los 24 generales que habían participado en el golpe de Estado junto a Augusto Pinochet, solo cinco quedaban en servicio activo.

En los días y semanas siguientes se observaron las primeras consecuencias de aquel pacto. La DINA se encargaría de las dirigencias del Partido Comunista; el Comando Conjunto seguiría a la caza de los principales cuadros de las Juventudes Comunistas. En esas operaciones, sin embargo, prolongadas hasta diciembre de 1976, no siempre se respetó el compromiso.

A mediados de noviembre hubo una nueva y enérgica protesta de Contreras, lo que obligó al ministro de Defensa, general Herman Brady, a citar a una reunión amplia con los jefes de Inteligencia de todas las ramas de la defensa nacional. Allí Contreras sugirió investigar al jefe de Inteligencia de la FACh y a su jefe operativo. Para evitar una confrontación mayor, Brady, por encargo de Pinochet, instruyó a la FACh para que no se inmiscuyera en los asuntos de la DINA.

Uno de los pilares del éxito de Contreras al frente de la DINA fue la desarticulación de los aparatos clandestinos del MIR no solo en el país, sino incluso más allá de Los Andes, a través de la red Cóndor. Los únicos dos dirigentes que lograron huir de sus manos, Andrés Pascal Allende y Nelson Gutiérrez, se habían refugiado en la Nunciatura y en la Embajada de Costa Rica, en una tácita aceptación de su derrota, luego de que el partido había asegurado que el MIR no se asilaba.

El 15 de octubre de 1975 era celebrado por los agentes de la DINA como una de sus gestas más gloriosas. Aquella noche decenas de vehículos y un helicóptero convergieron hacia la parcela Santa Eugenia de Malloco, cerca del camino viejo hacia Valparaíso. En ese lugar estaban escondidos Andrés Pascal Allende, Nelson Gutiérrez, Marie-Anne Beausire, María Elena Bachman, Dagoberto Pérez y Martín Hernández Vásquez, los máximos jefes del MIR tras la muerte de Miguel Enríquez.

El ruido de un helicóptero que empezó a sobrevolar el sector alertó a los moradores. Cuando las brigadas de la DINA iniciaron su ataque, se encontraron con una férrea resistencia encabezada por Dagoberto Pérez, jefe del aparato militar del MIR, quien, armado con una metralleta AKA, se quedó para cubrir la retirada de sus compañeros.

Mientras "Dago" se enfrentaba solo a varias decenas de agentes, aprovechando la confusión de la noche, los demás salieron del lugar. Nelson Gutiérrez fue herido. En esas condiciones, él y Pascal interceptaron a un Volkswagen rojo y partieron rumbo a Santiago. Llegaron a una parroquia y entraron.

El sacerdote Fernando Salas, secretario del Comité Pro Paz, estaba allí. Exigió que abandonaran las armas. Gutiérrez se negó. Dos días después, los sacerdotes pudieron trasladarlos hasta el convento de Notre Dame, donde la doctora inglesa Sheila Cassidy, atendió a Gutiérrez. Otros sacerdotes que conocían la situación se contactaron con la Nunciatura. El secretario del nuncio, un sacerdote indio, acordó la forma de asilar a los fugitivos.

El domingo 2 la DINA dio con el paradero de Hernández, refugiado por el sacerdote Rafael Maroto en la casa de otro religioso, Gerardo Whelan, en Lo Barnechea. Ese mismo día los hombres de la DINA se enteraron de los servicios de la doctora británica Sheila Cassidy, y asaltaron la residencia de los padres columbanos, en calle Larraín Gandarillas. En una descontrolada balacera resulto muerta la empleada de la casa.

Cinco días más tarde, con la DINA pisándoles los talones, Pascal y Marie-Anne Beausire consiguieron llegar a la casa del embajador de Costa Rica, Tomas Soley. Esa noche, Gutiérrez y su compañera fueron subidos por un sacerdote a un Peugeot 404 y conducidos a la Nunciatura, donde se les acogió como refugiados.

Al promediar 1975, agentes de la DINA confirmaron que un grupo de altos funcionarios, ligados al gabinete de Pinochet y al equipo económico, estaba ejerciendo una fuerte presión para anular el poder del coronel Contreras, la que se hizo evidente por medio de una severa restricción presupuestaria. Atado de manos por el Ministerio de Hacienda y la Dirección de Presupuesto, Contreras dirigió varios oficios confidenciales a Pinochet pidiéndole que liberara más recursos, pero se estrelló contra una serie de rotundas negativas.

El coronel decidió entonces que la DINA podía generar sus propios ingresos. Él era presidente de la Empresa Pesquera de Chile, EPECh, y algunos de sus consejeros en el rubro le indicaron que había una amplia línea de negocios que podía ser abierta. Por ejemplo, se podían internar diversos equipos, especialmente electrónicos, a partir de su cargo en el directorio de Standard Electric. Poco después, bajo el nombre de Procin, Consultec y Universal, empezaron a funcionar pequeñas subsidiarias dedicadas a las importaciones. Del mismo modo, otro cargo en un directorio, esta vez en Sercotec, la empresa de asistencia técnica que dependía de Corfo, sirvió para dar cobertura a la formulación y desarrollo de proyectos tecnológicos. Y así, empezaron a multiplicarse diversas iniciativas para conseguir fondos.

Se abrió una agencia de viajes, llamada Dinamictur, junto al Mercado de Providencia; el taller de automóviles El Parque, en calle Portugal cerca de Avenida Matta, fue especializado en la reparación de los vehículos del servicio; se comenzó a realizar trámites de importación para diversos clientes y se movieron capitales hacia el exterior.

La compleja operación para no depender del erario nacional fue dirigida desde los mismos cuarteles de Belgrado. Humberto Olavarría, jefe del Departamento III, el Económico, encabezó el tramado de la red durante parte de 1975 y 1976. Otro hombre clave en la gestión de los nuevos negocios fue Pedro Diet, quien provenía de la industria Manufacturas de Cobre, Madeco, y desde el servicio de casino de la empresa Burger empezó a captar información económica e infiltrar agentes de la DINA en bancos, agencias financieras y casas de cambio de moneda.

En la Caja de Empleados Particulares se pagaron las prestaciones sociales de numerosos agentes, registrados como empleados de una sociedad llamada Villar y Reyes. Otra firma funcionó con la cobertura de Elissalde y Poblete.

La principal fuente de financiamiento fue el dinero desviado desde las empresas en cuyos directorios participaban hombres de la DINA, pero muchos de esos capitales pasaban primero por cuentas y empresas radicadas en Panamá, en especial en el Cayman Bank. En ese país centroamericano se crearon Panandina de Inversiones, Entrecostera Panatlántica, Complejo Terranova y Comercial Caronte, entre otras sociedades, puestas a nombre del coronel Contreras y de Hubert Fuchs, gerente general de Pesquera Chile.

Desde el Departamento III se monitoreaban también los flujos monetarios de los partidos políticos, en particular los del PC y de la Democracia Cristiana. La DINA ya sabía que los fondos enviados desde Moscú y otras capitales de Europa para los comunistas estaban ingresando desde Buenos Aires. Un grupo de agentes instalado en Argentina efectuaba ingentes esfuerzos para identificar a los encargados de aquella tarea. En cuanto al PDC, sospechaban de un floreciente grupo económico que encabezaban Francisco Fluxá y Vittorio Yaconi, dueños del Banco Osorno y La Unión, a quienes les habían intervenido sus teléfonos y vigilaban estrechamente. Los miembros de la brigada Purén efectuaron poco después una sórdida operación para comprometer a Yaconi y obligarlo a que revelara los supuestos manejos de financiamiento político. Michael Townley y otros agentes viajaron a Buenos Aires y secuestraron al empresario. Lo trajeron a la casa de Lo Curro y lo fotografiaron desnudo con dos mujeres en una aparente orgía de alcohol y sexo. En ese episodio también involucraron al sacerdote Mario Zañartu.

El coronel Contreras concurría todos los días a las 7:30 a la casa que ocupaba Pinochet en calle Presidente Errázuriz y desde allí lo acompañaba hasta su despacho en el Diego Portales, donde tomaban un diario desayuno.

El coronel partía luego a su despacho de Belgrado, una oficina amplia con acceso a un cuidado jardín y a un refinado comedor. Allí, entre muebles de estilo, con sillas provenzales y escritorio de roble, frente al mural de un lago sureño, con las fotos de los miembros de la Junta y un gran retrato de Pinochet, Contreras sólo debía presionar un botón para que en una pantalla instalada en un muro apareciera el despacho de Pinochet.

El jefe de la DINA ya era objeto de adulaciones y atenciones exageradas. Los agentes comenzaron a ver con recelo que el coronel era rodeado por un grupo de amigos de sorpresiva aparición, que se sumaban al círculo reducido de los "Cero Cero", los hombres de confianza, los que detentaban en sus credenciales de seis números un doble cero en el comienzo.

Las agrupaciones y brigadas empezaron a tener crecientes roces con los empleados del cuartel central y con otras estructuras de la DINA; los oficiales superiores se distanciaron cada vez más de los subordinados; y así, progresivamente, las diferencias dieron paso a la desprolijidad en las tareas. El Comando Conjunto, en tanto, empezó a copar los espacios que dejaban los agentes de Contreras y, abocado al Partido Comunista, empezó a diezmar a las dirigencias juveniles de esa organización.

Sorpresivamente, el 31 de julio de 1975, también en un extraño accidente, murió el coronel de la FACh Horacio Otaíza López, el cerebro del Comando Conjunto.[112]

En enero de 1976, los mandos de la DIFA tuvieron la certeza de que algunos de sus agentes estaban filtrando información a la DINA. Tres de ellos −el soldado segundo de la FACh, Guillermo Bratti Cornejo; el informante comunista Carol Flores Castillo; y el empleado civil Otto Trujillo− fueron llevados a la base aérea de Colina e interrogados bajo torturas

---

[112] Existen diversas versiones sobre la muerte del coronel Otaíza. Sobre la actuación de este grupo represivo, ver Héctor Contreras y Mónica González. *Los secretos del Comando Conjunto*; Santiago: Las Ediciones del Ornitorrinco, 1991.

por sus mismos compañeros del Comando Conjunto. Los dos primeros fueron ejecutados a fines de mayo en las inmediaciones de San Alfonso, en el Cajón del Maipo. El tercero, protegido por Roberto Fuentes Morrison, fue dado de baja y huyó hacia el sur del país.

Un cuarto sospechoso, Leonardo Schneider, apodado "El Barba", un ex mirista que colaboraba con el Comando Conjunto y que era responsable de la caída de un considerable número de miembros del comité central y de la fuerza central de ese partido, salvó por milagro cuando no le pudieron comprobar su colaboración con los agentes de Contreras. Ya liberado, Schneider se dirigió a los cuarteles de la DINA y entregó una extensa y detallada relación de todo lo que sabía y había visto.[113]

Fue en ese momento cuando la DINA, que hasta entonces creía que se enfrentaba solo a los agentes de inteligencia de la FACh, supo que tenía por delante a un grupo integrado por oficiales y agentes de distintas ramas, apoyados, además, por una cantidad considerable de civiles de ultraderecha y delatores de los partidos de izquierda. Contreras recibió el informe del "Barba" y escribió un oficio a Pinochet dándole cuenta de que su servicio estaba siendo atacado y que el conflicto mayor se producía con la FACh, a cuyos hombres atribuía la dirección del Comando Conjunto.

La presión del coronel Manuel Contreras aumentó día tras día. No podía tolerar que la DIFA apareciera como más eficiente en el trabajo represivo. El Comando Conjunto había demostrado con muchos menos recursos una espeluznante eficacia en la cacería de miristas y comunistas. Pinochet ya se lo había enrostrado y Contreras temía que el poder de la DINA se viera menoscabado.

6.3. La derrota de Arellano, Polloni y Mena

El 11 de marzo de 1976, tres días después de un nuevo cambio de gabinete, ahora integrado por ocho civiles, Pinochet reunió a todos los ministros y a los cuerpos de generales y almirantes en un salón del Diego Portales y anunció nuevas medidas económicas. También se refirió al sensible tema de los derechos humanos; recordó las normas sobre el trato a los presos por razones políticas y aludió a las facultades de los jueces de la

---

[113]   En el Comando Conjunto, Leonardo Schneider usó la chapa de "Juan Pablo Velasco". En su trabajo de colaboración le cupo un papel protagónico en las muertes de los dirigentes miristas Alejandro de la Barra y José Bordaz. Otros miristas que colaboraron con esta agrupación represiva fueron Emilio "Joel" Iribarren Ledermann y Soledad Vial Errázuriz, alias "La Pola".

Corte Suprema para visitar los recintos de detención, disposición a la que había recurrido el presidente del máximo tribunal, José María Eyzaguirre, para concurrir al recinto de Tres Álamos.

Pinochet estaba recibiendo cada vez más presiones para restringir el poder de Contreras, pero el coronel le había mostrado una fidelidad a toda prueba y una eficacia aplastante en la lucha contra la subversión.

El 16 de marzo de 1976 fue la despedida oficial de siete generales llamados a retiro, entre ellos el general Sergio Arellano Stark, quien había salido tras fuertes discusiones con Pinochet en octubre del año anterior.

A fines de noviembre de 1974, Arellano envió una extensa carta a Pinochet donde le manifestó sus aprehensiones acerca de algunos temas que consideraba delicados. El tono de la misiva, aunque muy cuidadoso, era directo y claro. En parte de ella, refiriéndose a la DINA, expresó:

> La acción contra el extremismo debe continuar en forma enérgica y decidida, pero obedeciendo fielmente y siguiendo, sin ninguna variación caprichosa, la política dispuesta por el Gobierno. No es posible que ya se esté hablando de una GESTAPO, con todos los macabros recuerdos que esta palabra trae desde los tiempos de la Alemania Nazi, cuando se encerraba a los jefes en una torre de marfil y se les hacía navegar en una maraña de intrigas y soplonaje, que significó el comienzo del fin del citado sistema de Gobierno.
>
> No son pocos los casos de detenciones de personas no marxistas, todas justificadas y por necesidades de investigación, las cuales han sido maltratadas de hecho o de palabra, con las consecuencias negativas que ello tiene para nuestro Gobierno. A esto hay que agregar la dificultad para obtener información por parte de los familiares directos. Los afectados, sus parientes y amigos, de pro juntistas, los vemos después de su experiencia transformados en nuestros enemigos. ¿Por qué? Por la torpeza, el abuso, la prepotencia y la forma poco humana como algunos de los integrantes de los servicios que ya he mencionado están cumpliendo con su misión.[114]

Entre los que se iban había a lo menos otros dos generales cuyo alejamiento también estaba rodeado de incidentes y rencores. Ambos habían sido jefes de la Dirección de Inteligencia del Ejército, DINE. Sergio Polloni había asumido la jefatura de ese servicio después del general Augusto Lutz. Allí, desde su rango de general, tuvo los primeros roces institucionales con el coronel Contreras. La caída de Polloni fue inducida por un informe de la

---

DINA que determinó que el general había dispuesto de información sobre el Partido Comunista, pero que no la entregó a los organismos correspondientes ni tampoco la investigó en la misma DINE.

Su sucesor, el general Odlanier Mena, también pasó a retiro por causa de Contreras.

Mena desde la década del 60 dirigía la infiltración del Ejército en los partidos políticos de izquierda y el 11 de septiembre había estado a cargo de Arica, en la sensitiva frontera con Perú. Bajo su mando se realizaron algunas de las más importantes operaciones de defensa del norte en 1974, cuando se temía que Lima intentara invadir la provincia de Tarapacá.

Desde su llegada a la jefatura de la DINE en 1975, Mena dio una dura batalla contra la DINA. Cada vez que Pinochet salía de gira, antes de que Mena se enterara, Contreras disponía la cobertura de seguridad. Los hombres de la DINE solían tener roces callejeros con los agentes de la DINA.

Mena protestó porque Contreras le negaba todo tipo de informaciones y porque, además, había creado una Escuela Nacional de Inteligencia, la ENI, para formar a los agentes de la DINA. Argumentó que se corría el riesgo de crear paralelismos en el Ejército y que los verdaderos especialistas en el rubro se habían formado desde siempre en la Escuela de Inteligencia del Ejército, en Nos.

A mediados de 1975 las pugnas entre los agentes de ambos servicios casi terminan en un grave enfrentamiento. Los hombres de la DINE sorprendieron a un grupo de funcionarios de la DINA fotografiando a quienes entraban y salían de su cuartel principal, en el edificio de la Comunidad de Inteligencia, Alameda al llegar a Santa Rosa. Mena ordenó que también fotografiaran a los subalternos de Contreras y partió con las imágenes al despacho de Pinochet para formular un nuevo y enfático reclamo.

Pinochet guardó silencio. Mena era un hombre con fama de impetuoso y descargó toda su acumulada rabia en aquella reunión. No hubo respuesta. Pocos días después, Pinochet lo llamó para ofrecerle una embajada. Mena había perdido una batalla, pero la guerra con el "Mamo" seguiría muy poco después, con mayor encono y decisión.

6.4. Las operaciones secretas de la brigada Lautaro

La brigada Lautaro de la DINA fue creada en abril de 1974 para la protección de Contreras y de su familia, así como de otras autoridades del régimen militar. Su primer cuartel estuvo en un departamento del piso 19 de la torre 5 del conjunto de edificios San Borja, en el centro de Santiago. A cargo de ella estaba el capitán de Ejército Juan Morales Salgado, y en agosto de 1975 se había trasladado a un nuevo cuartel en la calle Simón Bolívar 8630, en la comuna de La Reina, muy cerca de la Villa Grimaldi.

A comienzos de enero de 1976, Contreras y Pinochet decidieron darle un brusco giro a las labores de la brigada Lautaro y encargarle la búsqueda, detención y exterminio de todos los dirigentes del Partido Comunista. Para ello, se le adjuntó un nuevo grupo de tarea, la brigada Delfín, integrada por dos núcleos operativos; uno, al mando del capitán de Ejército Germán Barriga Muñoz, quien se hacía llamar "Don Jaime", y el otro a cargo del capitán de Carabineros Ricardo Lawrence Mires.[115]

La *razzia* se inició con la detención de Bernardo Araya Zuleta, 64 años, ex diputado del PC, y de su esposa María Olga Flores, 60 años, en Quinteros, el 2 de abril. Fueron conducidos a Santiago con tres pequeños nietos, Ninoska Henríquez, Wladimir Henríquez[116] y Eduardo Araya, de nueve, 15 y nueve años respectivamente, a una casa ubicada en una calle que tenía salida a la avenida Vivaceta, en el sector norte de la ciudad, donde en un muro había un plano y un organigrama del PC. Araya estaba desconectado del partido. Lo subieron a un segundo piso, lo colgaron y empezaron a golpearlo. A la mañana siguiente, la niña pudo observar a través de una puerta entreabierta a su abuelo, encadenado y colgado de los brazos.

–Mi abuelita lloraba a su lado y el abuelo tenía excrementos que le corrían por las piernas–, relataría años después.

La cacería prosiguió el 29 de abril en la noche, cuando los agentes de la brigada Lautaro bajaron de un microbús, en la esquina de Santa Rosa con Sebastopol, en la zona sur de la capital, a los hermanos Luis Emilio (29) y Manuel Recabarren González (22), a Nalvia Rosa Mena, esposa del primero, y al hijo de ambos, de dos años. Tres automóviles les interceptaron el paso y varios hombres los encañonaron y arrastraron a los vehículos. La mujer, con tres meses de embarazo, fue golpeada cuando le quitaron al niño, al que dejaron minutos más tarde frente a su casa, en la población La Castrina. Los abuelos, Manuel Recabarren Rojas y Ana González, fueron a buscarlo. Él era dirigente de los trabajadores gráficos; ella ex dirigenta

---

[115]   Germán Barriga Muñoz se suicidó el 17 de enero de 2005 lanzándose desde un edificio en un barrio de Las Condes.

[116]   Wladimir Henríquez Araya fue asesinado por la CNI en la denominada Operación Albania, en junio de 1987.

de las Juntas de Abastecimientos y Precios, JAP, en la época de la UP. Al día siguiente desapareció el primero, quien junto a Américo Zorrilla había trabajado en la primera edición clandestina del *Canto General*, de Pablo Neruda, en los tiempos de la represión de Gabriel González Videla.

En la madrugada del día 30 de abril, cerca de las 03:30 horas, sujetos de civil llegaron hasta la casa ubicada en Conferencia 1587, donde funcionaba un taller de carteras, propiedad del obrero marroquinero Juan Becerra Barrera. Le dijeron que su cuñada, María Teresa Zúñiga, quien vivía en la calle Alejandro del Fierro 5113, en Quinta Normal, había sufrido un mortal accidente. Becerra accedió a acompañarlos, subiéndose al vehículo en que se movilizaban. Durante el trayecto fue esposado, vendado y trasladado hasta la Villa Grimaldi. Bajo la venda pudo ver que allí estaba su cuñada. Ambos fueron torturados y les mostraron fotografías de los dirigentes comunistas buscados.

En una de las imágenes aparecía Mario Zamorano, obrero marroquinero, amigo de Becerra, y el segundo hombre en la dirección del PC tras Víctor Díaz. Tiempo atrás, Zamorano le había pedido a Becerra que le facilitara su casa-taller para efectuar algunas reuniones ocasionales. La próxima sería los días 4 y 5 de mayo. Los asistentes entrarían confiados, salvo que faltara una cierta cartera colgada en la ventana, la señal convenida para advertir sobre un peligro inminente. Lo que Becerra no sabía era que a esa reunión, programada para tratar el tema sindical, debía asistir el encargado del área, el propio Víctor Díaz, que a última hora fue marginado por seguridad y reemplazado por Jaime Donato, miembro de la Comisión Sindical del PC.

Becerra también había conseguido otras casas para Zamorano, incluida una en la calle Buenos Aires, en Quinta Normal, y todas ellas eran vigiladas estrechamente por los hombres de la DINA desde hacía varios meses.

Los detenidos en Villa Grimaldi fueron trasladados hasta la casa de calle Conferencia 1587, percatándose que también había sido arrestada la cónyuge de Becerra, María Angélica Gutiérrez y Eliana Vidal, prima de ésta. Tanto en ese inmueble como en el de Alejandro del Fierro los agentes de la DINA montaron unas cuidadosas "ratoneras", obligando a los moradores a permanecer en las casas aparentando una vida normal.

El 1 de mayo llegó hasta la vivienda de Alejandro del Fierro el obispo auxiliar de Santiago, Enrique Alvear Urrutia, a pedido de la esposa de Julio

Maigret, uno de los retenidos en el lugar, a objeto de entregarle un remedio a este último. Alvear confirmó más tarde que en la casa había varios detenidos, entre hombres mujeres y niños, cuyos aprehensores le exhibieron credenciales de la DINA. A él lo retuvieron por tres horas.

A las 12:30 horas del lunes 3 de mayo, en la esquina de Catedral y Teatinos, donde atendía un carro manicero, la DINA secuestró a Miguel Ramírez Morales, 32 años, comerciante ambulante, presidente del Sindicato Profesional del Mote con Huesillos, enlace del PC.

En calle Conferencia, mientras, llegó Elisa Escobar Cepeda, 42 años, para avisar que al día siguiente Mario Zamorano iría con otras personas. En el momento en que se retiraba, uno de los agentes que estaba dentro de la casa ordenó por radio a los de afuera que no la detuvieran, pero que la siguieran todo el tiempo.

A las 19:00 horas del 4 de mayo, ignorante de las detenciones ocurridas en las horas anteriores, llegó hasta la casa de Conferencia el dirigente Mario Zamorano Donoso, 44 años, miembro del comité central del PC. Todo estaba aparentemente normal e ingresó tirando del cordel que abría la puerta. Dos hombres se le fueron encima; intentó resistir pero le dispararon en una pierna y cayó sangrando profusamente. Lo envolvieron en una frazada y lo arrastraron a una pieza interior.

Los agentes arreglaron el desorden y prosiguió la simulación. Dos agentes aparentaban ser unos maestros reparando la instalación eléctrica. Solo minutos después ingresó Jorge Muñoz Putains, 43 años, ingeniero civil, miembro del comité central, marido de Gladys Marín, ex diputada del PC.

Esa madrugada llegó una camioneta que se llevó silenciosamente a los detenidos.

En la mañana del día siguiente, miércoles 5 de mayo, cuando eran aproximadamente las 09:00 horas, llegó a la casa Jaime Donato Avendaño, 41 años, casado, cinco hijos, ex presidente de la Federación de Trabajadores Eléctricos y ex director nacional de la CUT, miembro del comité central, encargado del Frente Sindical. Al rato apareció Uldarico Donaire Cortés, 51 años, conocido como "Rafael Cortés" desde que saliera del campo de prisioneros de Pisagua instalado por Gabriel González Videla. Donaire pertenecía a una generación de trabajadores de las salitreras de la que también formaban parte Víctor Díaz y Óscar Ramos, y eran los que habían rearmado al PC tras la persecución de González Videla. Donaire estaba a cargo de la Comisión de Control y Cuadros, pero había seguido viviendo con su familia en la misma casa que habitaba antes del golpe militar.

Inquieta por la ausencia de Mario Zamorano, Elisa Escobar Cepeda, enlace que usaba la chapa de "Marcela", volvió inexplicablemente a la casa el 6 de mayo, cerca de las 13:30 horas; en esa oportunidad, tras preguntar por Mario Zamorano, fue detenida por los agentes de la DINA. Luego, a las 14:00 horas fue sacada del lugar y llevada en un taxi a Villa Grimaldi.Por la tarde los hombres de la DINA, se retiraron de ambas casas.

El historiador Rolando Álvarez afirma que "Elisa Escobar comenzó a colaborar con la DINA, entregando la información necesaria para llegar hasta Víctor Díaz. Estando en manos de la DINA dejó en un buzón un mensaje a Eliana Espinoza, a la sazón enlace de Víctor Díaz, donde le decía que se reunieran en un determinado punto de Santiago. Eliana Espinoza llegó al lugar, pero no encontró a nadie. Fue en ese momento cuando la DINA la marcó, iniciando el seguimiento".[117]

Entretanto, Víctor Cantero, miembro también de la dirección del PC, llegó a una reunión de los Comités Regionales de Santiago, a la cual debían asistir Donaire y Muñoz, los que no aparecieron. La reunión se levantó de inmediato y cundió la inquietud entre algunos dirigentes. La compartimentación impidió que ubicaran rápidamente al buscado "Chino" Díaz.

El domingo 9, mientras desayunaba con su suegro, golpearon a la puerta del economista Lenín Díaz Silva, 31 años, ex director del mineral La Exótica. Era Elisa Escobar, acompañada de un desconocido. Conversaron brevemente y se marchó con los visitantes. No hubo recados ni despedida.

El lunes 10 dos agentes de la DINA llegaron hasta el trabajo del ingeniero agrónomo Marcelo Concha Bascuñán, 30 años, en una empresa de exportaciones. No estaba en su puesto. Almorzó en su casa con su mujer, ignorante del asedio. Le dijo que iría al Instituto de Fomento Pesquero y que volvería luego pues esa noche debía viajar al sur, a la ciudad de Los Ángeles. No se le vio nunca más.

Tras el aparente fallido contacto con Elisa Escobar, Eliana Espinoza decidió ir a ver a Víctor Díaz para hacerle presente su preocupación. Se reunieron el 11 de mayo y al término de la cita, cuando ya se encontraba a varias cuadras del refugio de Díaz, la mujer fue detenida por la DINA.

---

[117] El mejor trabajo de investigación sobre la represión al Partido Comunista bajo la dictadura militar corresponde hasta ahora a Rolando Álvarez. *Desde las sombras. Una historia de la clandestinidad comunista*; Santiago: LOM ediciones, 2003.

6.5. ¡Por fin te encontramos, "Chino"…!

Víctor Manuel Díaz López, 56 años, casado, tres hijos, obrero gráfico, ex dirigente nacional de la CUT, subsecretario general del Partido Comunista, fue detenido a las 02:00 de la madrugada del 12 de mayo de 1976 por un numeroso contingente de la DINA.

Había nacido en Ovalle y cursado solo hasta la segunda preparatoria. Su familia se trasladó a la pampa y tuvo que trabajar siendo aún niño, primero como suplementero y luego en faenas mineras. Ingresó muy joven al PC, estuvo en Pisagua y luego confinado más al sur, desde donde escapó. Se radicó en Santiago con su esposa, Selenice, y se dedicó a las tareas de organización. Fue obrero gráfico en la Imprenta Horizonte, dirigente nacional de la CUT y miembro de la Comisión Política de su partido, el cual encabezaba tras la detención de Luis Corvalán, el secretario general.

Bajo el nombre de José Santos Garrido Retamal, residía con un matrimonio amigo donde el dueño de casa era el arquitecto Jorge Canto Fuenzalida, en la calle Bello Horizonte, en Las Condes. La empleada sabía que era un antiguo conocido de provincia de sus patrones, que a veces le ayudaba con las tres niñas de la casa. Pasaba su tiempo leyendo y escribiendo. Periódicamente lo visitaba una mujer llamada "Ana", que realmente era Eliana Espinoza Fernández, 44 años, su enlace con la plana mayor del PC. Solo ella y Lenín Díaz, detenido dos días antes, sabían cómo ubicarlo.

En la tarde del 11 de mayo, "Ana" llegó a visitarlo. Estaba visiblemente alterada. Hablaron como siempre en voz baja y en un aparte. Ella se retiró muy luego. "Don José" quedó preocupado. Le preguntó a una hija de la empleada si podía alojarlo algunos días porque tenía ciertos problemas. Contó que le habían matado a un amigo.

Esa noche cerca de las 2:00 de la madrugada del día 12, insistentes timbrazos despertaron a la familia. Al asomarse a la calle, el dueño de casa pudo ver a seis sujetos de civil armados, algunos con ametralladoras largas. Uno de los agentes gritó: "¡Somos de la DINA! Tenemos una orden de allanamiento completo de su casa. ¡Abra la puerta o la echamos abajo!".

Los sujetos, con brazaletes blancos y dibujos rojos, insistieron en entrar de inmediato, por lo que el dueño de casa abrió la puerta y, sin prender la luz, se acercó a Víctor Díaz y le dijo lo que sucedía; en ese instante tres agentes se les acercaron lentamente. Les hicieron prender la luz y miraron nerviosa y fijamente al hombre que, sin moverse, permanecía recostado en su cama. Uno de ellos comenzó a preguntar, al mismo tiempo que lo golpeaba con su arma: "Y vos, viejo, ¿quién soi? ¿Cómo te llamái? ¿Tenís carné? ¿En qué trabajái? ¿De qué viví?". Un agente le ordenó que se levantara lentamente. En ese instante otro agente tomó al dueño de casa y le ordenó que le mostrara el resto de la casa. Sólo pudo escuchar que uno de los individuos que habían quedado en la pieza le ordenaba a Víctor Díaz que caminara; lo hizo y con ello quedó en evidencia la cojera que tenía desde hace años, secuela de una operación a la columna.

El ingeniero Jorge Canto se encontraba mostrando la pieza de la empleada cuando pudo escuchar los gritos frenéticos del jefe del grupo: "¡Chino Díaz!, al fin te agarramos...! ¡Detengan a toda la casa!"

Al instante los demás agentes encerraron a la esposa y empleada en sus respectivos dormitorios; al dueño de casa lo encañonaron y metieron en el baño de visitas. Al rato entró uno de los individuos y le pegó en los oídos con sus manos abiertas, luego le amarró los brazos a la espalda y lo obligó a tenderse en el piso del pasillo. Luego tomó el teléfono, marcó un número y pidió hablar con "mi coronel". Al segundo intento logró comunicarse, y dijo: "Jefe, lo llamo para darle buenas noticias. ¡Pillamos a Víctor Díaz, al "Chino" Díaz!...". Luego le comunicó los nombres de los demás habitantes de la casa y eufórico comentó la eficiencia de su acción: "¿...Ve, jefe, lo que logramos cuando trabajamos unidos? Nos merecemos una buena felicitación, ¿verdad, jefe?"

Sacaron a Víctor Díaz de la casa; eran ya cerca de las 03:00 de la madrugada. Al pasar por el pasillo donde estaba Canto, éste pudo apreciar que Díaz iba vestido con su pijama, sus zapatos, sin calcetines y una chaqueta sobrepuesta sobre los hombros. Llevaba las manos atadas a la espalda y, a causa de los fuertes y numerosos golpes, tenía un ojo semi cerrado, el labio inferior hinchado, respiraba con dificultad y cojeaba más que de costumbre.

Los agentes se retiraron excitadísimos; la familia fue abandonada y huyó minutos después para ingresar a una embajada y pedir asilo.

Al día siguiente la ofensiva de la DINA prosiguió en la comuna de La Reina, donde fue detenido Fernando Antonio Lara Rojas, 27 años, soltero, dirigente regional del PC en Talca. El 19 de mayo, ante un llamado de Elisa Escobar para encontrarse, fue detenido en la calle César Cerda Cuevas, 47 años, obrero de la construcción, dirigente nacional de la CUT e integrante del comité central del PC. Fue visto por última vez en Villa Grimaldi en septiembre.

A fines de mayo, en los comités regionales se supo que toda la dirección del partido había caído. Solo estaban a salvo Víctor Cantero e Inés Cornejo, ésta última alejada de la organización por motivos de salud. La DINA quería a Cantero, el hombre al que presumían responsable de los dineros. En la persecución, los agentes de Lautaro secuestraron a su hermano Eduardo Cantero y a su hija Clara Cantero, de 22 años, los que fueron asesinados.[118]

A mediados de julio de 1976 la División Nacional de Comunicación Social, Dinacos, informó que los organismos de seguridad habían logrado desbaratar 32 casas buzón del Partido Comunista, las que servían de enlace entre la dirección y los regionales de dicho partido. En el comunicado se indicó, además, que entre los detenidos se encontraba el abogado de la Vicaría de la Solidaridad, Hernán Montealegre, y que no se podían entregar más antecedentes para no entorpecer las investigaciones de los servicios de seguridad.

Los oficiales que dirigían la brigada de exterminio creada por Manuel Contreras condujeron a los dirigentes comunistas a diversos lugares de detención. Desde Villa Grimaldi los llevaron al cuartel secreto de Simón Bolívar, donde fueron sometidos a feroces tormentos y usados, además, como conejillos de experimentación por Michael Townley, quien buscaba probar en humanos los efectos del gas sarín que había logrado producir el químico Eugenio Berríos.

Víctor Díaz, Mario Zamorano y Waldo Pizarro, integrantes de la cúpula comunista, también estuvieron en la llamada "Casa de Piedra", en el cajón del río Maipo, donde los visitó Pinochet. "En una oportunidad, estando en el cuartel Casa de Piedra, se presentó el general Augusto Pinochet, quien llegó a conocer a Víctor Díaz. Sostuvo una reunión y trascendió una conversación en la que el detenido le dijo que 'cometía un error al meterse contra el PC porque ello era como vaciar el mar con un balde'", recordó 32 años después el capitán Lawrence ante la justicia.[119]

En los últimos días de aquel mes de julio, la dirección exterior del PC instruyó a Víctor Cantero y a Inés Cornejo para que abandonaran el país

---

118   Sobre los detenidos y desaparecidos en calle Conferencia, la primera querella contra Augusto Pinochet y otros militares fue presentada el 12 de enero de 1998 por Gladys Marín, la fallecida secretaria general del PC.

119   La casa fue construida en la década de 1930 por la familia Bulnes Correa en el camino al centro invernal de Lagunillas, cerca de San José de Maipo. En 1955 la adquirió Darío Sainte Marie Soruco, conocido como Volpone, fundador en 1954 del diario *Clarín*.

y entregaran a otro equipo la dirección del partido. Estos dos dirigentes coincidieron en que el elegido debía ser Fernando Ortiz Letelier, 54 años, casado, tres hijos, profesor universitario y miembro del comité central, quien en la época de González Videla había sido el secretario general de las JJ.CC.

A principios de agosto de 1976 se inició un devastador golpe en contra del aparato de organización del PC, que operaba en forma paralela a la dirección, y que encabezaba Óscar Ramos. Al mediodía del 4 de agosto fue detenido en la vía pública Hugo Vivanco Vega, miembro del comité central. En la tarde fue capturada Carmen Vivanco Vega, esposa de Ramos. El día 5, en su casa, fue arrestado Óscar Ramos Garrido, ex intendente de Llanquihue, miembro del comité central y encargado de organización, y su hijo Óscar Ramos Vivanco.

El día 9, fueron detenidos Víctor Morales Mazuela, José Corvalán Valencia, Mario Juica Vega, Jorge Salgado Salinas y Pedro Silva Bustos, todos dirigentes intermedios vinculados a los organismos de dirección. El mismo 9, apresaron a Marta Ugarte Román, integrante del comité central. El 10 de agosto cayó Nicolás Vivanco, hijo de Hugo, su tío Óscar y su primo, también llamado Óscar. El 7 desapareció Manuel Vargas Leiva, ex alcalde de Til-Til y miembro del comité central. El 11 de agosto, Miguel Nazal Quiroz, integrante del comité central y secretario del regional de San Miguel; y Carlos Vizcarra Jofré, ex dirigente de la JJ.CC. que había pasado al partido; el 16, Julio Vega Vega, dirigente sindical; el 18, Nelson Jeria, secretario del regional norte de Santiago; el 26, el Comando Conjunto detuvo a Víctor Cárdenas, y la DINA a Gabriel Castillo Tapia y Pedro Silva Bustos, miembros del equipo de organización que mantenían contactos con los regionales.

Solo unos pocos hechos dieron alguna luz sobre lo que estaba ocurriendo.

El 12 de septiembre de 1976, un ciudadano francés admiraba las rompientes de la playa La Ballena, en el balneario de Los Molles, cerca de La Ligua. Entre los roqueríos vio el cuerpo atado de una mujer que había sido arrojado por el mar. Era Marta Ugarte, la tesorera del PC, secuestrada a comienzos de agosto antes de llegar a su casa.

En las semanas previas habían aparecido varios cuerpos desfigurados en las riberas del río Maipo. Exhibían huellas de balazos y estaban amarrados con alambre desde el cuello a las piernas, en una extraña posición flectada, dentro de sacos paperos.

En medio de condiciones dramáticas, donde cada día algún dirigente desaparecía, Fernando Ortiz asumió la conducción del PC secundado por Waldo Pizarro, Horacio Zepeda y Fernando Navarro. A fines de octubre, Cantero y Cornejo se asilaron en la Embajada de Italia. Se ordenó hacer lo mismo a Luis Canales, Virginia González y Víctor Galleguillos. Eliana Ahumada también logró eludir el acoso de la DINA y escapar con vida de aquella pesadilla.

La segunda dirección del PC empezó a caer el 9 de diciembre al ser detenido Armando Portilla Portilla, miembro del comité central. El 13, en la vía pública y ante numerosos testigos, fue capturado Fernando Navarro Allende, también miembro del comité central.

Dos días después, el 15 en la mañana, fueron detenidos en la rotonda Lo Plaza, en Ñuñoa, Horacio Cepeda Marinkovic y Lincoyán Berríos Cataldo. Esa misma tarde cayeron en calle Larraín, Fernando Ortiz Letelier y Waldo Pizarro Molina, y, en otros barrios de Santiago, Héctor Véliz Ramírez, Luis Lazo Santander y Reinalda Pereira Plaza, 29 años, embarazada de cinco meses.[120]

Tres días después se perdieron Lisandro Cruz Díaz y el mirista Carlos Durán González. El 20 de diciembre, con la detención de Edras Pinto Arroyo, ex secretario de los diputados del PC, terminó la ofensiva de la brigada Lautaro en contra de los comunistas.

En las tres décadas siguientes, pese a los esfuerzos de familiares, abogados, compañeros de partido, periodistas y organismos de derechos humanos, no fue posible esclarecer el paradero de los comunistas detenidos y desaparecidos; y menos identificar a los responsables de sus secuestros. En 2007, sin embargo, el juez Víctor Montiglio, un magistrado prolijo y hermético, pudo finalmente asir una hebra investigativa que en los tres años siguientes le permitió romper uno de los secretos mejor guardados por la DINA y entreabrir las puertas de las horrorosas experiencias vividas en el cuartel de la brigada Lautaro, en la casa de la calle Simón Bolívar.[121]

---

[120] Fernando Ortiz era el padre de Estela Ortiz, directora de la Junta Nacional de Jardines Infantiles durante el gobierno de Michelle Bachelet, y a quien un grupo de exterminio de Carabineros le asesinó a su esposo, el dirigente comunista José Manuel Parada, en marzo de 1985. Waldo Pizarro Molina era el marido de Sola Sierra, fundadora de la Agrupación de Familiares de Detenidos Desaparecidos, AFDD, y padre de Lorena Pizarro, la actual presidenta de esa entidad. Víctor Díaz, en tanto, era el padre de Viviana Díaz, vicepresidenta hoy de la AFDD.

[121] Se recomienda ver la cobertura que el periodista Jorge Escalante, el mejor reportero de temas de derechos humanos en los últimos 15 años en Chile, realizó sobre este caso en el diario *La Nación*, en el período 2007-2010.

Un hombre cercano a los 40 años, que a la edad de 16 llegó a trabajar como mozo a la residencia particular del coronel Manuel Contreras, y que luego se incorporó a la brigada Lautaro y conoció de cerca el proceder de sus agentes, atormentado por sus recuerdos, decidió contar lo que sabía. Acudió a los detectives encargados de investigar los crímenes de derechos humanos y luego relató al ministro Montiglio los espeluznantes detalles de sus vivencias en la DINA.

Aquel testimonio hizo posible romper el pacto de silencio de los hombres y mujeres que exterminaron a los dirigentes comunistas. En los meses siguientes, el juez Montiglio reunió suficientes datos y testimonios para procesar a decenas de agentes de las cuatro ramas de las Fuerzas Armadas que integraron aquella siniestra brigada.

Los chilenos, entonces, pudieron empezar a conocer los pavorosos relatos de lo ocurrido.

A los comunistas detenidos se les torturó hasta matarlos. Se les inyectó cianuro y otras sustancias letales. Se les arrancó de su boca las tapaduras de oro que algunos poseían. Se les quebraron los huesos. Se les asfixió con bolsas plásticas. Se experimentó en ellos con gas sarín. Se les aplicó un soplete para borrarles sus rostros, cicatrices, huellas dactilares y cualquier otro rastro que permitiera identificarlos. Finalmente, sus cuerpos fueron introducidos en sacos paperos, con pedazos de rieles amarrados con alambre, subidos a helicópteros del Ejército y lanzados al mar en el litoral central.[122]

Víctor Díaz, el subsecretario del PC, fue mantenido ocho meses encerrado. Pocos días después de conocerse el canje de Luis Corvalán por el disidente soviético Vladimir Bukovsky, el 17 de diciembre de 1976 en el

---

[122] Los procesados por los asesinatos de la brigada Lautaro son: Agentes del Ejército: general César Benavides; brigadieres Miguel Krassnoff Marchenko, Carlos López Tapia y Antonio Palomo Contreras; coroneles Juan Morales Salgado y Carlos Mardones Díaz; teniente coronel Federico Chaigneau Sepúlveda; mayor Luis Felipe Polanco; teniente Gladys Calderón Carreño; suboficiales Pedro Bitterlich Jaramillo, Manuel Obreque Henríquez, Eduardo Oyarce Riquelme, Orlando Torrejón Gatica, Elisa Magna Astudillo, Guillermo Ferrán Martínez, Jorge Escobar Fuentes R., René Riveros Valderrama, Carlos Marcos Muñoz, Jorge Pichunmán Curiqueo y Eduardo Garea Guzmán. Agentes de la Armada: Sergio Escalona Acuña, Bernardo Daza Navarro, Orlando Altamirano Sanhueza, Jorge Manríquez Manterota, Celinda Aspé Rojas, Teresa Navarro Navarro, Berta Jiménez Escobar y Adriana Rivas González. Agentes de la FACh: Eduardo Cabezas Mardones, Jorge Díaz Radulovich, Eduardo Díaz Ramírez, Jorge Arriagada Mora y Ana Vilches Muñoz. Agentes de Carabineros: Teniente coronel Ricardo Lawrence Mires; suboficiales Heriberto Acevedo Acevedo, Gustavo Guerrero Aguilera, Claudio Pacheco Fernández, Jorge Sagardía Monge, José Sarmiento Sotelo, Emilio Troncoso Vivallos, Italia Vacarella Giglio, Héctor Valdebenito Araya y Orfa Saavedra Vásquez.

aeropuerto suizo de Zürich, el coronel Contreras dio la orden para que lo mataran. Una enfermera de la Armada le aplicó una inyección de cianuro y luego dos comandos de la infantería de Marina lo asfixiaron con una bolsa plástica. Su cadáver, junto a los de otros de sus camaradas, fue llevado a Peldehue, subido a un helicóptero Puma y arrojado al océano Pacífico.[123]

Por esos mismos días, Volodia Teitelboim y otros dirigentes en el exilio le plantearon a Luis Corvalán la urgente necesidad de efectuar un Pleno del Comité Central. El último se había realizado en agosto de 1973, y eran 29 de los 90 integrantes elegidos en 1969 –en el XIV Congreso Nacional– los que habían caído desde entonces. Seis fueron ejecutados en las semanas después del golpe, 11 figuraban en las listas de desaparecidos, siete habían fallecido y cinco estaban marginados por la dirección del partido.[124]

6.6. Una sórdida lucha con Jaime Guzmán Errázuriz

Al promediar 1976, el coronel Contreras libraba otra sorda batalla en el corazón mismo del régimen militar. Poco a poco, con una paciencia de hormiga, el abogado Jaime Guzmán Errázuriz, líder indiscutido de los gremialistas que apoyaban a Pinochet, había logrado mellar el prestigio de la DINA en los diversos niveles del gobierno. Guzmán había encontrado un poderoso aliado en el general Sergio Covarrubias, nombrado por Pinochet al frente de su comité asesor.

La lucha entre Guzmán y Contreras fue ardua desde el comienzo. El abogado no olvidaba aquel día a comienzos de julio de 1974, cuando el coronel llegó presuroso a la antesala del despacho de Pinochet en el edificio Diego Portales e indicó al oficial ayudante que necesitaba conversar de inmediato con el general. Guzmán se encontraba esperando su turno y al darse cuenta de la exigencia perentoria de Contreras, le dijo con mucha cortesía:

–Perdón, coronel; yo estoy esperando hace media hora para conversar con el general Pinochet, y...

---

[123] Por el crimen de Víctor Díaz fueron procesados el mayor (r) Juan Morales Salgado y Ricardo Lawrence; los ex infantes de Marina Bernardo Daza Navarro y Sergio Escalona Acuña; la teniente (r) del Ejército Gladys Calderón Carreño; y el suboficial (r) de Ejército Guillermo Ferrán Martínez. Uno de los pilotos de los helicópteros Puma era el brigadier (r) Antonio Palomo Contreras, el piloto preferido de Pinochet. También condujo el Puma de la Caravana de la Muerte, al igual que Luis Felipe Polanco, otro de los procesados.

[124] Rolando Álvarez, op. cit.

No pudo terminar. Furioso, el coronel Contreras le espetó:

–¡Qué se ha creído el mugriento! ¡Mándese a cambiar de inmediato de aquí!

Rojo de indignación, Guzmán tomó el camino del ascensor.

Desde aquella oportunidad la animadversión entre ambos fue creciendo.

Contreras ordenó a un pequeño grupo de agentes de la DINA, encabezado por el teniente Ricardo Thieme Bahre, que interviniera los teléfonos de Guzmán y vigilara todos sus movimientos. Marcia Merino, la "Flaca Alejandra", la ex mirista que en 1976 estaba instalada en una oficina del cuartel central, era una de las encargadas de la escucha.

Periódicamente, los informes sobre el abogado llegaron al escritorio de Contreras.

Uno de aquellos memorandos, fechado el 3 de noviembre de 1976, señaló que los gremialistas perseguían desplazar al gobierno para ubicarse ellos en ese puesto, con el apoyo de las Fuerzas Armadas. El grupo que pretendía remover a Pinochet –según los agentes de la DINA– era liderado por Guzmán y el ex mandatario Jorge Alessandri, en ese entonces presidente del Consejo de Estado. Sus reuniones se efectuaban en el departamento de Alessandri, en la céntrica calle Phillips o en la viña Cousiño Macul, lugar donde "concurre la élite de lo que dice llamarse aristocracia de Chile". Otros puntos de encuentro eran las oficinas de Enrique Campos Menéndez, Álvaro Puga y Gastón Acuña, todas ellas en el edificio Diego Portales.

Los ámbitos de influencia de Guzmán –agregaban los agentes– eran el ya nombrado Consejo de Estado que presidía Alessandri, la Comisión de Reforma Constitucional, la Dirección Nacional de Comunicación Social (Dinacos), los canales de televisión 7, 9 y 13, los diarios *El Mercurio* y *El Cronista*, la Secretaría Nacional de la Juventud y de la Mujer, la agencia de noticias Orbe, ProChile, el Partido Nacional y el PDC, la Sofofa, la Sociedad Nacional de Agricultura, el Movimiento de Unidad Nacional, la UC, el Frente Juvenil de Unidad, el Poder Judicial, la Colonia Dignidad, la CIA y las Fuerzas Armadas. En estos tres últimos frentes, según el documento, el contacto se había producido a través de Federico Willoughby. El informe concluía que el grupo, liderado por Guzmán y compuesto por periodistas, políticos y economistas, no eran "adeptos al gobierno" aunque sí lo parecían, querían el control civil del aparato estatal y pretendían que las Fuerzas Armadas volvieran a sus cuarteles.

Con fecha 17 de noviembre de 1976 y también secreto, otro informe indicó que habían intervenido el teléfono de Guzmán. El número era el 745885, lo que les permitía adelantarse a los hechos y saber, por ejemplo, cuál sería su participación en TV.

Según el memorando, la "intención presuntiva de Jaime Guzmán" era "establecer en el país una democracia selectiva en la que las FFAA apoyarían un gobierno civil, el que estaría constituido por el Estado con sus tres poderes clásicos, al que se le sumaría un cuarto poder que sería el de los medios de comunicación de masas".

Dentro de aquel informe y bajo el título "Otros antecedentes de importancia", la DINA le dedicó un capítulo especial al tema "Homosexualismo". En el Anexo A, aparecía el nombre de Raimundo Larraín Valdés y tras dos puntos se leía: "(homosexual internacional), regalonea a Arturo Fontaine Talavera, íntimo de Guzmán y contacto con platas internacionales, financian Fundación Azul, financiamiento de ellos". En el punto B decía: "José Joaquín Ugarte Godoy, también homosexual reconocido, tiene contacto con Jaime Guzmán y Gonzalo Ibáñez Santa María".

El coronel Contreras estaba obsesionado en comprobar una supuesta homosexualidad del abogado gremialista, pero pese a sus esfuerzos y a los de sus agentes, nunca pudo conseguir los antecedentes necesarios que le permitieran demostrarlo.

A fines de 1976, la vigilancia sobre Guzmán recayó en la brigada Purén, comandada por Eduardo Iturriaga. Uno de los informes elaborados por sus miembros, titulado "Facetas de Jaime Guzmán Errázuriz", firmado por el capitán Fernando Contreras Campos, se refirió a diversos aspectos de la vida del abogado: su etapa universitaria, la relación política con el ex presidente Alessandri, el triunfo de Allende y la muerte de Schneider, el gobierno de la Unidad Popular, el programa "A esta hora se improvisa", el 11 de septiembre, y su "Presente y futuro".

Respecto a su relación con Alessandri, el informe señalaba que ella comenzó gracias a la intervención de Jaime del Valle Alliende, profesor de Derecho Procesal, quien se desempeñó como subsecretario de Justicia de Alessandri.

> Entra en contacto con Alessandri en las tertulias de calle Phillips. Don Jorge lo "cautiva" (expresión de Guzmán) y se transforma en su más fiel y fanático admirador e imitador. Véase: manera de vestir, hablar, reaccionar, gustos, etc. La amistad entre ambos se va estrechando notablemente, lo acompañó en las giras presidenciales, lo acompañaba

en las "tardes de ópera" a Malloco (cuando don Jorge tenía su parcela); se transforma en el favorito, o más bien, "hijo espiritual de Alessandri". De hecho lo es: Alessandri así lo siente y Guzmán también.

La brigada Purén, tras las escuchas telefónicas, concluyó que Guzmán había heredado del ex presidente todos sus contactos ("círculo social íntimo") y que Alessandri, de una forma u otra, desea influir en Pinochet a través del joven gremialista. "De la época Alessandri, Jaime Guzmán se caracteriza por la 'búsqueda misionera de adeptos entre los hijos de personajes de poder empresarial o periodístico...' obviamente para llegar a los padres. Ej. Arturo Fontaine Talavera, Juan Carlos Sahli, Sergio Gutiérrez, etc. Entre ellos forma su grupo de ayudantes y admiradores. Les da retiros, tiene su departamento de Galvarino Gallardo, a disposición de los 'jóvenes amigos'. Ver análisis de intercepciones telefónicas en anexo número 1", señalaba el informe de Purén.

Daba cuenta, además, de los esfuerzos de Jaime Guzmán para acercarse "a gente vinculada a los medios de comunicación y se relaciona —según las escuchas telefónicas— con César Antonio Santis, Manfredo Mayol, Julio López Blanco, Jaime Celedón, Alejandro Magnet y Arturo Fontaine Aldunate.

"Si bien es cierto no estuvo cerca del general Viaux —escribieron en la brigada Purén— Guzmán sí participó activamente con sus grupos de fanáticos religiosos que estaban en el gremialismo de FEUC, y se reúnen en el departamento de Guzmán, en la Iglesia El Bosque o en las sedes del Opus Dei: Juan Luis Bulnes Cerda, Allan Leslie Cooper, los Izquierdo Menéndez, todos estos eran del grupo de Jaime Guzmán, alentados por él y pertenecientes a FEUC". Añaden que Guzmán tenía ordenada (después del secuestro del ex comandante Schneider) la toma de la Universidad Católica y del canal 13 de TV. La toma estaba preparada y los grupos los encabezaba precisamente Bulnes Cerda (los de choque). En los tiempos de Allende, según los agentes, Guzmán y Alessandri —que decía que en esa época se daban muy bien los nazis— se esmeraron en la tarea de formar un grupo nacionalista y buscar a una persona, que no podía ser Jaime Guzmán, que personificara ese ideal con su dureza.

Así surgió Patria y Libertad y nació el político Pablo Rodríguez, quien decía tenía la imagen de "audacia y valor". Según la DINA, cuando Guzmán era consultado por qué se unió a Patria y Libertad, respondía: "Para derrotar al marxismo fui capaz de aliarme con el fascismo y esto último es el peligro que hay que derrotar hoy día". Si bien Guzmán, de acuerdo al documento, fue fundador de Patria y Libertad en 1971 y su primer jefe de la Juventud, integrando incluso la comisión política, combatió la posición "fascista y militarista" de Rodríguez.

El alejamiento de Guzmán, de acuerdo con la versión de la DINA, hizo que surgiera otra Comisión Política, vinculada a la embajada de EE.UU. y que funcionaba en una casa en Las Condes. Ella estaba integrada por Claudio Orrego Vicuña, Jorge Navarrete Martínez y Jaime Guzmán. También participaban José María Navasal, Alejandro Magnet y Enrique Campos Menéndez.

La brigada Purén, que tenía infiltrado el círculo íntimo de Guzmán, señaló que el gremialista decía que había dos líneas de influencia en la Junta:

> La de la Armada, continuar como hasta ahora, corrigiendo algunos aspectos de la política económica y flexibilizando elementalmente el frente interior. O la de Fuerza Aérea, que propugnaría una modificación del plan económico, restringiendo la actividad de los grupos monopólicos y reorientando la distribución del ingreso hacia sectores de menos recursos.[125]

6.7. Asesinatos por un suculento botín

A comienzos de 1977, la DINA había acumulado una importante cantidad de información sobre el Partido Comunista, de su orgánica interna y de las redes de apoyo construidas en el exterior. No obstante, el principal objetivo de algunos de los mandos superiores era identificar y capturar a los encargados de las finanzas y apropiarse de los fondos que venían de Europa y de los que, muy secretamente, algunos operadores financieros locales administraban en Chile.

En abril, la DINA consiguió infiltrar en Francia y en Suiza a una de las conexiones que los comunistas usaban para transportar fondos a Santiago. Supieron que un próximo correo viajaría rumbo a Buenos Aires, donde lo esperaban los integrantes de una nueva estructura que se preparaba para asumir la conducción del PC en Chile, en reemplazo de la segunda dirección que había caído en manos de la dictadura.

---

[125] Ver Andrea Insunza. "Los documentos secretos de la DINA sobre Jaime Guzmán"; diario *La Tercera*; Santiago de Chile; domingo 6 de enero de 2002; y, Francisco Martorell. "Lo que la DINA escribió sobre Jaime Guzmán"; *El Periodista*; Santiago de Chile; domingo 22 de junio de 2003.

Los interrogadores de la brigada Lautaro, en tanto, consiguieron mediante prolongadas sesiones de tortura algunos datos claves que les permitieron a los analistas del aparato encargado de las finanzas de la DINA, identificar a uno de los principales gestores de los fondos del PC en Santiago: el acaudalo operador de monedas Jacobo Stoulman Bortnik, propietario de la casa de cambios Andes y, además, un connotado captador de fondos de la colonia judía.

El 16 de mayo de 1977 aterrizó en Buenos Aires un chileno con pasaporte suizo llamado Alexis Jaccard Siegler, el correo de los comunistas que transportaba en un maletín una cuantiosa cantidad de dólares. Se hospedó en el Hotel Bristol y en las horas siguientes fue secuestrado por un comando de la red Cóndor, aparentemente integrado por chilenos y argentinos.

Ese mismo día los agentes detuvieron al chileno Ricardo Ramírez Herrera y al comerciante argentino que lo alojaba, Marcos Leder, de 70 años, y su hijo Mauricio. Los tres desaparecieron.

Ramírez Herrera, el jefe del aparato de inteligencia del PCCh, había logrado escapar del Comando Conjunto poco tiempo antes y, tras una breve estadía en Europa, se aprestaba a retornar a Chile con los dólares que traía Jaccard para asumir uno de los puestos claves en la dirección del comunismo criollo.

La cacería siguió el día 17 con la detención del comunista chileno Mario Clar y su hijo Sergio. De los dos nunca más se supo. Poco después cayó el chileno Héctor Velázquez Mardones y su empleador, el argentino Rodolfo Sánchez Cabot.

El 20 de mayo por la tarde, un comando operativo que desde temprano vigilaba el local central del comunismo argentino en Buenos Aires, ubicado en la esquina de las calles Callao y Sarmiento, secuestró a siete militantes porteños que abandonaban el recinto. Tres de ellos fueron liberados. Los otros cuatro –Luis J. Cervera Novo, Ricardo Isidro Gómez, Carmen Candelaria Román y Juan Cesáreo Arano– siguen desaparecidos.

En Santiago, mientras, los agentes de la DINA atraparon a uno de los responsables de las finanzas comunistas, Enrique Ruiter Correa Arce, ex secretario del director del diario *El Siglo*, y propietario de un kiosco de diarios situado en la intersección de las calles Manuel Rodríguez con Alameda, pantalla y "buzón" que servía para distribuir dineros entre los cuadros partidarios. El 28 de mayo, el cadáver de Correa apareció flotando en el río Mapocho.

Al día siguiente, el domingo 29 de mayo, Jacobo Stoulman y su esposa, Matilde Pessa, aterrizaron en el aeropuerto de Ezeiza a bordo de un avión Braniff. Tras bajar de la escalerilla de la nave, varios hombres de civil los rodearon y los condujeron a un Ford Falcon de color verde. Se perdieron para siempre.

La última operación importante de la DINA terminó el 7 de junio en Santiago con la captura de Hernán Soto Gálvez, el encargado local de las finanzas del PC, quien hasta hoy tampoco es habido.

En los días siguientes, los agentes de Manuel Contreras, en conjunto con funcionarios de la Cancillería, falsificaron la partida de Jaccard y de los Stoulman desde Argentina, usando falsos registros de hotel y documentos de inmigración. Los papeles adulterados mostraron a Jaccard viajando a Chile pocos días después de su arresto, y luego partiendo de Santiago a Uruguay.

En un vano esfuerzo por rescatar al matrimonio Stoulman, algunos miembros de su familia pagaron decenas de miles de dólares a diversas personas. Entre ellas al abogado Ambrosio Rodríguez, quien hizo diversas y estériles gestiones a ambos lados de la cordillera.

Uno de esos contactos fue con el agente de la DINA en Buenos Aires, Enrique Arancibia Clavel, quien el 17 de julio reportó aquel encuentro en un mensaje a Santiago:

Con fecha 8/7/77 se contactó conmigo Ambrosio Rodríquez, quien me planteó que su permanencia en Buenos Aires peligraba debido a que estaba haciendo averiguaciones sobre un matrimonio de origen judío Stoulman. Aparentemente Rodríguez tomó contacto con altos jefes del Ejército argentino en el área Seguridad, los que le indicaron en forma indirecta que este matrimonio "ya no existía"… El informe oficial de 1er Cuerpo del Ejército argentino es que fueron entregados (los Stoulman) a funcionarios DINA.

En las semanas y meses siguientes, algunos de los familiares más cercanos de los Stoulman comprobaron que las numerosas cuentas que el cambista mantenía en diversos bancos del mundo habían sido vaciadas completamente. Hasta hoy se ignora el monto total de aquellos depósitos, pero ciertos conocedores del tema los calculan en varias decenas de millones de dólares, dos o tres de los cuales pertenecían al PCCh.

En cuanto al destino de los detenidos y desaparecidos en este caso, el juez Víctor Montiglio, quien investiga las operaciones de exterminio de la brigada Lautaro, ha reunido importantes antecedentes que permiten suponer que varios de ellos fueron traídos a Chile desde Buenos Aires y asesinados posteriormente en fechas que falta precisar.[126]

6.8. Los días finales

A mediados de 1976, Contreras realizó algunos ajustes en la estructura de la DINA. La Subdirección de Operaciones se convirtió en Dirección de Operaciones, a cargo del recién ascendido Pedro Espinoza Bravo, quien retornaba de la agregaduría militar en Brasil. El mayor Rolf Wenderoth quedó al frente de la Subdirección de Inteligencia Interior. En esa instancia, los analistas de C1 se preocupaban de los movimientos subversivos; los de C2 recababan información sobre el PDC y el MIR; C3 se encargaba del área sindical; C4 de los gremios; y C5 de las empresas. La Subdirección de Inteligencia Exterior estaba a cargo del comandante Arturo Ureta.

No hubo mayores sobresaltos hasta fines de septiembre, luego de conocerse el atentado explosivo que acabó con la vida de Orlando Letelier y su secretaria Ronnie Moffit, en las calles de Washington. Las investigaciones del FBI apuntaron rápidamente hacia la DINA y, al promediar 1977, las presiones internas y externas sobre Pinochet para que desmontara su policía secreta fueron ineludibles.

El 13 de agosto de 1977, al saberse que la DINA se transformaría en la Central Nacional de Informaciones, CNI, todo permaneció en relativa calma en los cuarteles secretos.

Contreras seguiría a la cabeza del organismo.

El día del cambio, los oficiales mantuvieron desde temprano una serie de reuniones en la sede central de Belgrado 11. En la tarde, los funcionarios de menor rango fueron congregados en el Casino de Suboficiales del Ejército. Allí, el subdirector del servicio, el coronel Jerónimo Pantoja, les dijo que debido a una nueva arremetida del marxismo internacional, la institución enfrentaba injustamente una situación de cuestionamiento. Aseguró que la DINA no era responsable del asesinato de Orlando Letelier y que el crimen tenía un evidente carácter pasional, agregando que colocar al recién ascendido general Contreras al frente de la CNI era un respaldo inapreciable del presidente Augusto Pinochet. Todo permanecería igual. Solo cambiaría el logotipo y el pie de firma en los documentos.

---

[126] Ver Iván Cabezas y Juan Pablo Moreno. "Pregunta del millón de dólares: ¿Quién hizo desaparecer al empresario Stoulman con su mujer, su fortuna y la plata del PC?"; Revista Semanal de *La Nación*; Santiago, 6 de octubre de 1996.

No era así. El 3 de noviembre llegó una circular a todas las dependencias de la CNI.

En ella Contreras comunicaba su paso a retiro y anunciaba que su reemplazante sería el general (r) Odlanier Mena. La conmoción fue enorme, sobre todo en los más antiguos.

El mundo da muchas vueltas. Y ahora Mena se levantaba desde las cenizas para tomar el control de las labores de inteligencia.

De lo que ocurrió entre la partida de Contreras y la llegada de Mena, no es mucho lo que se sabe. Luz Arce, la mirista que se transformó en colaboradora de la DINA y que luego se mantuvo en la CNI, recordó que Rolf Wenderoth tuvo una reunión con Contreras:

> Al volver, Rolf me pidió que sacara toda la documentación referida a una informante que manejaba él y cuyo contacto lo había recibido de Pedro Espinoza. Era una señora conocida o amiga de él que trabajaba en un instituto para el desarrollo, Desal, que estaba ubicado en la calle Carmen Sylva…

Y añadió:

> Rolf se quedó en su oficina reunido con los jefes de las secciones de Inteligencia Interior. Yo fui con Ketty a las trituradoras grandes y me encontré allí con María Alicia y otros funcionarios que prácticamente hacían cola para poder destruir grandes legajos de documentos.

Esa noche, en la despedida de Contreras, al preguntarle por qué se quedaba el coronel Pantoja, el jefe de la DINA respondió: "Yo soy el dueño del fundo. El coronel se queda porque yo se lo ordené".[127]

6.9. Aproximación a un balance

A poco de cumplirse 40 años desde la creación de la DINA, aún permanece en la oscuridad gran parte de su ominosa existencia. Pese a los esfuerzos de innumerables actores –institucionales y personales, públicos y privados–, ha resultado imposible por ahora precisar con una relativa exactitud sus orígenes, su composición y estructura, sus vínculos con el gobierno militar, sus relaciones con organismos semejantes en el exterior y, lo más dramático, las responsabilidades de sus miembros, de sus cómplices y encubridores, en los asesinatos, secuestros, torturas e innumerables otras violaciones a los derechos humanos cometidas por sus mandos, sus agentes y sus colaboradores.

---

[127]   Revista *La Huella*: "Picando papeles"; Santiago de Chile; julio de 2001.

Los trabajos de la Comisión Nacional de Verdad y Reconciliación –la llamada Comisión Rettig– y de la Comisión Nacional Sobre Prisión Política y Tortura –la Comisión Valech– aportaron una considerable cantidad de antecedentes, en particular sobre las víctimas, optando por mantener en el anonimato público los antecedentes sobre los responsables, información que se mantiene guardada bajo estricto secreto.

Los datos recopilados por ambas comisiones que fueron considerados como constitutivos de eventuales delitos, se entregaron a los tribunales de justicia y han sido, muchas veces, elementos fundamentales para acelerar los procesos por ellos incoados o abrir otros nuevos, contribuyendo de una manera decisiva a establecer la verdad y hacer justicia.

La labor de los jueces, por su parte, pudo realizarse con bastante normalidad a partir del retorno a la democracia en 1990 y se aceleró notoriamente en la década del 2000. Un resumen reciente, elaborado por la Universidad Diego Portales, señaló que al 21 de septiembre de 2010 estaban activas 424 causas judiciales por ejecución y desaparición de personas y 32 por torturas y exhumación ilegal. Expresó, además, que las víctimas de violaciones a sus derechos humanos reconocidas por el Estado, llegaban a las 3.186. De ellas, un 37% correspondía a víctimas de ejecución política y desaparición con causa activa; 57% a víctimas de ejecución política y desaparición con causa concluida; y un 6%, a víctimas de ejecución política y desaparición sin causa.

En cuanto a los responsables, el estudio de la UDP dio cuenta de que el total de agentes procesados y condenados desde el año 2000 llegaba a 777, a los que había que sumar a otros 11 procesados y condenados que fallecieron. Del total, 565 estaban procesados o condenados sin sentencia definitiva; 143, condenados con sentencia definitiva, libres por beneficios o con sentencia cumplida; y 69, condenados en prisión efectiva.

Este balance de la UDP, sin embargo, engloba a los agentes de todos los servicios represivos y miembros de las Fuerzas Armadas y de Orden envueltos en violaciones a los derechos humanos; es decir, DINA, SIFA, SICAR, Comando Conjunto, CNI, Dicomcar y otros, existentes entre 1973 y marzo de 2000, el período de la dictadura militar.

Según la Comisión Valech, entre enero de 1974 y agosto de 1977, se contabilizaron 5.266 detenciones calificadas, de las cuales 2.892 corresponden a personas que afirmaron haber permanecido en al menos un recinto de la DINA. Las agrupaciones de familiares de detenidos desaparecidos y ejecutados políticos coinciden, por su parte, en que de los 1.183 detenidos desaparecidos durante el régimen militar, un porcentaje muy alto de ellos es atribuible al organismo que dirigió el coronel Manuel Contreras.

El colectivo de familiares de los desaparecidos y detenidos en la casona de Londres 38, en tanto, contabilizó que en los cuatro principales recintos secretos de la DINA –Londres 38, Ollagüe, Venda Sexy y Villa Grimaldi– entre el 20 de mayo de 1974 y el 20 de febrero de 1975 fueron hechos desaparecer y/o ejecutados más de 219 prisioneros. De ellos, cerca de un 75% correspondió a militantes del MIR.

A esta cifra se le deben agregar las víctimas del Partido Comunista en la ofensiva que emprendió la DINA entre fines de 1975 y las últimas semanas de 1976, que significó la desaparición de una veintena de los máximos dirigentes de esa colectividad. También hay que agregar la casi decena de dirigentes del Partido Socialista detenidos y hechos desaparecer entre marzo y junio de 1975.

La DINA es responsable, además, de un número aún no precisado de asesinatos y desapariciones en el exterior, entre ellos los crímenes del general Carlos Prats y del ex ministro Orlando Letelier, en Buenos Aires y Washington, respectivamente. Falta también esclarecer, sin asomo de dudas, las muertes de los generales Óscar Bonilla y Augusto Lutz, aparte de otros oficiales, suboficiales y conscriptos del Ejército, de la Fuerza Aérea, de Carabineros y de la Policía de Investigaciones.

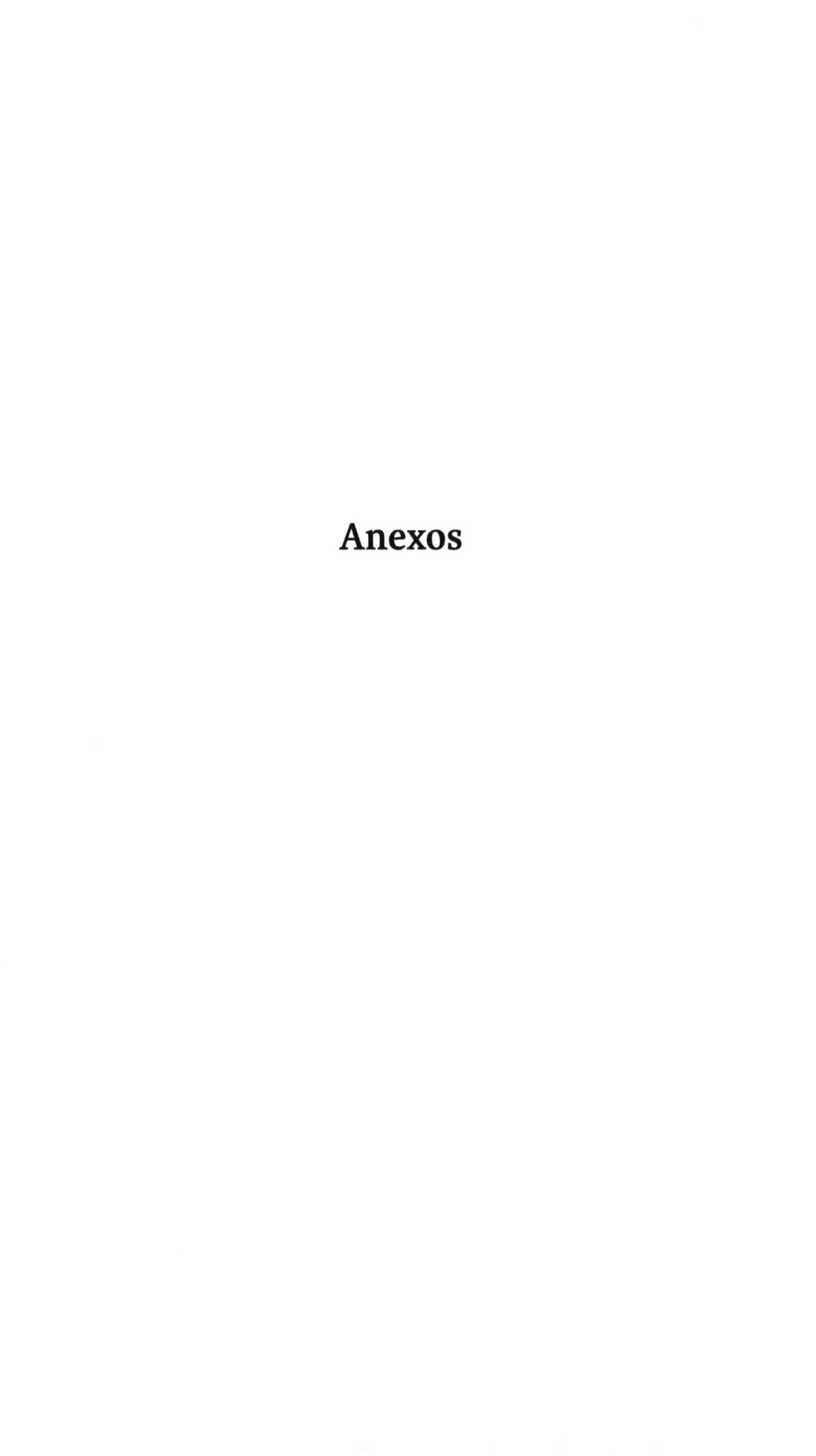

Anexos

Anexo I.
Correspondencia entre el general Pinochet y el cardenal Raúl Silva Henríquez a propósito de la disolución del Comité Pro-Paz

<u>ANEXO 1.3</u>

<u>INTERCAMBIO DE CARTAS ENTRE EL GENERAL PINOCHET Y EL CARDENAL
RAÚL SILVA HENRIQUEZ, A PROPÓSITO DE LA DISOLUCIÓN DEL COMITÉ</u>

Santiago, 11 de Noviembre de 1975.

Su Eminencia Reverendísima
Don Raúl Silva Henríquez
Arzobispo de Santiago
<u>P r e s e n t e.</u>

Eminencia:

He querido hacer llegar a V.E. la profunda preocupación que me causa una campaña, que ha alcanzado niveles que no podría ignorar, y cuyo objetivo evidente es el de producir la equivocada impresión que existirían diferencias entre la Iglesia Católica Apostólica Romana y el Gobierno de Chile.

Esta acción, desarrollada por los más diversos medios, ha sido impulsada por terceros y sería un grave error para la armonía que debe existir entre la Iglesia Católica y el Gobierno que presido, el permitir que estos sectores en concomitancia con declarados enemigos de la Patria, continuaran en su nefasto intento. De fructificar estos hechos, muchos de ellos en forma artificial, traería como resultado un doloroso efecto y el único perdedor sería Chile.

De lo anterior y tras un sereno análisis de los acontecimientos públicos y de sus proyecciones tanto en el interior como en el exterior del país, nos lleva a buscar las raíces de algunos de los acontecimientos, encontrándolas en el Comité Pro-Paz.

Por ello hemos considerado que el mencionado Organismo es un medio del cual se valen los marxistas-leninistas para crear problemas que alteran la tranquilidad ciudadana y la necesaria quietud, cuya mantención es mi deber principal de gobernante.

Será, pues, un positivo paso para evitar males mayores, el disolver el mencionado Comité.

Frente a esta situación, Eminencia, e invocando su buena comprensión, es que estimo de toda conveniencia se adopten las medidas pertinentes a fin de que este Organismo llegue a su término.

Lo saluda con el afecto de siempre su invariable amigo que lo aprecia y distingue.

(fdo.) AUGUSTO PINOCHET UGARTE
General de Ejército
Presidente de la República

Carta del general Augusto Pinochet al cardenal Raúl Silva Henríquez.

EXCELENCIA:

He recibido y considerado atentamente su comunicación de fecha 11 de noviembre, referida a las actividades del Comité Pro-Paz y que plantea la conveniencia de poner término a las mismas, en beneficio de la tranquilidad ciudadana.

Debo manifestar primero, francamente, mi parecer en el sentido de que el Comité Pro-Paz ha estado desarrollando, en medio de circunstancias muy difíciles, una tarea asistencial de clara arraigambre evangélica y enmarcada en la legislación vigente. El que la pureza del servicio prestado haya podido ocasionalmente empañarse por la interposición de elementos ajenos a su sentido originario es un riesgo inherente a toda obra de bien, de que ninguna institución puede infaliblemente exhonerarse. Las informaciones de que dispongo fundamentan, en mi caso, un juicio global sobre la acción del Comité, muy diferente del que trasuntan las palabras de V.E., a cuyo tenor el mencionado Organismo sería simplemente un medio utilizado por los marxistas leninistas para alterar la quietud del cuerpo social. Es cierto -como lo expresé públicamente, al celebrar su segundo aniversario (30.10.75)- que en ésta, al igual que en toda obra humana, se dan limitaciones e insuficiencias; pero se dan también, y en medida prevalente, nobles y sinceros empeños, coronados por una fecundidad que sólo Dios conoce, aunque hemos podido apreciar sus destellos. De ahí que no me sea posible compartir el juicio de V.E.

Con la misma franqueza debo, enseguida expresar mi convicción de que la medida preconizada por V.E. - en el sentido de que procedamos a disolver el Comité- acarreará con toda probabilidad- dentro y sobre todo fuera de Chile- daños sensiblemente mayores que los que pretende evitar. Honestamente quisiera, en esto, equivocarme; pero las tendencias y experiencias hasta ahora disponibles apuntan inequívocamente en esa dirección. Si así resultare, no será nuestra la responsabilidad.

Las Iglesias que concurrimos a la formación del Comité hemos, sin embargo, analizado el planteamiento de V.E. con todo el respeto y profundidad que la investidura del exponente y la gravedad del caso requieren. Teniendo en cuenta que las mejores intenciones chocan, a veces, con imágenes o prejuicios insuperables, y que la eficacia de una obra de misericordia se resiente cuando genera - sin pretenderlo- animadversiones desproporcionadas al bien que procura, hemos acordado aceptar esta exigencia del Supremo Gobierno -con la expresa reserva de que la labor caritativa y religiosa desplegada hasta ahora por el Comité, en favor de quienes sufren diversas formas de pobreza, continuará desarrollándose dentro de nuestras propias y respectivas organizaciones eclesiales, y siempre en un marco de fraterna colaboración ecuménica.

Tales Iglesias entienden contribuir así, con no escaso sacrificio, al afianzamiento de una relación positiva y de recíproca comprensión entre el Gobierno y los distintos credos religiosos -relación que estiman de máxima importancia para las tareas de desarrollo y paz que con urgencia enfrenta nuestra Nación.

Los trámites de disolución del Comité, y el cumplimiento de las obligaciones de allí resultantes, demandarán, para su ejecución, un tiempo razonable. V.E. estará oportunamente informado sobre el particular. Por nuestra parte, confiamos en que la sociedad y el Gobierno que la representa, sabrán acoger con espíritu ecuánime y reconocido, a quienes abnegadamente pretendieron servir, desde el Comité, los altos intereses de la misericordia.

Respuesta del cardenal Raúl Silva Henríquez al general Augusto Pinochet.

Finalmente hago presente a V.E. que la pluralidad de Iglesias que con forman el Comité y de organismos que colaboran a su mantenimiento, nos obliga a comunicar a todos ellos el contenido de las cartas en que se ha cristalizado esta decisión; de tal manera que su tenor no podrá permanecer privado.

El sacrificio que esta decisión importa nos permite esperar que, en tiempo no lejano, le será restituída a la jurisdicción civil su plena competencia en las materias hasta ahora objeto de la acción del Comité, con la consiguiente creación de un ambiente de paz social en el país, y de una imagen extraordinariamente positiva en el extranjero.

Saludo a V.E. con sentimiento de particular estima su affmo. servidor,

+ RAUL CARDENAL SILVA HENRIQUEZ
ARZOBISPO DE SANTIAGO

A SU EXCELENCIA EL
PRESIDENTE DE LA REPUBLICA
GENERAL D. AUGUSTO PINOCHET UGARTE

Entre los centenares de procesos judiciales por violaciones a los derechos humanos y otros crímenes cometidos por los aparatos represivos de la dictadura militar, destacan algunos que han permitido conocer en parte el funcionamiento de la DINA. Ello, pese a las reiteradas negativas de sus mandos y oficiales superiores, en la mayoría de los casos, a reconocer su participación en los hechos y/o relatar sus experiencias en las tareas represivas. No obstante esa disposición, y enfrentados a pruebas y testimonios que los incriminan, algunos de ellos, han optado por contar parte de lo que saben. En otros casos, han sido los agentes y reclutas de menor rango los dispuestos a revelar lo ocurrido en los cuarteles secretos y dependencias del organismo que dirigió el coronel Manuel Contreras.

Los siguientes extractos han sido obtenidos, principalmente, de diferentes episodios acumulados en el proceso Rol 2.282-98 denominado Villa Grimaldi, entre ellos los correspondientes a Manuel Cortez Joo, Marcelo Salinas Eytel, José Domingo Cañas (Lumi Videla y Sergio Pérez), Luis Dagoberto San Martín Vergara, José Flores Araya, Agustín Eduardo Reyes González y Miguel Ángel Sandoval Rodríguez. La mayoría de estas investigaciones judiciales las efectuó el juez Alejandro Solís Muñoz. Las declaraciones fueron editadas por el autor de este libro.

En relación a Londres 38

Juan Manuel Guillermo Contreras Sepúlveda declaró: "Ingresé al Ejército en 1944, cumpliendo luego distintas destinaciones, entre las que corresponde destacar mis destinaciones al regimiento Aconcagua, luego

Escuela Militar, Escuela de Ingenieros, Academia de Guerra, Regimiento Arauco y luego la Escuela de Ingenieros Militares de Fort Belvoir del Ejército de Estados Unidos. Durante mi desempeño en la Academia de Guerra, entre los años 1960 y 1966, me desempeñé como profesor de Inteligencia, ocasión en que entre los años 1964 y 1965 fue subdirector el teniente coronel Augusto Pinochet Ugarte, quien conoció mi desempeño docente. En septiembre de 1973 era director de la Escuela de Ingenieros Militares en Tejas Verdes.

"Luego del pronunciamiento militar del 11 de septiembre de 1973, a fines de ese mes me citó el general Augusto Pinochet para que asesorara en la Dirección de Inteligencia Militar del Ejército (DINE), específicamente a su director, que era el general Polloni, como también a él, manteniéndome como director en la Escuela de Tejas Verdes.

"Con motivo de la actividad guerrillera que se desarrollaba en nuestro país, que produjo numerosas bajas en el contingente del Ejército, se me solicitó hiciera un proyecto destinado a establecer una Dirección de Inteligencia Nacional, proyecto que yo había diseñado en la Academia de Guerra y que él conoció pues fue materia de un trabajo concreto con un curso de ésta. El día 12 de noviembre de 1973 hice la presentación del proyecto a la Junta de Gobierno, proyecto que fue aceptado, y se dispuso que se dotaría del personal para su implementación por todas las ramas de Defensa Nacional, Carabineros e Investigaciones, para lo cual se me otorga la calidad de delegado de la DINA por el presidente de la Junta de Gobierno, con el objeto de concretar e implementar esta organización y estructura de Inteligencia, la que posteriormente se pondría a cargo de un general del Ejército, que en ese momento no se tenía en vista fuera yo, ya que tenía el grado de teniente coronel. Específicamente el 13 de noviembre de 1973 se me designó delegado de la DINA por el presidente de la Junta y comienzo a desarrollar mis labores de organización e instrucción.

"La organización y estructura de la DINA quedó diseñada y reglamentada en marzo de 1974, iniciando sus actividades el 1 de abril de ese año, para lo cual se me proporcionó un local en la calle Marcoleta y un cuartel, el cual fue Londres 38, además de personal y presupuesto que era obtenido del Erario Nacional, pasando a ser una de las instituciones a las que se les asignaba una cantidad de recursos en la Ley de Presupuesto Nacional.

"La Dirección de Inteligencia Nacional se estructuró hasta esa fecha con órdenes del presidente de la Junta de Gobierno, dependiendo dicha dirección de la Junta de Gobierno a través del presidente de ella. En los hechos dependía del presidente de la Junta de Gobierno, pues en labores de mando me relacionaba con el general Augusto Pinochet, sin perjuicio de visitar a los señores comandantes en jefe diariamente y al director de Carabineros para darles información que les correspondiera conocer de acuerdo a su investidura, quienes excepcionalmente me impartían misiones que debía satisfacer e informarles directamente, lo que yo cumplía con los medios generales con que contaba.

"La DINA recibió distinto personal enviado por las Fuerzas Armadas, Carabineros e Investigaciones, todos con decreto de comisión de servicio extrainstitucional. A este personal se le efectuó un curso básico de inteligencia en la localidad de Santo Domingo, procediendo luego a instalarlos en lo que hoy es la Escuela de Suboficiales del Ejército, en Rinconada de Maipú, dado que las oficinas y cuartel con que contábamos no tenía la capacidad necesaria para albergar a todos estos efectivos.

"La misión fundamental de la DINA era recopilar información que transformaba en inteligencia y era proporcionada a las autoridades de gobierno con el objeto que pudieran desarrollar sus labores dentro de lo que corresponde al desarrollo económico y seguridad nacional, lo que se concretaba mediante un proceso que involucra la búsqueda de información, el proceso informativo y el uso en la cual actuaban todas las unidades de inteligencia. Esta información era obtenida por las unidades operativas de Inteligencia.

"La orgánica de la DINA estaba constituida por su director, un cuartel general y las brigadas. El cuartel general se componía de un subdirector, que estaba en las líneas de mando de la organización quien era el jefe del cuartel y de éste dependían diferentes departamentos y con el tiempo direcciones, que estaban abocados a diferentes actividades del acontecer nacional; esto es, operación a la inteligencia, inteligencia exterior, personal, logística, comunicaciones y contraloría. Estas direcciones tenían diferentes divisiones internas de acuerdo a los requerimientos que fueran necesarios satisfacer. Las brigadas fueron establecidas como grupo de acción para recopilar antecedentes, las cuales posteriormente pasaron a depender de distintas divisiones que constituían sus jefaturas.

"De los cuarteles que tuvo la DINA recuerdo que Londres 38 estuvo a disposición desde fines de marzo de 1974 hasta el 30 de junio de ese mismo año. Debo precisar, además, que este cuartel, que era una dependencia del Partido Socialista, estuvo a disposición de la Sexta Comisaría de Carabineros quienes le dieron uso hasta que nos fuera entregado a nosotros como DINA en la fecha a que me he referido. El destino de este cuartel fue mantener detenidos hasta por tres días, en los casos en que expresamente era necesaria esta medida. La dependencia de José Domingo Cañas fue entregada a la DINA el 16 de diciembre de 1974 y permaneció bajo nuestra dependencia hasta que se disolvió DINA y se hizo entrega a la Central Nacional de Información el 12 de agosto de 1977. Este fue usado un corto periodo que media aproximadamente entre diciembre de 1974 y mediados de 1975 como cuartel de una unidad, pero que en todo caso también rotaban para pasar a constituirse luego en cuartel para la permanencia de los agentes solteros de la DINA.

"Tengo entendido que existió un cuartel en calle Irán pero como no dependía de mí su implementación y asignación de personal, no recuerdo cuando entró en funciones ni cuando fue devuelto a su propietario al concluir el arrendamiento.

"El inmueble ubicado en José Arrieta denominado Villa Grimaldi se me puso a disposición, por orden presidencial, a fines de junio de 1974 y hasta el 12 de agosto de 1977, en que pasó a disposición de la nueva organización de inteligencia, esto es la CNI. Este cuartel tenía por función albergar unidades de inteligencia que buscaban información y por ser el que era más grande, llegaban detenidos hasta por cinco días, de acuerdo a lo ordenado por orden presidencial del 3 de mayo de 1974. En Santiago existieron durante el periodo que funcionó la DINA, 40 cuarteles en distintos inmuebles de la capital, cuyo detalle en este momento no recuerdo. De todos estos cuarteles recuerdo haber visitado el de Villa Grimaldi en dos ocasiones: la primera vez fue en el año 1975, junto al presidente de la Corte Suprema de la época; y la segunda, para graduaciones de curso de inteligencia que se efectuaron a fines del año 1976. Cuando se constituyó el señor presidente de la Corte Suprema se limitó a recorrer todas las dependencias de que se componía el cuartel Villa Grimaldi, no solicitó el libro de detenidos o relación de personas que en ese momento se encontraban privados de libertad, pero en todo caso, conversó con algunos de ellos que no superaban las diez personas y observó como se les interrogaba y específicamente la técnica que se realizaba por medio de un hipnotizador, función que estaba a cargo de Osvaldo Pincetti.

"En relación a los procesos de detención de personas quiero señalar que, si bien es cierto, existía una normativa legal que se refería a la detención de todos los ciudadanos, se impartió una orden presidencial de 3 de mayo de 1974 en el sentido que los individuos detenidos podían permanecer en estas condiciones hasta por una plazo de 72 horas; instrucción que estaba dirigida a la privación de libertad que pudiera afectar a los individuos con motivos de las acciones realizadas por las Fuerzas Armadas, Carabineros, Investigaciones y la DINA.

"Posteriormente se dictaron los decretos leyes 1008 y 1009, de 8 de mayo de 1975, en que se extendió el plazo máximo de detención hasta por cinco días, siempre en las condiciones expresadas y no exclusivamente para la DINA.

"Con posterioridad al 11 de septiembre, atendida la cantidad de personas que se encontraban privadas de libertad, se estableció el Servicio Nacional de Detenidos (Sendet) y se reguló para que a la familia o quien se interesare en la persona privada de libertad, se le entregara lo que constituía la tarjeta de captura, en que constaba la detención del individuo y el organismo que la practicaba. Durante los cortos periodos a que me he referido y que las personas permanecían en cuarteles, no eran ingresados en el registro que llevaba Sendet, pero luego, cuando se les transfería a los campamentos de detenidos pasaban inmediatamente a figurar en los listados que llevaba dicha repartición. Por ello es que cualquier persona que haya sido privada de libertad por las Fuerzas Armadas y por la DINA principalmente debía tener copia de esta tarjeta de captura o certificado de detención.

"La DINA se atuvo a la reglamentación que se le impartió y también fue estructurada mediante una disposición legal, esto es, el Decreto Ley 521 que es de fecha 14 de junio de 1974.

"En relación al mando que ejercí en DINA ya me he referido a lo que es la planificación de su estructura y organización, la cual desarrollé como delegado del presidente de la Junta de Gobierno primero con una instrucción verbal y a partir del 13 de noviembre de 1973 con un documento escrito que en su oportunidad acompañé al señor ministro. Cuando entró en actividades formales la DINA, esto es el 1 de abril de 1974 el mando lo ejercí sobre la base de órdenes verbales del mismo presidente de la Junta de Gobierno hasta que a fines de junio del mismo año se me da cierta concreción reglamentaria al aparecer publicado el Boletín Oficial del Ejército en el que se me designó como director ejecutivo la DINA, además de mi calidad de director de la Academia de Guerra. Con este título, que no correspondía a lo que señalaba el decreto ley 521, ejercí él mando en la DINA mientras esta organización tuvo existencia hasta el 12 de agosto de 1977, siendo su único jefe en todo este tiempo.

"Mis relaciones de dependencia con el general Augusto Pinochet lo fueron como comandante en jefe del Ejército cuando me desempeñaba como director de la Escuela de Ingenieros Militares ubicado en Tejas Verdes hasta diciembre de 1973, en que paso a desempeñar el cargo de rector de la Academia de Guerra hasta noviembre de 1974, para desempeñarme como director de Instrucción Interino del Ejército hasta mediados de 1975 y posteriormente oficial de Planta del Estado Mayor del Ejército hasta el 3 de noviembre de 1977 que corresponde a la última destinación que sirvo de manera paralela con el cargo de director ejecutivo de la DINA. El 3 de noviembre de 1977 se me concedió el grado de general de Brigada y se me destinó al Comando de Ingenieros del Ejército en el que permanecí hasta el 21 de septiembre de 1978, cuando me acojo a retiro.

"Mi relación con el general Augusto Pinochet como jefe de la Dirección de Inteligencia Nacional y éste en su calidad primero de presidente de la Junta de Gobierno y luego como presidente de la República, se desarrolló bajo las directrices que señalaba para la búsqueda de información y como contrapartida de ello se le ponía en conocimiento de él el resultado de la labor desplegada por los efectivos de DINA, lo que se hacía de manera diaria, para lo cual concurría personalmente a buscarle a su domicilio y le trasladaba hasta el edificio Diego Portales, tomábamos desayuno y manteníamos una conversación cuya duración era promedio de una media hora a una hora y a veces se extendía mucho más.

"El marco de mis labores estaba dado por la Junta de Gobierno a través del Decreto Ley 521 y en lo específico conforme a las instrucciones impartidas por el presidente de dicha Junta y posteriormente presidente de la República, general Augusto Pinochet. Quiero señalar con ello que nunca tuve independencia o autonomía en mi actuar, lo que hizo DINA fue conforme a las instrucciones impartidas por el general Augusto Pinochet, todo lo cual le era informado directa y personalmente por mí al citado señor oficial, en algunas ocasiones, la mayor parte de ellas, verbalmente y también por escrito ya sea en comunicaciones especiales o en el boletín informativo emitido por la DINA día a día.

"De las acciones desarrolladas por la DINA se comunicaba inmediatamente al día siguiente de ocurrido al general Augusto Pinochet y lo hacía yo personalmente. A lo que me refiero con lo anterior, es al hecho que tanto por la acción desarrollada por efectivos de las Fuerzas Armadas, Carabineros e Investigaciones se producían enfrentamientos con agentes de la subversión, materias que se encontraban dentro de las que estaba encargada de controlar la DINA, lo que motivaba concurriéramos al lugar, efectuáramos una investigación de lo sucedido e incluso detuviéramos personas en el marco de las instrucciones que he señalado precedentemente y luego de esclarecer todo el tema se hacía un informe para poder informar al señor presidente de la Junta de Gobierno o presidente de la República, indicándoles las circunstancias en que habían ocurrido los hechos y las personas detenidas, en su caso".

Manuel Contreras reiteró que fue director ejecutivo de la DINA desde julio de 1974 hasta el 12 de agosto de 1977.

Pedro Octavio Espinoza Bravo, coronel (R) reconoció que, "efectivamente, agentes de la DINA cometieron excesos con los detenidos, tales como torturas y que su intención era terminar con esos tratos inhumanos que, se decía, ocurrían en los cuarteles de la DINA". Afirmó que siempre discrepó con el director Manuel Contreras por sus métodos de trabajo, lo cual los llevó al rompimiento de relaciones. "Yo pienso –afirmó– que el destino de los detenidos por agentes de la DINA que llegaron a los cuarteles y que desaparecieron de ahí deben saberlo los comandantes de estas unidades, quienes hicieron físicamente las detenciones y quienes entregaron relaciones de detenidos incompletas o adulteradas".

Acta de Inspección Personal, realizada por el Ministro en Visita Extraordinaria, don Servando Jordán López, al inmueble de Londres 38, con fecha 2 de junio de 1979. Se constata que en la planta baja existe un hall embaldosado; un garage con un pozo; cuatro dependencias amplias. En el segundo piso se advierte cinco habitaciones y dos baños, los sanitarios se encuentran con excrementos. En el entrepiso se observan dos habitaciones; en una existe un somier con malla metálica, hay pedazos de cartón, "algunos presentan vestigios al parecer de sangre humana"; en el muro sur hay un cable eléctrico colgado de un metro de largo .y no corresponde al resto de la instalación de esa pieza que está incorporada en tubos metálicos. Sobre el segundo piso hay una terraza. En las dos hojas del portón de entrada al edificio hay sendos números 38 escritos con tiza.

Agrega que el inmueble de calle Londres 38 era un recinto secreto de detención y tortura que estaba ubicado en el centro de Santiago, funcionó desde fines de 1973 hasta mediados de 1974; llegó a mantener hasta unos 70 detenidos, los que permanecían con la vista vendada reunidos en una amplia sala que en el día tenía sillas y en la noche colchonetas. Desde esa sala común los detenidos eran sacados continuamente a otras dependencias para ser interrogados y torturados, así como para ser llevados a realizar otras detenciones.

Ricardo Víctor Lawrence Mires relató que en 1973 era teniente de Carabineros y trabajaba en el Servicio de Investigaciones de Accidentes de Tránsito, SIAT. Ingresó a la DINA entre diciembre de ese año y enero de 1974. Se presentó a la antigua sede de la Academia de Guerra, ante el comandante Manuel Contreras, siendo enviado a un curso de inteligencia en Rocas de Santo Domingo, donde recibió preparación durante enero y febrero, volviendo después a Santiago. Luego, fue designado para prestar servicios en Londres 38 y en mayo o junio de 1974 se trasladaron al Cuartel Terranova, que funcionaba al interior de Villa Grimaldi. Declaró que participó en unas 15 detenciones, pero no tuvo conocimiento que las mismas, que se practicaban por órdenes superiores, iban a derivar en desaparición de personas. Insistió en que la DINA era una institución bien estructurada, jerarquizada, nada era "al lote, por lo que los mandos superiores, como Manuel Contreras, deben saber que pasó con los detenidos que desaparecieron".

Basclay Humberto Zapata Reyes declaró que con el grado de soldado segundo del Regimiento de Infantería de Chillán en 1973 fue enviado en comisión de servicio extrainstitucional a la Comandancia en Jefe del Ejército. Estuvo en Tejas Verdes en un cursillo de inteligencia. Más tarde se desempeñó como conductor en el cuartel general en calle Belgrano hasta enero de 1977. Por sus labores logísticas concurría a Villa Grimaldi. Conoció a Osvaldo Romo a fines de 1974 y también conoció a Miguel Krassnoff, quien era analista. Afirmó que no había integrado grupos operativos y desmintió todas las declaraciones del proceso en que lo inculpaban. No obstante, en posterior declaración, prestada el 28 de abril de 2004, en el proceso denominado Villa Grimaldi, manifestó que deseaba rectificar sus dichos anteriores ya que, por lealtad a sus superiores, declaró cosas que no eran reales y como esa lealtad no fue recíproca, ya que lo dejaron "botado", decidió decir la verdad. Explicó que el cambio de criterio se debió a una detención en el 8º Juzgado del Crimen de Santiago, donde llegaron varios detenidos, entre ellos varios oficiales y, en un momento, el comandante Lauriani aludiéndolo dijo: "¿qué hace un cabo segundo entre tantos oficiales?", a lo cual el declarante reaccionó, tratándolos de "maricones" por no haberlo ayudado. Luego se encontró con Miguel Krassnoff y le hizo presente su mal estado de salud y le planteó que no había sido leal con él. Krassnoff le dijo que lo dejaba en libertad de acción, que hiciera lo que debía hacer, pero que debía estar seguro. En sus nuevas declaraciones Basclay Zapata relató que al iniciar sus funciones en la DINA, prestó servicios en el cuartel de Londres 38, donde le correspondía la adquisición de víveres y distribución de alimentación, pero, además, era conductor de vehículos y cumplía labores de inteligencia participando en allanamientos, "poroteos" y detenciones de personas relacionadas con el MIR, lo que era ordenado por el oficial Krassnoff. Agregó que comenzó a trabajar con este último en Londres 38, en 1974, y formó parte de un grupo en que estaban Osvaldo Romo, el "Negro Paz, el "Cara de Santo" y el "Muñeca". Reiteró sus dichos en careo con José Enrique Fuentes y añadió que formaba parte de la brigada Caupolicán, de la cual Krassnoff era uno de los jefes, quien le ordenaba acompañar al encargado de dirigir las detenciones. Mantuvo su versión en un careo con Krassnoff, el 13 de mayo de 2004, añadiendo que si participó en detenciones fue porque se lo ordenó Krassnoff. Dijo que le parecía injusto aparecer planificando, ordenando y ejecutando detenciones y haciendo desaparecer detenidos. Pidió al brigadier Krassnoff que tuviera un gesto de voluntad hacia él y asumiera sus responsabilidades. En cuanto a las víctimas que le mencionó el tribunal, Basclay Zapata aseguró que a él nunca se le dijo el nombre de quien iba a ser detenido y se limitaba a conducir el vehículo con otros agentes de la DINA, añadiendo que esos operativos eran ordenados por Krassnoff. Señaló que las víctimas eran conocidas por Osvaldo Romo. En cuanto a los detenidos que condujo a Londres 38, manifestó que eran puestas a disposición de Krassnoff, jefe de los grupos. Agregó que también llevó gente detenida a Villa Grimaldi y a José Domingo Cañas, todo ello porque se lo ordenó Krassnoff.

Osvaldo Andrés Pinccetti Gac declaró que en septiembre de 1973 vivía en Punta Arenas y fue contactado por un mayor de Ejército que le ofreció trabajar como civil para las Fuerzas Armadas. Salió con militares a efectuar controles en toque de queda. Luego, en octubre de ese año, se trasladó a La Serena donde se presentó ante el comandante del regimiento Arica y lo enviaron al Departamento II. Tiempo después conoció a un general llamado Manuel Barros Errázuriz, quien lo contactó con Manuel Contreras Sepúlveda. Afirmó que en Santiago fue recibido por Manuel Contreras en el cuartel general, donde le instruyó para que calculara el coeficiente intelectual de los agentes que llegaban a la DINA. Afirmó haber estado en Colonia Dignidad, lugar al que se llevaban detenidos y él los interrogaba mediante hipnosis. En el lugar había galpones como hangares y conoció allí al comandante Gómez Segovia, quien era jefe de inteligencia y estaba bien vinculado con el coronel Manuel Contreras, quien veraneaba en la Colonia.

El Departamento Quinto de la Policía de Investigaciones informó que los recintos que la DINA ocupó como centros de detención –Londres 38, José Domingo Cañas, Villa Grimaldi y Venda Sexy–, dependían de la Brigada de Inteligencia Metropolitana, BIM, y estaban al mando de las siguientes personas, entre fines de 1974 y principios de 1975: César Manríquez Bravo (desde diciembre de 1973 a noviembre de 1974); Pedro Octavio Espinoza Bravo (desde noviembre de 1974 a enero de 1975). Agregó que el cuartel Yucatán, ubicado en Londres 38, estuvo a cargo de César Manríquez Bravo y que allí funcionaba la Brigada Caupolicán, integrada por el Grupo Halcón, al mando de Miguel Krassnoff Martchenko.

César Raúl Manuel Benavides Escobar, general (R) del Ejército, afirmó que "existía en el Ministerio del Interior una sección confidencial encargada en mi tiempo al coronel Enzo Di Nocera de la FACh. Entre las funciones de ese organismo estaba la de redactar las órdenes de detención de las personas que solicitaba la DINA. Estos documentos me eran presentados por el subsecretario del Interior, coronel Enrique Montero Marx, para mi firma. Esto se hizo por disposición del ministro anterior a mí, el general Oscar Bonilla Bradanovic, a fin de evitar que la DINA detuviera indiscriminadamente a personas, quedando limitada a detener a las personas que dispusiera el ministro del Interior previa solicitud de la DINA. La DINA tenía que solicitar la detención a través del Departamento Confidencial, se confeccionaba la orden de detención y yo la firmaba, siempre que hubiese mérito. La propuesta la hacía la DINA. Este procedimiento significó un control para las actividades de la DINA y para que se evitara que detuviera a cualquier persona. Yo firmaba porque confiaba en lo que me decía Enrique Montero, en los informes que preparaba. No tenía contacto con el director de la DINA sobre esta materia y todo se hacía a través del Departamento Confidencial que estaba bajo mi dependencia. La DINA dependía directamente del Presidente de la República, nunca dependió del Ministerio del Interior".

En relación al cuartel Ollagüe

Cristoph Georg Paul Willeke Floel declaró el 17 de octubre de 2002 que ingresó al Ejército a los 14 años, en 1963, y fue destinado con el grado de teniente en comisión de servicios a la DINA en noviembre de 1973. Ejerció como comandante del cuartel general de calle Belgrano hasta 1976. Tuvo a su cargo la organización administrativa, de seguridad, apoyo logístico y administración del personal. Su jefe directo era Manuel Contreras. Aseguró que no prestó servicios en ningún otro cuartel de la DINA ni le correspondió frecuentarlos. Visitó Villa Grimaldi llevando documentación reservada, que le encargaba el director, para ser entregada al comandante o a algún oficial como Pedro Espinoza o Moren Brito. Dijo que nunca visitó el cuartel de Londres 38 ni el de José Domingo Cañas. Tampoco participó en la detención de Lumi Videla, ni tomó conocimiento del hecho. En 1974 ó 1975, por la prensa, supo que el cadáver de una mujer de nombre Lumi Videla apareció en la embajada de Italia, ignorando las circunstancias en que eso ocurrió. Insistió en que durante sus servicios en la DINA "no acudí para nada al cuartel de la DINA ubicado en calle José Domingo Cañas".

Francisco Maximiliano Ferrer Lima expresó el 24 de octubre de 2001 que fue destinado en septiembre de 1974 a la DINA y su primera misión, en la Subdirección de Inteligencia Exterior, bloque oriental, fue la "detección de agentes de la KGB en Chile", no encontrando ninguna persona que tuviera esas características. Luego hizo un curso de inteligencia en Brasil y a su regreso volvió a una oficina en calle Belgrano N° 11. Declaró que "yo nunca he estado a cargo de ningún cuartel de la DINA, no recuerdo haber conocido el lugar que se me indica como José Domingo Cañas u Ollagüe. Dijo no conocer a Osvaldo Romo y que se enteró de él por la prensa. En careo con Marcia Merino, en mayo de 2002, expresó que ésta, como colaboradora de la DINA, le entregaba informaciones útiles para su trabajo y por esa razón conversaron muchas veces. Añadió que mientras trabajó en la DINA no oyó hablar de Lumi Videla. Más tarde, el 23 de agosto de 2004, rectificó y expuso respecto del cuartel Ollagüe: "Allí revisé la documentación incautada por esa unidad para ver qué relación tenía con mi trabajo; había documentación de varios grupos extremistas, entre ella la incautada el 5 de octubre, relacionada con el operativo contra Miguel Enríquez". Insistió en que no tuvo antecedentes sobre Lumi Videla, y que supo del caso "por la prensa". Marcia Merino Vera, en careo con Ferrer Lima, repitió que Ciro Torré era el jefe de José Domingo Cañas y fue sucedido por Francisco Maximiliano Ferrer Lima. Agregó que "Yo lo identifico como la persona que se bajó de uno de los vehículos en los que se transportaba el equipo que me detuvo, me golpeó y estuvo presente en la sala de torturas cuando yo era interrogada. Si iba a Villa Grimaldi es porque está relacionado con los grupos operativos, por lo tanto debe saber sobre las personas que allí estaban detenidas y que actualmente se encuentran desaparecidas. Yo tengo claro que cuando el cuartel de José Domingo Cañas fue evacuado, a mediados de noviembre de 1974, el jefe era el capitán Max Ferrer, lo que me consta debido a que en esa ocasión mientras Luz Arce y yo permanecíamos separadas del resto de los detenidos, el capitán Max llegó trayendo de la mano a "Carola", la que, según ella misma nos comentó, había sido bajada desde un camión en que iba a ser transportada junto con los otros detenidos. Llegamos a la conclusión de que por haber sido bajada del camión por el capitán Ferrer, Carola salvó su vida. También recuerdo haber visto de manera permanente al capitán Max Ferrer en Villa Grimaldi formando parte de la jefatura de la brigada Caupolicán. El capitán Ferrer sabía que todos los cuarteles de la DINA eran centros de detención y torturas y él era parte del sistema".

Marcelo Luis Manuel Moren Brito declaró que en marzo o abril de 1974 fue destinado a la DINA. En noviembre de 1975 fue agregado a misiones en el extranjero y regresó a fines de 1977 cuando se disolvió ese organismo. En 1974 y 1975 formó parte de la Brigada de Inteligencia, ejerciendo labores de mando. Tenía a su cargo personas para labores de búsqueda de información, con objetivos precisos, como indagar respecto de determinadas personas, agrupaciones subversivas o lugares específicos. Una vez que le entregaban la información la clasificaba y la enviaba al Departamento de Operaciones de la DINA, información que podía haber servido para detener personas. Los grupos operativos de búsqueda de información eran Caupolicán, Purén, Halcón, Tucán, Diuca y Zorzal. Conoció José Domingo Cañas como cuartel de la DINA y no le consta que hubiera detenidos. Estaba trabajando en la DINA y escuchó nombrar a Lumi Videla Moya "como una presa que fue puesta en libertad y apareció en la embajada de Italia. Su libertad debe haber sido por decreto exento del Ministerio del Interior". Reiteró sus dichos agregando que los recintos de detención de Londres 38, José Domingo Cañas y Villa Grimaldi eran de tránsito, de paso a Cuatro Álamos, que no dependía de la DINA sino del Ministerio del Interior. Preguntado sobre personas detenidas, expresó no tener antecedentes sobre Lumi Videla y que nunca estuvo a cargo del cuartel de José Domingo Cañas. Añadió que a ese recinto iba a buscar información que le aportaba el personal y nunca interrogó detenidos, para eso había detectives. Repitió sus dichos expresando que no interrogó a Lumi Videla, ya que él sólo "fichaba a los detenidos". Recordó que "Sergio Pérez Molina estaba detenido en José Domingo Cañas, me avisaron que había alguien sangrando de úlcera, llamé a la Clínica Santa Lucía y fueron a prestarle apoyo pero había fallecido a consecuencias de una úlcera perforada. Recuerdo, además, haber jugado ajedrez con él en el recinto de José Domingo Cañas".

Miguel Krassnoff Martchenko expuso haber sido destinado con el grado de teniente a la DINA entre mayo o julio de 1974 y pasó a cumplir funciones como analista de materias relacionadas con movimientos y organizaciones terroristas subversivas clandestinas, particularmente lo relacionado con el MIR, y dependía directamente del director Manuel Contreras. Además concurría a "recintos de tránsito de detenidos" para tomar contacto con personas o a retirar documentación incautada. En algunas oportunidades concurrió a Londres 38; en escasas oportunidades al recinto de José Domingo Cañas y luego al de Villa Grimaldi. Nunca participó en detenciones, malos tratos, torturas o desaparición de personas. Relató que nació en Austria en 1946 y llegó a Chile en 1948 con su madre y su abuela materna; ingresó a la Escuela Militar a los 14 años y egresó en 1967. A contar de abril, mayo o junio de 1974, no recuerda bien, con el grado de teniente, fue destinado a servir en la DINA. Se trataba de un organismo que canalizaba y centralizaba la información, a nivel nacional, de los diferentes campos de acción. Él se desempeñó como "analista" en el área subversiva. Por la existencia de grupos armados irregulares organizados, la DINA, a través de la búsqueda de información, debió enfrentar la neutralización de esas organizaciones. No recuerda al personal que trabajó a su cargo. No le consta que hubiera habido abusos o presiones físicas por personal de la DINA. Al cuartel Terranova asistió no para interrogar, sino para "consultas aclaratorias a personas que estaban de paso para ser llevadas" al lugar de detención, denominado Tres o Cuatro Álamos. Estimó que el "estado de guerra" en Chile existía antes del 11 de septiembre de 1973, por lo tanto al aparecer las Fuerzas Armadas y de Orden en la conducción del país se interceptó el objetivo de guerra declarado, que era la guerra civil. Concluyó que, de hecho más que de Derecho, se configuró plenamente "el estado de guerra" en el país. Negó haber comandado un grupo llamado Halcón. Su actividad de analista lo hizo centrarse especialmente en el movimiento subversivo denominado MIR. En mayo de 1994 declaró que Osvaldo Romo fue presentado como un informante valioso por sus conocimientos de las actividades y estructuras de movimientos terroristas. No participó con él en detenciones. Dijo ignorar quién efectuaba detenciones y presumió que "era personal calificado y premunido de órdenes y decretos correspondientes". El 20 de julio de 2001 insistió en no haber ordenado la detención de las personas que se le nombran ni haber estado con ellas. El 13 de diciembre de 2001, preguntado sobre lo que declaró al ministro Servando Jordán en 1978 ó 1979, en cuanto a que, "Me correspondió actuar en la detención de personas. Nosotros recibíamos la orden correspondiente y procedíamos a la detención, sin conocer mayores datos de la persona a quien se aprehendía", explicó que lo dijo en términos genéricos. Añadió que tampoco era correcta la frase que se le mencionó en cuanto a haber dicho "Jamás concurrí a Villa Grimaldi, no la conocí" y ni la que expresa, respecto a Osvaldo Romo, "Yo jamás he visto a ese hombre". El 17 de octubre de 2002 precisó que estuvo en José Domingo Cañas para entrevistar detenidos, ocasionalmente. Aseguró que se trataba de una casa pequeña y las personas detenidas que se encontraban en dicho lugar no estaban con la vista vendada. Preguntado sobre personas que estuvieron en los recintos de detención, entre ellas, Lumi Videla Moya, manifestó: "No tengo ningún antecedente sobre esta persona". El 18 de enero de 2002 declaró que como analista y de búsqueda de información "no recuerda cuántas veces acudí a los centros de tránsito de detenidos. A José Domingo Cañas, en una o dos oportunidades". Señaló que iba a esos lugares toda vez que se le informaba por parte del director que existían personas en cuyo poder se había encontrado documentación, armamentos o explosivos. Agregó que en varias ocasiones concurrió a esos lugares acompañado de Basclay Zapata, quien cumplía funciones logísticas. Afirmó que era inexacto lo dicho por el brigadier Espinoza en cuanto a que el declarante era jefe de la brigada Caupolicán. "Es una confusión", afirmó.

Ciro Ernesto Torré Sáez expuso que ingresó a la DINA en 1973 y fue enviado a un curso básico de inteligencia en Rocas de Santo Domingo. En relación al cuartel de José Domingo Cañas, dijo que "no tenía oficinas propias establecidas, pero llegaba esporádicamente". Allí conoció a Luz Arce, quien estaba en un cuarto muy reducido. Ella le contó que estaba detenida y venía del hospital por estar herida; él le proporcionó un colchón y una frazada. No recordó si en esa oportunidad, o posteriormente, ella le entregó un organigrama del Partido Socialista. Desmintió a Luz Arce, afirmando que "no fue jefe" del cuartel de José Domingo Cañas, ni perteneció a ningún grupo operativo. Aclaró que los grupos Águila, Halcón, Tucán y Vampiro, dependían de la brigada Caupolicán, cuyo jefe era Moren Brito. El declarante reconoció que era jefe de una brigada logística, con funciones bien específicas: todo lo que se incautaba, revistas, imprentas, vehículos, armamentos, explosivos, se inventariaba y se llevaba a esa brigada. También tenía a su cargo buses de la ETC, el "rancho" de los funcionarios que iban a cursos de inteligencia y camiones para mudanza. Dijo que a mediados de 1974 el jefe de José Domingo Cañas era un tal "Max", y que allí había detenidos, pero sólo de paso. Vio mujeres cooperando con la DINA: Carola, Luz Arce y la "Flaca Alejandra". En Villa Grimaldi le "correspondió preocuparse del personal que limpiaba la piscina de ese recinto". Aseguró que no participó en detenciones ni en interrogatorios. En la DINA no vio a Osvaldo Romo.

En careo con Marcia Alejandra Merino Vega, expresó haberla conocido como detenida en el cuartel de la DINA de José Domingo Cañas, "a quien vi en las oficinas. No la recuerdo en las celdas. Yo observé que en José Domingo Cañas había dos o tres mujeres presas, entre las que recuerdo a Luz Arce. Yo le pregunté a Luz por qué se encontraba en ese lugar y ella me contestó que por razones políticas y que estaba muy aburrida, por lo que ella me solicitó hojas de oficio y un lápiz, con las cuales confeccionó un organigrama del Partido Socialista Regional Cordillera por su propia iniciativa y después me lo mostró. También escribió un trabajo sobre técnicas de interrogatorio que me pasó y yo hice llegar al cuartel general. Yo tenía un cierto grado de mando en José Domingo Cañas referido a la parte administrativa. Nunca fui operativo. No fui reemplazado por el capitán Ferrer. Yo no pasaba por las celdas de los detenidos como lo indica la señora Marcia Merino. Yo no vi detenidos, solamente vi detenidas a tres mujeres.

El 16 de enero de 2001 repitió que a José Domingo Cañas llegaba esporádicamente. Agregó que estuvo aproximadamente un mes en Londres 38 y que "en el cuartel de José Domingo Cañas vi detenidas a un grupo de mujeres y algunos hombres, que también estaban en tránsito para ser interrogados... no alcancé a estar un mes", lo que más tarde rectificó, reconociendo que estuvo desde marzo a septiembre de 1974 "porque me derivaron a un cuartel denominado Villa Grimaldi".

El 13 de junio de 2002 reiteró sus dichos respecto a su encuentro con Luz Arce en José Domingo Cañas, agregando que la ayudó por el problema que tenía en cuanto a la tuición de su hijo de tres años, que quedó con la abuela materna y no con el padre. Expresó que en ese recinto no estuvo más que "quince días".

El 25 de agosto de 2004 expresó, en cuanto a Lumi Videla, que recordó haber visto un grupo de mujeres en José Domingo Cañas y, entre ellas, puede haber estado Lumi Videla, y luego apareció en la prensa la noticia de su muerte, que habría sido lanzada a la embajada "por los mismos partidarios de ella".

El 23 de noviembre de 2005, en careo con Marcelo Moren, expresó que éste "era quien aparecía como la cabeza más visible, aparentemente del recinto de José Domingo Cañas... presumo que Moren Brito debió ser quien estaba a cargo de la coordinación de las actividades y toma de decisión del recinto y ordenaría las detenciones, ya que los equipos no podrían haber trabajado por sí solos... él era el jefe operativo más visible". Y ante la aseveración de Moren de no haber sido el jefe y que tenía entendido "que el jefe de dicho recinto era un oficial de Carabineros", Torré replicó: "Deseo precisar que se debe distinguir entre el jefe del inmueble y el jefe de toma de decisiones de equipo".

El 3 de julio de 2007 repitió sus dichos en cuanto a su incorporación a la DINA y que "no se me dio la posibilidad de elección". Se le asignaron labores logísticas; estuvo en el cuartel de Londres 38 con personal de Carabineros; pero comenzó a llegar personal de civil que no se identificó. Luego llegó el mayor de Ejército Moren Brito, el cual en una ocasión ordenó a dos capitanes de Carabineros que fusilaran a unos detenidos y como se negaran, los devolvió a su institución. A raíz de ello el deponente pidió su reintegro institucional, pero no fue aceptado. Diariamente le llegaban órdenes confidenciales del cuartel general de la DINA, en su mayoría denuncias anónimas que debían investigarse; no se trataba de acciones operativas. Al recinto llegaban detenidos llevados por personal del Ejército. Añade que era el jefe "pero del personal de Carabineros, por ser el más antiguo". En marzo o abril de 1974 se le ordenó hacerse cargo de una casa de José Domingo Cañas; debía habilitarla como casa de alojamiento pero Marcelo Moren, con sus operativos de la brigada Caupolicán y los grupos Águila y Halcón se instalaron allí "con el objetivo de trabajar exclusivamente el MIR". Reiteró haberle proporcionado a Luz Arce un colchón y frazada. Le permitió hablar, por teléfono, con su madre; ella le pidió hojas y lápiz para "realizar unos trabajos, después supe que era muy buena retratista. Posteriormente, hizo un trabajo de análisis muy bueno. Moren y Krassnoff se dieron cuenta de la importancia y los conocimientos que tenía y la trabajaron psicológicamente pare que les colaborara en conocimiento e individualización de los miembros del MIR. Comenzó a trabajar directamente con Krassnoff y Moren. Yo cuando estaba en reparaciones y habilitando esta casa, que todavía no era recinto de detención, y al conversar con Luz Arce según lo declarado por ésta, yo le habría dicho que era el jefe, si yo lo he dicho, pero ésto se refería al personal de Carabineros y ser el más antiguo. En ningún caso esta aseveración de la señora Arce debe tomarse como que yo era el jefe del cuartel".

Agregó que el 17 de agosto de 1974 fue enviado a Colombia, con pasaporte a nombre de "José Elías Troncoso" A su regreso, en septiembre, encontró en el cuartel Ollagüe al capitán Maximiliano Ferrer Lima, el cual no le fue presentado y al representarle esa situación a Moren éste reaccionó violentamente, por lo cual se fue a Maipú. Por la prensa supo de la muerte de Lumi Videla, a quien no conoció. En cuanto al "Chico Pérez", se decía y era un rumor que le había dado muerte Marcelo Moren y lo habrían ido a enterrar a Maipú. Repitió que Lumi Videla forzosamente debe haber sido secuestrada por los grupos operativos Águila o Halcón, que componían la brigada al mando de Marcelo Moren. Afirmó que existía prohibición absoluta de que cualquier otra agrupación investigara al MIR ya que, según Moren, era el único autorizado a detener. Reiteró que José Domingo Cañas "en ningún momento fue lugar de detención a pesar de que los operativos llevaban gente detenida, pero todos éstos después eran llevados al campamento de detenidos de Cuatro Álamos y desde ese recinto eran sacados y vueltos a llevar las veces que fuere necesario". Ciro Torré Sáez, en careo con Marcelo Moren, expresó que éste "era quien aparecía como la cabeza más visible, aparentemente, del recinto de José Domingo Cañas. Presumo que Moren Brito debió ser quien estaba a cargo de la coordinación de las actividades y toma de decisión del recinto y ordenaría las detenciones, ya que los equipos no podrían haber trabajado por sí solos. Él era el jefe operativo más visible".

En relación al cuartel Venda Sexy

Juan Manuel Guillermo Contreras Sepúlveda reconoció que la propiedad ubicada en calle Irán y la de José Domingo Cañas 1367 eran cuarteles de la ex DINA, pero en caso alguno de detención, ya que para eso estaban Tres y Cuatro Álamos. Sostuvo que jamás existió apremio y menos flagelaciones por funcionarios de la DINA con respecto a los detenidos. Indicó que en los cuarteles no existía un registro de detenidos, sólo se mantenían las declaraciones de aquellos que luego se iban quedando, pero cuando un detenido era dejado en libertad, no se le entregaba certificado alguno. Señaló que cuando se trataba de "elementos terroristas" éstos eran puestos a disposición del Ministerio del Interior, el que extendía un decreto exento ordenando su detención en un campamento, a saber, los de Tres y Cuarto Álamos, entre otros. Agregó que en Santiago había diferentes cuarteles, que eran casas, como por ejemplo Villa Grimaldi, no así José Domingo Cañas, y no conoció la casa de calle Irán con Los Plátanos, y no recuerda que ésta haya sido cuartel de la DINA.

Precisó que los cuarteles no dependían directamente de él, sino que de las unidades que lo ocupaban, precisando que los comandantes de unidades, cuando ocupaban un cuartel, eran jefes de la instalación y ésta dependía exclusivamente de ellos y de nadie más. Precisó que en su calidad de director ejecutivo, no tenía por qué meterse en las actividades de las unidades subalternas y menos con los informantes, puesto que su labor estaba destinada a recibir la inteligencia real y verdadera para transmitírsela al presidente de la república.

Expresó que Luis Mahuida Esquivel murió en combate con una patrulla militar del CAJSI II del día 20 de noviembre de 1974, para luego ser remitido al Servicio Médico Legal y posteriormente inhumado en el Cementerio General. En relación a Luis González Mella, indicó que murió en combate con personal de la Policía de Investigaciones el día 22 de noviembre de 1974, para luego ser inhumado en la cuesta Barriga, y posteriormente ser desenterrado por personal de la CNI el año 1979 y lanzado al mar frente a Los Molles. En lo que respecta a Antonio Soto Cerna, señaló que fue detenido por personal de la Policía de Investigaciones el día 22 de noviembre de 1974, siendo trasladado al cuartel de calle General Mackenna e inhumado en la Cuesta Barriga, siendo posteriormente desenterrado por personal de la CNI en el año 1979 y lanzado al mar frente a Los Molles.[1] (1)

Pedro Octavio Espinoza Bravo señaló que a fines de mayo de 1974 fue llamado por el general Augusto Pinochet para que se pusiera a disposición del entonces coronel Manuel Contreras Sepúlveda, quien le manifestó que debía integrarse al organismo de inteligencia que él estaba conformando. Agregó que se encargó entonces de la organización de la Escuela de Inteligencia Nacional, informándole su gestión al general Pinochet. Añadió que en octubre de 1974 reemplazó al teniente coronel Belarmino López Navarro en la Subdirección de Inteligencia Interior, en el cuartel general de la DINA permaneciendo en ese cargo hasta principios de enero de 1975, época en que le pidió al coronel Contreras que todas las detenciones debían ser hechas a través de un decreto, el cual tramitaba el director al Ministerio del Interior, y las detenciones debían realizarse en el recinto de detención denominado Tres Álamos. Agregó que supo de la existencia de un cuartel llamado Venda Sexy, el que nunca visitó, ni siquiera supo dónde estaba, pues dicho conocimiento lo obtuvo por la prensa, ignorando quien estaba a cargo de ese cuartel.

Miguel Krassnoff Martchenko indicó que no conoció el cuartel de calle Irán con Los Plátanos que existía en el año 1974-1975, que nunca lo visitó y no tuvo ninguna injerencia en dicho cuartel, enterándose de su existencia en los instantes en que ha sido interrogado.

Marcelo Luis Manuel Moren Brito declaró que no conoció el cuartel Venda Sexy o Discoteque por quien le pregunta el tribunal. Indicó que Eduardo Iturriaga era el jefe de la Brigada Purén, pero no recordó el periodo de aquello.

Raúl Eduardo Iturriaga Neumann declaró que al ser destinado a la DINA, le asignaron la misión de reclutar gente para la organización. Luego de tres meses se comenzaron a definir áreas de trabajo, sectorizándose las funciones, correspondiéndole el área interior y, dentro de ella, tuvo la jefatura de una unidad de análisis relativa al área económica social, la cual fue

---

[1] Luis Mahuída Esquivel, 25 años; Luis González Mella, 25 años; y Antonio Soto Cerna, 32 años, eran militantes del MIR. Fueron detenidos por agentes de la DINA entre el 20 y el 22 de noviembre de 1975. Se les vio detenidos por última vez en Venda Sexy. Hasta hoy permanecen desaparecidos. Los Cajsi correspondían a la Comandancia Área Jurisdiccional de Seguridad Interior, dependientes de las distintas zonas militares, navales y aéreas del país. Otros lo denominaban Servicio de Inteligencia de la Comandancia del Área Jurisdiccional de Seguridad Interior, Sicajsi.

conocida como brigada Purén y que se subdividió en grupos para abarcar el área económica social. En 1975 fue destinado a la producción de inteligencia exterior. Mientras dirigió Purén concurrió esporádicamente a Villa Grimaldi a trabajar con grupos de análisis de las áreas investigadas. Indicó que no le correspondió concurrir a los cuarteles de Irán con Los Plátanos, ni Londres 38, ni a José Domingo Cañas. Afirmó que nunca recibió órdenes ni dio órdenes de secuestrar, detener o matar personas.

Belarmino López Navarro manifestó que luego del 11 de septiembre de 1973 pasó en comisión extrainstitucional a la DINA, que recién comenzaba a formarse, instalándose en la Academia de Guerra del Ejército para organizar ese servicio de inteligencia junto con el coronel Manuel Contreras Sepúlveda, quien era el jefe, el mayor Moren Brito, César Manríquez Bravo y Jorge Núñez Magallanes, entre otros. Explicó que fue la Dirección del Personal del Ejército la que designó a quienes formarían parte de la DINA, y que el coronel Contreras estaba a cargo de toda la parte orgánica del servicio, y manejaba un organigrama de la DINA en formación. Precisó que el director de la DINA era el propio Contreras, que la subdirección estaba a cargo del coronel de la Fuerza Aérea Mario Jahn y luego funcionaban otras agrupaciones como Purén y Caupolicán y eran los comandantes de ellas los que tenían que ver con los centros de detención.

En relación a Villa Grimaldi

Manuel Abraham Vásquez Chahuán señaló que tras ser destinado a la DINA, fue recibido en enero o febrero de 1975 en el cuartel de calle Belgrano por el director, Manuel Contreras, quien le instruyó sobre sus funciones referidas a la protección de personas importantes, como los miembros de la Junta de Gobierno y personalidades extranjeras. Luego fue destinado a la brigada Purén, que operaba en Villa Grimaldi. Se presentó ante el capitán Carevic y el mayor Iturriaga, quienes le explicaron que sus funciones consistían en la búsqueda de información en diferentes áreas, como religiosas, de salud, educacional, económica y actividades de los partidos políticos en receso. Estuvo a cargo de la unidad laboral y ejecutaba labores de seguridad. A mediados de 1976 reemplazó a Gerardo Urrich como subjefe de la brigada y se trasladó desde Villa Grimaldi hasta calle Irán con Los Plátanos.

Gerardo Ernesto Godoy García dijo que fue destinado a la DINA como analista de prensa. Declaró haber ingresado a Carabineros en 1970 y en septiembre de 1974, cuando estaba en funciones en la Primera Comisaría de Santiago como subteniente, lo trasladaron a la DINA. Primero se le encomendó misiones de seguridad como escolta del general Pinochet, más tarde se le destinó al cuartel general en un pasaje de avenida Vicuña Mackenna, efectuando labores de análisis, debiendo leer toda la prensa nacional y extranjera en idioma español, para saber lo que se opinaba del gobierno militar. Luego siguió prestando servicios de seguridad y se retiró en 1977, volviendo a Carabineros como segundo jefe del OS-7 en Iquique. Mientras prestaba servicios para la DINA tomó conocimiento de que el personal de ésta efectuaba detenciones a personas opositoras al régimen militar. Los detenidos eran trasladados a Tres o Cuatro Álamos. Existían otros cuarteles como Villa Grimaldi, en el cual estuvo en tres ocasiones para dejar documentación clasificada. Nunca vio detenidos, solamente vehículos estacionados en el frontis, eran camionetas Chevrolet C-10, algunas con lona en el pick up. No conoció a los agentes que detenían personas pues en el interior de la DINA todo era compartimentado, lo que significaba que no se podía preguntar nada y cada uno sólo debía abocarse a la misión que se le encomendaba. Reconoció que a veces lo llamaban como "Teniente Marcos" pero, en general, le decían "Cachete Godoy". Expresó que cuando salía a detener personas usaba entre otros vehículos un Austin Mini rojo y lo hacía cumpliendo órdenes verbales y, si se trataba del MIR, era Romo quien se las trasmitía.

Manuel Andrés Carevic Cubillos declaró que ingresó a la Escuela Militar en 1964 y que fue miembro de la DINA, con el grado de capitán, desde 1974 hasta diciembre de 1975. Su jefe era Iturriaga y se trataba de una agrupación de análisis de inteligencia, denominada Purén, donde se corroboraba y entrevistaba a denunciantes. Se constituían para ratificar las denuncias pero él no entraba a los domicilios, ello correspondía a los grupos operativos y él se movilizaba en un Fiat modelo 125 con un chofer y otra persona. Entre los integrantes de su agrupación estaban Manuel Vásquez, Marco Antonio Sáez y Germán Barriga. Rolf Wenderoth pertenecía a la jefatura de la plana mayor. El 7 de enero de 1992 expuso que "mi función específica era recibir investigación y comprobación de denuncias, jamás tuve a cargo detenciones... mi jefe directo era el general Contreras. El 3 de octubre de 2001 afirmó no saber quién era el jefe en Villa Grimaldi, ni recordaba nombres o apodos de los funcionarios allí destinados. En noviembre de 2001 reconoció que pertenecía a la brigada Purén, a cargo del mayor

Iturriaga Neumann y que la DINA "como servicio de Inteligencia estaba destinada a tener conocimiento de personas, grupos de personas, partidos políticos u otras organizaciones que fueran opositoras al gobierno militar de la época o que dificultaran sus labores y en este contexto se verificaban las informaciones, las cuales yo las entregaba a otros funcionarios de la DINA que las clasificaban y utilizaban. El 13 de octubre de 2004 aclaró que fue destinado a la DINA en el cuartel Villa Grimaldi desde mayo de 1974 a diciembre de 1975 e insistió en que la brigada Purén no era operativa.

Ricardo Víctor Lawrence Mires, a fines de 1973 siendo subteniente de Carabineros fue trasladado a la DINA y en el primer trimestre de 1974, a Villa Grimaldi. Integró la brigada Caupolicán y, dentro de ella, la agrupación Águila Uno, de carabineros. Le correspondió salir a "porotear" con Luz Arce, la cual señalaba las personas a quienes había que detener, las que eran conducidas a Villa Grimaldi. En cuanto a la represión del MIR, añadió que todos los equipos de reacción salían a la calle a reprimir a los elementos subversivos, incluso el director de la DINA. Participó en la detención de unas 15 personas que fueron trasladadas al cuartel de Villa Grimaldi. Después de retirarse de la DINA escuchó que a los detenidos se les aplicaba torturas, pero no le consta. Aseguró que se involucró en esas operaciones exclusivamente por obedecer órdenes pero no sabía que las detenciones que se practicaban iban a derivar en desaparición de personas. Insistió en dejar claro que en la DINA nadie se mandaba solo, no era un organismo "al lote", por lo cual todos debían obedecer y si desaparecieron personas detenidas por órdenes superiores los mandos deben saber que ocurrió con ellas, ya que es una institución jerarquizada.

Fernando Eduardo Lauriani Maturana, en la segunda quincena de octubre de 1974, siendo teniente del Ejército, fue destinado a la DINA. Debió hacer un curso de análisis de inteligencia militar en Brasil durante un mes y medio. Al regresar se presentó al cuartel general en calle Belgrano y le encomendaron hacer análisis de información política dirigida al área educacional, para investigar la infiltración de la ideología marxista en los establecimientos educacionales. Dijo que estuvo siempre allí hasta octubre o noviembre de 1975. Nunca utilizó nombres supuestos pues no pertenecía a la parte operativa e ignora por qué en la prensa le identifican como "Teniente Pablito". Respecto a las labores de los grupos operativos de la DINA, imagina que detuvieron personas que cometían delitos. Afirmó ignorar por qué se le involucra en detenciones y violaciones a los derechos humanos. En careo con Eugenio Fieldhouse negó haber trabajado en grupos operativos como el grupo Vampiro y piensa que el otro está inducido por la literatura que se ha publicado sobre la DINA.

Raúl Eduardo Iturriaga Neumann, destinado a la DINA en marzo o abril de 1974, trabajó en el cuartel general y después se le asignó al grupo de análisis Purén, donde estaban Carevic, Vásquez Chahuán, Marco Antonio Sáez, Mosqueira, Barriga, Ingrid Olderock y Urrich. Aseguró que el 90% del personal de la DINA cumplía labores de análisis y procesamiento de las informaciones y el resto tenía que ver con la subversión y el extremismo, o sea, la parte operativa. Dijo que su labor era controlada por su jefe, el coronel Contreras.

Francisco Maximiliano Ferrer Lima, en la DINA desde fines de 1974, afirmó haber estado en la Subdirección de Servicio Exterior en calle Belgrado Nº 11, encargado de los servicios de inteligencia soviéticos, por lo cual concurría esporádicamente a Villa Grimaldi a conversar con detenidas que colaboraban con la DINA, entre ellas Luz Arce y Marcia Merino. Añadió que su trabajo específico era la detección de agentes de la KGB en Chile pero no encontró ninguna persona con esas características. Luego fue enviado a Brasilia a un curso de inteligencia exterior para prepararse para trabajar en un plan de búsqueda de agentes de Checoslovaquia, Hungría, Rumania y otros, que duró seis meses. Volvió a Chile a continuar con su misión, trabajando en calle Belgrano. Luego prestó servicios en la Escuela de Inteligencia de la DINA, como secretario de estudios y profesor. En careo con Pedro Espinoza señaló que éste estaba confundido al atribuirle ser jefe de un grupo operativo en Villa Grimaldi y que, como tal, tendría la responsabilidad de llevar detenidos, hacerse cargo de ellos e incluirlos en una nómina.

Marcelo Luis Manuel Moren Brito expresó que desde fines de 1974 hasta comienzos de 1975 trabajó en la agrupación Caupolicán, unidad de inteligencia, búsqueda, análisis, evaluación y difusión de inteligencia en el campo político, social y económico, bajo las órdenes directas del director, coronel Contreras. Dijo que concurrió ocasionalmente a Villa Grimaldi y otros cuarteles. Afirmó que no eran sus funciones interrogar ni menos haber torturado a nadie. Reiteró que daba órdenes para detener por encargos que le hacían desde la dirección. Reconoció que era posible que haya quedado, en alguna ocasión, como jefe temporal de Villa Grimaldi. Agregó que en febrero o marzo de 1974 fue destinado a la DINA e hizo un curso de inteligencia que impartía el FBI en el Cajón del Maipo, en la casa de Volpone; duró un mes y medio y luego el director Manuel Contreras le ordenó que formara un equipo de búsqueda e información de fuentes abiertas (libros y periódicos) y cerradas (informantes). Los grupos operativos de la DINA eran mandados por tenientes o subtenientes, y eran de carácter directivo, dándole misiones a los grupos operativos. Las agrupaciones eran dirigidas por capitanes y estaban en un escalón superior a los grupos. Una era Caupolicán, probablemente operativa; y la otra, Purén, probablemente de análisis y logística. Sobre ellas estaban las brigadas, de carácter directivo y logístico, dirigidas por tenientes coroneles o mayores, entre ellas la Brigada de Inteligencia Metropolitana (BIM) y la Brigada de Inteligencia Civil (BIC). Bajo las agrupaciones trabajaban grupos tales como Tucán, Halcón, Vampiro y Águila. El declarante estaba en la BIM y era, a la vez, jefe en Villa Grimaldi.

Los departamentos eran dirigidos por coroneles. Se constituía en Belgrano Nº 11, en Villa Grimaldi y en la Rinconada de Maipú. Asimismo recorrió el país, reclutando personal; él fue a la Novena y Décima Regiones. Desde marzo o abril de 1975 hasta fines de año, luego de Pedro Espinoza, asumió la jefatura de Villa Grimaldi. Como el cuartel de Londres 38 dejó de funcionar en junio o julio de 1974, fue trasladado a Villa Grimaldi. En cambio, Tres y Cuatro Álamos dependían de la Comandancia de la Guarnición de Santiago, a cargo del general Sergio Arellano, en 1974, 1975 y 1976. Dijo que las instrucciones para los interrogatorios las daban los jefes de las agrupaciones y él las procesaba y enviaba al cuartel general.

Pedro Octavio Espinoza Bravo expresó que fue destinado, a fines de mayo de 1974, a la DINA, donde el coronel Contreras lo integró al órgano de inteligencia que estaba conformando y debía organizar una Escuela de Inteligencia Nacional. En noviembre de 1974 se recibió del cuartel Terranova, que funcionaba en Villa Grimaldi. Entre el 2 y el 13 de enero de 1975 fue a Estados Unidos y quedó en su reemplazo el mayor Rolf Wenderoth; estuvo de vacaciones desde el 15 de enero al 15 de febrero, entregándole el cargo en esta última fecha al mayor Marcelo Moren.

Miguel Krassnoff Martchenko expresó el 9 de junio de 1992 que en abril o mayo de 1974 fue destinado, siendo teniente de Ejército, a la DINA, como analista para estudiar y analizar documentación subversiva, lo que hacía en el cuartel general. Afirmó que por ello no le correspondía participar directamente en detenciones u operativos. Trabajaba bajo las órdenes del coronel Contreras. Durante los tres años que se desempeñó como analista fue unas cinco veces a Villa Grimaldi a retirar documentación de trabajo, la estudiaba unos tres o cuatro días y su análisis lo entregaba a Contreras. Insistió en que nunca participó en interrogatorios en Villa Grimaldi y jamás tuvo contacto directo con alguna persona que estuviese allí detenida. El 9 de septiembre de 1995 expresó que no integró un grupo con Romo, Moren Brito y Basclay Zapata. Dijo no saber quién era el jefe en Villa Grimaldi. Añadió que "en determinadas oportunidades tomé contacto con algunas personas que se encontraban detenidas en tránsito en dicho recinto para aclarar específicamente algunas materias relacionadas con documentación subversiva". En dichos del 31 de mayo de 1994 señaló que en algunas oportunidades estuvo en el recinto de Londres 38, afirmando ignorar quién era el jefe, ni recordar haber visto allí a Moren Brito. Insistió en que nunca interrogó detenidos y algunas veces conversó con ellos en su condición de analista. Relató que nació en Austria y por circunstancias de la Segunda Guerra Mundial llegó a Chile con su madre y abuela materna en 1948; ingresó a los 14 años a la Escuela Militar, por vocación; egresó en 1967 y fue destinado al Regimiento Rancagua de Arica y luego al Regimiento Carampangue de Iquique y, en 1971, a la Escuela Militar en Santiago, como instructor, hasta comienzos de 1974 en que se le destinó a la DINA para desempeñarse como analista en el área subversiva, para neutralizar los grupos armados irregulares organizados.

Manifestó que conoció a Osvaldo Romo como informante, pero no recordó haber concurrido con él hasta el Hospital Militar. No tiene conocimiento que la DINA estuviera formada por grupos de funcionarios con nombres de pájaros u otras denominaciones. Nunca trabajó con Marcelo Moren, dependía directamente de Manuel Contreras, quien jamás le dio orden de detener, torturar o hacer desaparecer personas y no sabe si Contreras impartió órdenes de esa naturaleza a otros funcionarios. Añadió que se le involucra en detenciones, desapariciones y torturas porque era un funcionario que se identificaba con su grado y nombre y se suponía que era parte importante de la neutralización de la organización terrorista MIR. Explicó que, por otro lado, muchos extremistas conocían su origen familiar y sabían que su abuelo y su padre habían formado parte del ejército que luchó contra el comunismo en la Unión Soviética.

Reiteró que Villa Grimaldi no era un lugar secreto ni tampoco un lugar de exterminio de personas. Tampoco es efectivo que saliera de Villa

Grimaldi en camioneta para regresar con personas detenidas. Sólo participó como analista en dos o tres enfrentamientos; en uno cuando fue asesinado el sargento Tulio Pereira, en el otro cuando falleció Miguel Enríquez. En careo con Rodolfo Concha Rodríguez reconoció que es posible que éste, que era su chofer, algunas veces hubiera trasladado a su señora a hacer compras y que algunos fines de semana se llevara el vehículo a su casa. En careo con Pedro Espinoza, frente a las aseveraciones de éste, en el sentido que Krassnoff no era analista y que, en cambio, tenía responsabilidad de aprehender personas y llevarlas detenidas a Villa Grimaldi y responder por esos detenidos, expresó que está "confundido" pues él realizaba trabajos de inteligencia y no operativos para detener personas. En careo con Marcia Merino Vega la reconoció como una informante y dijo que le sorprendía que ella dijera que él torturaba y ordenaba torturar.

Rolf Gonzalo Wenderoth Pozo expresó que en la segunda quincena de diciembre de 1974 egresó de la Academia de Guerra y pasó a desempeñarse en la DINA, en la BIM, cuyo cuartel era Villa Grimaldi o Terranova, como jefe de la plana mayor y jefe de la unidad de análisis. Añadió que la BIM existió como estructura interna de la DINA, configurada por unidades operativas bajo el título de agrupaciones, las que se subdividían en grupos de trabajo. Inicialmente estuvo bajo el mando de Pedro Espinoza, hasta marzo de 1975. Luego tuvo como jefe a Marcelo Moren. Contó que las agrupaciones Caupolicán y Purén existieron en Villa Grimaldi hasta fines de 1974. Purén desarrollaba actividades de inteligencia relacionada con los partidos políticos no violentistas y labores relacionadas con el área de educación, actividades religiosas, socio económicas y sindicales. En marzo de 1975 pasó a la categoría de brigada y se fue de Villa Grimaldi a José Domingo Cañas. La información elaborada por los grupos de trabajo de Purén y Caupolicán era entregada al comandante de ella, Espinoza o Moren, quienes a su vez se los entregaban al deponente para analizarla. Dentro de Caupolicán había grupos operativos: Halcón, Águila, Tucán, Cóndor y Vampiro, y sus jefes eran Krassnoff, Lawrence, Gerardo Godoy y Fernando Lauriani. A Villa Grimaldi llegaban detenidos en tránsito, se interrogaban, eran dejados en libertad o se informaba al director de la DINA, a través del comandante del cuartel, quien a su vez había recibido los antecedentes de la plana mayor que presidía el deponente. Agregó, respecto de las nóminas de detenidos, que es efectivo lo aseverado por Fieldhouse en el sentido de que en el listado de detenidos una de las columnas estaba en blanco y volvía del cuartel general con el "destino" del detenido, que podía ser Cuatro Álamos, Terranova o P.M., que significaba "Puerto Montt o "M" que significaba "Moneda" y que después supo que indicaban si el detenido debía ser lanzado al mar o enterrado. Explicó que el trabajo de análisis lo efectuaba con un oficial de Investigaciones, Fieldhouse; un suboficial de Carabineros, Barra; un suboficial de Ejército, Cofré; y dos damas, de la Armada y de la Fuerza Aérea.

Marcelo Luis Manuel Moren Brito relató el 2 de agosto de 2001 que desde abril de 1974 se desempeñó en la DINA como jefe de inteligencia y recopilación de información. Aseguró que nunca fue jefe de Villa Grimaldi y que concurría allí ocasionalmente para recopilar información. El jefe, en 1974, era el oficial Manríquez y, luego, en 1975, Pedro Espinoza. Dijo que las órdenes de detención provenían del Departamento de Operaciones, a cargo del oficial Barría. Afirmó que no detuvo ni torturó personas en Villa Grimaldi. Insistió en que a veces participó en interrogatorios, pero no en torturas. Dijo que todos los recintos de detención de la DINA eran conocidos públicamente y dependían del Ministerio del Interior. Tiempo después, en otro interrogatorio, reconoció que asumió la jefatura de Villa Grimaldi desde el 15 de febrero de 1975 hasta agosto y luego desde septiembre u octubre de 1975 hasta diciembre.

Dijo que el general Sergio Arellano Stark lo recomendó al coronel Manuel Contreras, que nunca tuvo con el primero relación laboral directa, salvo cuando ambos viajaron en helicóptero al norte y sur del país en una misión, de cuyos efectos se inició una causa criminal por homicidio y secuestro tramitada por el ministro señor Juan Guzmán, en la cual está sometido a proceso (2).[2] La DINA estaba cargo del director, Manuel Contreras, quien tenía a sus órdenes a un subdirector, cargo ejercido por personal de Ejército, Marina y Aviación, entre ellos, los coroneles Pantoja y Víctor Hugo Barría.

El deponente agregó que trabajó en inteligencia y en contra-inteligencia; en la primera formó parte de la Brigada de Inteligencia Metropolitana (BIM) durante 1974 y parte de 1975, ejerciendo labores de

---

[2] La denominada Caravana de la Muerte fue una misión de exterminio del Ejército que recorrió el país en octubre de 1973, asesinando a opositores a la dictadura militar. El grupo fue comandado por el general Sergio Arellano Stark y lo integraron, entre otros, el teniente coronel Sergio Arredondo, el mayor Pedro Espinoza Bravo, el capitán Marcelo Moren Brito y el teniente Armando Fernández Larios, todos ellos incorporados a la DINA en los meses siguientes. El grupo viajó de prisión en prisión en un helicóptero Puma, ejecutando a prisioneros políticos con armas de fuego pequeñas y armas cortantes.

mando; en el grupo estaban a su cargo el capitán Germán Barriga y un tal Lucho. Supo que también estuvieron a cargo de Villa Grimaldi el coronel Enrique Moyano, Pedro Espinoza, Ureta Siré y otros cuyo nombre no recordó. Reconoció que mientras estuvo en Villa Grimaldi interrogó a algunos detenidos, cuyo tenor era fuerte ya que para él esas personas eran enemigos del régimen militar al que él era leal, y que además esas personas se dirigían en forma violenta, amenazando con la muerte de miembros del Poder Judicial y de otras personas que no pensaban como ellos. Sin embargo, nunca los torturó, solamente les habló fuerte y los zamarreó por los hombros. Añadió que los grupos operativos de búsqueda de información tenían diversas denominaciones, como Caupolicán, Purén, Halcón, Tucán, Diuca y Zorzal; y de tales grupos recordó a Basclay Zapata, quien ocasionalmente le condujo su vehículo, Miguel Krassnoff, Tulio Pereira, Osvaldo Pincetti, con el cual intentaron practicar hipnosis en los interrogatorios, Ricardo Lawrence, Fernando Lauriani y Germán Barriga. Otros que trabajaron en la DINA, pero no en su unidad, fueron Manuel Provis, Rolf Wenderoth, Eugenio Fieldhouse, Raúl Iturriaga Neumann, Francisco Ferrer y Manuel Carevic.

Insistió en que no recuerda los nombres de los detenidos en Villa Grimaldi ya que, como dijo, estaban de paso; tampoco le consta que se hubiera torturado. Los detenidos lo eran en virtud de una orden dada por el Departamento de Operaciones. Dijo que en sólo cinco ocasiones impartió órdenes de detención y sólo dos se lograron. Entre quienes le daban orden de detener estaba el coronel Víctor Hugo Barría. Insistió en que no sabe que se trasladaran detenidos desde Villa Grimaldi a Villa Baviera; tampoco no tiene claro cuántas personas fueron detenidas por la DINA, pero señaló que pueden haber sido entre 400 y 500.

Basclay Humberto Zapata Reyes, suboficial de Ejército, expuso que fue destinado desde el regimiento Chillán a la DINA en noviembre de 1973. Hizo un curso en Rocas de Santo Domingo y luego fue enviado al grupo de servicios o logística, cuyo jefe era el capitán Peñaloza. Después de dos meses fueron trasladados a Rinconada de Maipú. En 1975 se casó con Teresa Osorio Navarro, también funcionaria de la DINA. Debía acudir todos los días al cuartel general de calle Belgrano y le entregaban alimentación para desayunos que llevaba a Londres 38; igual cantidad de porciones entregaba en Villa Grimaldi. Conoció a Marcelo Moren como segundo jefe de Villa Grimaldi; a Osvaldo Romo, como informante y a veces lo trasladó con su vehículo a algunos lugares. A Krassnoff lo conoció en Chillán y lo volvió a ver en el cuartel general de la DINA. Trabajó en la brigada Caupolicán, que funcionaba en Villa Grimaldi.

Germán Jorge Barriga Muñoz declaró que con el grado de capitán fue destinado a la DINA en agosto de 1974, desarrollando labores en Villa Grimaldi. Tuvo como jefes a Pedro Espinoza, quien fue sucedido por Marcelo Moren, y luego por un oficial de apellido Manríquez. Dependía directamente del jefe de turno de Villa Grimaldi, recibiendo órdenes sobre procesamiento de información en áreas como política, religiosa, educacional, etc., que recopilaba de la prensa o de fuentes abiertas y declaraciones de algunas personas que habían sido detenidas por agentes de la DINA. Sabía que en Villa Grimaldi había detenidos en tránsito y veía a los oficiales Miguel Krassnoff, Urrich y Ferrer, además de Lawrence, Godoy, Laureani, Romo, Pincetti, López, Troncoso, Carevic, Leyton, Acevedo y Torré. Reconoció que participó en tres operativos de DINA para detener personas, por orden escrita de su jefe, que puede haber sido Moren, Espinoza o Manríquez. Insistió en que todas las acciones se efectuaban por orden del director Manuel Contreras.[3] (3)

Juan Manuel Guillermo Contreras Sepúlveda expresó haber sido director ejecutivo de la DINA desde el 12 de noviembre de 1973, nombrado por el Ejército, no por la Junta de Gobierno, como lo señala el decreto que la creó en julio de 1974; ejerció el cargo hasta el 12 de agosto de 1977. La DINA, explicó, cumplía dos misiones; una según el artículo 1º, generar inteligencia, y la segunda, en virtud del artículo 10: actuar en conformidad al estado de sitio en detenciones y allanamientos. Había unidades de búsqueda de información para la primera misión y unidades con facultades de estado de sitio para la segunda, dirigidas por comandantes de las unidades. Villa Grimaldi era un cuartel de la DINA; allí se mantenía detenidos "en tránsito", eran fichados e interrogados y se determinaba su destino: a disposición de la justicia o mantención en campamentos de detenidos en virtud de decretos del Ministerio del Interior. Si eran detenidos por estado de sitio no se les podía mantener en los cuarteles más de cinco días. Se comunicaba a los familiares, mediante formularios, que la persona estaba detenida, lo que no era muy fácil debido a que los detenidos andaban con "chapas" e identidades falsas. Dentro de los cinco días debía dejárseles en libertad,

---

[3]   El coronel (R) Germán Barriga Muñoz se suicidó el 17 de enero de 2005, lanzándose desde el piso 18 de un edificio en construcción en la comuna de Las Condes, en Santiago.

ponerlos a disposición de la Justicia si había cometido delito común o a disposición del Ministerio del Interior para que se dictara un decreto y fuese trasladado a campamentos como Tres Álamos, Cuatro Álamos, Ritoque y otros. Acudió a Villa Grimaldi en dos ocasiones; cuando fue el ministro de Justicia y cuando hizo una visita el presidente de la Corte Suprema. Los comandantes rotaban en forma permanente. A Miguel Krassnoff lo recuerda debido a que trabajaba cerca suyo en el cuartel central de calle Belgrano, como analista de inteligencia; no lo recuerda actuando dentro de los grupos operativos pero, aclara, que por su cargo directivo tenía una visión de la DINA en su parte superior, ya que las organizaciones y distribución de los trabajos estaban a cargo de personal designado para ese tipo de funciones. Agregó que todos los oficiales de la DINA pudieron tener en algún momento facultades de detención al igual que Carabineros. Respecto de Marcelo Moren recuerda que en 1974 estaba en el cuartel general trabajando en labores de inteligencia; no le conoció otras actividades dentro de la DINA, ya que también estaba supeditado a las destinaciones de que pudiera ser objeto por los jefes de los departamentos de organización de personal. A Osvaldo Romo no lo conoció. Pedro Espinoza también estaba cercano a sus labores en el cuartel de calle Belgrano; tenía un mando mediano dentro de la DINA. Fue director de la Escuela de Inteligencia. Respecto de las personas que figuran como desaparecidas desde los cuarteles de la DINA o desde los campamentos de detenidos, el declarante entregó dos explicaciones: la primera fue que muchos de estos "desaparecidos" fueron sacados hacia el extranjero por personas que lo han reconocido públicamente como el senador Jaime Gazmuri, Gladys Marín, el sacerdote Alfonso Baeza y su ayudante Alejandro González. En Buenos Aires funcionaba la Junta Coordinadora Revolucionaria del Sur, implantada por Fidel Castro, que dirigía todos los movimientos subversivos de América del Sur, y que funcionó desde 1973 hasta mayo de 1976, en que fueron expulsados por el nuevo gobierno; esa Junta recibía las personas sacadas del país clandestinamente; la segunda opción que explica los desaparecimientos eran las disposiciones que dictaba Fidel Castro que señalaba que los muertos o heridos de la guerrilla debían ser retirados para evitar represiones hacia sus familiares y ser sepultados en forma clandestina para responsabilizar al gobierno de que habían sido detenidos y desaparecidos.

Manuel Contreras añadió que las funciones ejercidas por DINA en cuanto a búsqueda de información para producir inteligencia y actuar en detenciones y allanamientos en virtud del estado de sitio, lo hizo a través de brigadas como Purén, Lautaro y Caupolicán; las organizaba cada comandante de acuerdo a sus necesidades, formando para cada misión un subgrupo. Para poder ubicar a esas personas desaparecidas habría que interrogar a quienes las sacaron del país.

Testimonio de Luz de las Nieves Ayress Moreno

En Nueva York, estado de Nueva York, Estados Unidos de América a ____ días del mes de agosto del año dos mil, Ante mi, Álvaro Zúñiga, Cónsul General de Chile en esta ciudad, comparece doña Luz de las Nieves Ayress Moreno (nacida en Chile con el nombre Luz de las Nieves Ayress Moreno, ciudadana chilena, de profesión tutora, domiciliada en Nueva York, EE.UU, pasaporte No. 6.347.871-7) mayor de edad, quien demostró su identidad con su pasaporte, y expone:

1. Hago esta declaración para ser presentada como evidencia en los casos pendientes contra el General Augusto Pinochet y sus subordinados en Chile. Esta declaración la hago bajo juramento y en pleno conocimiento del delito de perjurio.

2. Los hechos son los siguientes: Nací en Santiago, Chile el 5 de octubre de 1948. Yo ingresé al Ejército de Liberación Nacional de Bolivia, un brazo del Partido Socialista en Chile, en el año 1968, y, en 1973, seguía siendo militante y activista del ELN, trabajando con mujeres y niños en las poblaciones. También era estudiante de arte y periodismo en la Universidad de Chile. Posterior al año 1973, milité en el Movimiento de Izquierda Revolucionaria de Chile (MIR).

3. A pocas semanas después del golpe de Estado, yo estaba en la casa de la madre de una amiga mía que estaba presa, cuando, a alrededor de las 10 de la noche, llegó un grupo de oficiales de carabineros y me arrestaron. Me esposaron y me llevaron primero a la Escuela de Suboficiales de Carabineros, y, después de dos o tres días, al Estadio Nacional. (En el Estadio los carabineros me contarían que la madre de mi amiga me había nombrado con la esperanza de salvar a su propia hija.) En la Escuela de

Suboficiales, me golpearon y me dieron cachetazos. También me tocaban el cuerpo, amenazándome con avances sexuales, y me insultaban. A los presos nos tenían en unas celdas que quedaban en la parte de atrás de la Escuela, en las caballerizas.

4. Después los carabineros me llevaron al Estadio Nacional, donde estuve presa alrededor de dos semanas, siempre a cargo de carabineros y no de los militares. Me tenían en una de las torres del Estadio, sola. Yo veía abajo a los otros presos, pero ellos no me veían a mí. A menudo me interrogaban, a golpes y puñetazos, siempre encapuchada. También me insultaban; mis interrogadores tenían acentos brasileros. Eventualmente un oficial me llevó a mi casa y me dejó en libertad.

5. Me detuvieron nuevamente a mediados de enero del 1974. Yo estaba en la fábrica de mi padre, que manufacturaba artefactos de laboratorios en San Miguel, cuando llegaron muchos hombres armados, algunos con uniformes y otros no. Entre ellos estaba "El Comandante Alberto el Esteban", un hombre que había infiltrado a varios grupos y movimientos de izquierda. Yo nunca confié en él, pero un compañero del Partido Comunista le había dado mi nombre de guerra y nos habíamos visto, así que él fue el que me identificó cuando me arrestaron. (Después salió en los medios de comunicación que había un "Plan Leopardo," una supuesta acción que pretendía hacer un atentado contra las torres de alta tensión que estaban en la población Violeta Parra. Todo esto del plan fue inventado por la Dirección de Inteligencia Nacional (DINA) para justificar el asesinato de todo el grupo de La Legua. Yo caí a raíz del supuesto "Plan Leopardo".)

6. De la fábrica me llevaron a la casa de mis padres, también en San Miguel, y ahí tomaron preso también a mi padre, Carlos Ayress y mi hermano Carlos "Tato" Ayress, y otros amigos que estaban en la casa. Yo me enteré cuando estaba en la calle Londres que ellos también estaban detenidos.

7. De nuestra casa me llevaron al centro de torturas en la calle Londres, donde permanecí alrededor de dos semanas en una celda, sola e incomunicada. Aquí fui torturada brutalmente. Los métodos de tortura incluían golpes, y choques eléctricos a todas las partes más sensibles del cuerpo, como los senos, los ojos, el ano, la vagina, la nariz, los oídos, y los dedos. También usaban un método de tortura que se llamaba "Pavo (sic) de Arara", en el cual me amarraban los pies y los brazos, me colgaban cabeza abajo, y me aplicaban choque eléctrico al ano. Otro método de tortura que usaban era "el teléfono," en el cual me golpeaban con fuerza los dos oídos simultáneamente. Me torturaban desnuda y encapuchada. Fui torturada en la presencia de mi padre y hermano, y una vez me forzaron a intentar el acto sexual con mi padre y hermano. Me forzaban a presenciar las torturas de mi padre, de mi hermano, y de otros conocidos que estaban presos. Varias veces en el baño de Londres me violaron.

8. En una ocasión me subieron a un camión, de noche. Yo estaba encapuchada, y no podía ver. Me dijeron que me iban a matar, y yo perdí la conciencia. Luego me acuerdo de que alguien me empujó, y yo me caí del camión. Al borde del camino escuchaba como pasaban los autos. No sé si estaban intentando matarme; no estoy segura que pasó después.

9. Aunque no supe quienes eran mis torturadores en el centro de la calle Londres, me acuerdo que tenían acentos extranjeros, argentinos y paraguayos. Ellos me convencieron que estábamos en Buenos Aires. Una vez durante las torturas me vino un choque al corazón, o algún tipo de ataque de corazón, y los torturadores se asustaron. Escuché una voz chilena que dijo dónde tenían que ir a buscar medicina, en la calle Arturo Prat, y así es como supe que estaba en Santiago. De ahí en adelante me torturaban hombres con acentos chilenos. M. D., quien después supe que había dado mi nombre bajo tortura, también estuvo en Londres durante este tiempo.

10. En febrero, probablemente a principios de febrero, me trasladaron a Tejas Verdes, y estaba nuevamente incomunicada, en una celda que estaba en un grupo de cabañas que se habían construido bajo el Presidente Allende como un lugar de veraneo para los trabajadores. El centro de torturas quedaba al otro lado de un puente, en el subterráneo de un edificio, donde había celdas de cementos. Como siempre estaba encapuchada cuando me llevaban, no sé bien como era ese edificio.

11. Tejas Verdes era el lugar donde entrenaban a los militares para ser torturadores, y ahí sufrí torturas brutales. Me forzaban a hacer actos sexuales con un perro que había sido entrenado para participar en torturas. Colocaban ratas adentro de mi vagina, y luego me daban choques con electricidad. Al recibir el choque, las ratas se desesperaban y hundían sus garras en la carne de mi vagina. Se orinaban y defecaban en mi cuerpo, introduciéndome el virus toxo plasmosis. Los torturadores me violaron en muchas oportunidades, y me tocaban sexualmente, insultándome, y forzándome a tener sexo oral con ellos. Me cortaban con cuchillos; una vez me cortaron las primeras capas del vientre con un cuchillo, y perdí mucha sangre. También me cortaron las orejas. Aún tengo las cicatrices. Otro método de tortura era que amarraban mis brazos y pies, yo estando tendida sobre una mesa, y luego me estiraban los brazos y las piernas hasta que perdían la circulación. Muchas veces me torturaban sin interrogarme. Yo no sabía por qué me seguían torturando.

12. Una vez fui torturada directamente por Manuel Contreras, a quien lo pude divisar porque la venda que cubría mis ojos estaba floja. Después lo reconocí en fotos. El me torturó con otra mujer, una alemana que estaba presa y quien a veces la torturaban conmigo porque pensaban que nos parecíamos y que quizás éramos hermanas. Ella era la ex-mujer de Bautista van Schowen. Contreras daba órdenes y supervisaba, pero también participaba directamente en las torturas. En esta sesión, él me golpeó, me dio cachetazos, y me insultó.

13. En Tejas Verdes yo me puse muy débil y enferma; mi vagina y útero estaban infectados y muy dañados por la tortura. Un sargento me traía paños y vinagre para que me tratara de curar. Una vez me dijeron que yo había tratado de suicidarme, y me mostraron un cordel colgado del techo de mi celda, pero yo no tengo recuerdo de haberlo puesto ahí, y pienso que quizá ellos lo pusieron. A través de un pequeño hoyo en mi celda yo podía ver a quienes pasaban; a veces veía a mi hermano y mi padre. A mi solo me veían los otros presos cuando los guardias me llevaban al baño. A M D. también la habían trasladado a Tejas Verdes, pero no estaba incomunicada. Ella es testigo de que yo estaba en Tejas Verdes, y probablemente vio en la condición débil en que me encontraba. Yo también fui testigo de cómo torturaban a una mujer embarazada, que se llamaba Ana María. Un doctor la supervisaba, y les decía a los torturadores cuándo podían seguir.

14. En marzo de 1974 fui trasladada a la Cárcel de Mujeres en la calle Vicuña Mackenna, en Santiago, que estaba bajo la administración de una orden de monjas carceleras. Aquí yo estuve en libre plática, y me quedé en un patio con las otras presas políticas; a las presas políticas nos tenían apartados.

15. En abril me di cuenta que estaba embarazada, y esto lo confirmó el Dr. Mery, un doctor militar que ejercía en la Universidad Católica, y quien me dijo que yo debiera estar orgullosa de tener un "hijo de la patria". Mi embarazo causó gran controversia. A estas alturas mi caso era internacionalmente conocido, debido a los esfuerzos de mi madre y familia de denunciar lo que me estaba pasando, y también a que una mujer que estuvo presa conmigo en la cárcel de mujeres de Vicuña Mackenna había logrado sacar al extranjero una declaración mía. Fui entrevistada por la Cruz Roja Internacional, la Comisión Kennedy, Amnistía Internacional, la Comisión Internacional de Derechos Humanos de la Organización de Estados Americanos (OEA), el Alto Comisionado de las Naciones Unidas, por el Obispo Ariztía de Santiago, un Dr. Phillippe, y por el Cardenal Raúl Silva Henríquez, quien venía a ver a su sobrina, que también estaba presa. Un grupo de esposas de militares vino a visitarme, y me prometieron la libertad si yo no hacía más declaraciones sobre mi embarazo y mi tortura, y me amenazaron con quitarme mi hijo una vez que naciera.

16. Las monjas ofrecían ayudarme a pedir permiso para un aborto. Yo no era religiosa, pero por estar en una cárcel cuidada por religiosas, tenía que elevar una solicitud al cardenal, y del cardenal al Papa. En Chile el aborto es penado por la ley de cinco años y un día. Yo estaba muy mal físicamente, y si me hacía un aborto clandestino en la prisión me podía morir, y por tal motivo decidí tener el hijo. Después de haber sobrevivido meses de tortura y detención, no les iba a dar el gusto a los militares de morirme. Sin embargo, en abril o mayo, comencé a tener mucho dolor en el vientre, y a perder coágulos de sangre. Aborté en forma espontánea. No recibí atención médica durante el embarazo ni la pérdida.

17. Yo nunca tuve un proceso legal. El General Bonilla, quien se interesó en mi caso, mandó un oficial a entrevistarme a la cárcel acerca de mi embarazo y del abuso sexual y otras torturas que había sufrido. En esta entrevista, el oficial me dijo que en un momento hubieron tres distintos procesos en contra mí, pero que los procesos eran tan contradictorios uno con el otro, que las cortes militares se declararon incompetentes en mi caso. Después hubo una orden de trasladarme al campo de concentración Pisagua, con pena de fusilamiento, pero el General Bonilla la bloqueó; él no estaba de acuerdo con el trato de los prisioneros y las prisioneras. Sin embargo, fui condenada a estar presa "en virtud del estado de sitio".

18. Dos presas, M. D. y María Emilia Tijoux, estaban conmigo en la cárcel de mujeres, y son testigos del estado débil en que me encontraba. Eventualmente mi caso se puso demasiado complicado debido a toda la controversia que estaba causando, y, como no tenía condena oficial de la corte, en marzo del 1975 me trasladaron a Tres Álamos.

19. En Tres Álamos, donde permanecí hasta diciembre del 1976, fui sometida nuevamente a violaciones, amenazas, insultos, y otras torturas sicológicas. El Comandante Pacheco, quien estaba a cargo de Tres Álamos, me abusaba constantemente, sometiéndome a acosos sexuales durante casi dos años. Le gustaba pasearse por el campo de concentración conmigo a su lado. Yo estaba muy débil, y me desmayaba con frecuencia. Me quedaba en una celda con ocho otras compañeras. Otra presa, Marcia Scantlebury, también fue muy abusada por el Comandante Pacheco.

20. En la primavera, no me acuerdo en qué mes, nos trasladaron a las prisioneras de Tres Álamos por un mes a Pirque, en la cordillera, porque venía a Chile un grupo de la Comisión de Derechos Humanos de la ONU, y querían evitar una visita a Tres Álamos. Fue para dar una buena imagen ante la delegación de la ONU. Yo estaba muy deprimida, y me sentía ansiosa. Comía y lloraba mucho. La belleza del lugar de alguna manera me quebró sicológicamente.

21. Después de un mes nos llevaron de vuelta a Tres Álamos. Seguimos organizándonos para hacer trabajos de artesanía para vender afuera. Nacieron tres guaguas, y las cuidábamos entre todas. Mi madre y mis tías me visitaban en Tres Álamos. En esta época mi madre estaba haciendo las gestiones para que yo pudiera salir a Alemania.

22. En diciembre, salí expulsada de Chile por la dictadura con 17 compañeros y compañeras. La dictadura publicó un decreto especial para expulsarnos, dejándonos sin derecho de regreso. En esta lista estaban Gladys Díaz, Víctor Toro, Luis Corvalán, y 15 compañeros más. Muchas organizaciones internacionales, como la Cruz Roja, el Alto Comisionado de las Naciones Unidas, y "CIME", Alto Comisionado de la N.U. y la solidaridad de los pueblos del mundo, ayudaron a sacarme. En Berlín tenía conocidos, y me quedé con Nuria Núñez, y también con Gilde Botay. En este tiempo me dedicaba a denunciar públicamente lo que estaba pasando en Chile, y viajé mucho.

23. En octubre o noviembre del 1977, me fui a vivir a Cuba, y ahí recibí atención médica en el Calixto García, un hospital de La Habana. Me trataron por un virus toxo plasmosis, con el cual había sido infectado por las ratas, y que ataca la córnea del ojo. No podía tener hijos, y me reconstruyeron la vagina y todo mi cuerpo para poder engendrar. También me trataron por infecciones vaginales, por decalcificación, y por sordera, causada por la tortura "el teléfono". Me operaron los pies, que me habían golpeado mucho, y me arreglaron las cicatrices que tenía en el vientre y en las orejas. No me acuerdo de todos los tratamientos que recibí. El hospital tomó interés en el caso de mi familia, y nos entrevistaron a mí, a mi padre y a mi hermano, y nos dieron terapia psicológica. Cuba era la única parte del mundo donde nos podíamos operar ya que el costo era muy alto y ahí todo fue gratis.

24. He tenido muchas secuelas físicas y sicológicas debido a la tortura que sufrí en Chile. Tengo dolor permanente en el cuello, las manos, las rodillas y los pies. Tengo marcas y cicatrices en todo mi cuerpo. Cuando veo una rata, tengo un reflejo de dolor en mi vagina. También tengo un estado de ansiedad constante, y he tenido pesadillas y depresión. He superado algunas de las secuelas sicológicas, por ejemplo, el miedo al encierro que me surgió a causa de las violaciones que sufrí en el baño del centro de torturas de la calle Londres. Pero sigo siendo muy sensible emocionalmente. Mi familia fue destruida, dividida y toda mi vida cambió después del golpe militar.

25. Estoy dispuesta a viajar a Chile para atestiguar sobre mi caso, y los casos de mi hermano y mi padre.

Ante mí que doy fe:

____

Luz de las Nieves Ayress Moreno

NOTA: Este testimonio fue reproducido en Chile por el diario *La Nación*, el sábado 20 de noviembre de 2004.

AGÜERO, FELIPE y otros: "Represión en dictadura; el papel de los civiles"; *Nosotros los chilenos* N° 15; Santiago de Chile: LOM ediciones, s/f.

AHUMADA, EUGENIO y otros: *Chile. La Memoria Prohibida*; Tomos I, II y III; Santiago de Chile: Pehuén Ediciones, 1989.

ALARCÓN, RODRIGO: *Brasil. Represión y tortura*; Santiago de Chile: Editorial Orbe, 1971.

ÁLVAREZ, ROLANDO: *Desde las sombras. Una historia de la clandestinidad comunista*; Santiago de Chile: LOM ediciones, 2003.

AMNISTÍA INTERNACIONAL: *Prisioneros desaparecidos en Chile*; Plymouth, Inglaterra: Publicaciones Amnistía Internacional, 1978.

ARCE EBERHARD, ALBERTO y otros: *Pensamiento nacionalista*; Santiago de Chile: Editora Nacional Gabriela Mistral, agosto de 1974.

ARCE SANDOVAL, LUZ: "Confesiones de una agente DINA-CNI. Declaración de Luz Arce ante la Comisión Rettig": Revista *Página Abierta*; Santiago de Chile; 18 de marzo de 1991.

ARRATE, JORGE Y EDUARDO ROJAS: *Memoria de la izquierda Chilena. Tomo II (1970-2000)*; Santiago de Chile: Javier Vergara Editor. Grupo Zeta, 2003.

AVENDAÑO, DANIEL Y MAURICIO PALMA: *El rebelde de la burguesía*; Santiago de Chile: Ediciones Cesoc, 2001.

AYLWIN AZÓCAR, ANDRÉS: *Simplemente lo que vi (1973-1990)*; Santiago de Chile: LOM ediciones, abril de 2003.

BARAONA URZÚA, PABLO y otros: *Fuerzas Armadas y Seguridad Nacional*; Santiago de Chile: Ediciones Portada, 1973.

BASSO, CARLOS: *El último secreto de Colonia Dignidad*; Santiago de Chile: Editorial Mare Nostrum, 2002.

BLANCO, GUILLERMO: *Los incidentes de Riobamba y Pudahuel en tres diarios chilenos*; Instituto Chileno de Estudios Humanísticos; Santiago de Chile: Talleres Gráficos Corporación Ltda, diciembre de 1977.

BLIXEN, SAMUEL: *El vientre del Cóndor*; Montevideo: Ediciones de Brecha, 2000.

BOROSAGE, ROBERT L. Y JOHN MARKS: *Los Archivos de la CIA*; México: Editorial Diana, 1980.

BRANCH, TAYLOR Y EUGENE M. PROPPER: *Laberinto*; Buenos Aires: Javier Vergara Editor, 1990.

CALDERÓN LÓPEZ, JOSÉ LEONEL: *La política del Movimiento de Izquierda Revolucionaria (MIR) durante los dos primeros años de la dictadura militar (1973-1975)*; Tesis para optar al grado de licenciado en Historia; Departamento de Historia, Facultad de Humanidades, Universidad de Santiago de Chile; 2009.

CALVO OSPINA, HERNANDO Y KATLIJN DECLERCQ: *¿Disidentes o mercenarios?*; La Habana: Casa Editora Abril, 2000.

CALLEJAS, MARIANA: *Siembra Vientos. Memorias*; Santiago de Chile: Ediciones ChileAmérica Cesoc, junio de 1995.

CARMONA, ERNESTO: *Morir es la noticia*; Santiago de Chile: Ernesto Carmona Editor, 1998.

__________: *¡Chile desclasificado!*; Santiago de Chile: Ernesto Carmona Editor, 1999.

CARRASCO MOYA, ROLANDO: *Prigué. Prisionero de Guerra en Chile*; Santiago, Chile: Ediciones Aquí y Ahora, 1991.

CASTILLO, CARMEN: *Un día de octubre en Santiago*; Santiago de Chile: Editorial Sin Fronteras, septiembre 1986.

CAVALLA ROJAS, ANTONIO: *Geopolítica y Seguridad Nacional en América. Antología*; Universidad Nacional Autónoma de México; Ciudad de México; 1979.

CAVALLO, ASCANIO; MANUEL SALAZAR; OSCAR SEPÚLVEDA: *La Historia Oculta del Régimen Militar*; Santiago, Chile: Ediciones La Epoca, 1988.

CAYUELA, JOSÉ: *Chile. La masacre de un pueblo*; Caracas, Venezuela: Síntesis Dosmil C.A., sin fecha.

CONTRERAS SEPÚLVEDA, MANUEL: *La verdad histórica. El ejército guerrillero*; Santiago de Chile: Ediciones Encina Ltda.; Imprenta Nuevo Extremo Ltda., septiembre 2000.

CHOMSKY, NOAM: *La guerra de Asia*; Barcelona: Ediciones Ariel, 1972.

CHRISTIE, STUART: *Stefano Delle Chiaie; Portrait of a Black terrorist*; London: Anarchy Magazine, 1984.

DAVIS, NATHANIEL: *Los dos últimos años de Salvador Allende*; Biografías, Barcelona, España: Plaza y Janes Editores, 1986.

DINGES, JOHN; SAUL LANDAU: *Asesinato en Washington*; Santiago, Chile: Grupo Editorial Planeta, 1990.

DINGES, JOHN: *Operación Cóndor*; Ediciones B; Santiago de Chile; noviembre 2004.

Documento del Segundo Simposio sobre el genocidio yanqui en Vietnam; La Habana: Editorial de Ciencias Sociales; Editorial del Libro, 1969.

DOMÍNGUEZ, ANDRÉS: *La construcción del Estado de seguridad nacional. Las violaciones a los derechos humanos*; texto original; sin publicar; Santiago de Chile; 1987.

___________: *El poder y los derechos humanos*; Santiago, Chile: Terranova Editores S.A., 1988.

DUCLOS, JACQUES: *De Napoleón III a De Gaulle*; Buenos Aires: Editorial Platina, 1964.

EDICIONES ESPECIALES DE LA EDITORA NACIONAL QUIMANTÚ: *El Caso Schneider*; Santiago de Chile; Octubre de 1972.

ESCOBAR M., JAIME: *Persecución a la Iglesia en Chile*; Santiago de Chile: Terranova Editores, 1986.

FINCHELSTEIN, FEDERICO: *La Argentina fascista: los orígenes ideológicos de la dictadura*; Buenos Aires: Sudamericana, 2008.

FLORES DURÁN, JORGE: *Londres 38 (Un número desaparecido)*; Illapel, Chile Editorial Auco, 2003.

FRENZ, HELMUT: *Mi vida chilena. Solidaridad con los oprimidos*; Santiago de Chile: LOM ediciones, 2006.

GAMBOA, ALBERTO: *Un viaje por el infierno*; Libros de Hoy. Serie Testimonios; Santiago de Chile: Empresa Editora Araucaria Ltda., 1984.

GANSER, DANIELE: *Los ejércitos secretos de la OTAN. La Operación Gladio y el terrorismo en Europa occidental*; Madrid, España: Editorial El Viejo Topo, marzo 2010.

GARCÉS FUENTES, MAGDALENA: *La Dirección de Inteligencia Nacional, DINA*; Programa Doctorado Historia y Presente de los DD.HH; Universidad de Salamanca, España; octubre de 2008.

GARCÍA LUPO, ROGELIO: *La rebelión de los generales*; Buenos Aires: Editorial Jamcana, 1963.

___________: *Mercenarios & Monopolios en la Argentina de Onganía a Lanusse 1966-1971*; Buenos Aires: Achaval Solo, 1972.

__________: *Paraguay de Stroessner*; Serie Reporter, Ediciones B, Buenos Aires, Argentina: Grupo Editorial Zeta S.A., 1989.

GEMBALA, GERO: *Colonia Dignidad*; Santiago de Chile: Ediciones Chile América; Cesoc, 1990.

GILL, LESLEY: *Escuela de las Américas. Entrenamiento militar, violencia política e impunidad en las Américas*; LOM ediciones. Cuatro Vientos; enero de 2005.

GÓMEZ ARANEDA, LEÓN: *Que el pueblo juzgue*; Santiago, Chile: Terranova Editores, 1988.

GONZÁLEZ CAMUS, IGNACIO: *Renán Fuentealba en la génesis de la Concertación*; Santiago de Chile: Catalonia; Andros Impresores, 2007.

GONZÁLEZ JANZEN, IGNACIO: *La Triple A*; Buenos Aires, Argentina: Editorial Contrapunto, 1986.

GONZÁLEZ, MÓNICA: *La Conjura*; Santiago de Chile: Ediciones B, 2000.

GUZMÁN, NANCY: *Romo. Confesiones de un torturador*; Santiago de Chile: Editorial Planeta Chilena, noviembre de 2000.

HARRINGTON, EDWIN; MÓNICA GONZÁLEZ: *Bomba en una calle de Palermo*; Santiago, Chile: Emisión Ltda., 1987.

INSUNZA, ANDREA Y JAVIER ORTEGA: *Bachelet. La historia no oficial*; Debate. Santiago de Chile: Random House Mondadori, 2005.

ISRAEL, SERGIO: *Silencio de Estado: Eugenio Berríos y el poder político uruguayo*; Montevideo: Aguilar. Ediciones Santillana, 2008.

JORDÁ SUREDA, MIGUEL: *Martirologio de la iglesia chilena*; Colección Septiembre. Santiago de Chile: LOM ediciones, enero de 2001.

JORGE ÁLVAREZ EDITOR: *Política Militar*; Buenos Aires; 1963.

JORQUERA, CARLOS: *El Chicho Allende*; Santiago, Chile: Ediciones BAT, 1990.

KINZER, STEPHEN Y STEPHEN SCHLESINGER: *Bitter Fruit*; New York: Anchor Book, 1983.

LABARCA GODDARD, EDUARDO: *Chile invadido. Reportaje a la intromisión extranjera*; Santiago de Chile: Editora Austral, enero de 1969.

LARRAÍN, GERARDO: *Frei frente a frente. El Kerensky chileno*; Buenos Aires: Ediciones Cruzada, 1976.

LILLO MUÑOZ, FRANCISCO: *Fragmento de Pisagua*; producción de Félix Reales Vilca; sin pie de imprenta; 1990.

LÓPEZ, RICARDO Y EDISON OTERO: *Pedagogía del terror. Un ensayo sobre la tortura*; Chile: Editorial Atena, diciembre 1989.

LUTZ, PATRICIA: *Años de viento sucio*; Santiago de Chile: Editorial Planeta, 1999.

LORCA, PATRICIA: *El día que nos cambió la vida*; Colección Testimonios; Fundación de Ayuda Social de las Iglesias Cristianas. Fasic; Santiago de Chile: Andros Ltda., marzo 1990.

LOVEMAN, BRIAN Y ELIZABETH LIRA: *Las ardientes cenizas del olvido; Vía chilena de Reconciliación Política*; Santiago de Chile: LOM ediciones. Dibam, junio de 2000.

MAGASICH A., JORGE: *Los que dijeron "No". Historia de los marinos antigolpistas de 1973.* Tomos I y II; Santiago de Chile: LOM ediciones, 2008.

McSHERRY, J. PATRICE: *Los Estados depredadores: la Operación Cóndor y la guerra encubierta en América Latina*; LOM ediciones; 2009.

MALDONADO, R.; L. MOYA; M. ROMERO Y A. VEGA: *Ellos se quedaron con nosotros*; Colección Septiembre. Santiago de Chile: LOM ediciones, diciembre 1999.

MARRAS, SERGIO: *Palabra de soldado*; Santiago de Chile: Las Ediciones del Ornitorrinco, noviembre de 1989.

MATUS, ALEJANDRA Y FRANCISCO ARTAZA: *Crimen en Washington D.C.*; Especial diario *La Nación*; Santiago, Chile; mayo 1995.

MAYORGA, PATRICIA: *El cóndor negro*; Santiago de Chile: El Mercurio Aguilar, 2003.

MIRALLES, MELCHOR Y RICARDO ARQUES: *Amedo, el Estado contra ETA*; Barcelona, España: Plaza y Janes Editores, 1989.

MIRANDA, PEDRO: *Terrorismo de Estado. Testimonio del horror en Chile y Argentina*; Colección Expediente Negro; Santiago de Chile: Editorial Sextante, septiembre de 1989.

MOLINA SANHUEZA, JORGE: *Crimen imperfecto: historia del químico DINA Eugenio Berríos*; Santiago de Chile: LOM ediciones, 2002.

MONIZ BANDEIRA, LUIZ ALBERTO: *Fórmula para o caos*; Río de Janeiro: Editorial Record, 2008.

MOREIRA ALVES, MARCIO: *El Cristo del Pueblo*; Santiago de Chile: Ediciones Ercilla, 1970.

__________: *Un grano de mostaza. El despertar de la revolución brasilera*; La Habana, Cuba: Casa de las Américas, junio de 1972.

MORENTE AZNAR, ALFONSO: *CIA: ¿Mito o realidad?*; España: Ediciones Piedra Buena, 1987.

MORIN, MARIE-MONIQUE: *Escuadrones de la muerte: La escuela francesa*; Buenos Aires: Sudamericana, 2004.

MOULIAN JARA, IÑAKI: "Bipolaridad en Chile 1960-1973"; *Revista Austral de Ciencias Sociales*; N° 5; Universidad Austral de Chile; Valdivia, Chile; enero 2001.

ORTÚZAR, CARMEN Y MARCELA OTERO; "La guerra oculta"; revista *Hoy*; Santiago de Chile; enero y febrero de 1986.

PÉREZ CARRILLO, DAVID: *La Fronda Militar. El 11 de septiembre*; Documento de Trabajo N° 82; Departamento de Ciencias Políticas; Instituto de Asuntos Públicos; Universidad de Chile; septiembre de 2006.

PINOCHET UGARTE, AUGUSTO: *Camino Recorrido. Memorias de un Soldado, Tomos I y II*; Santiago, Chile: Instituto Geográfico Militar de Chile, 1991.

POLICZER, PABLO: *The Rise & Fall of Repression in Chile*; University of Notre Dame; Estados Unidos: Notre Dame, Indiana, 2009.

POLITZER, PATRICIA: *Miedo en Chile*; Santiago de Chile: Cesoc Ediciones Chile y América, 1985.

PRATS GONZÁLEZ, CARLOS: *Memorias*; Santiago, Chile: Pehuén Editores Ltda., 1985.

PRESTON, PAUL: *Franco. Caudillo de España*; Barcelona, España: Grijalbo Mondadori, 1994.

PROPPER, EUGENE Y TAYLOR BRANCH: *Laberinto*; Buenos Aires, Argentina: Javier Vergara Editor, 1990.

QUIROGA Z., PATRICIO: *Compañeros. El GAP: la escolta de Allende*; Santiago de Chile: Ediciones Aguilar, 2001.

RENATO, SADI: *Chacabuco y otros lugares de detención*; Santiago de Chile: LOM ediciones Ltda., febrero 1994.

ROJAS, ÁLVARO: *Los secretos de Colonia Dignidad*; Editorial Las Noticias de Chile; s/f.

ROJAS, CARMEN: *Recuerdos de una mirista*; Santiago de Chile; s/f.

ROJAS, MARÍA EUGENIA: *La represión política en Chile*; Madrid, España: Iepala Editorial, 1988.

ROJAS, PAZ y otras: *Todas Íbamos a Ser Reinas*; Colección Septiembre. Santiago de Chile: LOM ediciones. Codepu, octubre de 2002.

ROUQUIÉ, ALAIN: *El Estado militar en América Latina*; Buenos Aires: Emecé Editores, 1984.

SALAZAR, MANUEL: *Guzmán, Quién, Cómo, Por qué*; Santiago de Chile: BAT Ediciones, 1994.

___________: *Contreras. La historia de un intocable*; Santiago de Chile: Grijalbo-Mondadori, 1995.

__________: *Chile 1970-1973*; Santiago de Chile: Editorial Sudamericana, Random House-Mondadori, 2003.

__________: *El rebelde de Patria y Libertad*; Santiago de Chile: Editorial Mare Nostrum, 2007.

SÁNCHEZ SALAZAR, GUSTAVO Y ELIZABETH REIMANN; *Klaus Barbie en Bolivia*; Serie Reporter. Barcelona, España: Ediciones B, 1987.

SARTRE, JEAN-PAUL: *Colonialismo y neo colonialismo*; Buenos Aires: Editorial Losada, 1965.

SAUREL, LOUIS: *La Gestapo*; Barcelona, España: Editorial Juventud, 1974.

SECRETARÍA DE COMUNICACIÓN Y CULTURA: *Informe de la Comisión Nacional de Verdad y Reconciliación*; Ministerio Secretaría General de Gobierno; Santiago de Chile; febrero de 1991.

SELSER, GREGORIO: *Espionaje en América Latina*; Buenos Aires: Ediciones Iguazú, septiembre de 1966.

__________: *De cómo Nixinger desestabilizó a Chile*; Buenos Aires, Argentina: Hernández Editor, diciembre de 1975.

SEPÚLVEDA RUIZ, LUCÍA: *119 de nosotros*; Colección Septiembre. Santiago de Chile: LOM ediciones, 2005.

VALDÉS, HERNÁN: *Tejas Verdes*; Barcelona, España: Editorial Laia, 1976.

VALDIVIA ORTIZ DE ZÁRATE, VERÓNICA: *Camino al Golpe: El Nacionalismo a la Caza de las Fuerzas Armadas*; Serie de Investigaciones; Santiago de Chile: Universidad Católica Blas Cañas, 1996.

__________: *El golpe después del golpe. Leigh vs. Pinochet. Chile 1960-1980*; Santiago de Chile: LOM ediciones, septiembre de 2003.

VALDIVIA, VERÓNICA; ROLANDO ÁLVAREZ Y JULIO PINTO: *Su revolución contra nuestra revolución. Izquierdas y derechas en el Chile de Pinochet (1973-1981)*; Santiago de Chile: LOM ediciones, 2006.

VARAS, FLORENCIA: *Conversaciones con Viaux*; Santiago de Chile: Impresiones Eire, 30 de julio de 1972.

VERDUGO, PATRICIA: *Tiempo de días claros. Los desaparecidos*; Santiago, Chile: Ediciones Chileamérica Cesoc, 1990.

VICARÍA DE LA SOLIDARIDAD. ARZOBISPADO DE SANTIAGO: *¿Dónde Están? Tomos I al VII*; Santiago de Chile: Talleres Gráficos Corporación Ltda., mayo de 1979.

Índice onomástico

Índice

ESTE LIBRO HA SIDO POSIBLE POR EL TRABAJO DE

COMITÉ EDITORIAL Silvia Aguilera, Mario Garcés, Luis Alberto Mansilla, Tomás Moulian, Naín Nómez, Jorge Guzmán, Julio Pinto, Paulo Slachevsky, Hernán Soto, José Leandro Urbina, Verónica Zondek, Ximena Valdés, Paulina Gutiérrez, Santiago Santa Cruz **SECRETARIA EDITORIAL** Sylvia Morales **RESPONSABLE DE EDICIÓN** Florencia Velasco **PRENSA** Irma Palominos **PRODUCCIÓN EDITORIAL** David Bustos, Guillermo Bustamante **PROYECTOS** Ignacio Aguilera **DISEÑO Y DIAGRAMACIÓN EDITORIAL** Alejandro Millapan, Leonardo Flores, Miguel Ángel Becerra **CORRECCIÓN DE PRUEBAS** Raúl Cáceres **DISTRIBUCIÓN** Nikos Matsiordas **COMUNIDAD DE LECTORES** Francisco Miranda, Marcelo Reyes **VENTAS** Elba Blamey, Luis Fre, Marcelo Melo, Olga Herrera **BODEGA** Francisco Cerda, Pedro Morales **LIBRERÍAS** Nora Carreño, Ernesto Córdova **COMERCIAL GRÁFICA LOM** Juan Aguilera, Danilo Ramírez, Inés Altamirano **SERVICIO AL CLIENTE** Elizardo Aguilera, José Lizana, Ingrid Rivas **DISEÑO Y DIAGRAMACIÓN COMPUTACIONAL** Claudio Mateos, Felipe Sauvageot, Nacor Quiñones, Luis Ugalde, Jessica Ibaceta **SECRETARIA COMERCIAL** Elioska Molina **PRODUCCIÓN IMPRENTA** Carlos Aguilera, Osvaldo Cerda, Gabriel Muñoz **SECRETARIA IMPRENTA** Jasmín Alfaro **IMPRESIÓN DIGITAL** Efraín Maturana, William Tobar, Estefany Bustamante **PREPRENSA DIGITAL** Daniel Véjar, Felipe González **IMPRESIÓN OFFSET** Eduardo Cartagena, Freddy Pérez, Rodrigo Véliz, Francisco Villaseca, Raúl Martínez **CORTE** Eugenio Espíndola, Juan Leyton, Sandro Robles, Alejandro Silva **ENCUADERNACIÓN** Ana Escudero, Alexis Ibaceta, Rodrigo Carrasco, Sergio Fuentes, Pedro González, Carlos Muñoz, Edith Zapata, Juan Ovalle, Pedro Villagra, Eduardo Tobar **DESPACHO** Cristóbal Ferrada **MANTENCIÓN** Jaime Arel, Elizabeth Rojas **ADMINISTRACIÓN** Mirtha Ávila, Alejandra Bustos, Andrea Veas, César Delgado, Soledad Toledo.

LOM EDICIONES